# 現代日本語における進行中の変化の研究

ひつじ研究叢書〈言語編〉

【第76巻】格助詞「ガ」の通時的研究　山田昌裕 著

【第77巻】日本語指示詞の歴史的研究　岡﨑友子 著

【第78巻】日本語連体修飾節構造の研究　大島資生 著

【第79巻】メンタルスペース理論による日仏英時制研究　井元秀剛 著

【第80巻】結果構文のタイポロジー　小野尚之 編

【第81巻】疑問文と「ダ」－統語・音・意味と談話の関係を見据えて　森川正博 著

【第82巻】意志表現を中心とした日本語モダリティの通時的研究
土岐留美江 著

【第83巻】英語研究の次世代に向けて －秋元実治教授定年退職記念論文集
吉波弘・中澤和夫・武内信一・外池滋生・川端朋広・野村忠央・山本史歩子 編

【第84巻】接尾辞「げ」と助動詞「そうだ」の通時的研究　漆谷広樹 著

【第85巻】複合辞からみた日本語文法の研究　田中寛 著

【第86巻】現代日本語における外来語の量的推移に関する研究　橋本和佳 著

【第87巻】中古語過去・完了表現の研究　井島正博 著

【第88巻】法コンテキストの言語理論　堀田秀吾 著

【第89巻】日本語形態の諸問題
－鈴木泰教授東京大学退職記念論文集　須田淳一・新居田純野 編

【第90巻】語形成から見た日本語文法史　青木博史 著

【第91巻】コーパス分析に基づく認知言語学的構文研究　李在鎬 著

【第92巻】バントゥ諸語分岐史の研究　湯川恭敏 著

【第93巻】現代日本語における進行中の変化の研究
－「誤用」「気づかない変化」を中心に　新野直哉 著

ひつじ研究叢書〈言語編〉第93巻

# 現代日本語における進行中の変化の研究

「誤用」「気づかない変化」を中心に

新野直哉 著

ひつじ書房

# 目　次

# 序章　本書の目的と概要

## 1.　言語変化と「誤用」

本書は、現代日本語の「誤用」、そして筆者の造語である「気づかない変化」を中心にした、現代日本語において進行中のさまざまな変化について論じたものである。

言語において「正しい」「誤り」とはどういうことか、というのは容易に結論の出せる問題ではない。国立国語研究所編(2004)では、様々な観点からこの問題について論じている。井上(1986)では、新しい言語現象は使用率が25%程度の段階では「誤用・乱れ」、50%程度になると「ゆれ」、75%程度で「慣用」とみなされるとする。しかし、実際の事例を見ると、必ずしもそう単純ではない。「どんなに多くの人が使っていても、間違いは間違いだ」と主張する人もいる。そもそも、「ゆれ」とは「二つ以上の言語形式が同一の場面に共存する現象をいう」(『日本語学研究事典』の「ことばのゆれ」の項。飛田良文執筆)とされ、であるとすると、本書で取り上げた事例のような、1つの言語形式に複数の意味がある、という場合を「ゆれ」と呼べるかという問題がある(呼べるとすれば、多義語はすべて「ゆれ」ているということになる)。そのようなことを考えて、本書中では意味については「ゆれ」という用語は用いていない。

そして、本書は、言語において「正しい」「誤り」とはどういうことか、という問題について結論を出そうとするものではない。本書ではあくまで意味を中心とした言語変化が主題であり、その結果生じた新しい状態の多くは一般に「誤用」と呼ばれる、ということである。本書で使うカギカッコ付きの「誤用」とは、〈辞書や「日本語本」(一般向けの、日本語について書かれた本)などで、「このような意味・用法で使うのは誤りである」とされている意味・用法〉、同じく「正用」とは、〈辞書や「日本語本」などで、「これが本来の意味・用法である」とされている意味・用法〉を指す。

現代日本語における「誤用」は、「言葉の乱れ」「間違った日本語」などというレッテルを貼られ、「日本語本」のほかテレビの雑学クイズ番組などでしばしば取り上げられる。作家・評論家などのエッセイ、さらに新聞・雑誌への読者からの投書といった、日本語学研究者以外の手になる文章でもたびたび話題になる。

「日本語本」やクイズ番組では、「××という言い方、使い方は間違いなので、○○という正しい言い方、使い方をするように」で終わっているものがほとんどである。またエッセイや投書では、「こんな変な日本語の例があった」と笑いの種にするか、「こんな間違った言葉を使うのは許せない、嘆かわしい」と悲憤慷慨するか、いずれにしても主観的・感情的な態度のものが目立つ。いつごろ、なぜ、どのように「誤用」が発生し、現在は正誤の勢力関係はどのような状況にあるのか、といったところまでは言及されない。

それに対し、日本語学研究者は、「誤用」「新用法」とどう向き合うべきなのか。ここでは、この問題に関する近年の研究者の見解をいくつか紹介し、そのうえで筆者の立場を述べたい。

かつて、作家の故・吉村昭氏は、吉村(1994)において、いわゆる「ら抜き言葉」を容認する言語学者の発言が新聞などに載っていたことについて

・言語学者は、言語を守る番人である。もしも些細なあやまちがあれば、それを厳正にあらためさせる専門家なのである。それなのに、このような世の風潮に迎合するような回答をしてもらっては困る。世はまさに迎合時代で、それに毒されているとしか言いようがない。

と批判した。さらに吉村氏自らが小説に「阿《おも》ねがちである」と書いたところ、「恩師である学習院大学名誉教授の松尾聰先生」に、「「阿ねりがちである」としなくてはいけない」と指摘された、という経験を語り、

・言語学者も、国文学者である松尾先生と同じように学者であるならきびしくあやまちを指摘して欲しい。言語学研究に生きる学者としての当然の姿勢である。

と注文をつけた。

一方研究者の立場からは、佐久間(2007: 26)で、

・言語学は、特定の表現が正しいか正しくないかを判定するための学問ではありません。それぞれの言葉でどういう表現が一般に使われているかを調べ、そして、その表現が使われている理由を説明するのが言語学の役目です。だから、「ら抜き」言葉も、言語学の立場からすれば、正しいとも正しくないとも言えません。

と、吉村氏とは対立する意見が述べられている。

また北原保雄氏は、ベストセラーになった北原編(2004: 3)で、

・日本語ブームといわれ、日本語に関する本が数多く出版されているが、本書は、単に「使ってはいけない」「この用法は間違っている」と指摘するだけの本ではない。どうしてそういう表現が生まれてくるのか、誤用であったとしても、その誤用が生まれてくるいわば「誤用の論理」は何なのかを究明している。

と述べた。そしてこの本では、「とんでもありません」「汚名挽回」のような、一般に「誤用」とされる表現について、「間違いではない」と市民権を与えた。もっとも、北原氏は「変なことばの容認派と誤解されて困っている」(「ひと」朝日 2005.3.24)とも述べている。吉村氏のような立場の側から批判を受けたのであろう。

北原編(2004)、その続編である北原編(2005、2007)以前にも、新書など一般向け図書(近年の名称でいえば、「日本語本」)の形では、現代日本語の「誤用」に関して研究者として向き合った図書はあった。見坊豪紀氏の「ワード・ハンティング」の成果を収録した見坊(1976a、1976b、1977)などの一連の著書や、国広(1991)とその続編である国広(1995)(両書は改訂のうえ国広(2010a)にまとめられた)などがある。これらの図書は、「××は間違いだから使うな」という主張は前面に出さず、「誤用」の実例を掲げ、その発生

や流布の原因・過程を考えるという姿勢で記述されている。

国広哲弥氏は、国広(1991: 4)で、

・誤用はまず大きく二つに分けられる。その一つは若い人たちなど日本語の学習が不十分な人びとが犯すもので、これはぜひ直してもらわなければならない。もう一つは、長い目で見れば言葉の変化の先駆けである場合である。

と「誤用」の2分類を行っているが、その後の国広(2010a: 312–313)では、次のように分類をやり直している。

・一つは単発的な「個人型誤用」であり、個人の言語学習が不十分であるのが原因である。これは実例はあまり多くはなく、気付いたり指摘されたときに直してしまえばそれで終わりである。

　もう一つのタイプの誤用は、かなり広く行き渡ってしまったもので、そのことに一般の人々が気付いた段階では、「誤用である」と言って騒いでみても、もう後に戻すことができないのが普通である。これは一般的な言語変化の波の先端部分に位置するもので、「波頭型誤用」と呼ぶことができる。実際の海面に生じた波を人力で押しとどめることが不可能であるのと同じように、波頭型誤用は教育などの人力ではまず押しとどめることは難しい。「ラ抜き言葉」のように、意味を《可能》だけに限定できるという利点を持っている変化は話し手が無意識のうちに求めていることでもあるので、押しとどめることはいっそう難しい。「ラ抜き言葉は非文法的である」とか、「『耳ざわりのいい音楽』は知覚心理学的事実に反する」とか言ってみても、それは蟷螂の斧に等しいことを悟らなければならない。

国広(1991)における「日本語の学習が不十分な人びとが犯すもの」を「個人型誤用」、同じく「長い目で見れば言葉の変化の先駆けである場合」を「波頭型誤用」と名付けている。ここで疑問なのは、前者の「実例はあまり多くはな」い、としていることである。国広(1991、1995)には「根絶やしにする」というべきところを「根ただしする」、「矢継ぎ早」というべきところを「やつぎばやし」といった事例が挙がっているが、これらはその使用者独自の思

い込みや勘違いに基づく「個人型誤用」で、誰でもいくつかは思い当たる例（さらには、自ら気づくことなく使い続けている例）があるのではないか。あるいは、この場合の「実例」はマスメディアに現れる例という意味であろうか。確かに、他人から見てすぐわかるような「個人型誤用」は、活字メディアであれば校正の際に他者から直されることが多いので公にはなりにくい、ということはあろう。しかし、国広氏は入試答案での漢字の誤記の例まで挙げており、そこまで含めれば「実例はあまり多くはな」いとはとても言えないであろう。

いずれにせよ「個人型誤用」と「波頭型誤用」は連続的である。最初ある個人に、あるいは同時多発的に別々の個人に発生した「個人型誤用」のうちあるものが次第に広がり（今日の場合、その過程にはマスメディアの介在も大きな要因であることは言うまでもない）、一定の広がりが確認された時点で「波頭型誤用」と認められる、ということになる。

したがって、変化の過程である今日の時点で、いずれのタイプなのかを判断するのは難しい「誤用」も多い。国広（2010a: 314）は“一《ひと》段落”や“大《だい》地震”といった例を「個人型誤用」とし、

・誤用、特に漢語の読みに関する誤用が広まることをできるだけ押さえることに関して、NHKのアナウンサーたちの貢献が大きいことをここで明記しておかなければならない。先に触れた「一段落」や「大地震」などの微妙な例はいつも正しく発音されている。これからもおおいに頑張っていただきたいと思う。

と述べているが、筆者は少なくとも“大《だい》地震”は「波頭型誤用」に属するのではないかと思う。その発端は「個人の言語学習が不十分である」ところにあるとしても、国広氏自身「伝統的には「大地震」（おおじしん）、「大震災」（だいしんさい）と読むが、この区別はいまではほとんどすたれかけている」（2010a: 262）と認めている。「大～」という語は、後項が漢語なら「ダイ～」で和語なら「オオ～」となる場合が多数派であるとすれば、「オオジシン」から「ダイジシン」への変化はそれに適うものである、ということもある。

さらにこの記述からは、国広氏は“一《ひと》段落”や“大《だい》地震”を好ましく思っ

ておらず、そちらへの変化を食い止めたいと考えていることがうかがえる。その一方で、ガ行鼻音については、「保存の必要を全く感じない」「美しいと感じるのは単なる主観であって、それに客観的な根拠を与えることは難しい」（国広 1995: 4）と述べている。「個人型誤用」か「波頭型誤用」かの判断基準として、「かなり広く行き渡ってしまったもの」か否か、と「ぜひ直してもらわなければならない」ものか否か、のいずれが優先されるのか。前者は実例の分布調査などで客観的なデータに基づく判断がある程度可能であるが、後者は結局のところ個人の主観・嗜好に左右されると言わざるを得ない。

「誤用」の分類を試みている最近の文献としてはほかに竹林（2009）がある。ここでは「いわゆる「問題な日本語」」（これは北原編（2004、2005、2007）の書名に因む用語であろう）を3種に分ける。まず「ら抜き言葉」を挙げ、これは「コミュニケーション上の支障を回避するために生じた」「やむにやまれぬ理由による変化」であるとする。次に「行かさせていただきます」のような「さ入れ言葉」を挙げ、これは「やむにやまれぬ理由による変化」ではないが「「せていただく」でも「させていただく」でも意味は同じだから、一つの形に統一するほうが経済的なのである」とする。そして3つ目に、「単なる学習不十分による誤用」として「「気が置けない」を〈油断できない〉という意味で使う」ことを挙げ、これは「コミュニケーション上の支障となり得る」とする。

そして、その結びで、

・或る言葉が既に幅広い世代・地域で使われているとき、その言葉を誤りだと言ってもメリットはないと思ったほうがよい。誤りだと言うよりも、その言葉が広く使われている理由を考えることがずっと大切である。　（p. 10）

とする。

これは国広氏の考えよりもさらに踏み込んだ見解である。しかし、例えば本書第1部第1章で扱った“役不足”の「誤用」は、「コミュニケーション上の支障となり得る」ものである一方、「既に幅広い世代・地域で使われている」。このような事例は、どう考えるべきか。

まとめると、国広・竹林両氏の分類に共通しているのは、巷間「間違った日本語」として指弾される事例には「直すべき（直せる）もの」と「直さなくてもいい（直しようのない）もの」があり、前者は「学習不十分によるもの」である、としている点（ただ、その区別は截然としたものではなく個人の主観により左右されるものであると筆者は考える）である。相違点は、国広氏はこの両者ともに「誤用」と呼ぶのに対し、竹林氏は両者を併せて「問題な日本語」と呼び、そのうち前者のみを「誤用」と呼ぶ点である。

筆者は、新野（2008: 47–48）において、現代の若者言葉と古典語との関連を解説しているあんの（2007）、国語辞典に載せたい言葉や意味・例文を募集するキャンペーンの結果集まった作品のうち約1300件を収めた北原監修（2006）、若者言葉に関する若者同士、中高年同士それぞれの座談会から、著者の分析を述べている山口（2007）、新語・流行語・若者語・隠語などの、著者が言うところの「変な言葉」について問答形式で書かれた米川（2006）を紹介し、さらに次のように述べた。

・いずれも、新しい非規範的な言語現象をいたずらに嫌悪し批判するのではなく、まずそこに近づいて実態を把握し、客観的に分析をしようとした書である。そこに研究対象への愛情があればあるほど、そのような姿勢は一部から「乱れた若者語への迎合」などと指弾されるが、研究者の立場にあっては、新しい言語現象に研究対象として向き合わず、やみくもに「間違った日本語」のレッテルを貼って排斥しようとする態度こそが、世俗への「迎合」であろう。

筆者のこのような主張は、吉村氏のような立場からすれば、許し難いものなのかもしれない。しかし、筆者はこの考え方が間違っているとは思わない。そして、本書はまさに「新しい言語現象に研究対象として向き合」おうとしたものある。筆者は現代日本語の「誤用」を現在進行形の「言語変化」ととらえ、それを学問的・客観的な分析の対象にしようと考えたのである。過去の言語変化の事例について、その過程を追うことは用例の精査により可能であるが、その背後にある人間心理などのさまざまな要因を推察することはむずかしい。しかし現在変化が進行中の事例であれば、同時代人として比較的この面からのアプローチが容易である。

国広(2010a: 313)では、

・本文で説明しているように、五段活用動詞(＝子音語幹動詞)の「可能形」(「読める・書ける」など)は実はラ抜き形なのであるが、そのことに気付かないで一段活用動詞(＝母音語幹動詞)の場合(「食べれる・寝れる」など)だけを誤用と言って非難するのは、可能形の方が完了した変化の波であるのに対して、ラ抜きの方が今なお波頭型の段階にあることに気付かないためであるが、そういう表面的にはよく分からない事情を説明するのも誤用研究の役目である。

とするが、本書はまさに「表面的にはよくわからない事情」を考察したものである。

そして本書では、「良い言語変化」と「悪い言語変化」の区別は行わない。したがって、国広(2010a)言うところの「かなり広く行き渡ってしまったもの」か否か、竹林(2009)言うところの「コミュニケーション上の支障となり得る」変化であるか否か、あるいは「美しい日本語」か否か、その他何かの基準に拠って、取り上げた「誤用」の各事例について「これは直すべきである」「これは直さなくてよい」といった判断はいっさい行わない。佐藤琢三氏が、佐藤(2009: 12)で示した、

・しばしば、「〜という日本語は間違いですよね？」などと問われて答えに窮することがある。専門が言語学であるとか、日本語の文法であるなどと自己紹介するとよく聞かれる質問である。筆者のような者は、現実の存在として認められる言語現象に対してその本質や存在理由を明らかにしていかなければならない立場にある。個人的に好きであるとか嫌いであるといった理由で、特定の言語現象を排除して言語を論じるのはよくないことだと思う。

美しい花壇に紛れこんだ「雑草」といわれる植物や、とかく人から嫌われるゴキブリなどの昆虫にも自然の生態系の中で果たす役割がある。これらが「間違った」生物であるとして生物学の研究対象から除外され

> るとは考えられない。言語研究も同じはずである。ある言語現象に対する好悪の感情は個人の問題であるにしても、その存在自体を意図的に排除しようとする動きには違和感を覚える。

という立場に筆者は共感する。あくまで言語変化の事例として向き合い、分析・考察を行っていく。それが研究者として「誤用」に向かう最も基本的な態度であると考えるからである。

とはいうものの、研究者は「誤用」とされる新用法に「正用」と全く同等の市民権を与えるのか、となると、現実問題としてそうはいかない。研究者の多くは同時に教育者でもある。筆者も例外ではない。研究者としては「誤用」を排除せず言語変化として受け止め分析するが、学生の答案やレポートに「誤用」が出てきたら、教育者としては直してやる必要がある。その立場の使い分けは傍目には二重基準と映るかもしれない。しかし、「“全然”＋肯定」を例にとるなら、「“全然”は打ち消しと呼応するのが本来の用法だ」という「迷信」を退けることは国語史上の客観的事実に照らしての対応、学生のレポートに「私は、この本のほうが全然面白いと思う」とあったら「全然」に赤を入れて添削することは今日の日本語の規範に照らしての対応であり、いずれも正当性があるのである。

## 2.　本書の概要

次に、本書の概要について見ていく。

まず第1部第1章の“役不足”は、「間違った日本語」の代表格といっていい事例である。筆者はこれまで、“役不足”に関する論考を、新野（1993、2005、2009b）と3度発表してきた。この間、筆者以外にこの語について、用例を分析して「誤用」の生まれた原因・過程を考察するなどして本格的に論じた研究は、皆無に等しかった。そこで、この3本の論考を1本にまとめ、さらに新たな用例やそれに基づく考察などを織り込んで書き改めたのが第1章である。

一方、第2章で取り上げた“なにげに”については、1980年代半ばすぎからしばしばメディアに取り上げられるようになった。筆者は、実例の分析とアンケート結果の考察などの成果を新野（1992）として発表した。それを書き改めたのが第 2 章である。

“役不足”“なにげに”のいずれも一般によく知られた事例で、20 年以上にわたり「日本語本」やマスメディアで取り上げられていながら、歴史的研究として本格的に論じた研究文献は極めて少ないという共通点がある。

第 2 部で取り上げた「“全然”＋肯定」とは、「全然おもしろい」「全然おいしい」のような、副詞“全然”が“ない”（形容詞、助動詞）“ず”（助動詞）およびそれらの派生語（“なくす”“なくなる”など）以外の語を修飾している例のことである。この事例も「言葉の乱れ」「間違った日本語」の定番中の定番と呼んでいい。この問題について、筆者は新野（1997a、2000b、2004、2010a、2010b）と 5 度にわたり論文を発表している。まず、「“全然”＋肯定」についての先行文献を調べ、自らも用例を採取し、さらに考察を加え、その成果を新野（1997a）として発表した。その後発表されたり、新たに存在を知ったりした論文を取り上げ、論評を加えたのが新野（2000b）である。さらに新野（2004）では、分量は少ないが、その時点での注目すべき文献を紹介し論評を加えた。新野（2010a）は雑誌『日本語学』編集部の求めに応じ、特集「「日本語ブーム」の中身」の中の一論文として書いたもので、新野（2010b）では明治末～昭和戦前期と現在のそれぞれの新聞記事における“全然”の被修飾語について考察した。これらの内容を増補のうえ再編集し、第 1 章～第 3 章とした。この第 2 部で、「“全然”＋肯定」研究の進展の足跡を知ることができるとともに、さらに新しい課題も示されている。

第 3 部では、現代日本語における「気づかない変化」の事例について論じる。

「気づかない変化」とは筆者の造語である。第 1 部、第 2 部で扱った“役不足”“なにげに”「“全然”＋肯定」などのように、変化が言葉に関心の深い人々の間には広く知られ、「言葉の乱れ」「間違った日本語」の一例としてしばしば槍玉に挙げられる事例がある。一方、第 4 部第 1 章で取り上げた“適当”のように、変化していることは広く知られていながら全く「誤用」視されない事例もある。そしてさらに、言葉に関心の深い人々にすら、変化していること自体ほとんど認識されず、言わば「深く静かに」変化が進行していると考えられるものもある。そのような事例が「気づかない変化」なのである。

ヒントとなったのは、方言研究の分野で使われる、「気づかない（「気づかれにくい」「気がつきにくい」などとも）方言」という概念である。これを含む「気づかない〜」という術語については橋本（2005）でまとめられている。そこで述べられているように、「気づかない方言」とは〈使用者が方言ではなく、全国共通語であると思っている方言現象〉のことであるが、その中には、同じ語形の語が共通語にもあるが意味がずれている、という場合が多い。

筆者は第1章のもととなった新野（2000a: 1）において、これを通時的な言語変化に置き換え、

・「ある程度進行していながら、日本語学研究者や、「ことばの乱れ」に関する著作を発表するような日本語に関心の深い人々でさえもほとんど気づいていない—仮に気づいていたとしても、少なくとも公に発表された著作の中では指摘していない—意味変化」を、《気づかない意味変化》と呼びたい。

と提案した。例えばこの論文で扱った”いやがうえにも”は本来〈さらにますます〉という意味であるが、〈不可抗力によって、否応なしに〉あるいは〈自然に、おのずと〉という意味で使われることが多くなっている。しかし「日本語本」などでの指摘はほとんどないし、最新の国語辞書でもそのような意味は「誤用」としても挙げていない。第2章〜第4章で扱った“返り討ち”“ていたらく”“万端”においても、変化は相当程度進行していながら、やはり指摘する文献は皆無かそれに近いのである。

第1章は新野（2000a）と、新野（2004）の一部を統合し、さらにその後の考察も加えて書き直したものである。また第2章は新野（2006）に、第3章は新野（2007）に、その後採集した用例を増補し、さらに考察を加えたものである。第4章は、新野（2009a）に“万全”に関する調査結果を増補するなど

して書き改めたものである。

第4部には、「誤用」とは呼びがたく、「気づかない変化」の定義にも当てはまらないが、現代日本語において進行中である注目すべき変化の事例を、2件収めた。

第1章では、“適当”に着目した。この語は、「適当に答える」というのが〈適切に答える〉という意味にも〈いいかげんに答える〉という意味にもなるように、ほぼ正反対の意味で併用されている。この語について述べた新野(1997b)の内容をまず掲載し、その後に現時点までの調査結果や、他の研究者の文献の概観などを付け加えるという形をとった。

第2章では、その意味に変化があり、表記にゆれの見られる“のうてんき”について論じた新野(1999)に、新たに行った各種データベースによる検索の結果なども合わせ、書き改めた。

筆者の既発表論文と本書との関連については、巻末に具体的に挙げてあるので、参照されたい。

本書においては、研究対象となっている語は“なにげに”“いやがうえにも”のように“　”で囲み、個別の語形や、用例の引用、さらに句の場合は「なにげな」「全然おもしろい」「準備万端整う」のように「　」で囲んだ。意味は〈さらにますます〉のように〈　〉で囲んで示した。

いずれの用例も、必要な場合を除き、漢字字体は現行のものに直し、振り仮名は問題となっている語句に関わるもの以外は省略した。筆者(新野)が読者の理解のため補った部分は、{　}で囲っている。つまりこれ以外のカッコ類はすべて原文のママということである。また用例中は問題となっている語句に下線を引いたが、「ママ」と断ったもの以外はすべて筆者の手によるものである。用例中の太字や傍点はすべて原文のママである。「(中略)」は原文にそのようにある場合で、筆者が引用に際し一部を略した場合は「{中略}」となっている。

本書は、2009年に東北大学大学院文学研究科に提出した、東北大学審査学位論文(博士)『現代日本語における進行中の変化の研究―「誤用」「気づかない変化」を中心に』に加筆・修正を行ったものである。また、刊行にあたっては、独立行政法人日本学術振興会平成22年度科学研究費補助金(研究成果公開促進費)課題番号225067の交付を受けた。

## ○本書で利用したコーパス・データベース

今回用例の採集などに利用したコーパス・データベースのうち、主なものは以下のとおりである。

### 1.　明治〜昭和戦前を中心とするデータベース

○『青空文庫』http://www.aozora.gr.jp/

明治期から昭和戦前の作品を主に収録した(一部戦後の作品もあり)、インターネット上の電子図書館である。各種検索エンジンで全文検索ができる検索ページから、Googleで検索を行った。

○『新聞記事文庫』http://www.lib.kobe-u.ac.jp/sinbun/index.html

神戸大学付属図書館デジタルアーカイブ『デジタル新聞記事文庫』は、同大学の経済経営研究所が1910(明治43)年から1970(昭和45)年まで行ってきた経営・経済関係を中心とする新聞記事の切り抜きの成果である、『新聞記事文庫』をデジタル化したものである。その点、後掲の今日の新聞記事データベースと比べ、検索対象となる記事の分野に偏りがあるといえるが、それにより本書で扱った語句の意味・用法にバイアスがかかるということはないと思われる。

記事数は全体で約60万件にのぼるが、デジタル化されてウェブ上で検索できるのは1910年から1943(昭和18)年までの記事38万件(推定)の約5割(概算)である(デジタル化の作業は少しずつ進行しているため、検索した時期により対象となる記事数は変わる)。収録対象紙は大阪発行の主要紙・経済紙に加え、東京発行の各紙、主要地方紙、さらに旧植民地発行紙と広範囲にわたっている。

検索の対象となるデジタル化された本文とともに、記事の写真映像も同時に見られるので、引用はそちらから行った。

○『太陽コーパス』

博文館から刊行された月刊誌『太陽』(1895 ～ 1928 年)の、1895(明治 28)年、1901(明治 34)年、1909(明治 42)年、1917(大正 6)年、1925(大正 14)年刊行分の記事データベースである。国立国語研究所(2005a)を使用した。詳しい説明はその付属解説書、及び国立国語研究所(2005b)に譲る。

## 2. 昭和戦後～今日のデータベース

○新聞記事データベース(「新聞」と略す)

主に朝日新聞の記事データベース(『聞蔵 II ビジュアル』)を用い、適宜、毎日新聞、読売新聞、日本経済新聞、産経新聞、東京新聞の記事データベース(順に『毎日 News パック』『ヨミダス歴史館』『日経テレコン 21』『The Sankei Archives』『中日新聞・東京新聞記事データベース』)をも利用した。必要に応じ、図書館などで実際の紙面あるいは縮刷版で確認を行った。そのため、対象はそのような確認が可能な東京(本社)版の記事に限定し、地方版・地域面の記事は対象から除いた。朝刊の場合は特記せず、夕刊や日曜版などの場合のみそれを示した。用例は原則として掲載紙ごとにまとめて挙げ、その中では日付の古い順とした。新聞名は「朝日」「毎日」「読売」「日経」「産経」「東京」のように略して示す。

また『聞蔵 II ビジュアル』では雑誌『週刊朝日』(2000.4 ～)・『AERA』(1988.5 創刊号～)の記事本文も検索可能で、両誌の用例はそれに拠るものも含まれている。さらに『毎日 News パック』では雑誌『エコノミスト』(1989.10.31 号～)の記事本文も検索可能であり、同誌の例はそれに拠るものである。

なおこれら記事データベースは、著作権などの関係から、当該期間中のすべての記事が検索対象になっているわけではない。

記事データベースに拠らない、スポーツ紙や夕刊紙などから採集した用例は、特に断ったもの以外すべて、東京 23 区内で販売または配達された版に拠っている。

○『国会会議録検索システム』(「国会」と略す) http://kokkai.ndl.go.jp/

「国会会議録」の資料性、価値については松田(2008a)に詳しい。一言でいえば、「これほどまでに大量で、口語的性格を多分に残した上に時間的幅を持った電子化現代語資料は、日本語コーパスが一般化した昨今においても、かなり珍しいものである」(p.25)ということである。なお引用した会議録の本文のうち、電子化される以前の144回までの会議録は、原本画像閲覧機能で確認している。

○『Googleブック検索』(「ブック」と略す) http://books.google.co.jp/books

このサービスは、ある検索語で検索を行うと、本文にそれを含む図書の表紙写真と一部書誌情報、さらに検索語を含む本文の一部が検索結果画面に表示される。書名をクリックすると、検索語の所在ページの写真映像が画面に表示される(対象図書は、現時点では一部の出版社の図書および一部の図書館の蔵書に限られる)。そのうち「このページの内容は閲覧が制限されています」とあって本文が見られないものや昭和20年以前の文章の例は除いた(時代小説の登場人物のセリフでの例は含めた)。同じ図書の親本と文庫版などで同一の文章が重複してヒットした例は1例と数えた。

一般的なウェブ検索と同様、検索を行う日によって結果が変動するという欠点はある。また、ウェブ上のデータベースは、「入力ミス・読み取りミスがあり得る」という問題点を含むものがあり、このサービスにしても、検索結果一覧ページに表示される「検索語を含む本文の一部」には、読み取りミスが少なからず見られる。ところが、このサービスは所在ページの写真映像が表示されるので、その場で実物における用例本文を確認できる。これが、大きな利点である。「限定プレビューと全体表示」の設定を用いた。

ここに挙げた以外にも、いくつかのインターネット上あるいはCD-ROMの形のデータベースを利用して用例を採集した。ただし、いずれも引用は検索結果として表示されるものではなく、新聞・雑誌・図書の場合は原典(原典の写真映像が表示されるデータベースの場合はそれに拠った。また復刻版も含む)、小説などの場合は初出あるいはそれに極力近いテキストから行った。そのような形で確認できなかった用例は本書中には引用していない。

# 第１部
# 現代日本語の「誤用」

# 第１章　“役不足”の「誤用」について

## 1.　はじめに

意味変化にはいくつかの型がある。意味範囲の拡大や縮小、一般化や特殊化などと並ぶその１つに、対義的方向への意味変化がある。語(句)の意味がほぼ正反対になるというのは特異なケースのように感じられるが、その実例は決して少なくなく、“やおら”「気がおけない」「(流れに) さおさす」などがよく知られている。

筆者は、それら以上に、対義的方向へ意味変化した現代の事例として知られている“役不足”を取り上げ、新野(1993、2005)を執筆した。さらにその「誤用」文献初出例に関して新野(2009b)を発表した。本章は、それらの内容に今回新たに採集した用例やその分析などを加えて、再構成したものである。

## 2.　“役不足”の「正用」

『日本国語大辞典』初版(19 巻、1976) はこの語に以下のような語釈を付す。

・①振り当てられた役に対して不満を抱くこと。与えられた役目に満足しないこと。(『花暦八笑人』『西洋道中膝栗毛』の例あり)②その人の力量に対して、役目が不相応に軽いこと。軽い役目のため実力を十分に発揮できないこと。(例なし)

このように、「誤用」は書かれていない。第２版(13 巻、2002)になると、

①、②の意味記述は同文であるが、②の用例として川端康成『文科大学挿話』、森茉莉『恋人たちの森』の例が挙っている。さらに③として「(誤って、役に対して自分の能力が足りないの意と解したもの)役割を果たす力がないこと。荷が重いこと」と「誤用」が新たに加わっている。しかし用例は「役不足ですが、一生懸命つとめたいと思います」という作例である。

そして、精選版(3巻、2006)は「誤用」例として源氏鶏太『続・一等サラリーマン』(1952)の例を挙げる(この例については後に検討する)。

一方「日本語本」などでは、“役不足”は「間違った日本語」の例として数え切れないほど取り上げられている。

・役不足は与えられた役が実力に比して不足であるとき、たとえば「君には役不足だろうが、この役は君にしか頼めないのでね」のように使われる。

　ところが、「私では役不足でしょうが……」のように、その役をつとめるにはまだ力が足りないという意味に使う人がいる。それなら「私では力不足でしょうが……」といわないと、生意気なやつだと思われよう。（雑学研究会 1984: 193）

・上司から重要な役職を打診されたときに、謙遜するつもりで「私には役不足です」と言う人がいるが、これは間違った使い方だ。

　「役不足」は能力に対して役目が軽いというときに使う言葉だから、謙遜するつもりが「傲慢な奴だ」と思われてしまう場合もある。本来は、「私では力不足です」「私には荷が重いと思います」などと言わなければならない。（和田 2007: 93）

この2つの文献における記述は23年という歳月を間にはさみながら、その内容はほぼ同じである。

本節では、「誤用」の分析に先立ちこの語の「正用」について、江戸～明治初期の実例と、辞書の記述を中心に考えてみる。

### 2.1.『花暦八笑人』『西洋道中膝栗毛』における用例

この語の筆者の知る限りでの初例は『柳多留』二二の「役不足だらけ素人

の芝居じやみ」という天明4(1784)年の句で、①の意である(「じやみ」は〈中止になる〉の意の動詞“じゃみる”の連用形)。さらに『日本国語大辞典』初版で用例が引かれている『花暦八笑人』(文政3(1820)～嘉永2(1849)刊)には8例、『西洋道中膝栗毛』(明治3～9刊)には3例の“役不足”がある。それらをすべて挙げてみよう。

まず『花暦八笑人』の例である。用例探索は有朋堂文庫により、当該箇所を東京大学図書館青州文庫蔵版本により確認した。引用は後者により、数字はその丁数である。なお漢字の字体は現行のものに直し、振り仮名は「役不足」に対するもの以外は省いた。

(1)左「そんならこうしやう他の仕た通もされめへから自分〴〵に茶番の心もちで一趣向づつ案て自分の書た正本なら夫狂言のたてものにするがいゝ　アバ「ムゝそれて役《やく》ぶ足《そく》がなくつていい(春の部壱・七裏)

(2)呑七「ヘンそんな病人役なら。外のものにさつし。おれが自身に手をおろす。程の事もあるめへ　卒「何サ役ぶ足《そく》をいふ事はねへとてもお下に勉める役でハねへから。足下にたのむのダ　(三下・一九表)

(3)眼七「そふよ。野呂公が役だ　野呂「ヘンありがてへ蚊に喰れながら。蛍花火を。ポタリ〳〵やつて居るのだナ。智恵のねへ　呑七「其役をしねへ所が。智恵のあるほうでもねへから。役不足《やくぶそく》をいふ事ハねへ　(四上・一七表～裏)

(4)「そこで題が忠臣蔵。しかも五段目で。わけ有て定九郎と與一兵衛ハ。外にする者が有から。其外をくじにしたのだから。くじ次第にして。役不足《やくぶそく》をいひツこなしだヨ　(四下・一七裏～一八表)

(5)出目「図武公何だ〳〵　図武「猪ヨ　野呂「ハゝゝゝゝ是は本役だ。奇妙〳〵　図武「なんの猪なんぞは。鬮へ入れずとものことだ　出目「五段目にしゝがなくツてつまるものか。役不足《やくぶそく》をいひツこなしといふ。きめだ〳〵」　(同一八裏)

(6)図武「うぬがいい役をとつたと思つて。ひとりでにこ〳〵しやァがる。おらァ役不足《やくぶそく》はいはねへが。役足りをいゝてへ。そのつらで勘平が出来るものか　出目「ヘン捨置たまへ〳〵ツ　(同前)

（7）出目「コレ呑公なんとまじめにやつてくれねへか囃子町や猪子なんぞは。役不足《やくぶそく》でまぜつけへすも仕方がねへが。弥五郎なんぞハまうけ役でゐながら。身にしみて稽古するがいゝじゃァねへか　呑「ヘン弥五郎ぐれへあんまりまうけ処もねへ。こつちは由良之助でもする気だァ

（四追加上・一二裏）

（8）あば「{中略} 一体今度の茶番ハおれが番でおれが作者なり。中二階こそすれ座頭の事だから。親方とか太夫さんとかいつて。妙でござります。いづれよろしくと言ひさうな所を {中略} 眼「左様さおめへの番だから。誰だつて役不足《やくぶそく》を言ふといふ訳はねヱが。

（五中・四表～裏）

すべての例が芝居での配役に関するものである。そして(1)、(7)以外は「役不足を言ふ」の形になっている点も注目される。これは〈俳優などが自分に割当てられた役に対して不平不満を言う〉の意であり、したがってこの場合の「役不足」は『日本国語大辞典』の①の意である。また(1)、(7)も前後から〈役が軽いこと〉そのものよりも〈役が軽いことに対する不平不満〉を表すと考えられる。以上からこの作品の“役不足”には後掲の『大日本国語辞典』や『言泉』(この2種、さらに『大辞典』『日本国語大辞典』はそろって用例として(4)を挙げる)の意味記述が最も過不足なくあてはまるといえる。

次に『西洋道中膝栗毛』の例である。用例探索は岩波文庫により、当該箇所を東京大学図書館鷗外文庫蔵版本で確認。引用は後者により、数字はその丁数である。やはり漢字の字体は現行のものに直し、振り仮名は「役不足」に対するもの以外は省いた。

（9）北「{中略} 日本へ帰国たら河竹にこ《マ》の此《マ》脚色をはなして一幕著てもらふのだアヽ高島屋古人市川小団次也が現在て居たらサゾ嬉しがるだらう　弥「べら坊めヱ幕切が関羽の木像を見て目を廻した揚句に盗人に衣服を剥れる狂言が仕組まれるものか両国の村右衛門でも役不足《やくぶそく》だハ。

（三上・八裏～九表）

（10）「しかし美麗婦女子と引付合ツて死んでゐるのハはたで見た目も盤前

がいゝがひよつとこがあくびをしたやうなてめへと一処に死んでゐちやアおれの役がわるくならア　北「何のおめへもろくな顔色でもねへくせにヨそつちが役《やく》ぶそくならこつちもふせうちだ

（三下・一七裏～一八表）

(11)弥「ウムそんならさしづめ工藤はおれだ中村芝かんのこわいろにて父を討れてむねんのか　通「さんぞうらう　弥「くちをしいか　通「さんぞうらう　ト摺足でつめかけたら役《やく》ぶそくハあるめへが祐経は一臈別当お前は馬車の別当にも請とれねへから此対面ハ蔵にしやせう　（九上・三裏～四表）

これらもすべて芝居に関する例である。(10)は「役に不満を持つこと」と解せる(「ふせうち」は「不承知」)。また(11)は「弥」すなわち弥次郎が「通」すなわち通詞を曽我五郎、自らをその父の仇工藤祐経に見立て芝居の真似をする場面である。最後の通詞のセリフはいささか意味がとりにくいが、「(自分が)摺足でつめかけてみたところが、(弥次郎自身は)祐経役に不満はあるまいが、(自分から見れば)弥次郎では祐経は演じられないので、この祐経と五郎の対面場面はやめにしよう」と解してみた。

さて『日本国語大辞典』が①の例として引いている(9)は〈役が軽すぎること〉と解することも可能である。しかし「サゾ嬉しがるだらう」に対比されることを考えると、やはり〈不満〉と考えてよかろう。いずれにしてもこの時点では「役」の範囲が〈芝居での配役〉にかなり限定されていたと判断できる。

## 2.2.　辞書における意味記述

次に、江戸期から今日までの辞書類を見ていく。

この語は『俚言集覧』『和訓栞』『和英語林集成』『言海』『日本大辞書』といった明治前半までの辞書には立項されていない。その後の明治末から昭和戦前までの国語辞書は、

・自分の役前が心に満たざること　（『辞林』明 43）

・俳優などが、振り当てられる役目に対して不満を抱くこと。己れの役目に対して抱く不平。　（『大日本国語辞典』大 4）

・俳優などが、割り当てられたる役に対して、不平を言ひたつること。
（『言泉』昭3）

・俳優ナドノ、己レノ役ニ対シテ不満ヲイダクコト。　（『大言海』昭10）

と概ね『日本国語大辞典』の①の意のみを掲げる。ただ平凡社『大辞典』（昭11）は、

・振り当てられた役目が、その人の技量・才能にとつて不足であるの意。

と②の意味のみを示している。

これが戦後になると、同じ昭和27年刊の3種で次のようになっている。

・俳優などが、自分の振当てられた役目に対して不満をいだくこと。
（『辞海』）

・㊀割り当てられた役目に対し不満を持つこと。㊁軽い役目で、うでまえを十分表せないこと。　（『明解国語辞典』改訂版）

・俳優など、現在の役目が、その人の実力以下のものであること。また、その不満。　（『新編国語辞典』）

順に①のみ、①②、②①となっている。

最新版の国語辞典では、『新選国語辞典』第6版が①のみ、『明鏡国語辞典』が②のみである。そして『旺文社国語辞典』第10版、『福武国語辞典』、『角川最新国語辞典』、『現代国語例解辞典』第4版、『大辞林』第3版、『日本語大辞典』第2版、『講談社国語辞典』第3版、『三省堂国語辞典』第6版が①②の順である。一方、『岩波国語辞典』は初版（1963）、第2版（1971）までは①②の順であったが第3版（1979）で順序が入れ替わり、第4版（1986）以降に受け継がれている。そして『学研国語大辞典』（第2版）も②①の順、『新明解国語辞典』第4版（1989）でも「割り当てられた役目が軽過ぎ・る（て、それに満足出来ない）こと」との②の方が主で、第5版（1997）、第6版（2003）も同様である。そしてこれらの①においては、それ以前の辞書の大半にあった「俳優などの」という主体の限定がない点も注意する必要がある。また『広辞苑』は初版（1955）では、

・①俳優などが自分に割当てられた役に対して不満を抱くこと。
②自分の役目に対して不足に思うこと。

と『日本国語大辞典』の①を二分したような意味記述になっているが、第2版(1971)から第6版(2008)では②が「その人の力量に比べて、役目が軽すぎること」となっている。以上をまとめると、戦前まではほとんど①〈俳優などが軽い役目に不満を抱くこと〉という感情面の意味のみが示されていたが、戦後は②〈役目が軽いこと〉という現象面の意味のウェイトが次第に大きくなり、①がある場合でも主体の限定がなくなってきているということになる。

語の「正用」というのが一般に言われるように「辞書に書いてある意味」だとすれば、“役不足”の場合はそれ自体が明治末から現在までの間に、〈ある現象によって起こる人間の感情〉から〈その現象自体〉へと変化し、さらに「役」の範囲も〈演劇における配役〉から〈一般的な「役目」〉へと変化しているわけである。

そして

・「私には役不足で務まりません」などと、力不足の意に誤用されることがある
(『現代国語例解辞典』第4版、2006。1985刊の初版からこの記述あり。ただし初版のみ「こと」→「むき」)

・力不足の意に使うのは誤用
(『講談社国語辞典』第3版、2004。1991刊の第2版からこの記述あり)

・力不足の意に使うのは誤用。
(『岩波国語辞典』第7版、2009。1995刊の第5版からこの記述あり)

・「役不足ですが司会を務めます」のように自分の能力をけんそんして言うのは本来は誤用。
(『新選国語辞典』第8版、2002。1994刊の第7版まではこの記述なし)

・「—ですが一所懸命務めます」などと、自分の力不足・力量不足の意で使うのは誤り。　(『明鏡国語辞典』2002)

・近年、実力不足の意でへりくだる俗な用法もみられる。
(『集英社国語辞典』第2版、2000。1993刊の初版にはこの記述なし)

・自分は力量不足で役割をこなす力がないという意では用いない。

（『旺文社国語辞典』第10版、2005。1998刊の第9版まではこの記述なし）

・「―ながらその任を全うしたい」などと、自分の能力不足を謙遜する言い方に用いるのは誤り

（『新明解国語辞典』第6版、2005。1997刊の第5版まではこの記述なし）

と、現行の版の小型国語辞書の多くが「誤用」に言及している。なお中型の国語辞書でも、次のように「誤用」を挙げている。

・誤って、力不足の意に用いることがある。　　　　（『広辞苑』第6版）

・「役不足ですが頑張りたいと思います」などのように、自分の力量をへりくだる意味で用いるのは誤り。　　　　（『大辞林』第3版）

## 3.　世論調査の結果

今日の国語辞書の記述を確認したところで、本節ではこの語の意味に関する世論調査の結果について見ていく。

2007年9月、平成18年度の「国語に関する世論調査」（2007年2～3月に全国16歳以上の男女3000人を対象に実施。以下「2007調査」とする）の結果が公表された。その中に「Q17慣用句等の意味」という問があり、“役不足”など5つの語句についてその意味を尋ねている。

“役不足”については、平成14年度の「国語に関する世論調査」（2002年11～12月に全国16歳以上の男女3000人を対象に実施。以下「2002調査」とする）でも調査項目になっている。いずれも面接調査で、「あなたはここに挙げた(1)～(5)の言葉や言い方の意味は、それぞれどれだと思いますか。1つ選んでください。」という設問で選択肢から1つを選ぶ方式であった。

そしてこの語については2002調査からさらに約10年さかのぼる調査結果がある。「NHK第7回言語環境調査(2)ことわざ・成句の形と意味のゆれ」（1993年1～2月に東京100キロ圏内の男女1800人を対象に個人面接法で実施。以下「1993調査」とする）がそれで、この調査はまず「～ということばをご存じですか」という質問をし、「はい」と答えた被調査者に、さらに「では、そのことばの意味はどれだと思いますか」と尋ねて選択肢から選ば

せる、という方法をとっている。

この3回の世論調査の結果を、文化庁文化部国語課編(2007: 92)、『放送研究と調査』43(7)(1993.7) p.79によって表にまとめると、表1・表2のとおりである(太字が「正用」)。

1993調査は調査対象や質問の方法、選択肢の表現が2002・2007調査とは異なるため、単純な比較はできないものの、3回の世論調査結果を順に追っていくと、「誤用」と「正用」のポイント差は、1993調査では36.3、2002調査では35.2とほとんど変わらなかったものが、それから4年あまりしか経っていない2007調査では10.0と、25.2ポイントも縮まり、比率は5：4にまで接近している。つまり「正用」が巻き返してきているという結果になっている。

**表1　2002・2007調査の結果(例文は、「彼には役不足の仕事だ」)**

| 選択肢 | 2002調査(%) | 2007調査(%) |
|---|---|---|
| (ア)本人の力量に対して役目が重すぎること | 62.8 | 50.3 |
| **(イ)本人の力量に対して役目が軽すぎること** | 27.6 | 40.3 |
| アとイの両方 | 2.8 | 2.9 |
| ア、イとは全く別の意味 | 1.8 | 0.3 |
| 分からない | 5.0 | 6.2 |
| 計 | 100.0 | 100.0 |

**表2　1993調査の結果**

| 選択肢 | 比率(%) |
|---|---|
| **1. その人の力量に対して、与えられた役目が軽いこと** | 30.0 |
| 2. その人の力不足で、与えられた役目がつとまらないこと | 66.3 |
| 3. 同期の仲間が多すぎて、役職のポストが不足していること | 1.6 |
| 4. わからない・無回答 | 2.1 |
| 計 | 100.0 |

世論調査の結果は以上のとおりであるが、ではこの結果は実例の出現状況にも反映しているのであろうか。次節では“役不足”の実例を、「新聞」「国

会」「ブック」の3種のデータベースの検索などによって調査してみる。

## 4.　今日の“役不足”の実例

「新聞」「国会」「ブック」は、1988年1月から2007年12月までの20年間の記事、会議、図書を対象とした。表中の「☆」はこの語の「誤用」そのものを話題にしている記事、会議を表す。同じく「○」、「●」、「◎」はそれぞれ1993調査、2002調査、2007調査の結果に関する記事を、「?」は正誤のいずれか判定が困難な記事を表す。

### 4.1.「新聞」

まず「新聞」の調査結果を年別にまとめたのが表3である。「ハリウッドでさえ役不足」(「アートの視点」見出し、朝日1995.5.23夕)のような〈(俳優の)人数に対し役の数が不足している〉という意の例もヒットしたが、これは除いた。

朝日は1993調査の結果を報じる記事の掲載(1993.7.31夕)以前は内部記事にも「誤用」が見られるのに対し、その後の「誤用」は同年の外部寄稿の文章と1995年のラグビー記事に1例ずつあるのみ。毎日は、表にはないが、大阪本社版1993.9.30夕のコラム「憂楽帳」で1993調査の結果を報じている。その後も「誤用」は3例見られるが、1998、1999年の2件は外部寄稿での例である。1988～1992年は「誤用」が圧倒的に優勢な読売は、1993調査の結果は報じていないが、1994.6.9夕掲載の、アナウンサーの言い間違いや読み間違いなどに関する記事の中で、日本新聞協会用語懇談会放送分科会が『放送で気になる言葉』と題した冊子を作成したことを報じ、その1項目として“役不足”の「誤用」を取り上げている。それ以降の「誤用」は1995年にボクシング記事で2例、1999年に外部寄稿で1例、2007年に連載小説で1例である。同様に1988～1992年には「誤用」が大きく優勢な日経は、1993調査の結果を報じる記事の掲載(1994.3.27)以降は「誤用」は同年の1例を最後に見られなくなる。外部寄稿や連載小説は著者の用語がある程度尊重されるし、スポーツ記事は見出しでの語呂合わせや話し言葉の多用（スポーツ専門紙ほどではないにせよ）など、他の記事と比べ用語の自由度が比較的高く、「正しい日本語」観点での校閲が緩いという観がある。

なお日経の 1997 年の欄に見える★は、野球記事における以下の例である。

・四十一歳大野から二十二歳のルーキー沢崎へ。{中略} 沢崎の緊張は沸騰点に達していた。「大野さんの後ですから。役不足、いえ違います、力不足じゃないか、と」。（1997.4.11）

この語の「誤用」自体が話題とは言えないが、それについての内省が感じられるので、あえて★として別にした。

連載小説は除いた各紙の記事における、最後の「誤用」例である。

・一方のグレーガンは、機をみて柔軟にプレーを選択する豪州バックスのSH {＝スクラムハーフ} としては、試合の組み立て、個人技術ともに役不足だった。（朝日 1995.6.12 夕）

・あなたもなにか動物、それも鯉や犬などでは役不足、少なくとも猿、事情が許せば、犀やキリンといった動物を三十匹放し飼いにすればいいのです。（「町田康のどうにかなる人生」毎日 1999.8.1）

・もちろん週末やスポーツにはこれら {＝グリーン系やフローラル系の香り} もいいと思いますが、基本的には若い人の香り。キャリアを重ね、成熟した大人の女性にはちょっと役不足です。
（小林ひろ美「四季彩歳・化粧」読売 1999.9.28）

・JT の試算では、美容ブームによる {天然塩の} 需要増は年間約一万トン。約十万トンと見られる天然塩市場への影響は大きいが、全体の消費拡大のけん引車としては役不足という。
（境田敦「エコノ探偵団」日経 1994.7.9 夕）

一方 21 世紀に入ってからの「正用」例である。

・行政改革は、当時の政治の最重要課題だから、中曽根 {康弘} さんのような大物でも {行政管理庁長官のポストを}「役不足」と断る訳にはいかない。（加藤寛「私の履歴書」日経 2005.5.22）

**表 3 「新聞」の“役不足”**

| | 朝日 | 毎日 | 読売 | 日経 |
|---|---|---|---|---|
| 1988 | 誤 | | 誤 | 誤 |
| | | | 誤 | 正 |
| | | | 誤 | 誤 |
| 1989 | 正 | ☆ | 誤 | 誤 |
| | | | | 正 |
| 1990 | 正 | 正 | 誤 | 誤 |
| | | 誤 | 誤 | 誤 |
| | | | | 誤 |
| 1991 | 誤 | | 正 | 誤 |
| | 誤 | | | 誤 |
| 1992 | 正 | ☆ | 誤 | 誤 |
| | 誤 | | 誤 | |
| | | | ☆ | |
| 1993 | ○ | 誤 | | 正 |
| | ○ | | | |
| | 誤 | | | |
| 1994 | ☆ | 正 | ☆ | ○ |
| | | | | 誤 |
| 1995 | 正 | 正 | 誤 | 正 |
| | 正 | | 誤 | ? |
| | 誤 | | | |
| 1996 | 正 | 誤 | 正 | ☆ |
| | | | 正 | |
| 1997 | ☆ | | ☆ | ★ |
| | ☆ | | ☆ | ☆ |
| 1998 | ☆ | 誤 | | |
| 1999 | | 誤 | ☆ | |
| | | | 誤 | |
| 2000 | | ? | | |
| | | ☆ | | |
| 2001 | | | | |
| 2002 | | | ☆ | 正 |
| | | | 正 | |
| 2003 | ● | ● | ☆ | ● |
| | ● | ● | ● | |
| | 正 | ● | ● | |
| | | ● | ● | |
| | | | ● | |
| 2004 | 正 | 正 | | |
| | | 正 | | |
| 2005 | 正 | | | 正 |
| | | | | 正 |
| 2006 | | | | |
| 2007 | 正 | 正 | 誤 | ◎ |
| | ◎ | ◎ | ◎ | |
| | 正 | ◎ | | |
| | ☆ | 正 | | |

＊表の見方：1988 年には、朝日に「誤用」1 例、毎日は用例なし、読売は 3 例ですべて「誤用」、日経は 3 例で「誤用・正用・誤用」の順に出現。

**表 4 「国会」の“役不足”**

| | |
|---|---|
| 1988 | |
| 1989 | |
| 1990 | |
| 1991 | |
| 1992 | 誤 |
| | 誤 |
| 1993 | 誤 |
| 1994 | 誤 |
| | 誤 |
| 1995 | |
| 1996 | 誤 |
| 1997 | 誤 |
| | 誤 |
| 1998 | |
| 1999 | 誤 |
| | 誤 |
| 2000 | ☆ |
| | 誤 |
| | 誤 |
| | 誤 |
| 2001 | |
| 2002 | 誤 |
| | ☆ |
| | 誤 |
| 2003 | 誤 |
| | 誤 |
| 2004 | 誤 |
| 2005 | |
| 2006 | 誤 |
| 2007 | |

＊表の見方：1988 ～ 91 年にはヒットした会議なし、1992 年には「誤用」2 件、2000 年は全 4 件で「☆・誤用・誤用・誤用」の順に出現。

**表 5 「ブック」の“役不足”**

| 発行年 | 正用 | 誤用 |
|---|---|---|
| 1997 | | 1 |
| 1998 | 1 | 3 |
| 1999 | | 3 |
| 2000 | | 4 |
| 2001 | | 5 |
| 2002 | 2 | 8 |
| 2003 | 3 | 7 |
| 2004 | | 3 |
| 2005 | | 9 |
| 2006 | 3 | 6 |
| 2007 | 2 | 6 |
| 2008 | | 7 |
| 不明 | | 7 |
| 計 | 11 | 69 |

・17 日公開の「ピーター・パン」でやきもちやきの妖精ティンカー・ベルをリュディビーヌ・サニエが演じているのを見て、ちょっとびっくりした。サニエはフランスのフランソワ・オゾン監督の秘蔵っ子女優で「焼け石に水」「8 人の女たち」に使われ、GW 公開の「スイミング・プール」で堂々シャーロット・ランプリングと渡り合っている。「ピーター・パン」は確かに大作だが、ティンカー・ベルはコンピューター映像で作ろうと思えば作れるキャラクターだ。彼女には役不足ではないかと思えた。　（「シニア映画歓」毎日 2007.4.8 夕）

・人物造形が総じて甘い。主人公は操り人形のように見えるし、わきの豪華キャストはそろって役不足で、気の毒に思えてくる。

（秋山登「プレミアシート」朝日 2007.9.14 夕）

表 3 から一目でわかるように、4 紙いずれも 20 世紀には目立っていた「誤用」が、21 世紀に入ってから(「2002 調査の結果を報じてから」とも読めるが)は読売に 2007 年の連載小説中の 1 例以外は見られないという状況になっている。読売では、「正用」も 21 世紀に入ってからは 2002 年にやはり連載小説中に 1 例あるのみで、この語の用法自体を話題とするもの以外の記事本文中の用語としては、2007 年まで正誤を問わず全く例がない。読者の誤解を恐れて“役不足”という語の使用そのものを控えるようになった、と見るべきか。

結局、新聞各社ではこの 20 年の間に 1993 〜 1994 年の 1993 調査の結果掲載と『放送で気になる言葉』作成という第 1 段階、さらに 2003 年の 2002 調査の結果掲載という第 2 段階を経て、「誤用」が紙面作成者側に広く認識されていったと考えられる。

### 4.2. 「国会」

「国会」では“役不足”を含む会議が全 21 件ヒットした[1]。その内容は表 4 のとおりで、「日本語の乱れ」の一例として、まさに国会における“役不足”の「誤用」が話題として取り上げられた会議(☆)が 2 件あった(以下、発言者名のカッコ内は原文のママ)[2]。

・○宮澤国務大臣　役不足で申しわけございませんけれども、どうも、いかに海江田先生のお尋ねでも、これぱかりはお返事ができません。{後略}

○海江田委員　{中略}あと大蔵大臣、一つだけ私ちょっと今気になりましたのは、役不足だとおっしゃいましたけれども、あれは日本語の間違った使い方ですからね。全く違いますから、これだけはちょっと。最近日本語が大変乱れておりまして、官房長官も御答弁と、自分の言い方に御答弁なん《ママ》というような発言がきのうもありましたし、細かく言ったら切りがありませんけれども、文部大臣はいませんけれどもまず国会が一番本当は日本語が乱れているのですね、これは。

（第 147 回衆院予算委員会 12 号、2000.2.23）

・○中野委員　{中略}それから、時々、例えば大臣のかわりにどなたか役所の方がいらっしゃる。いや、大臣が日程上の都合で、私ごときで役不足ですがと言うけれども、役不足というのは何と。本当は役者不足ですな、正しくは。役不足というのは、私に合ういい役がないので、しようがない、こんなつまらぬ役を今引き受けて私は来ました、そういう意味ですよね、役不足と言えば。でも、そういうのはみんなよく使うんですな、意外に。（第 154 回衆院文部科学委員会 15 号、2002.7.3）

この２件以外はすべて発言者が「誤用」例をそれと意識せずに使用し、そのまま議事が進行した会議で、１件の会議に１例ずつ「誤用」例がある。特に中野(寛成)氏の指摘するような、謙遜のつもりで自分を「役不足」と言う例が 19 件中 16 件に現れている。

・○田中(昭)委員　{中略}実は、予算委員長の上原先生は沖縄の御出身でございまして、本当に沖縄問題についてはこの場でいろいろ御見解を述べたい、こういうこともお聞きをいたしておりましたけれども、委員長という立場でできませんので、大変役不足ではございますが、私がかわって政府にお願いをしておく、

（第 136 回衆院予算委員会 19 号、1996.2.27）

・○鈴木(宗)政府委員　本来ですと野中官房長官が出席してお答えしてい

るところでありますけれども、いろいろ日程が詰まっておりまして、役不足でありますけれども私の方から答弁させていただきます。

（第145回衆院法務委員会3号、1999.3.19）

・○内閣官房副長官（鈴木政二君）　大変恐縮であります、今日、官房長官来れ《ママ》ませんで、私が代理に来ましたんで、役不足かも分かりませんけれども一生懸命答弁させていただきますので、よろしくお願いをしたいと思います。　（第165回参院経済産業委員会7号、2006.12.7）

と、「誤用」が相次いでいるのである。

### 4.3. 「ブック」

次に「ブック」で2009年3月15日に「役不足」で検索して用例の得られた96件について、本文を調査した結果は表5のとおりで、「正用」11件に対し「誤用」69件と、「誤用」が大きく優勢である。これ以外ではこの語の意味自体を話題にしている文章中に登場するのが15件、正誤いずれとも判断しがたい例が1件となっている。「誤用」例は以下のとおりである。

・今、家で使っている醤油さしは、いくら気をつけてもたれてしまう。柄や形が気に入っていてもこれでは役不足だ。

（睦木恵『自転車にバラを乗せて』文芸社、2000。p. 43）

・リアルタイムのコミュニケーションを行うには、HTMLだけでは役不足です。そこで、ユーザの要望に応じてページを変化させる方法である、CGIの出番となります。

（玉川純『はじめてのPerl/CGIプログラミング―Linux/Windows対応』秀和システム、2005。p. 18）

・一般的な3シーズン用のシュラフは防寒性がよくないので、寒冷地で使うのには役不足。

（武内隆『超実用！　車中泊入門―クルマの中で快適に寝るためのノウハウを満載！』地球丸、2006。p. 56）

・「でも、いつも結果がいいわけじゃないし……なんか自分じゃ役不足なのかも」

「役不足だと思うこともあるんだ。しかし、わたしの考えは違うよ。君は十分力をもっている」
（藤田完二・高橋慶治・木村孝『自分を伸ばす「実践」コーチング』PHP研究所、2006。p. 201）

・最後に、自分では役不足と思いましたが、この演武大会のトリを私が務めさせてもらいました。
（工藤剛『カンボジア通信—合気道事始めイン・カンボジア』文芸社、2007。p. 49）

一方「正用」の例である。

・「考えるのはいいが、明朝まで返事をして貰いたい。君には役不足と思うが、課長補佐のポストがあいているときいている。それでもよければだがね」　（小原和男『土曜の魔』文芸社、1998。p. 57）

・自分から会長や委員長のような役職に就こうとしなくても、与えられた役に就いて余力をもって役割をこなしていればよいのです。本当に役不足の役を不満も言わずきちんと務めていれば、奥ゆかしいですし、自分も気楽です。　（坂東眞理子『女性の品格』PHP研究所、2006。p. 173）

・一説に直実は源頼朝に鶴岡八幡宮方生会の流鏑馬の的立役を命ぜられたが役不足で、命令に従わなかったということで所領の一部を没収された。
（丘眞奈美『京都の「ご利益」徹底ガイド』PHP研究所、2007。p. 93）

そして、この語の「誤用」自体について述べている図書の例も挙げておく。

・年配の方でも誤用していることが多いのが「役不足」です。本人の能力に対して仕事などで負った役目が重すぎるという意味で使う方がいますが、実際は本人の能力に対して役目が軽すぎることをいう表現ですから、まったく逆の意味で使ってしまっているわけです。
（八代達監修『7割できれば恥をかかない大人の漢字力』東京書店、2007。p. 92）

・大役を与えられた新入社員が「わたしでは役不足ですが、精一杯がんばります」と挨拶したら、上司は苦笑いするしかありません。

（幸運社編『ことばのマナー常識 401』PHP 研究所、2008。p. 57）

### 4.4.　それ以外の資料における実例

以下は 4.1. で見た以外の新聞や、雑誌などにおける、平成元（1989）年以降の実例である。ジャンル別に挙げる。ここに挙げた以外の例も含め、全体として、明らかに「誤用」が優勢である。

**＊「正用」例**

**○他の新聞記事**

・名取裕子のヒロイン“るい”が、安井昌二、長谷川稀世、光本幸子らの好助演を受けるも、焦点が定まらず目立たなかった。テレビでは、人情の機微が“るい”を中心に伝わるのに、登場するだけで華がある名取をいかしきれず、名取にとっては役不足ともいえる気の毒な舞台。

（「おもしろ芝居 Check &チェック」産経 1997.6.28 夕）

・――付き人時代に学んだことは

市村　一流の役者と三流の役者の違いが見られましたね。{中略} だめな役者は役不足を嘆いたり演出家へのグチを言ったり。それも陰でね。

（「日曜日のヒーロー」『日刊スポーツ』2003.9.28）

・経営規模が小さく、補強費もままならぬ阪神・星野は“役不足”だったかも。ならば、次に目指す球団は…。

（「メディアウォッチ」東京 2003.10.31 夕）

・チームメイトにとってはもはや先輩を超えた偉大な存在。監督、解説者、フロント…。残してきた存在感を考えると、どれも「役不足」かもしれない。　（大塚仁「とっておきメモ」『日刊スポーツ』2005.4.25）

**○雑誌記事**

・クレソン食品　“添えもの”では役不足だから主役に昇格しました！

（「TREND WATCHING」『DIME』1990.5.3。p. 36）

・十勝、二十勝など、どうでもいい。三振また三振、絶対に破ること不可能と思われてきた、かの江夏のシーズン奪三振四百一に挑戦する資格は、君にしかない。並のエースなんて役不足だ。

（『アサヒグラフ』1991.3.15 号。p. 11）

・義家の財力と武力は、朝廷も無視できないものとなり、しばしば謀反人の追討や悪僧の鎮撫を命じられたが、しかしそれらは野盗の取締りとえらぶところのない仕事で、義家にとっては役不足の思いが強かったのではないか。

（高橋義夫「源義家「奥州制覇」の野望虚し」『プレジデント』1993.8。p. 112）

・デッカい勲章までもらったばっかなんだから、懇談会の座長じゃ役不足。なってもらおうよ、厚労大臣に。きっと世界一の役所にしてくれるよ、いろんな意味で。

（林操「見ずにすませるワイドショー」『週刊新潮』2008.11.27 号。p. 131）

**＊「誤用」例**

**○他の新聞記事**

・同氏によると、トルーマン大統領は人種差別主義者であり、大統領としての経験不足と役不足に劣等意識を抱いていたので、“シッシー（いくじなし）”ではないことを証明するために原爆投下を決断したとしている。　（産経 1995.8.3 夕）

・ピンカートン役の福井敬が最初から伸びた声で飛ばす。シャープレスの忠告を無視した傲慢さが、良く出ている。それに比べ、蝶々さんを歌う陳素娥は声量も少し足らず、最初は役不足かに見えた。

（「青野照市が聴く」産経 1997.6.7 夕）

・一方、インタファクス通信によると、下院最大会派の共産党のセレズニョフ下院議長はユマシェフ大統領府長官に「キリエンコ氏では役不足だ。地方知事の経験もないし経済もわかっていない。大統領に別の候補を首相に指名するよう伝えてほしい」と強く反対。（産経 1998.3.27 夕）

・自己最高は京産大三年だった四年前に出した46秒03。その後はいくら走れども記録は伸びず、単独で世界の舞台に出るには役不足だった。

（東京 1999.5.6）

・確かに今季のホセは、12試合に登板して２勝４敗、防御率5.32。７月中旬からは、ずっとファーム暮らしと助っ人としては役不足を露呈した。　（『サンケイスポーツ』1999.10.30）

・横審朝青龍に“最後通告”　高砂親方は“役不足”…お目付け役に理事長　（『サンケイスポーツ』2003.7.22）

・リードオフマンで守備の要である仁志の代役は、そうはいない。秋季キャンプで岩舘、長田を鍛え、外野から鈴木の再コンバートも検討しているが、役不足は否めない。　（『サンケイスポーツ』2004.10.31）

**○雑誌記事**

・看板に偽りあり!?　の有名人たち　その肩書きを名乗るには、まだまだ役不足の人々　（『SPA！』1992.10.21号。p.21）

・彼はいいけど相手役の女がイヤ。ブスがだんだんキレイになる設定なのに、キレイになったつもりがやっぱブス。役不足だと思うな。

（「Myojo Cinema Club」『Myojo』1993.2。p.148）

・原辰徳　役不足と言われつづけても、ミスター・ジャイアンツの座を守りつづけて来た彼。　（『オリコン・ウィークリー』1993.7.5号。p.25）

・特に個人消費と設備投資は多くを期待できないわけで、これがGNPの八〇%弱を占めているから、どうしても弱々しい成長にとどまる。結局頑張るのは公共投資と住宅投資だが、全体を支えるには役不足だ。

（「特集」『エコノミスト』1993.7.6号。p.25）

・だが、最近の芸能界には肝心の二枚目が少なくなった。

　ギャルに絶大な人気を誇る福山雅治とて、役不足。オバサンにとって「女の扱いに慣れてる」ことは二枚目に必要不可欠な条件なのに、福山にはそれがない。

（町山広美「TV犯科帳」『サンデー毎日』1993.12.19号。p.134）

・{大阪府知事選候補に} 近畿通産局の元幹部や大阪大学、関西大学の元学長などの名前も一時取りざたされたが、「正直いって、役不足」との声が強い。　(『週刊朝日』1995.3.10 号。p.144)

・末野が逮捕された容疑は、ダミー会社を設立するとき、出資を仮装した「見せ金」。公正証書原本不実記載という形式犯で、借金を踏み倒し巨額の住専マネーを懐に入れたことに対する「けしからん罪」としては役不足だ。　(「特集」『エコノミスト』1996.7.2 号。p.44)

・浅漬けならば、小振りでスマートな卵形 {の茄子} が旨い。育ちそこなったような小丸茄子とか、馬の面みたいに細長の長茄子では役不足。米茄子にいたっては、デカすぎて間が抜けてさえいる。
(林家こぶ平(当時。現:林家正蔵)「通になりたい」『Tarzan』1996.10.9 号。p.102)

・デートスポットには役不足？ {中略} {東京湾アクアラインは} デートスポットとして盛り上がるかどうかはちょっと疑問です。
(「今日も街ボケ！」『女性自身』1998.1.27 号。pp.216–217)

・役不足　業績悪化で早くも「解任」が取り沙汰されるフィールズ・マツダ社長　(「真相海流」『財界展望』2000.10.14 号。p.14)

・役者としてはベテランかもしれないが、キャスターとしての前田吟はどうだったか。
　芸能ジャーナリストの平林雄一さんが厳しく分析する。「誰の目から見ても役不足という印象だった。例えば話題の秘書給与疑惑で話を振ると“こういう社会では困りますねえ”でしょ」
(『週刊新潮』2002.7.25 号。p.50)

・まず、登場人物の誰もが型にはまっていて、生きた感じの深みがない。滝沢秀明は主人公の驕りは出せているようでも、野心や鬱屈、それに純粋な面との葛藤を表わすには、いささか役不足。
(「ニュースメーカーズ」『週刊ポスト』2002.8.9 号。p.56)

・惜しみなく弱き者に手を差し出す著者は、能力・体力・財力ともに十分、並外れた力量の持ち主。ちまたの凡百の男では役不足だろう。匹敵するほどの上等な男性は、いったい、どちらに行かれたのだろうか？

（「ワンポイント書評」『Voice』2005.9。p.188）

・先発として抜擢されてからは2試合連続で打ち崩されるなど、｛ローテーション投手の｝ロジャースの代役としては役不足の感が否めない。
（「各球団マンスリー・レポート」『月刊メジャーリーグ』2007.6。p.42）

・今回は用土として水苔を使用した。だが、水苔は子株をある程度育成するには向いているが、株を大きく成長させたい場合には肥料分の量などの点から、少し役不足な面もある。

（「Study Water Plants」『フィッシュマガジン』2008.2。p.92）

・標準装着のタイヤは濡れた路面では役不足。グレードアップしたい。
（石川真禧照「まきてるの読まずに乗るな！」『読売ウイークリー』2008.9.21号。p.47）

・しかしヒールはベビーフェイス以上に力量とセンスが求められる。そもそもが不器用なレスラーである大木は、ヒールとしては明らかに役不足だった。　（森達也「虚実亭日乗」『scripta』2008.10。p.14）

・アユの型が大きくなるから、小バリでは役不足と思われがち。だが25cmくらいなら充分に対応する。　（『つり人』2009.11。p.79）

・『姐御』（一九八八年、鷹森立一監督）ではヒロイン（黒木瞳）が復讐を誓うやくざの情婦に扮しているが、わたしから見れば役不足の一語に尽きる。黒木瞳には失礼ながら、なぜ白都真理がヒロインを演じていないのだろうと思うばかり。

（内海陽子「秋山庄太郎　女優の肖像」『正論』2010.4。p.194）

### ○一般図書

・確かにメーソンの専門は「（アメリカの）小学校における音楽教育システムの改革」であった。彼は日本に着任すると、ピアノとヴァイオリンと唱歌を教え始めたが、日本に西欧流の「音楽学校・コンセルヴァトアール」を創設し、先頭に立って指導に当るにはいささか役不足、力不足の教師であったことはいなめない。

（中村紘子『ピアニストという蛮族がいる』文藝春秋、1992。p. 81）

○**マンガ**

・「つまりさ僕ら｛= TV局の新入社員｝じゃ役不足ってことかな　畑和世の相手は伊集院ジュニア｛= TV局社長の長男｝のような並でない…なんてっかフツーのサラリーマンでない男達ではないかと…残念ながらね」　（柳沢きみお『100%』3、双葉社、1989。p. 228）

・「不肖、この伝間、役不足ですが、稲山先生の手足となって働くことを決断しました」

（ケニー鍋島・前川つかさ「票田のトラクター」『週刊ポスト』1994.3.18号。p. 71）

・「たった今から42'SはBクラスからAクラスの野球へ移行する！　打線のつながりと機動力を生かした野球にだ！　そのために今のブロディでは役不足だと私は判断した」

（山田芳裕「ジャイアント」『週刊モーニング』2003.10.2号。p. 363）

一般向けから専門誌、若者向けから中高年層向けと、非常に幅広いジャンルのメディアに「誤用」例は見られるのである。

さらに、『早稲田大学国語教育研究』26（2006.3）の「編集後記」にも、次のような例がある。

・三年間、編集委員会のまとめ役をさせていただいた。力不足、役不足はひたすらお詫びするしかないが、この間の多くの会員諸兄の御協力を心より感謝したい。　（p. 113）

同じ作品で、「誤用」と「正用」とが併用されている例もある。まず、弘兼憲史作の人気マンガ『課長　島耕作』（講談社）である。

・「このわしに話をつけにくるんならあんた｛=課長｝じゃ役不足や　本社の部長ぐらいひっぱってこい!!」　（7、1990。p. 190）

・「どうだろうキミは秘書では役不足だ……もっと責任のある仕事をしてみる気はないか」　（11、1991。p. 129）

また平野啓一郎の小説『最後の変身』(『新潮』2003.9 初出)では、意識的に「誤用」と「正用」とを併用している。

・一冊の本を読んで自殺する人間も世の中にはいるだろうが、たとえその本が、どれほど偉大なものであったとしても、一人の人間の生を劇的に死へと転換させるには、所詮はもの足らぬ——誤用の意味で——役不足なシロモノだと俺は思う。　(p.43)

・それは俺ではない。俺自身などでは断じてない！　それは俺が、ネットの空間で、どういうわけか引き受けざるを得なくなっていた、単なる**役割**に過ぎなかった。まったく不本意な**役割**で、俺にとっては——言葉の本来の意味に於いて！——役不足だった。　(p.97)

## 5. “役不足”の「誤用」の発生時期

### 5.1. 『日本国語大辞典』精選版の挙げる「誤用」例

前節でわかる通り、今日においては、「新聞」以外では、「誤用」が圧倒的優勢である。2002 調査の実施時期と 2007 調査の実施時期とを比べて、後者の方が「正用」例の比率が大きい、という変化は見られない。

では、「誤用」の発生した時期はいつなのか。

前述の通り、『日本国語大辞典』は精選版(第 3 巻、2006)で初めて「誤用」の実例を挙げている。

・続一等サラリーマン(1952)〈源氏鶏太〉「続・三等重役」の撮影現場を見て「僕は社長の息子なんてのは役不足だね。やっぱり、会社の給仕の方が、いちばんピッタリだよ」

この実例は、これだけで見ると、〈僕は、将来の有力な社長候補である「社長の息子」という会社にとって重要な役目を務めるには能力が不足しており、「会社の給仕」という責任の軽い役目の方が適任だよ〉という、自らの能力を謙遜した発言のように受け取るのが自然であろう。しかし、その解釈が本当に正しいかどうかは、この発言がどのような場面・文脈の中でどのような人物が言ったものなのかを調べなければ判断できない。そこで『続・一等サラリーマン』(要書房、1952)の本文を調べてみた。

この用例の出典は、源氏が、彼得意の「サラリーマン小説」の一作である『続・三等重役』を原作とした同名映画の撮影現場を訪ねた際の、レポート記事であった。この発言を含む前後の文脈を少し長めに引用する。

・井上大助君が、表で大人を相手に何か喋っていました。この少年は、いつ見ても、すこしも大きくならないようです。ひょっとしたら、頭脳の方だけが成長して、身体の成長は、しばらくとまっているのではないか、と思われます。あとで井上君が、
「僕は社長の息子なんてのは役不足だね。やっぱり、会社の給仕の方が、いちばんピッタリだよ」
と、その心境の程を告白していました。　(p. 89)

発言の主は、出演俳優の一人井上大助(1935 ～ 1977)である。つまりこの「役不足」の「役」は会社の中の〈役目〉〈役職〉ではなく、映画での〈役どころ〉なのである。井上は「いたずら小僧的な明るさで周囲を笑わせる役どころで若いファンを獲得、東宝青春映画のアイドル的存在とな」[3]った俳優である。そして『続・三等重役』に先立って公開された、『ホープさん　サラリーマン虎の巻』『ラッキーさん』といった、やはり源氏のサラリーマン小説が原作の映画では、実際に「給仕」役を演じている[4]。

そのような背景を踏まえると、この井上の発言は、〈「社長の息子なんて」いう上流階級の役どころは、「いたずら小僧的な明るさで周囲を笑わせる役どころ」が似合う俳優である自分にふさわしい役ではなく、不満がある。「やっぱり、(以前、同じ源氏原作の映画で演じたような)会社の給仕(という庶民階級の役どころ)の方が、いちばんピッタリ」な役で望ましかった〉という解釈がもっとも妥当と思われる。「もっと軽い役の方がよかった」という若手らしい謙遜ではなく(実際の会社組織においては、「社長の息子」の方が「給仕」よりも明らかに重要な「役」であろうが、ある映画においてどちらがより重要な「役」かは一概に言えない)、「もっと持ち味を生かせる役の方がよかった」という若手が本来言うべきでない配役への不満の方が、「心境の程を告白」というやや重い表現にふさわしい。つまり、「誤用」例とし

て挙げられたこの井上の発言は実は「正用」例、それも〈芝居で俳優が割り当てられた役に不満を持つこと〉という、この語のもっとも古い語義(〈役目が軽すぎて〉という要素は欠けるものの)での例と筆者は判断する。

辞書や論文における実例は、紙幅の都合もあり、多くの場合前後の文脈から切り離された短い形で挙げられる。しかし今回のように、用例文だけで見た場合と、それを前後の文脈や様々な背景の中に置いて見た場合とでは、解釈が変わってくるケースもあるのである。

## 5.2.「国会」の「誤用」例

それでは、確実な「誤用」例の初出はいつまで遡れるのか。まず、「国会」で戦後の第 1 回の国会まで遡って検索すると、『続・一等サラリーマン』よりも早い、1949 年と翌年の会議録にすでに「誤用」が現れている。

・私たちは倭島さんというような人たちを一々追究《ママ》する意思はないのです。あなた{＝倭島政府委員}が役不足だから追究《ママ》しないのではないのです。(第 6 回衆院海外同胞引揚に関する特別委員会 2 号、1949.11.11)

・○木村禧八郎君{中略}その{＝予算編成の}根本の方針について事務当局の御所見を伺つて置きたいのです。
○政府委員(河野一之君)　私では役不足かも存じませんけれども……。当初明年度予算及び今年度の補正予算が考えられましたのは、御承知のように七月頃であります。　(第 9 回参院予算委員会 2 号、1950.11.29)

国広(1991: 159–161)はこの語の「誤用」には 2 つのタイプがあると指摘する。

・(1)退任する PTA 役員が会合でこんなあいさつを。
「役不足の私でしたが、みなさまのご協力のお陰で、うんぬん」
(2)外国への依頼状には、会長・事務局長・編集委員長の三名では役不足ですので(中略)のお名前を添えることをお許しいただきたく存じます。

という 2 例を挙げ、

・例(1)では役目と個人の力量の相対的な関係がからんでいたが、(2)の例では、依頼する側の役目の重さが依頼される側の学者の重みに比べて軽過ぎることを言っている。

と両者の差を指摘している。(1) はある役目を果たすには力量が不足している、(2) はある目的を達成するためには役目の重さが不足している、というわけである。4.2. で引いた中野寛成氏の指摘のような、高い立場の人物に代わり下の立場の人物が答弁する際の前置きとして使われるものは、(2) のタイプということになる。

第1回から2008年の第169回までの“役不足”を含む会議61件のうち「正用」はわずか2件で、1964年が最後である。

・私はまあ総務長官は当然国務大臣になる立場であったんだが、どこかの派から急に横やりが入って一人入れたんで、やむなく総務長官に回されたということを当時の新聞が報道したので記憶しておりますが、今度はひとつ役不足であるかもしれぬが、この問題の処理までは総務長官で残られるように御努力を願いたいと、こう思うのです。

（第46回参院内閣委員会43号、1964.6.26）

全体で「誤用」が (1) のタイプは16件、(2) のタイプは41件の会議に見られる（残る2件は4.2. で見た、この語の「誤用」自体が話題の会議）。いずれもそのうちの2件に2例ずつ、残りは1例ずつの用例がある。正誤両方の例が共存している会議はない。

## 5.3.　昭和戦前までの「誤用」例

さらに戦前まで「誤用」例の初出を遡ることができないか、明治～昭和戦前の本文データベースで“役不足”の例を検索してみた。その結果、『太陽コーパス』ではヒットがなく、『新聞記事文庫』（2009年7月17日調査）では以下の「正用」1例のみがヒットした。

・昨秋井上徳三郎氏の肝煎りで世間を騒がせた所謂改造芝居は役不足で何うも役者が揃はず折角の狂言も遂に舞台に乗らなかつた

（『大阪時事新報』1923.8.22）

一方『青空文庫』では“役不足”は計16例ヒットした（2009年3月30日

調査)。そのうち13例は、以下に挙げるような「正用」例である。

・私たちは、また、人生の過程に於て、一つの端役を受持つことで満足しよう。あらゆる世相の波紋は、あらゆる人間の「役不足」から生じてゐる。例へば、政治がさうである。如何にその「楽屋」の騒然たることよ！

（岸田國士『端役』、本文は『文芸時代』4(4)(1927.4。初出)。p.40）

・彼は大正の初年から松竹興行会社の専属となつて、会社の命ずるままに働いてゐた。彼は幾何の給料を貰つてゐたか知らないが、舞台の上では定めて役不足もあつたらうと察せられて、その全盛時代を知つてゐる私達には、さびしく悼ましく感じられることも少くなかつた。

(岡本綺堂『源之助の一生』、本文は『読書感興』3、1936.7(初出)。p.31。ゆまに書房1993刊の複製版による）

・その時の恭順の話で、彼はあの田中不二麿が蔭ながら自分のために心配してゐて呉れたことを知つた。飛騨水無神社の宮司に半蔵を推薦する話の出てゐるといふことをも知つた。これはすべて不二麿が斡旋によるといふ。

恭順は言つた。

「どうです、青山君、君も役不足かも知れないが、一つ飛騨の山の中へ出掛けて行くことにしては。」

どうして役不足どころではない。それこそ半蔵に取つては、願つたり叶つたりの話のやうに聞こえた。

(島崎藤村『夜明け前　第二部』、本文は新潮社1935刊の単行本p.485による）

その中で注目すべき、佐々木味津三(1896～1934)の時代小説『右門捕物帳』(1928～1932)の全3例を以下に掲げる。本文は、いずれも初出誌(①は『富士』2(4)(1929.4)p.166、②は同3(10)(1930.10)p.132、③は『朝日』4(2)(1932.2)p.113)によった。いずれも会話部分は『　』で囲まれ、』の直前にも句点があるが、これらは原文のママとした。

①『さうか、ぢや、お奉行様はすぐと俺に出馬しろと仰有つたんだな。』

『仰有つた段ぢやねえんですよ。手数のかゝる事を仕出かして、さぞかし腹が立つだらうが、お公儀の面目のために、早く敬四郎を救ひ出してやつてくれとあつしに迄もお頼みなすつたんですよ。』
『さうか。人の尻ぬぐひをするなちつと役不足《やくぶそく》だが、お公儀の面目とあるなら、お出ましになつてやらうよ。では、そろそろ出かけるかな。』
（「足のある幽霊」）

② 『ちえツ、何も今になつて事新らしくあつツ《ママ》しを気が利かねえの役《やく》不足《ぶそく》だのと、棚おろしなくたつていいですよ。おいらが光つてゐた日にや、旦那の後光がにぶくなるんだ。刺し身にもツマつてえ言ふ洒落たものがあるんだからね。おいらのやうな江戸前のすツきりした刺し身ヅマはお膝元ツ児の喜ぶ奴さ。』　（「のろいのわら人形」）

③　果然、下男と覚しき若い奴が飛び出して来て武者ぶりつかうとしたのを、対手になるやうな名人ではない。
『おまへなんざ役不足《やくぶそく》だ。用のすむまでゆツくり涼んでゐろい。』
だツと、あツさり草香の当て身を噛まして寝かしておくと、声をたよりに奥座敷を目ざしました。　（「子持ちすずり」）

①は『青空文庫』の他作品での用例と同じく「正用」例であるが、②と③は明らかな「誤用」例である。

現時点でこの語の「誤用」を指摘したもっとも早い文献とされるのは、文化庁編（1983: 50）に「見坊豪紀氏の教示による」として示されているところによると、『新聞研究』169（1965.8）掲載のコラム「ことば」（後掲）であり、「誤用」の文献初出例はその30年以上前の昭和初期（②は5年、③は7年）にまで遡れるわけである。

## 6.「誤用」の研究史

前節で述べたとおり、現時点で“役不足”の「誤用」を指摘したもっとも早い文献とされるのは、『新聞研究』169（1965.8）p.52掲載のコラム「ことば」（無記名）である。

・スポーツ新聞のトップに「××の5番は役不足」という見出しがあっ

た。××選手はそれほどの大物か？　と思って読んでみると、内容は正反対、5番では荷が勝ち過ぎるということであった。整理者がうっかり読み間違えて反対の見出しをつけたのかと思ったが、その後も同じ新聞で同じような見出しにお目にかかった。思うにこの記者は、役を役者と解釈して、××選手は5番打者としては役者が不足だという意味に使ったのであろう。

役は芝居の役からきていることはもちろんだが、「役不足」とはりっぱな役者がつまらぬ役を振られたときに言うことばだ。この記事のような場合には「役過ぎる」というべきで、大根役者が大役を振られてアップアップしている状態なのである。

さらに1972年8月発表の藤井(1972)がそれに次ぐ。

・最近ある夕刊紙のプロ野球記事の中で、某投手について「リリーフ、先発の連投はまだ役不足」というのがあった。スポーツ記者諸氏は「役不足」ということばが、よほどお好きらしくて、しばしばお目にかかるが、一度も約束どおりに使われていたためしがない。スポーツ記者仲間では、用語について一般社会とは別の約束ができ上がってでもいるのだろうか。{中略}「役不足」も元来は演劇界の用語であろうと思うが、いまでは一般用語となって、「本人の力量以下の役が振られる」という意味に使われている。ところがスポーツ記者諸氏は、これもいつも逆の意味、つまり「本人の力量以上の役」という意味に使っている。前の例なども「力不足」と言えば、そのものズバリなのに、生半可な知識で「役不足」などというから妙なことになる。

その後『言語生活』333(1979.9)の「目」欄で田中久直氏が読売(日付不明)の「超大物のス代表に課長級官僚では、やや役不足の感は免れなかったが」という国広氏の分類では(2)に属す例を報告している。そして田中氏はこの例について「「役不足」とは役目が実力不相応に軽いことを言うのであって、まったく逆の意味に使われている」と評している。また同じ『言語生活』344(1980.8)の「ことばのくずかご」欄にも「力量不足の意味―ある誤用―」と題して(1)のタイプの「誤用」例が紹介されている。また国広(1991)の挙げた(1)の例は、同じ1980年の朝日3.18東京地方版に掲載された投書であり、投書主は「昨年一回、ことしは二回もこの「役不足」ということばを聞いたのです」と書いている。

藤井(1972)から、1970年代初期のスポーツ紙ではすでに「誤用」がしばしば現れていたことがうかがえる。またそれに先立ち、1950～1960年代に発表された著名作家の小説にも、

・ある時久我象吉が、給仕女のゐる前で、{バーのマダムの}たみ子に向つて言つた。
「君はがりがり稼ぐし、なかなか才女だが、この店も君のものなんだらう？」
「さうよ、私のものだわ。」
「それで旦那か、好きな人があるのかい？」
「無いわよ、そんなもの。」
「万一君が本当のことを言つてるとしてだがね、どうだい？　僕では役不足かね？」と久我が笑つて言ふと、たみ子は、
「あら、本当のこと？」と言つて、久我に取りすがつた。それから彼女は身を起して久我の横顔を眺め、「そんなら嬉しいんだけどな」と言つた。　(伊藤整「氾濫」『新潮』1957.2(初出)。p.231)

・近藤{勇}はいまや一介の剣客ではなく、京都における重要な政客のひとりであった。
　それには、身辺に、知的用心棒が要る。武田や尾形程度では、もう役不足であった。
(司馬遼太郎「燃えよ剣」『週刊文春』1963.5.20号(初出)。p.127)

・「たのしみだね、ますます……じらさずに、そろそろ、土産の包みを開けてみせてくれてもいいんじゃないの。」
「妙だな……ぼく、ごあいさつした時すぐに、お話したつもりだったんだけど……ぼくですよ……このぼく自身ですよ。」
「君……？」
「期待外れでしたか……魅力ないですか……ぼくじゃ、やはり、役不足

だったのかなあ……」

（安部公房『人間そっくり』早川書房、1967。pp. 76–77）

のように、「誤用」例が現れている。

しかし、見坊豪紀氏は現代日本語の用例採集作業の成果を昭和50年代の初期に何冊かの著書にまとめている[5]が、その中では“あっけらかん”や“気のおけない”には言及されているのに対し“役不足”は全く取り上げられていない。これは氏の超人的なワード・ハンティング作業の過程でも、この時点ではこの語は氏の注目を引かなかったことを物語るのではないか。

筆者は「誤用」例が一般に認識され始めたのは昭和50年代に入ってからであり（『新聞研究』も、藤井（1972）が掲載された『放送文化』も一般に広く読まれる雑誌とは言いがたい）、それから数年を経て54年から55年にかけて新聞・雑誌の投書欄で集中的に指摘されるという事態になったと推測する。

その後は今日に至るまで、「日本語本」や新聞・雑誌記事、さらにはマンガ（須賀原洋行『気分は形而上』15（講談社、1995。p. 133）、やくみつる「三面マンガ」（『ダ・カーポ』1997.2.19号、マガジンハウス。p. 51））やテレビ番組（『トリビアの泉』（フジテレビ系）2004年6月23日の放送で、「「役不足」は誉め言葉」というトリビア（「ムダ知識」）が取り上げられた。これ以外にもクイズ番組などで何度となく取り上げられている）などで繰り返し指摘され、「言葉の乱れ」「間違った日本語」の代表格となっていることは周知のとおりである。

## 7.「誤用」の発生理由

続いて、このような「誤用」が生じたのはなぜか、という問題に取り組んでみたい。

松井栄一氏は石山（1998: 179–180）において次のような見解を述べる。

・「『力不足』『手不足』『寝不足』『認識不足』……。『不足』の上にある『力』や『手』などの語は、だいたい、その人が本来持っているもの、あるいはその人にかかわるものが、足りないという意味で使われています。ところが、『役』の場合は、それらの言葉と性質が少し違っています。その人から離れているというか、距離がある。それで正誤二様の解釈がされるのだと思います」

・「『力不足』や『手不足』などの熟語は、使われる場面が、謙遜、謝意の文脈であることが多い。それにひかれて、ということも考えれば、『役不足』が反対の意味になってしまうことに、ある程度、説明がつくのではないでしょうか」

「その人から離れているというか、距離がある」ことと「正誤二様の解釈がされる」こととの結び付きが十分説明されていない感はある。

“～不足”という複合語は“水不足”“嫁不足”“人手不足”“品不足”などがあるが、いずれも〈水／嫁／人手／品が適正な水準に対し不足している〉という主述の関係になっている。“役不足”もその例に漏れず、〈役が適正な水準に対し不足している〉というのが「本来の」意である。これは何から考えた「適正な水準」なのであろうか。今まで見てきた通り、「その人の能力から考えて」ということになる。

一方 4.2. に挙げた、「国会」に見られた謙遜のつもりで使った例、つまり (2) の「肩書不足」のタイプの「誤用」例3例をもう一度見てみる。すると、順に、「一委員」という役が、「政府にお願いをする」という場面において、「予算委員長」という役に比べ重さが不足している、「政府委員」という役が、「答弁する」という場面において、「官房長官」という役に対し重さが不足している、「官房副長官」という役が、「答弁する」という場面において、「官房長官」という役に比べ重さが不足している、ということを言おうとしていると解釈される。

つまりこれらの「役不足」も〈役が適正な水準に対し不足している〉と解釈できる点では「正用」と同じであり、「その役の人の能力から考えて」ではなく、「ある場面で求められる発言者の『役』から考えて」不足しているという点が異なるのである。こう考えればこの (2) のタイプの「誤用」は、「正用」からの派生という形で発生したと判断できる。

そして(1)のタイプの「誤用」の発生に対しては、いくつかの要因を提示したい。まず、前掲の『新聞研究』のコラム「ことば」には、「思うにこの記者は、役を役者と解釈して、××選手は5番打者としては役者が不足だという意味に使ったのであろう」とある。この「役者(が)不足」は(1)のタイプの「誤用」と近い意味で使われ、以下のような例がある。

・我等末流後学、馬琴学の大先達の手になる両書の紹介という大役は、まことに力およばず役者不足の感有り、老いて滋味を加えたとはいえ、なお眼光炯々、半白五分刈りの氏の面影がちらついて恐ろしく、思いながら荏苒日を過ごしたが、意を奮って既に新刊とはいえなくなった此の二書の紹介を試みることとした。
（柴田光彦「滝沢馬琴著・木村三四吾編校『吾仏乃記滝沢馬琴家記』『近世物之本江戸作者部類』のこと」『文学』57(3)、1989.3。p.107）

・トラネキサム酸「とにかく歯肉炎を防ぐべきだ」
ピロリン酸イオン「何言ってンだ、ムシ歯の原因は歯石だぞ、歯石を取るほうが大事だよ！」
ポリリン酸ナトリウム「その通りだが、おまえじゃ役者が不足なんだよ」
（ホイチョイ・プロダクションズ「気まぐれコンセプト」『ビッグコミックスピリッツ』1991.12.2号。p.98）

・要するに、土方楠左衛門は、「薩長和解」など大層な事業を画策するには、その行動は杜撰でありすぎ、役者不足だったといえよう。
（山本栄一郎『真説・薩長同盟―坂本龍馬の真実』文芸社、2001。p.41）

・運動会や学芸会で活躍するわが子の姿をしっかり撮影するには、やはりコンパクトデジタルカメラでは役者不足。そこでデジタル一眼レフカメラの出番ですが、どう使うかもよく分からないし…
（ゲイザー『Canon EOS Kiss X3 オーナーズガイド―新機能を使った撮影方法からデジタルデータの編集まで』秀和システム、2009。p.3）

この形のよく似た「役者(が)不足」に牽引されたことが、“役不足”が(1)の意味を持つようになった一因と考えることができる。

次に、(2)からさらに派生したという可能性である。先に挙げた(2)のタイプの「国会」における「誤用」例の場合は、それぞれ「一委員」「政府委員」「内閣官房副長官」という「役」がある目的の達成には「不足」なわけであるが、その結果としてそれぞれの発言者は自らが発言者として力が「不足」している、と謙遜していることになる。そう考えれば、ある人物・物がある役目を果たすには力が「不足」している、という (1) の用法につながっていくわけである。

さらに、次のような例がある。

・今週末に開幕する東京モーターショーに先駆け、米クライスラーは二十四日、東京・晴海ドームを借り切って「ワンカンパニーショー」を開いた。{中略} 今年初め、クライスラー社はモーターショーの出展面積について、主催者の自動車工業振興会(自工振)に過激な要求をした。「前回(九三年)実績比で一気に五倍増の千五百平方メートルはほしい」との要求で、外国車最大の独メルセデス・ベンツの九百二十平方メートルはもちろん、三菱自動車工業(千二百九十平方メートル)など国産車大手もしのぐ規模。自工振は販売実績を算定基準とする慣例を盾に、要求を認めず、同一・五倍増の四百五十平方メートルまで絞り込んだ。

　自工振幹部が「過激だった理由はこれか」と納得したのは今年六月。日米自動車摩擦の最中にクライスラーは西武自動車販売買収を打ち出し、買収と右ハンドル車開発に「海外事業への投資額では過去最大」の十億ドル近くを投じると発表した。日本市場にかけるこの熱意が、東京ショー本会場の割当面積では役不足とばかりに「一社ショー」を実現させたわけだ。 (日経 1995.10.25)

クライスラー社にしてみれば東京ショー本会場の割当面積では不十分、不満であったということであるが、最後の一文は、「日本市場にかけるこの熱意が、東京ショー本会場の割当面積では〈自社の戦略を十分にアピールできず、不満である〉とばかりに「一社ショー」を実現させたわけだ」、「日本市場にかけるこの熱意が、東京ショー本会場の割当面積では〈自社の戦略を十分にアピールするだけの力がない、力不足である〉とばかりに「一社ショー」を実現させたわけだ」のいずれの解釈も可能である。

・ヒンギスにとって、いささか役不足の相手だった。ガルビンはことし4月にツアー初優勝を挙げているが、立ち上がりからヒンギスの思うまま。第2セットでは懸命にボールを拾って決めたガルビンに、拍手を送る余裕も。試合時間はわずか54分。凡ミスを重ねた挑戦者を簡単に退けた。　（毎日 2000.6.3）

当時の世界女子テニス界において、実力から言えばヒンギスが明らかにガルビンの上であり、結果もその通りになったわけであるが、冒頭の一文は、「ヒンギスにとって、いささか〈自分の実力を存分に発揮するまでもない、対戦して不満を感じるような〉相手だった」、「ヒンギスにとって、いささか〈自分とわたりあうには実力が不足している〉相手だった」のいずれの解釈も可能である。

2例とも、前者の解釈であれば「正用」例、後者であれば「誤用」例ということになる。このような二通りに解釈できる例を、「正用」から「誤用」への架け橋と捉えることができるのである。

## 8. 「誤用」のすたれない理由

2007調査の結果を報じる産経2007.9.8の記事では、2002調査に比べ“役不足”の正答率が上昇した理由について、「{2002調査の}調査結果が知れわたることで関心が高まり、正しく理解する人が増えている」という文化庁の談話がある。しかし「正しく理解する人が増えている」としてもそれが「正しく使われた実例が増えている」ことにつながっていないのは、これまで見てきたとおりである。

「誤用」は一部には強い抵抗があり、30年以上にもわたり再三再四批判の対象になってきたにも関わらず、勢力が衰えない理由は何であろうか。

まず、我々の日常生活、ビジネスやスポーツの場においては、「ある人の能力に対し役目が軽すぎる」という場合よりも「ある人の力が足りず役目を果たせない」という場合の方が多く、話題にもなりやすいのではないか。その結果、一度「誤用」が生じてしまえば、「正用」よりも登場する頻度が高く、目につきやすいということになる。また日本社会では職名や地位などの「役」が何かとものをいう。したがってある人物の「役」が目的達成のために十分か、「不足」はないかという問題が生じやすい。このような、「誤用」の表す状態の出現頻度の高さが、その勢力を衰えさせないのではないか。そうなると、“役不足”の「正用」を知った人がその意味で使おうと思ってもその機会はなかなか訪れない、ということになる。またこれらの場合、「あの人は力不足だ」「課長では格不足だ」ではあまりに露骨で、「役不足だ」といった方が婉曲でカドが立たないという意識もあるように思われる。

そしてもうひとつ指摘しておきたいのは、“役不足”の(1)のタイプの「誤用」は“力不足”と完全に同義ではないという点である。前者は国広(1991)の言を借りれば「役目と個人の力量の相対的関係がからん」だ〈ある役目を果たすには力が不足している〉という意味であった。“力不足”にも、

・「今度スピーチを頼まれているんです。でもまだ日本語が下手だから、あまり皆の前で話したくない。何と言いますか」
「『私では力不足ですから』でどうかしら」
（佐々木瑞枝『日本語教育の教室から—外国人と見た日本語事情』大修館書店、1990。pp. 35–36）

・たしかに波乱万丈の人生を歩んできた母ですが、それを漫画にするには、まだ私では力不足で、それにそーゆう漫画を載せてくれる雑誌もないわけでェ……。
（ひろさちや『おシャカさまと弟子たち』5、鈴木出版、1995。p. 74）

のような「役目と個人の力量の相対的関係がからん」でいることが文中に明示された例もあるが、それに加え、

・事故、力不足、運…さまざまな原因によって、闘いの現場から離れてゆかざるを得なかった人間だち。
（夢枕獏『仕事師たちの哀歌』集英社、1989。p. 10）

・{論文の} 前半の現状分析は抜群だけれど、構想力がやや不足。解決策のところが、少し力不足の印象を受けた。
（『週刊ポスト』1993.2.5 号。p. 205）

・全館冷暖房はなく、家庭用のエアコンが1台ずつ備わっている。宿泊したのは厳冬期だったので、暖房がやや力不足。

（『日経 TRENDY』1993.3。p.155）

のような、どのような役目を果たすには「力」が「不足」しているのかが文中に明示されておらず、〈力量が絶対的に不足している〉ことを表していると解釈した方がふさわしい用例も多い。つまり、“役不足”の(1)は“力不足”の用法の一部でしかないということである。したがって「役目と個人の力量との相対的関係がからんでい」ることを積極的に主張したい場合には、「役」という形態素を含むこともあり、“役不足”を用いた方がより適当だという意識があるように思われる。

「誤用」例はただちに“力不足”に置き換えれば事足れりというものではない、ということは別の観点からも指摘できる。明らかに“力不足”では不適当と思われる「誤用」例を挙げてみる。

・漫画家の藤子不二雄Ⓐ氏は感心する。「{中略}あの富豪の顔は強烈でしたねえ。もの凄い手の込んだメイクで、あれくらい強烈な面構えでなくては、あまりにも個性的なレクター博士に対抗する敵役としては役不足になっていたことでしょう」　（『週刊新潮』2001.3.22号。p.144）

・この日決まった紅白最大の目玉コーナー「W杯ウェルカムショー」に出演する日本選手は上村、南、福田の3人。上村の国際Aマッチ出場はわずか4試合、南、福田にいたっては出場経験がない。{中略}目玉コーナーには明らかに役不足だ。　（『日刊スポーツ』2001.12.31）

これらはそれぞれ“迫力不足”、“実績不足”というあたりが置き換え語となろう。

そして一見“力不足”に置き換えられそうな他の例も、置き換えて確かに文意は通るものの、やはりニュアンスは微妙に変わってしまう。“力不足”の場合不足しているのは「能力」であるが、“役不足”の「誤用」の場合単にそれだけではなく、場合によっては「迫力」や「実績」、さらには「ここ一番での勝負強さ」や一般に「華」「オーラ」などと呼ばれる言語では的確に表現しにくい＋αの要素までもが対象になっている場合が多いのである。

次のような例にはそれが端的に表れている。

・自称ではなく建築家と呼ばれるには、設計のチーフであるだけでは役不足で、世間一般に認められる経験と能力があり、建築主の信頼に応えられる資質と尊敬される人格が付与されていなければならない。
（横山誠一『建築とつきあう—建築の作法・設計の作法・人間関係の作法』建築技術、1997。p.3）

・一九九三年の秋、私は銀座の「日動キュリオ」で、「内館牧子展」なるものを開いて頂いた。
　それまでにも「黒澤明展」とか「野村万作展」、「五木寛之展」、「林真理子展」などが開かれており、私は銀座に出た折は、よくのぞいていた。{中略}そんな時に「内館牧子展を開かないか」と申し出があったのだから、これには驚いた。大変にありがたかったが、これほどの展覧会に、私では役不足である。さりとて、こんな晴れがましいことは二度とあるまいし、厚顔無恥にもお受けしてしまった。
　ところが、困ったのはその後である。展示する物が少な過ぎる。{中略}私のこんな物を見たとて、お客さまは面白くも嬉しくもあるまい。「役不足」という意味の深さを思い知らされた。展覧会などは初めから、私には身に過ぎたことだったのである。
（内館牧子「日が暮れて　朝がきて」『ミセス』1995.11。p.176）

・「長嶋監督は、４番として、松井を信頼していない。清原がホームランを打った試合には勝つが、松井が打っても勝てない。とはいえ、清原は４番を任すと力んでダメになる。巨人の４番としては、二人とも役不足なんです」　（『週刊現代』2001.10.6号。p.200）

・しかし「実像」のアイドル山口百恵が、まさにその実人生において「結婚」=「引退」という物語を選択した時、百恵のキャラクターに全面的に依存していた大映TVのアイドルドラマ路線は危機に陥ったわけである。ポスト百恵として期待したアイドルはいずれも役不足であり、視聴率は低迷した。　（稲増龍夫『アイドル工学』筑摩書房、1989。p.154）

これらの場合「不足」しているものは単なる技術や、集客力、体力、演技力といった「能力」ではないはずである。こう考えていくと、2. に挙げた2文献のような、「“役不足”の「誤用」は“力不足”に直せ」との指摘は必ずしも適切ではない。これも「誤用」を存続させている一因であろう。

筆者は、言い換え語としては“役者不足”の方が適当なように思う。人々が「○○はやっぱり役者だなあ」と称賛するのは、単に「能力」だけではなく、前述のような＋$\alpha$の魅力をも備えた人物である。新聞にも次のような意見が見られる。

・「役不足」という言葉がある。役目が軽すぎる、という意味である。それが全く逆の意味で使われているケースが多くなって戸惑ってしまう。「それは私には役不足です」と言ったら不満の表明のはずだが、これが、けんそんの意味で使われたりする。

　けんそんなら「私では役者不足」とでも言うべきだろう。レッキとした作家がこれに似た誤用をしているのに、びっくりしたことがある。

（「トーク時評」読売 1992.10.18）

しかし、このようなメタ言語としてではない“役者不足”の実例を「新聞」で調べてみると、

・一方、同じ青葉区本町にある小野寺陣営の事務所では午後十一時過ぎ、落胆する支持者を前に小野寺氏が「私の役者不足に尽きる。まことに残念」と敗北宣言。「流れを止められなかった」と、大接戦の余韻が残る紅潮した表情で「おわびしたい」と繰り返した。　（日経 1992.3.9）

・13日付の米国の主要紙は、経済失策が橋本首相の命取りになったと分析した。ほとんどが、後継首相候補としては、小渕恵三外相、梶山静六前官房長官、河野洋平前党総裁、宮沢喜一元首相の4人の名前を挙げたが、いずれも変革期の新しいリーダーとしては役者不足と説明し、「人材不足・日本」の実態を嘆いている。　（毎日 1998.7.15）

のように“役不足”の「誤用」例と置き換えていい例もあるものの、数の上では、

・テニスの全日本選手権が「役者不足」に悩まされている。今年は伊達公子を筆頭に、全米オープンで勝ち進み、開幕までに帰国できなかった選

手が、ジュニアも含めて六人。

運営責任者の日本テニス協会・森清吉常務理事は、「日程を組んだ当初は、日本人がこんなに勝ち残るなんて予想しなかったから」と日程の見直しを始めた。　（「ハーフタイム」朝日 1993.9.13）

・民主党代表選は 21 日、鳩山由紀夫代表の無投票再選が決まり、党員・党友投票も導入した新方式で党の活性化を目指した試みは不発に終わった。菅直人政調会長の不出馬をうけ、鳩山氏支持へなだれを打った所属議員の「主流派」志向や、「鳩・菅」以外に党の顔になりうる人材が見当たらない役者不足など、党の抱える問題を、再選劇は浮き彫りにした。　（毎日 2000.8.22）

のような、〈「役者」の数が不足している〉という意味での例の方が多いのである。さらに、いずれとも解釈できる例もある。

・{鹿児島実業の} DF 陣は対人プレーに強い U18 日本代表・登尾を出場停止で欠き、森下もふくらはぎ痛。スピードと運動量で勝る相手を封じ切るには役者不足は否めなかった。　（毎日 2002.1.8）

・第１戦でいきなりフランスとイングランドが激突。大会の行方を占う試合となる。カギとなるのは、豪華な顔ぶれがそろう MF の争いだ。高齢化の進む前回王者フランスの DF を、オーウェン、ルーニーが組むイングランドの若い２トップがかき回すとおもしろい。２強と比べると、98 年 W 杯３位クロアチアとスイスの役者不足は否めない。
（朝日 2004.6.8）

いずれもサッカー関係の記事である。前者は、鹿児島実業の DF 陣は〈「役者」の数が不足している〉とも〈実力が不足している〉とも解釈可能である。後者も、クロアチアとスイスはフランスやイングランドに比べ〈「役者」の数が不足している〉とも〈実力が不足している〉とも解釈可能である。

このような現状から考えるに、ただちに言い換え語として一般化しそうにはない。

一方、「正用」が知られたからといって、この意味で“役不足”が使われることが多くなる、とも考えにくい。一般に、人は長年親しんできたやり方や考え方について、ある日急に「誤りだ」と言われても、そう簡単には変えられない。言葉に関しても同様で、“役不足”をずっと〈力に対し役目が重すぎる〉という意味で使ってきたものを、ある日「それは間違いで、〈力に対し役目が軽すぎる〉という、正反対の意味が正しいのだ」と言われても、なかなか切り替えられないのが普通であろう。そのうちに、多くの人は、そう言われたことすら、忙しい毎日の生活に追われて記憶の奥底に沈んでしまい、結局「誤用」のままで使い続けることになる。

しかしそういう人でも、「世論調査です」とやってきた調査員に改まって選択肢を見せられると、奥底に沈んでいた記憶が蘇り、そして目の前の調査員への見栄も手伝い、「ちゃんと〈力に対し役目が軽すぎる〉という正しい意味で使ってますよ」と普段は使っていない「正用」を答える。松本(2003: 88)は、世論調査における「面接法」のリスクとして、次のような点を挙げる。

・対面インタビューゆえの心理的圧迫と、他人の面前での明確な意思表示をはばかるという日本人的特性との相乗効果で、タテマエ回答が優先されがちになるという面接調査のもともとの特性も忘れてはならない。

実例では、校閲が加えられる「新聞」を除き「誤用」の勢力が圧倒的なのに対し、「世論調査」では正誤の差が縮まってきているように見えるのは、そのようなケースが少なくないからではないか[6]。

## 9.　おわりに—今後の展望

文化庁文化部国語課編(2003: 125)によると、2002調査ではこの語について20～29歳で96.0%、16～19歳でも87.5%が「見たり聞いたりしたことがある」、そしてそれぞれの世代で55.5%、42.0%が「使う」と答えており、「廃語」化する可能性は現時点では薄いといえる。そうなると、ここまで述べてきたような理由で、「日本語本」などで指摘はされながらも「誤用」例が圧倒的に多い、ということ20年は続いている今の状況は当面大きく変わることはないであろう。そして、少なくとも日常語のレベル(校閲のある新聞記事は除く、一般書籍や雑誌、日常会話など）では「誤用」が完全に取って代わり、現在の「とても大きい」のようにもはや「誤用」視されないようになる、という日がそう遠くない将来訪れるのではないか、と筆者は考えている。あるいは、「正用」は演劇関連の専門用語として生き残ることになるのかも知れない。

今後さらに注目し続けていく必要のある語である。

**注**

1　ここで考慮しなければならないのは、国会会議録の作成においては、公開に先立ち、衆参両院の記録部により「整文」と呼ばれる字句の整理が行われているということである。それについては松田・薄井・南部・岡田（2008）に詳しい。それによると「一般に「言葉の乱れ」のように言語現象として意識されやすいものは整文の過程で淘汰されるが、逆にそうでないものは、整文をすり抜けて会議録に含まれていると考えられる」（p. 58）。また松田（2008b: 130）では、東京出身議員の発話に見られる 30 の動詞の可能形変異を検討した結果、「発言年による革新形｛＝いわゆる「ら抜き」形｝出現数は検索システムが運用開始した 1990 年代末期に急激な増加を示しており、この頃に両院記録部のら抜き言葉に対する方針変更があったことを窺わせ、これは記録部から寄せられた情報｛＝「以前は「ら抜き」を整文の際に修正していたが、近年その一般化に伴い、そのままにするようになった」という 2003 年の情報｝とも一致する」とし、さらに「意識に上りやすく一般に「言葉の乱れ」と指弾されている言語変異現象は、今回の革新形と同様な運命を辿っている可能性がある」（p. 131）とする。

　1980 年前後から「一般に「言葉の乱れ」と指弾されている」“役不足”の「誤用」もそのような運命を辿った—1990 年代末期までは整文の際に修正されていた—のであろうか。“役不足”の「誤用」は今回の調査開始年である 1988 年から 1992 年まで（それ以前から詳細に見ると、1987 年 9 月から 1992 年 1 月まで）用例が見られない期間があるが、それ以外の期間はおおむねコンスタントに分布している。“役不足”の「誤用」は、当初から「整文をすり抜けて会議録に含まれている」と考える。

2　第 1 例で海江田（万里）氏が“役不足”とともに指摘している「自分の言い方にご答弁」という事例は、「敬語の指針」（2007.2.2）で言うところの謙譲語Ⅰ（自分側から相手側又は第三者に向かう行為・ものごとなどについて、その向かう先の人物を立てて述べるもの)に該当するといえる。

3　キネマ旬報社編刊(1996)『日本映画人名事典　男優篇〈上巻〉』p. 175 による。

4　「井上大助」『映画データベース—allcinema』スティングレイ。
<http://www.allcinema.net/prog/show_p.php?num_p=129063>2009.2.13 による。

5　見坊(1976a、1976b、1977)など。

6　「誤用」についての世論調査の結果と実際の使用状況の関係ということで、「ら抜き言葉」に注目した日高(2009)を見てみる。ここでは、「ら抜き言葉」を使うかどうか、に関する「国語に関する世論調査」の結果について、1990 ～ 2000 年代の 3 度の調査の結果を示し、使用率が伸びていないことを指摘した。さらに世代別・地域別に検討を加え、

・「ら抜き言葉」は、生活言語として「標準日本語」を使用する都市民の言語規範を背景に、自然な変化が抑制されていると見られるのである。　(p. 17)

とする。さらに、朝日における「ら抜き言葉」に関する記事の件数と内容を調査し、以下のような結論を述べる。

・一九九〇年代以降に「ら抜き言葉」の使用率が停滞して動かなくなるのは、この時期に、「ら抜き言葉」に対する誤用意識が、メディアによって増幅させられた影響であると考えられるのである。　(pp. 18–19)

しかし、注意すべきは、ここでの「使用率」とは、〈「使用する」という回答の比率〉という意味であり、〈実際の用例において使用されている比率〉ではない、ということである。世論調査での「使用する」という回答の状況と、実際の使用状況とが合致しない場合があることは、本章で示した“役不足”の事例から明らかである。実際の使用において、1990 年代以降「ら抜き」形の占める比率が停滞している、という結果が出ない限りは、「自然な変化が抑制されている」「「ら抜き言葉」の使用率が停滞して動かなくなる」と断定するのは慎重であるべきである。ただ、「ら抜き言葉」を使用する、という回答の比率が「停滞して動かなくな」っているのは確かで、その背景には日高氏の分析したような状況があるといえよう。普段の実生活では、特に意識することなく「ら抜き言葉」を使用していながら、改まって質問されると、メディアが報じていた「規範」を思い出して「使っていない」と回答する、という、“役不足”と同様のケースが想定できるのである。

# 第2章 “なにげに”について
## —その発生と流布、意味変化

## 1. はじめに

朝日1991.10.20日曜版掲載の、中村徳次氏のコラム「いんぐりっしゅ散歩」の書き出しは次のようであった。

・「なにげに言うんだもの」。喫茶店でOLの会話が耳に入った。会社の先輩のことが話題だった。わが社の上司だったスコットランド生まれの二世がよく「なにげに……」と言っていたが、日本の若い女性がこう使うのを初めて聞いた。“なにげない”は「なんの考えもないような、さりげない、ふとした」のこと。「なにげ」に「ない」が付かないと落ち着かない。

中村氏は「初めて聞いた」とのことであるが、日本の若者が“なにげ”という語を用いるということに言及した初めての文献は、筆者の知る限りでは1986年1月刊の中野(1986: 48)で、

・なにげで

「なにげなく」の「なく」が省略された形。したがって、「なにげなくやる」という意味。

たとえば女の子に街で声をかける、{中略} こういうのを、ナンパ名人の友だちが「指導」してやるというとき、

「オマエのナンパの仕方、ワザとらしくてダメなんだよナー、もっと**なにげで**やんなきゃヨ」

という風に使う。

とある。

また約1年後の読売1987.1.1に掲載の「最新ヤング用語辞典」の中に次のように記されている。

・なにげで　なにげなく。逆は「ありげで」。だが、今ではありげの方がなにげない。

しかしこれらは「なにげで」という形で、「なにげに」という語形については、1986年末（奥付上は翌年1月）発表の堀内（1987: 1035）に「**なにげに**なにげなく」とあるのが早い。

これらは“なにげだ”という形容動詞の連用形の形をとっており、形容詞“なにげない”の連用形「なにげなく」と同義とされている。しかし語構成を考えた場合“なにげない”は「何気無い」である。従って否定の“ない”がつかない“何気だ”はこれとは対義語になるはずなのに、逆に同義語となっているということは、中村氏の感じた「落ち着かない」というレベルにとどまらず明らかに「誤用」であるように思われる。

しかし、国語史上では、Xという語と「X＋否定」という構成の語（句）とが同義的に用いられた例は少なくない。“おぼろけ”と「おぼろけならず」、“なの（な）め”と「なの（な）めならず」、“けし”と「けしからず」などがその例である[1]。そう考えると、現在の同種の事例である“なにげ”と“なにげない”の関連を考察することは決して無意味ではあるまい。こちらの方が、“なにげ”を「言葉の乱れ」として攻撃し、抹殺しようとするよりも研究者として望ましい態度ではないか。

以上のような経緯でこの語に興味を抱いた筆者は、“なにげ”と“なにげない”の実例の分析とアンケート結果の考察などを通じ、両者の関係について考察を試み、その成果を新野（1992）として発表した。その後“なにげ”は15年以上にわたり、「若者言葉」として、あるいは「新方言」として、何度となく取り上げられてきた。その文献の検討、さらにその間に筆者が採集した用例、そして今回各種データベースによって採集した用例の検討を行うと、この15年の間に“なにげ”の意味・用法に変化が見られることが明らかになった。本章ではそれについて見ていく。

まず第2節では、新野(1992)の「はじめに」と「おわりに」を除いた部分の内容を一部修正して再掲した。従って用例も新野(1992)の執筆時点で採集していたものであるが、掲載した用例やその分類結果は一部改めている。そして第3節以降で、その後の研究文献や実例をも踏まえ、今日の時点での考察を示していく。

なおここで用いる“なにげ”とは、形容動詞“なにげだ”の活用形という形をとる「なにげに」「なにげで」「なにげな」に「なにげの」を加えた、“なにげない”に対する新しい形の総称を意味する。

## 2.　新野(1992)の内容

### 2.1.　アンケートの結果

筆者は新野(1992)の執筆に際し、1992年6月、東京都内の専門学校に依頼しアンケート調査を行った。被調査者は高卒で当時19、20歳の女子学生84名である。出身地(出身高校により判断)は首都圏を中心とした東日本が大多数で、西日本(近畿以西)はわずか3名である。また同年9月には宮崎大学教育学部(当時。現: 教育文化学部)の1、2年生82名に対し同じアンケートを行った。こちらの被調査者は75名までが九州島内出身(うち女子65名)で、それ以外の西日本出身が6名(うち女子1名)、残る1名(女子)が埼玉出身という内訳である。

設問は以下のとおりである。

1　「あの人ったらなにげにそんなことを言うのよ」のような“なにげ”という言葉をあなたは使いますか。

　a 使う　b 自分では使わないが知っている　c 知らない

2　(1でaあるいはbと答えた人のみ)それは何年くらい前からですか。

　(　　)年くらい前

3　(1でaあるいはbと答えた人のみ)“なにげ”とよく似た言葉に“なにげない”がありますが、この二つのうちで次の①～⑤についてあてはまると思う方に○印をつけてください(どちらにもあてはまらない場合

は、○印をつけないでください）

| | ア　なにげ | イ　なにげない |
|---|---|---|
| ①より話し言葉的なのは | （　　） | （　　） |
| ②改まった場面で使いにくいのは | （　　） | （　　） |
| ③女性の方がよく使うのは | （　　） | （　　） |
| ④文法的に正しくないのは | （　　） | （　　） |
| ⑤より広い意味を持つのは | （　　） | （　　） |

設問1、3の結果は表1のとおりである（数字は○をつけた人数）。

**表1　設問1、3の結果**

| 1 | 東京 | 宮崎 | 3 | 東京 | | 宮崎 | |
|---|---|---|---|---|---|---|---|
| a | 63 | 2 | | ア | イ | ア | イ |
| b | 17 | 20 | ① | 58 | 13 | 4 | 17 |
| c | 2 | 60 | ② | 66 | 8 | 16 | 4 |
| 無回答 | 2 | 0 | ③ | 34 | 32 | 3 | 14 |
| 計 | 84 | 82 | ④ | 64 | 5 | 13 | 0 |
| | | | ⑤ | 45 | 19 | 18 | 0 |

まず設問1は若い世代にどの程度“なにげ”が浸透しているかの調査である。結果は、東京では全体の75％にあたる63名が「使う」と答え、「知らない」と答えた者はわずか2名なのに対し、宮崎ではほぼ数字が逆になっている。これほど大きな差が出たのは、当時の筆者には予想外であった。

設問2では、東京の場合「最近」から「物心ついた時」まで幅広い回答が得られた。このような抽象的な回答を除き、「何年」と具体的な数字を挙げた58人分のみを平均すると（「1～2年」のような場合は「1.5年」として計算）5.02年前ということになり、前掲の堀内（1987）や読売が刊行された時期とほぼ重なる。しかし一方でそれから大幅にさかのぼる「10年」（7人）「15年」（2人）という回答もあった。宮崎では同じように具体的数字を挙げた17名分を平均すると6.07年となるが、人数が少ない中で「10年」（3名）「12年」（1名）が数字を引き上げており、他は6年以下である。いずれにしてもこれらはマスコミが指摘するよりかなり前から実際には使われていた可能性を示唆している。

設問3では、筆者はすべて“なにげ”の方に○がつくのではないかと予想しており、③以外はおおむね予想どおりであった。東京での①、②の結果は“なにげ”がくだけた場面での話し言葉と認識されていることを物語る。宮崎の①は東京とは逆の結果になっているが、これは設問1でbと答えた者が大半であることを考える必要がある。つまり、自分にとって「知っているが使わない」語であり、周囲の友人にも「使う」者がほとんどいない以上、「話し言葉(自分の日常生活においての)的」とは考えにくいという意識の反映というわけである。同じbと答えた者でも東京では“なにげ”に10名、“なにげない”に5名が○をつけているが、これは自分が“なにげ”を使わなくても周囲の友人に「使う」者が多いためであろう。④は“なにげ”を使っている者でも「なにげ」に「ない」がつかないのは「正しくない」と考えていることを示す。この一種矛盾したところが興味深い。③は後に見るような用例の現れなどから設定した項目であったが、少なくとも若い女性たち自身には女性語との認識は特にないようである。⑤については2.2.以降で検討してみる。

筆者は1996年に宮崎を離れたためその後この地での調査は行えていないが、現在であればどのような結果が出るのか、興味深いところではある。

## 2.2. “なにげ”の意味

ここでは、新野(1992)当時つまり“なにげ”が使われ始めてまだ年数の浅い時期の意味・用法を見てみる。

先に示した中野(1986)、堀内(1987)、読売ではいずれも〈なにげない〉という意味だとしているが、すでに当時からそれ以外の意味を与えているのが次に挙げる中野(1987)、名倉(1992)である。

・「そう、なにげでないのよな」{中略}「なにげ」(さりげない)と「教授」(ほとんど「先公」という意味)には、新しい意味付与がなされている。(下線ママ)　　(中野 1987: 1–2)

・なにげで　何となく、「何げで気に入っている」は、そうでもなさそうに見えて、何となく気に入っている。　　（名倉 1992）

“なにげない”と“さりげない”は似た意味を持つが、飛田・浅田（1991: 266、406）は“さりげない”は「意図や重要性をめだたせないようにする配慮の存在を暗示する」のに対し“なにげない”は「配慮までは暗示せず」「行為の外見に表れた意図や重要性のなさを暗示」するのにとどまる点が異なるとしている。また“なんとなく”は〈はっきりした理由や目的もなく。わけもなく。どことなく〉（『大辞林』初版）というのが基本的意味であろう。

このような“なにげない”“さりげない”“なんとなく”の基本的意味〈特に意図もない、無意識な〉〈実は意図があるがそれを目立たせない、自然な〉〈はっきりした理由もなく、どことなく〉を順にα、β、γとし、筆者の採集した当時の実例をそれぞれに分類してみる。

（1）サービス業のスゴイところは、そのマニュアルのカンペキ性にある。そしてこのマニュアルは世の中でもじゅうぶん役立つからスゴイ。{中略} 家でナニゲに「灰皿の中身お捨てしましょうか？」と自然に言えてしまうはず？　（『ORE』1991.3。p. 43）

（2）康仁さん、いつも熱い御意見ありがとう。けど、私にしてもそうだけど、主張の強い人って何気に敵もつくりがち。
（「オリコン通信」『オリコン・ウィークリー』1992.7.13号。p. 29）

（1）は〈（マニュアルがしみついてしまったために）意図的に言おうとしなくても、無意識のうちに〉、（2）は〈意図的に敵を作ろうとはしていないのに、いつの間にか〉というふうに解され、いずれもαと考えられる。

（3）「やーっ、じじくさーい、ピップエレキバンがはみでてる〜〜〜。」
「ワハハ、そりゃまいった　みつかったかァ!!」
「あっ、私もここ {＝耳たぶ} のめだたないところに何気にピップ。」
（中尊寺ゆつこ『プリンセス in Tokyo』マガジンハウス、1989。pp. 53–54）

（4）{娘が家に} なにげで連れてきた彼氏をなにげでむかえる家族。（実は {彼氏と家族の} どっちも気合いがずいしょにはいっている）

（木村和久「平成ノ歩キ方」『ビッグコミックスピリッツ』1991.12.2号。p.174）

（5）「なにげに人とちがう格好をしてる」（一弘・高2）「自分のスタイルをもってる」（なつき・高1）と個性的であることも｛男の子の好きな女の子のファッションの｝重要なポイント！

（『セブンティーン』1992.1.18号。p.22）

（6）「いつでもどこでもブラッとゴルフができるように、クルマの後ろには常にクラブを積んでおく。ゴルフは構えずなにげでやる。これがクラッシー・ゴルフの第一歩だ。」

（ホイチョイ・プロダクションズ「南青山クラスライフ2」『CADET』1992.6。p.78）

(3)の「私」は女子大生で、「何気に」は〈貼っていることが目立たないように〉ということであろう。(4)の「なにげで」は〈「実は」「気合いがずいしょにはいっている」がそれを表面に出さないように配慮して〉ということである。(5)は〈他人との違いをことさら強調するのではなく、自然な感じで〉、(6)は〈ゴルフは特別なスポーツだとの構えを捨てて、自然な態度で〉というニュアンスであろう。いずれも$\beta$である。$\beta$には次のような例もある。

（7）ヒドォーイの、ちょっと聞いてよ。こないだとか、コピー用紙の入れ替えをしてたら、ナニゲにオシリをさわってくるヤツがいるのよ。

（『CanCam』1990.2。p.198）

これは同じ〈さりげなく〉でも、〈何食わぬ顔で〉というマイナス評価が強く出ている。

（8）こちら柄パン。なにげにかわいーし、白いTシャツに合いそ。

（『DUNK』1988.3。p.20）

これは〈特にどこがということではないが、なんとなく、どことなくかわいー〉ということと思われ、$\gamma$に分類される。

以上$\alpha$〜$\gamma$に分類される例を見てきたが、このいずれにもあてはまらないと思われる例もある。

（9）｛プロ野球選手（当時）長嶋一茂は｝父・長島茂雄のような奥歯に力の入った一生懸命な感じが全然しないところがいい。三日の大洋戦の二塁打なども、田園調布からソアラでカーステ聴きながら第三京浜飛ばして横浜までやってきて、フラッと打席に立って二塁打一本打って、ゲーム後、女の子と元町あたりで待ち合わせて逗子あたりまでドライブして帰ってくる。「今日さぁ、オレってナニゲで二塁打うっちゃったんだよね」「ほんと、マジで？」なんてC調なやりとりが目に浮かぶ。　　（泉麻人『ナウのしくみ89』文藝春秋、1988。p. 152）

（10）「コーラ顔の僕たち、青デニで茶しばいてナニゲでツーショットしちゃわない？」　　（『プリンセス in Tokyo』p. 60）

（11）◆西田ひかる

名前からしてキラキラしていないところが表しているように、「**ナニゲ**」（なにげない）なところが子どもに人気のアイドル。「一応」歌も歌うし、ドラマにも出るし、CFにも起用されているけれど、どこかタレントとしての「押し」が感じられず、そこが「うっとうしくなくて」好まれている。｛中略｝ちなみに西田ひかるは上智大学の比較文《マ》学《マ》部に通うナニゲなアイドルだ。

（高山英男「子ども文化用語の解説」『現代用語の基礎知識　1991年版』自由国民社、1991。p. 1214）

（12）軽い気持ちでやってみたら　なにげのライトSM

（『POPEYE』1991.9.4号。p. 50）

（9）は〈特に力を入れたわけでもなく、あっさりと〉、（10）は〈あれこれこだわらずに、軽い気持ちで〉、（11）は〈（タレントとしての「押し」が感じられ」なかったり「上智大学の比較文《マ》学《マ》部[2]に通」ったりと）、芸能人臭が薄く、あっさりしている〉、（12）は〈SMというのはヘビーなものだという通念にこだわらない、軽く、あっさりした〉ということであろう。この意味を$\delta$〈特に力を入れたりこだわったりすることなく。軽く、あっさりと〉としておく。

ここにあげた以外の例（放送における例も含む。以下も同）も含めると「なにげに」が21例(うち$\alpha$3例、$\beta$13例、$\gamma$3例、$\delta$1例、不明1例)あり、ついで同じ連用形の「なにげで」が6例(うち$\beta$4例、$\delta$2例)である。前者の方が用例数も多く、用法も広い。一方連体修飾の場合は「なにげな」3例($\delta$3例)、「なにげの」1例($\delta$1例)の2種があるがともに例は少なく、用法もすべて$\delta$である(連体修飾の形がない“なんとなく”の基本的意味である$\gamma$の例がないのは当然であるが)。意味別では$\beta$が計14例と群を抜いて多く、これが当時の“なにげ”の中心的な用法といえる。

## 2.3. “なにげない”との比較

2.2.で見たように、“なにげ”の実例は少なくない。しかし、だからといって当時“なにげ”の例のある資料においても“なにげない”が使われなくなったわけではなく、むしろ数の上ではより多い。ここでは、やはり新野(1992)時点で採集していた、“なにげ”が使われているか、あるいは使われていてもいいような当時の若者向けのメディアにおける“なにげない”の実例を2.2.に倣って分類し、このジャンルにおける当時の2語の使い分けについて考えてみる。

(13)そんなとき、スタッフのひとりが、なにげなくタバコに火をつけようとした。すかさずkatsumiの「ここは禁煙ルームで～す！」の声。ノドにはひと一倍気を使ってる。（『明星』1991.9。p.194）

(14)「高かったでしょ？」と、なにげなく言うと、指3本出すんで、内心ドッキリ。そう、30万円。ブラウス1枚で30万!!

（『CanCam』1991.12。p.208）

(15)夜、家に帰り、何気なく新聞を広げる。ニュースを読み、その後、別に見たい番組があるわけではないのだが、習慣でテレビ番組欄を眺める。

（本條強「帰ってきたウルトラ大地」『POPEYE』1992.1.15/2.5号。p.140）

(16)ドラマをなにげなく見てると、あっ、おしゃれなバーだな、とか思うスポットが出てくるんだよね。（『ViVi』1992.2。p.161）

これらは〈特に意図もなく〉という $\alpha$、つまり“なにげない”のもっとも基本的な意味の例である。これ以外にも用例は 20 例以上(他の用法ともとれる微妙な例もある)にのぼる。次に $\beta$、すなわち“さりげない”の基本的な意味での例である。前述のように飛田・浅田(1991)では、この語が「意図や重要性をめだたせないようにする配慮の存在を暗示する」点が“なにげない”とは違うとしている。しかし実際にはこの「配慮の存在を暗示する」場合に“なにげない”を用いている例も見られる。

(17) {好きな男の子に対し} 友だちっぽくふるまって、なに気なく「ね、今度の休みに映画行こうよ」って、さわやかに誘ってみよう。

(「ムーンプリンセス妃弥子の愛の西洋占星術」『明星』1991.5。p.91)

(18) {女の子は} いわゆるバカは嫌いなのだ。だから、仲良くなったら、何気なく賢いことをアピールすることが大切。

(『ホットドッグ・プレス』1992.1.25 号。p.45)

(17) では〈相手と恋仲になりたいという意図が悟られないように配慮して〉、(18) では〈自分の賢さを教えたいという意図が見え見えにならないよう配慮して〉ということであり、いずれも「意図」を目立たせまいとする「配慮」が存在することが暗示されている。このような例は当時他に 10 例得ており、“さりげない”と同様に使われることが決して珍しくないことがわかる。

(7) のようなマイナス評価の例は次の 1 例しか得ていない。

(19) そのほかの {カラオケで} きらわれるパターンは、{中略}「なにげなくリモコンを持ってるヤツ」(孝之・高 3)

(『セブンティーン』1992.1.18 号。p.24)

これに対し $\gamma$、$\delta$ に属すると明確に断定できる例はない。しかし、“なにげ”にない、人間の活動以外について用いた次のような例がある。

(20) バックはレストランの壁だ。{中略}「何気ない壁が、こんなにきれいなんだよ」　(『明星』1990.5。p.21)

(21) とにかく何気ないエピソードの描き方が全然ナミじゃなくっておもしろい。　(片桐さち「いちごの本」『宝島』1992.2.24 号。p.70)

これらはζ〈特別でない、ありきたりの〉という意味であろう。“なにげ”のδと似ているが、δの持つ「人間の意志やこだわり」という要素がないところが異なる。

“なにげ”と比較してみると、“なにげ”の持つα～δの意味のうちγ、δを持たず、代わりにζを持つという点が異なる。ζは他に5例（他に微妙な例もある）あるが、人間の活動以外について用いている点で他とはやや異なっている。したがって人間の活動についての用法は“なにげ”の方が広いわけで、これが前掲のアンケートでの「“なにげ”の方が意味が広い」という回答につながっているのではないかと思われる。

2.2.で見たとおり、当時の“なにげ”は“なにげない”の中心的な意味であるαよりもむしろ“さりげない”の基本的意味βが中心である。ところが“なにげない”にもβの意で使われる場合があり、αよりもこちらの意味の方に“なにげ”との接点があるわけである。そして同じαの例でも、さらに分析してみると差異が見出せる。“なにげ”の場合は（1）、（2）のように行動自体が〈意図的でない、無意識な〉ものであることを示すのに対して、“なにげない”の場合は行動自体は意識的に行ったものであるがその行動には特別な目的・意図（（14）ならば「ブラウスの正確な値段を確かめようとする」、（15）ならば「何か気になる事件があり、その記事を読もうとする」）が、ないことを表すというニュアンスの違いがある。

以上のように当時の“なにげ”と“なにげない”では意味の面で明らかにズレがある。さらに、位相的には口頭語・文章語ともに用いられる“なにげない”に対しくだけた場面での口頭語“なにげ”という関係にある。（9）では“なにげ”を用いていることが「C調なやりとり」の特色の一となっているし、（10）は女子大生が新入生男子を意図的に「トレンドっぽく」ナンパしようとする台詞である。そのような“なにげ”の位相性は、筆者の採集した全用例のうち、（2）、（3）以外には漢字表記の例がなく、その一方で（1）、（7）、（9）～（11）のような“なにげない”にはないカタカナ表記の例があるという表記の面にも表れているといえよう[3]。

従って、若者層では、当時“なにげない”が古語化してそれに代わって“なにげ”が用いられ始めたということではなく、この2語は異なる意味・位相上の性格を持って共存していたと見るべきであろう。2.4. では“なにげ”の発生理由について考えてみる。

### 2.4. “なにげ”の発生理由

“なにげない”の語構成は前述のとおり「何気無い」である。しかし「何気」という成分は元来単独では用いられず、当初から“ない”を伴った形で使われたと推定される。それが1980年代になって否定を伴わない“ない”がつかない形で類義的に用いられるようになった。

ここで“おぼろけ”“なの(な)め”のケースを考えてみよう。前者は本来否定や反語表現を伴って用いられていたが、後に単独で同じような意味で用いられるようになった。後者は元来否定を伴わないでも用いられた点は「なにげ」とは異なる。しかし、半澤(1983: 104)によれば、中世『平家物語』の“なのめ”はすべて「なのめならず」の形であり、そして謡曲などでは“なのめ”のみで同じような意味を表すようになり、さらに“ななめ”も同様の両義性を持つに至った。つまりいずれもXという語がもっぱら「X＋否定表現」の形で用いられそれと対比されるべきX単独での使用がまれになったために、Xの原義が不明確になり、結果的に否定表現が存在意義を失ってそれ抜きで同じ意味を表すようになった例と考えられる。

“なにげない”が常に「何気ない」と表記されていれば、打ち消されているものが何かはとりあえず意識されるのであるが、(13)、(14)、(16)、(19)のようなそうでない例も多い。そのような場合は「なにげ」という成分の意味が何なのか不明確であり(これ単独の形ではもともと使われていなかったので)、あえて“ない”をつけて否定する必然性が薄れてくる。これに、より短い語形で間に合わせようとの省力意識、さらに“さびしげ”“かなしげ”など“〜げ”という語幹の形容動詞がすでに多数あることも手伝って、「なにげ」のみで類似した意味を表すようになっていったと考えられる。

しかし前掲のアンケート結果では“なにげ”を「文法的に正しくない」と

した回答が圧倒的であった。これは、日常の生活においてはあまり深く考えずに“なにげ”を使っているが、いざ改まって考えてみると、“なにげない”から否定の“ない”が落ちた“なにげ”を同じような意味で使うのはおかしい、という結論に達するためであろう。当時の若者層のくだけた場面の口頭語においてさえ、“なにげない”を駆逐するには至らず共存の状態にとどまっていたのも、このような意識の反映と考えられる。そして共存している以上はなんらかの使い分けがある。それが前述のような意味の違いという形で現れる。“なにげ”が$\zeta$の意味を持たないことについては、“〜げ”型形容動詞に人間の心情について用いるものが多いことが無視できない。“なにげない”以上に“さりげない”の$\beta$の意味に染みだしている理由については後述する。

そしてこのように“なにげない”と“なにげ”に意味差、位相差があるということは、“おぼろけ”“なの（な）め”といった古語について考える場合にも参考になるであろう。

## 3. 新野（1992）以降の文献

ここでは、新野（1992）以降に発表された、“なにげ”に関する文献を紹介し、いわば“なにげ”の研究史をまとめるとともに、筆者のその後の考察も示す。なお、前節に収めた新野（1992）執筆の時点では、“なにげない”に対する新しい形として「なにげに」「なにげで」「なにげな」「なにげの」の例が見られ、これらの総称として筆者は“なにげ”を用いた。しかしそれ以後は、実例も、文献での言及も、もっぱら「なにげに」の形に限定されるようになっていく（そのプロセスについては後述）。そうなると、“なにげだ”という形容動詞の連用形として「なにげに」の形がある、というよりも、“なにげに”という副詞（活用しない）がある、と考えた方がより適切である。従って、以降は、総称としての“なにげ”に代わり、副詞である“なにげに”という語が主な研究対象となることをここで述べておく。

### 3.1.　国語辞書における記述

新野(1992)の時点では、若者語辞典や新語辞典を除くと、主要な国語辞書で“なにげ”という新語に言及するものはなかった。一般の国語辞書で初めてこの語を取り上げたと思しいのが『岩波国語辞典』第5版(1994)で、「『何気無く』を『何気に』というのは一九八五年ごろからの誤用」と書かれている。この「一九八五年ごろ」という使用開始時期については、同辞典の編者の一人水谷静夫氏が、「八五年ごろから、学生の論文に使われだした。それまで口頭で使われていた可能性もあるので、『おそくとも八五年ごろから』という意味にとってほしい」と新聞コラム(「単眼複眼　何げない誤用」朝日 1995.3.14 夕)中で語っている。使用開始時期については、泉(1991: 203)にも、

・ちなみにこの「ナニゲに」「ナニゲで」といった言い回しも、八十年代中期から出てきたもので、「何気なく」の略、である。

とある。管見の限りでは先に挙げた、1986年1月刊の中野(1986)が「なにげで」を、同年末発表の堀内(1987)が「なにげに」を初めて取り上げた文献で、これらの文献の記述と平仄が合う。

また『日本国語大辞典』第2版では、10巻(2001)で“なにげに”を立項し、

・「なにげない(何気無)①」と同意の副詞用法で、近ごろ若い世代が用いる。強調の「ない」を添えた「せわしない」「御大層もない」などが、「せわしい」「御大層な」とほぼ同意となる影響からか、本来省略できないはずの「ない」を「に」に変えて副詞に働かせたもの。

とする。「なにげない(何気無)①」には「何の考えもなく、格別意識しないでするさま。また相手にそのように感じさせる様子をいう。さりげない」とあり、新野(1992)の$\alpha$と$\beta$を併せた意味である。こちらでは使われ始めた時期は「近ごろ」として具体的には示していない。それに続き『明鏡国語辞典』(2002)で「なにげない」の項目に注意として、次のように記す。

・近年「何げなく」「何げなしに」を「何げに」という言い方が若者の間で聞かれるが、これは誤用。

その後『広辞苑』第6版(2008)は“なにげに”を立項し、

・「何気無い」の連用修飾の形として「何気無く」「何気無しに」というところを、一九八〇年代から、誤って使われ始めた形。

とする。使用開始時期が、『岩波』の「一九八五年ごろ」に比べややぼかした形になっているのは、前掲のような水谷氏の意図を汲んだためであろうか。

そして同年同月（2008年1月）に刊行の『三省堂国語辞典』第6版も“なにげに”を立項するが、その内容については後にふれる。

### 3.2. “なにげに”の発生理由についての論

新野（1992）では、“なにげ”の発生理由について、①“なにげ”が何なのか不明確になり、あえて“ない”をつけて否定する必然性が薄れてきたこと②より短い語形で間に合わせようとの省力意識③“さびしげ”“かなしげ”など“〜げ”という語幹の形容動詞がすでに多数あること、という3点を挙げた。その後の文献では、“なにげに”について、②のみを念頭に置いて「“なにげない”の略」としかしていない文献が多い。それ以上の考察が示されている文献を見ていきたい。

新野（1992）にやや発表が先立つ野村（1992）では、

・ちかごろ耳にたついいかたに、「なにげに」というのがある。{中略} いずれにしても、「なにげない」の「ない」が省略された形のバリエーションにちがいない。

としたうえで、

・ひとつひっかかるのは、「せわしい」と「せわしない」の関係である。普通の辞書では、この両語をおなじ意味としているが、実はちがう。「せわしない」の「ない」は否定の「無い」ではない。「はしたない」や「滅相もない」の「ない」とおなじく、程度のはなはだしいことを強調する接尾辞である。「せわしい」が客観的な描写に、「せわしない」が主観的な描写にもちいられる傾向があることは、このような語構成のちがいから説明できる。

「なにげない」の「ない」をこのような強調の「ない」と誤解したと

みれば、一応の説明はつく。しかし、そうでもなさそうだ。「うれしげに」などからの類推ともみられるが、いまひとつしっくりしない。

と、新野(1992)の③の要因にも言及する。

一方、呉(2004)では“なにげに”を「「何気なく」を崩した若者言葉である」とする。そして「いたいけな・いたいけない」「いとけ・いとけない」「しどけ・しどけない」「せわしい・せわしない」といったペアの存在を指摘し、

・これらの「ない」は、程度が甚だしいことを表わす接尾語なのである。従って、この「ない」はあってもなくても本来の「意味」は変わらない。この遠い記憶が、さほど強くない「何気なく」を表わすために「ナニゲニ」を生んだのではなかろうか。(p. 163)

としている。“せわしい”と“せわしない”の意味が変わらない、とする点が野村(1992)とは異なる。

また矢澤(2004)では、「何か」には「飲むもの、何かない？」のような〈しかるべきもの〉を指す場合と、「なんか、寂しいね」「何かといそがしくて」のような〈はっきりしない、またははっきりさせなくともいいもの〉を指す場合とがある、とし、

・「何げ」がこの「なんか」と同様に解釈されると、〈しかるべきことがある状況〉ではなく、〈特にはっきりさせることもない状況〉といった全く逆の解釈が生み出されます。(pp. 124–125)

とする。さらに続けて次のように述べる。

・「なにげ」が、〈はっきりとしない状況〉の意味と解される場合、「ない(無い)」を伴わなくても、「なにげ」だけで〈はっきりとしない、漠然とした〉という意味となる。

(例)「なにげに(＝これという意図もなく)窓の外を見やる」——このような分析から「なにげに」という言い方が生まれたと考えられます。

(p. 125)

秋月(2005: 38–39)でも、「「なにげに」の成立には省略のメカニズムが働いていると考えられる」としたうえで、次のように述べる。

・しかし、「なにげない」から「ない」を省略することを可能にさせたの

には、そのようなこと以外にも理由があると思われる。それは「ない」の意味の希薄化である。「なにげない」の「ない」は、語源的には、否定を表す形容詞の「ない」であろうが、今日では、「なにげない」の「ない」から、その否定の意味を再現することは難しい。これは、「せつない」や「つまらない」の「ない」から、その否定の意味を再現することが難しいのと同様である。つまり、「なにげない」の「ない」は、なくてもその意味は伝わるという認識があったからこそ、「なにげない」から「ない」を省略することができたのである。

呉、矢澤、秋月ともに、“なにげない”が「ない」がなくても同じ意味を表す語である、と解釈されるようになった結果、“なにげに”という形が生まれた、としている点は新野(1992)の①と同じである。

NHKアナウンス室ことば班編(2005a: 30)では、

・「うれしげに」「かわいげに」のように、形容詞には「げに」がつくことばが多く、「なに」は形容詞ではないけれども、同じような流れで「なにげに」が生まれたのではないか。また、「けなげ(に)」「おぼろげ(に)」のように形容動詞の類推とも言われています。

と新野(1992)の③に近い説を示している(ただ「うれしげに」はともかく「かわいげに」は例としていかがなものか。“かわいげ”は「かわいげがない」のように名詞としては使うが、「かわいげに笑う」よりは「かわいらしく笑う」の方が普通であろう。ここは「さびしげに」「かなしげに」のような例の方が適切)。それに加え関東の方言から東京に入ってきたという説もある、とするが、それについては後述する。

次に有光(2008)を挙げる。この文献では、「現代日本語の口語的用法では一部の形容詞に「―ない」が消失する文法化が見られる」として、“なにげなく”と“なにげに”、“さりげなく”と“さりげに”の例を挙げ、

・ここでは「―ない」という形式における「―ない」という否定を表す意味は失われている。「なにげなく」でも「なにげに」でも同様の意味となっている。{中略} このように「なにげ」と「さりげ」において、「―ない」の消失が進んだ背景には二つの要因が考えられる。一つは、「―

げに」という形で、「親しげに」などに見られる「〜といった様子で」「—そうに」などで置き換えられる用法が存在していたために、「—げに」で終わる副詞が定着する素地があった。もう一つは、「なにげ」と「さりげ」が指す内容が抽象的で、カテゴリーを形成するのが難しいため、「—ない」を加えたところで、何を否定しているのかはっきりしないという要因が考えられる。　(pp. 254–256)

とする。ここで提示されている「二つの要因」は、新野(1992)の①③とほとんど同じ内容である。

町田(2009)は次のように述べる。

・「なにげに」は「何となく」と同じ意味で使われている。本来は「何気なく」だろうが、これは「特別の目的もなく」という意味だ。「なく」が取れて、形容動詞語尾の「に」に置き換わることで意味も変化している。「何気なく」と「何となく」が混同され、しかも若者言葉にありがちな語形の短縮化が生じた結果、「なにげに」が作られたのだろう。特に誤解の恐れもないから、副詞として定着する可能性は高い。

「語形の短縮」は新野(1992)の②と重なるが、ユニークなのは「「何気なく」と「何となく」が混同され」たとする点である。意味として〈なにげなく〉〈さりげなく〉ではなく〈なんとなく〉と同じ、としている点も、この時期の文献としては珍しい。

そして、これらと全く違う考えを提示しているのが黛(1998: 95)である。ここでは、『日本国語大辞典』初版に“なにげなげ”という語が載っているのに注目し、次のように述べる。

・発音するとわかると思うが、ナニゲナゲはナとゲが重複していて言いづらい(さらに連用形になればナニゲナゲニで、ニまでも重複する。加えて、漢字になおすと二つのゲは同じ字である(何気な気))。これが言いやすく短縮されたのがナニゲであると考えられないだろうか。

着眼点は非常にユニークであるが、無理がある説と言わざるを得ない。“なにげなげ”は『日本国語大辞典』第2版では小栗風葉『青春』と有島武郎『或る女』の例のみで、『青空文庫』でも同じ『或る女』の例しかヒットしない。

“なにげに”が発生した1980年代半ばの日常語で多用されていたわけでもない(筆者は“なにげなげ”という語の存在はこの論文を読むまで知らなかった。そのような意味を表す語をこれまでに使ったとすれば、“なにげなさそう”であろう)語で、「言いやすく短縮され」る必然性があったとは、考え難い。

## 4. “なにげに”の意味変化

次に、“なにげに”の意味を見ていく。新野(1992)では“なにげ”を大きく$\alpha$～$\delta$の4つに分けた。中野(1986: 48)では、さきに引用した個所に続いて、

・ところが、このことば、使っているうちにおかしな両義性が生まれてきた気配がある。表記すれば「なにげで」じゃなくて「ナニげで」、つまり、あえて、わざとらしくやるという意味にも使われるようになってきた。

という記述があるが、新野(1992)の時点でもそれ以降でも、“なにげ”をそのような意味で使った例はないし、他の文献にそのような意味の発生を指摘する記述もない。

それとは別に、新野(1992)後に、“なにげに”の新しい意味が勢力を拡大してきているのである。

### 4.1. 日本語関係文献での記述

筆者が新野(1992)を発表した当時は、日本語学研究者による先行研究はほとんど見られなかった。執筆時点では把握していなかった、これ以前に“なにげ”に言及していた記述としては、さきに挙げた野村(1992)のほか、大野・丸谷・大岡・井上(1991: 255)がある。

・丸谷　最近、「なにげに」という言い方が多いんですね、「なにげなく」ですか。

井上　若い俳優諸君に多いですよ、失敗したとき、「なにげにやっちゃっ

た」という。

若い俳優の言う「なにげにやっちゃった」は、〈これといった理由もないのに、なんとなく失敗しちゃった〉ということであろうか。

また、“なにげに”を首都圏の新方言の一例としている文献は、新野(1992)の前には佐藤(1990: 24)がある。その約5年前には『言語生活』399(1985.3)で「新・方言考」という特集が組まれ、井上史雄「新方言の存在と認定」、永瀬治郎「首都圏の《新方言》」という論文が掲載されているが、いずれにも“なにげに”は取り上げられていない。この時点ではまだ存在が注目されていなかったことがうかがえる。

井上氏は、90年代には「東京新方言」の1つとして何度か取り上げている。井上(1993: 120、1998: 58–59)では順に

・「ナニゲニ」という言い方がある。「何気なく」と同じ意味で、首都圏の若者の一部が最近言う。電車の中で高校生がいうのに気づいたのは一九八〇年代後半ころだった。

・中学生のナニゲニの使用率は、東京付近ことに埼玉で高い。ただし{中略}昔からあった言い方ではなさそうだ。

とする。

また、早野(1996: 71–72)も、1994年の松戸市での調査に基づき、“なにげに”を「なにげなく」に対する新方言形であるとしている。

このような論に対し、自らが“なにげに”の使用者であるとする黛美和氏は、黛(1998: 90)で「両語の意味的な違いに何の疑いももっていないのではないだろうか」と疑問を呈する。そしてアンケートやインタビュー、自らの内省に基づき、「なにげなく」や“なんとなく”とでは置き換えられる例と置き換えられない例があること、“わりと”や“ちゃっかり”と近い意味で使う場合もあることを挙げ、次のようにまとめる。

・予想、想像、信じていたこと、と照らし合わせて事実、結果が異なるときに用いる。「そうではないと思っていたのに、実は……」　(p. 94)

さらに「おわりに」として、次のようにしめくくっている。

・若者が口癖のように使っているナニゲニという言葉は、個人によって使

い方が異なる。また、意味の確立された言葉も個人によって微妙な意味のずれがあるのだろうが、確立されていないナニゲニはさらに大きなずれがある。それをうまく利用して、自分が発したナニゲニの意味付けを会話の相手に委ねているようなところが少なからずあるのではないだろうか。（p. 97）

そして、黛（1998）同様に、特定の語とは置き換えきれないこの語の意味の多様性に着目しているのが、同年の小林（1998）である。ここでは著者の担当する授業を受講する学生からの、メディアでの用例や身近な使用実態、使用者としての内省などの報告を掲載している。他の文献と比べると、使用者である学生の内省が多く示されている点で価値が高い。

ここで小林氏は、学生から寄せられた26例の用例（うち20例は学生の作例）、さらに「その人の行動が、一見あから様でないようで、実は誰が見ても分かる」「少しも気にかからなかったけど、実は」「ちゃっかり・何となく・けっこう」といった意味についての言及を掲げた上で、次のように述べる。

・実は、ここで、国語学にたずさわる人間として、①～㉖の例文を「なにげなく」「なんとなく」「さりげなく」「ふと」「なんだか」「実は……」「意外に」「ちゃっかり」などの意味要素に分けて表なるものを作ったのではあるが、表自体すっきりとはしなかった。それは、「なにげに」が語としてあいまいなニュアンスを含みもって成長途中にあるからである。この場合、「あいまい性」は、武器なのである。固定したとたん、成長はとまってしまう。（p. 208）

筆者も新野（1992）で意味による分類を行ったが、確かに複数の意味にまたがり、分類に迷う例は少なくなかった。それでもあえて分類を行ったのであるが、小林氏はそれに代わり、「そこで、私としては、①～㉖を発する人間の心理や心情を“読みとる”方法を選びたい」として、それぞれの例の背景にある発話者の心理を考察している。そして“なにげに”を「発する人間の心理や心情」を次のように分析する。

・気づいた本人がそのことを他人に報告しようと思った時使われるのであるが、自分の気づき――特に印象・感覚が相手とちがうとまずいという

> 思いが、「なにげに」を選ばせるのである。もし、「実は……だ」と言ってしまおうものなら、相手に「ちがうよ」と言われると、もうひっこみがつかないのである。現代の若者は、それを必要以上におそれている。ややあいまいに表現しておいて、軌道修正の空間を残しておく――これが、小・中・高の教育現場で「いじめ」に会わないための知恵でもある。まわりの色に同調していれば「いじめ」られることはない。このような生活を積みかさねてきた今の若者は、他人の“うけ”を過敏に気にしている。その意味では、どの時代の若者よりナイーブかもしれない。
>
> (pp. 208–209)

世紀が改まって、2002年になると、各文献がそろって〈実は〉という意味を載せるようになる。かつては“なにげなく”と同じ意味であるとしていた井上史雄氏は、井上・鑓水編(2002: 165)では、

・ナニゲニ　「何気なく。なんとなく。(それまでよく分からなかったが)実は、本当は」。首都圏の若者の一部が最近言う。

としている。意味の拡張については指摘しているものの、「首都圏の若者の一部が最近言う」というのは、2002年の時点ではいささか限定が厳しすぎではないかと思われる。

永瀬(2002: 219)では、

・「なにげに」は「なにげなく」の省略形であるが、その意味は「なんとなく」→「実は」→「意外と」という意味変化が起こっている。例としては「これ安いと思ったけれど、なにげに安いね」など「意外に」という意味で使われている。

と、3段階の意味変化ととらえている(例の「これ安いと思ったけれど、なにげに安いね」は、「これ高いと思ったけれど～」あるいは「～なにげに高いね」の方が適切ではないか)。

一方、中東(2002: 204–205)では、「何気に」に「①なにげなく」に加え

・②(それらしい様子がないので分かりにくいが)実は。本当は。「あの子、なにげに頭ええよなー」「うん。発表もそつなくこなすし、レポートも知らん間に書いとるし」／「今日ってなにげに祝日よね」「そうか、夏

休み中やから気付かんかったわ」／「あの人、なにげにおしゃれよな」「そうそう、ブランド物もさらっと着こなしとって、ぜんぜん嫌味じゃねーし」「そういうのって結構ポイント高いよなー」

というブランチを記述し、「若者の間では②のような新しい用法が多用されている」とする。

米川編（2003: 455）では「なにげに」を立項し、「①何気なく。何となく。さりげなく。それとなく。若者語。1980年代半ばに出現したことば。若者語に多くある省略と考えるなら「なにげなく」を略した「なにげ」に「に」をつけたもの」と「②実は。本当は。若者語」という2つの意味ブランチを示している。ただ①にはこの語自体について述べた文章の例を5例、そうでない通常の実例を3例挙げているのに対し、②には「あの子、なにげにあったまいいよねえ」という作例を1つ挙げるにとどまっている。

井上（2004: 187）も、この語の意味変化を明確に指摘している。

・若い人たちは「何気に来ちゃった」とか、「何気に買った」などと、「なんとなく」という意味のほか、「何気にいい店だね」「何気においしかった」というふうに、「そう思わなかったが意外に」という意味にまで押し広げ、もはや当たり前のように使っています。

　成り立ちとしては、「何気ない」という形容詞の「ない」を「に」に変えることで、副詞として使っているのですね。

　同様の言葉に、「さりげなく」から転じた「さりげに」もあります。これらは若者言葉としてどこまで残っていくか分かりませんが、新しい意味を付け加えている点からは、長持ちするかもしれません。

さらにNHKアナウンス室ことば班編（2005a: 31）では、次のように述べる。

・ところで、若者が使う「なにげに」は、「なにげない」とはちょっと違うようです。

　「なにげに」は「なにげにかわいいね」のように使います。この時の「なにげに」は「なにげなく」ではなく「結構かわいい」という意味で使っています。　（神奈川県・十代・女性）

「なにげにいい奴だな」→案外。意外と。「なにげに俺のジュース勝手に飲んだだろ」→知らぬ間に。ちゃっかり。　（秋田県・十代・男性）

例えば、相手の着ている服を見て、「なにげに素敵だね」と言います。この「なにげに」を、「なんとなく」「なにげなく」に置き換えてしまうと、「とりたててなんてことはないけど、まあいいんじゃない？」という意味になってしまいます。そう言いたいのではありません。「なにげに素敵」とは「結構、素敵」「意外に素敵」というようなほめことばなのです。

この中にある〈ちゃっかり〉というのは、すでに黛（1998）や小林（1998）でも指摘されている意味であるが、〈そうでもなさそうに見えて、意外にも〉がマイナスに評価すべき行動について使われた場合である。

そしてついに国語辞典にも、この意味が掲げられるようになる。『三省堂国語辞典』第6版（2008）では「なにげに」を立項し、次のように意味を記述する。

・〔俗〕①なにげなく。なんとなく。「―見てしまう」②〔表面はなにげないようすで〕意外に。わりあいに。「―おいしい」

このような〈そうでもなさそうに見えて、意外にも実は〉という意味の存在を最初に示唆したのは、「なにげで」については、先に挙げた

・なにげで　何となく、「何げで気に入っている」は、そうでもなさそうに見えて、何となく気に入っている。　（名倉1992）

であり、ただの〈なんとなく〉ではなく〈そうでもなさそうに見えて〉という要素をも示している。しかし、「なにげに」の形についても、前掲の米川編（2003）が①の例として挙げた実例のうち、

・僕の知るところでは、現二十九歳になる女性が先日、呑み屋で「この冷酒ってナニゲにおいしくない？」とナニゲに言った――それが現時点における“ナニゲ年齢の上限”である。　（泉1991: 203）

の1つ目の「ナニゲに」は、〈そうでもなさそうに見えて、意外にも実は〉の例と解するのが適当である。新野（1992）の時点で採集した通常の実例にはこの意味と解すべきものは見当たらなかったが、すでにそのころからこの

意味は生まれていたということになる。

### 4.2. 「新聞」の用例

ここで、「新聞」(朝日・毎日・読売・日経・産経)から得られた、2007年末までの用例(この語自体について述べた記事におけるものを除く)全16例を意味ごとに分類して示すと、以下のようになる(この他書名に使われ、意味が不明なものが1例)。意味の記号は新野(1992)と同じで、新しい〈そうでもなさそうに見えて、意外にも実は〉という意味はεとする。

α特別な目的や、深い意図はなく。なにげなく(全4例)

・先日のこと、何気にテレビを見ていたら、きれいな女優さんが「{中略}」と言っていた。
(磯野貴理子(当時。現：磯野貴理)「タレントえっSAY」読売2000.3.27夕)

・席に着き、なにげに振り返ると、同じ笑顔が並んで二つあった。
(「ペコのてっぺんまでもうちょい」読売2006.2.27夕)

β実は意図があるがそれを目立たせず、自然に。さりげなく(全4例)

・「ひとりおそろい」のゴージャスな例には、「パリュール」がある。ブローチ、ネックレス、イヤリング、ブレスレットなどのセット装身具である。最近では冠婚葬祭以外にフルセット使いをする女性は見かけないが、一方、目に留まることが増えたのが男性のパリュールで、時計と指輪、ブレスレットなどがなにげにおそろい。　(日経2004.12.17夕)

・小沢騒動の背後で、わが自衛隊を「国連」にだけ委ねてしまうような流れがなにげに進められつつある、そのことについて今日はひとこと。
(大月隆寛「断」産経2007.11.14)

γはっきりした理由もなく。なんとなく(全1例)

・照れながら振り向くと、周防正行監督の『インド待ち』を発見。「着眼点がユニークな方でね。これもきっと面白い」。その後も、漫画、小説、ノンフィクションと、棚の間を行ったり来たり。「なにげに手にとった

本が面白そうだと、うれしさひとしおじゃないですか」となごりはつきない。（朝日 2001.5.6）

δ特に力を入れたりこだわったりすることなく。軽く、あっさりと（全2例）

・「そういえばおれたち、のり巻きとかおにぎりとか、はしを使わないで食べられるのが好きだな」「そうそう、校庭や屋上でしゃべりながらなにげに食べられるものな」

彼らは、のり巻き、おにぎりだけでなく、ハンバーガー、ホットドッグ、肉まんなど、片手で気軽に食べることのできるスナッキーな主食を支持したのである。（日経 1998.7.13）

・私たち大人が普段何気に行っている活動も、「赤ちゃんの目」を通して見ると、それがどのようにしてできるようになったのか、最初はどうだったのか、多くの疑問がわいてきます。

（関一夫「新・赤ちゃん学」産経 2004.3.30）

ε気づいてみると。そうでもなさそうに見えて、意外にも実は（全4例）

・楽しく生きるのはなにげに難しいけど、楽しかった。（早稲田大・山田進太郎）（「年末恒例スタッフのひとこと」毎日 1996.12.27 夕）

・大学生で短歌や俳句をやってるっていう子は結構いる。{中略}

慶応大3年の荒瀬陽子さんは大学で俳句研究会に入っている。「古くから変わらない季語を使って、全く新しいものを作り出せるのが魅力」とか。特有の音のリズムに言葉を落とし込むのが面白いみたい。

イマドキの若いモンも、なにげに文化人て感じじゃない？（編集プロダクション・エンピツむすめ　小松亜子）（朝日 2003.3.30）

## 4.3. 「ブック」の用例

「ブック」（2009.7.31 検索）における調査結果は表2のとおりである。

以下、用例を挙げておく。

α特別な目的や、深い意図はなく。なにげなく

・それから普段なにげに使って捨てている割り箸。これも森林保全と関係しているなんて考えても見なかったことだよ。

**表2 「ブック」の調査結果**

| 意味 | なにげに | 何気に | ナニゲに | ナニゲニ | 計 |
|---|---|---|---|---|---|
| $\alpha$ | 6 | 23 | 1 | 0 | 30 |
| $\beta$ | 9 | 7 | 0 | 0 | 16 |
| $\gamma$ | 2 | 8 | 0 | 0 | 10 |
| $\delta$ | 5 | 8 | 0 | 0 | 13 |
| $\varepsilon$ | 11 | 13 | 0 | 0 | 24 |
| ☆ | 9 | 0 | 1 | 1 | 11 |
| W | 1 | 3 | 0 | 0 | 4 |
| ? | 1 | 2 | 0 | 0 | 3 |
| 計 | 44 | 64 | 2 | 1 | 111 |

☆　この語自体について論じている文章での例
W　同じ図書が重複してヒットした例(単行本と文庫本などで)
?　前後の文脈がないなどで、どの意味か判断し難い例

(三好恵真子『“エコ祭り”—僕たちにだって出来るね！』三恵社、2004。p.68)

・毎日をなにげに過ごして、見て見ぬふりの素通りをしていることが気に留まったり、　(藤本智子『ぴぅふぉるて』文芸社、2004。p.39)

$\beta$ 実は意図があるがそれを目立たせず、自然に。さりげなく

・変な感動をしていたら、同時に入った日本人ツアーのガイドが絵の説明をしているのでなにげに盗み聞き。
(日吉清美『ながぐつ紀行—有休で楽しむイタリア』文芸社、1999。p.19)

・いつもならそろそろお開きかな、という時間帯になにげに切り出します。「面白い店見つけたんだけど、行く？」
　ムードのいいカウンターだけのショットバーをあらかじめ見つけておいて誘いましょう。
(藤沢あゆみ『瞬殺！　モテ会話ハンドブック』PHP研究所、2008。p.48)

$\gamma$ はっきりした理由もなく。なんとなく

・新しくなった入口の看板は、なにげにインパクトありますね
(『湘南スタイルマガジン Vol.22』枻出版社、2005。p.90)

・過ぎて行く時間の中で繰り返し同じようなことをしてる　進歩もないの

に…何が楽しい？　なんて言われても分かりはしないけどただ何気に楽しい

（片岡いちい『ボクから僕へ… いちい、12才』文芸社 、2000。p.36）

δ特に力を入れたりこだわったりすることなく。軽く、あっさりと

・このテーブルぐらいのペインティングがアメリカで500万ドルするっていう岳敏君の絵、何気に飾ってあるの。魂消た。

（団塊パンチ編集部『団塊パンチ』2 飛鳥新社、2006。p.116）

・なるべく考えないようにしてる。けど、今が永遠に続いても困る方は、何気にこの小説を読んでみよー

（安田良輔『変わる』文芸社、2006。カバー）

ε気づいてみると。そうでもなさそうに見えて、意外にも実は

・エレベーターに乗り込んで九階を押すと、彼は振り向いて、備え付けの鏡を覗き込む。

「この鏡、何気に結構便利なんだよね」

そう言って両手でボサボサの髪を直す。

（美月レンカ『LoveLess22』文芸社、2001。p.41）

・しかし、ある日気づきました。なにげによく使いそうなショートカットキーは左半分に集まっているのです。

（赤人『キャラクターをつくろう！　CG彩色テクニック2』BNN新社、2005。p.144）

・ガソリンスタンド、ドライブスルー。 クルマに乗っていながら財布を出し入れするときはなにげに多いもの。

（『別冊ライトニングvol.54　VINTAGE AUTO 14』枻出版社、2008。p.57）

### 4.4. 雑誌記事における用例

新野（1992）執筆後の、1992年後半以降の雑誌記事における実例である。

α特別な目的や、深い意図はなく。なにげなく

・ハンバーガー店Mの2階席で友達としゃべっていた。なにげに窓の外を見てると、高校生の男の子たちがこっちを見てうれしそうにしてい

る。　　　　　　　　　　　　　　（『non・no』1993.1.20/2.5号。p.96）

・今をときめくスター、吉田栄作や杉本彩、岡本夏生といった人たちも過去にアルバイト的にカラオケソフトに出演していた、なんて事実も発覚。

てことは、何げに見ているカラオケソフトの画面の彼や彼女が、未来の大スターになる可能性も十分考えられるってことなのか？

（『SPA！』1993.6.16号。p.28）

・デスクに向かって書類を整理していた佐藤クン、背後を通るOLらしき人影に、いつもの調子で何気に書類のコピーを頼む。「はいよ」と受け取ったその人影の声に、やがて彼は青ざめる。相手は部長だったのである。（「山崎浩一のテレビCM遊覧」『週刊文春』1997.12.18号。p.147）

いずれも、「（行動自体は意識的に行ったものであるが、その行動には）何か特別な目的や深い意図はなく」という例である。2.3.で見たとおり、新野（1992）の時点ではそれは“なにげなく”が担っていたものであったが、年が下るにつれ“なにげに”にもそのような例が現れてくるのである。

β実は意図があるがそれを目立たせず、自然に。さりげなく

・カッコイイ女の子特有のキビキビした動きのモトは、なんたって姿勢のよさからきているの。{中略} 外を歩くときもなにげにガラス窓に映る姿をチェック。「まっすぐな印象」の子をめざしてがんばろう。

（『mc Sister』1992.9。p.102）

・{お見合いの} 場所を彼の行きつけのおすし屋さんへ移動。エーッ！故意か偶然か、突然、彼の両親が出現。アレコレ、なにげにチェックされちゃったぁ。　　　　　　　　　　　（『CanCam』1992.10。p.179）

・ここで見分けろ、女の嘘。　電話編—①　浮気中　あたかもトイレに立ったかのような素振りでなにげにTELしている

（『POPEYE』1992.12.16号。p.38）

・実は私、11月24日の土曜日に、芝浦のO’ BARに友達と2人で行ったんです。そしたら、なんと、あのマークがいるんです！ {中略} ずうずうしい私は、なにげに、マークの隣を、ずぅーっとKEEPしちゃっ

て、立っていたの♡

（「OTEGAMI CLUB」『メンズノンノ』1993.2。p.159）

第2例以降は〈何食わぬ顔で〉というマイナスの要素が入ってくる。

γはっきりした理由もなく。なんとなく

・壁にくっつけると何気になごむインテリアグッズ。かわいーでしょ。

（『Myojo』1993.2。p.3）

・ナニゲに気づいて自分でびっくりしちゃったのだが、この春で上京してから20年になる。

（石坂啓「まにあってます！」『週刊読売』1998.3.1号。p.130）

・世間にあふれる［手数料］その中身と根拠　ナニゲに払ってるけど、な～んか納得いかない……　（『SPA！』2000.12.13号。p.139）

δ特に力を入れたりこだわったりすることなく。軽く、あっさりと

・結成のいきさつを聞くと「ほかにすることなくて…」なんて答える、なんだか人をくった3人組。ところが、そんなナニゲに作ったファーストアルバム『若者たち』は、70年代テイスト満載の名曲ぞろいで、通な人たちに高い評価を得てしまった。　（『Myojo』1995.9。p.118）

・両親が「週刊朝日」を買っていて、夜寝る前にパラパラッと見ていたら、主人が「これ｛=「似顔絵塾」｝に出してみたら」って。なにげにかいたら、2週間後に載ったんです。（『週刊朝日』2001.9.7号。p.138）

・シャツの常識・非常識　なにげに着こなすアイテムこそ、細心の注意を！　（『メンズクラブ』2005.4。p.135）

ε気づいてみると。そうでもなさそうに見えて、意外にも実は

・印象薄だが、みんなナニゲに見てるはず。テレビ界の溜池山王駅!?　いま、テレビ朝日が熱い。　（『Hanako』2000.3.15号。p.100）

・習字、ピアノ、ドラム…、バレエも事務所に入ってからちょっとやったし、タップもやった～。俺、なにげに経験豊富じゃん！

（滝沢秀明「俺んちおいでよ！」『週刊ザ・テレビジョン』2002.8.2号。p.35）

・なにげに、みーんな持ってます！　見て♡見て♡わたしのイバリ★ブラ

ンド小物　　　　　　　　　　（『セブンティーン』2002.11.1号。p.48）

・気分次第で手軽に花見を楽しみたい!! 「なにげに桜がある公園MAP」の巻　　　　　　　　　　（『TOKYO1週間』2007.3.27号。p.184）

・なにげにスゲー便利かも！　HDビデオカメラXPS33
（一瀬大志「男子システム青春白書」『TV Bros.』2008.12.6号。p.100）

第2例以外は雑誌記事の見出しで、本文中には「ほら、気がつけばあなたは今日もテレビ朝日を見ているはず……」(第1例)、「おしゃれなコたちを調査したらじつは、みーんな自分なりの“イバリアイテム”をちゃっかり持ってた!!」(第3例)、「これが思いのほか便利」(第5例)という一文がある。

**表3　雑誌における「なにげに」の用例数**

| | α | β | γ | δ | ε | | α | β | γ | δ | ε |
|---|---|---|---|---|---|---|---|---|---|---|---|
| 1989 | | 1 | | 1 | | 2000 | | | 1 | 1 | 2 |
| 1990 | | 1 | | | | 2001 | | | | 1 | 1 |
| 1991 | 2 | 1 | 1 | 1 | | 2002 | | | | | 4 |
| 1992 | 1 | 9 | | 1 | | 2003 | | 1 | | | 2 |
| 1993 | 3 | 3 | 1 | | | 2004 | | 1 | | | |
| 1994 | 3 | | 1 | | | 2005 | | | | 1 | 1 |
| 1995 | 2 | 3 | 1 | 1 | | 2006 | | 1 | | | |
| 1996 | | | | | | 2007 | | | | | 2 |
| 1997 | 1 | 1 | | | | 2008 | | | | | 1 |
| 1998 | | | 1 | | | 2009 | | | | | |
| 1999 | 1 | | | | | 2010 | 2 | 2 | | | 3 |

新野(1992)執筆の際に採集していたものも含め、雑誌から採集した「なにげに」の用例(この語そのものを話題にしている記事におけるものは除く)の数を意味別・掲載年別にまとめたのが表3である。1990年代に主流だったα、βに代わり、2000年代は、εの意味に解すべき例が特に多くなっているのがわかる[4]。

ここまで見てきたように、新野(1992)の時点では目立たなかった〈気づいてみると。そうでもなさそうに見えて、意外にも実は〉という意味が勢力を伸ばし、国語辞典に載るまでになってきていることが、この十数年間における意味面での大きな変化といえる。

### 4.5.　意味変化の過程

ではこのような意味はどのような過程を経て生じたのか。

朝日 2001.10.10「声」掲載の 42 歳女性からの投書では、娘（小 5）が猛練習していた「立ちブリッジ」ができるようになった、という記述に続き

・翌日。「どうだった？」「うん。みんな驚いてた。『なにげにできてる』って言われた」「なにげにってどういう意味？」「意外っていうこと」「？なにげなくの略でしょう」

　全く近ごろの新語はメチャクチャだと思ったが、あとでよく考えるとそうでもない。彼女が涼しい顔をして教室の後ろでひょいとやったのが、なにげなさそうで実に意外だったのだ。子どもたちはその辺を全部ひっくるめてなにげと表現するのだろう。

とある。ここでは〈なにげなく〉という意味と〈意外にも〉とを結びつけている。「みんな」の言った「なにげにできてる」を、〈（投書者の娘が）特に気負ったり必死になったりすることなく、「涼しい顔をして」「ひょいと」やってみたら、できてしまった。そう簡単にはできないと思っていたのに、意外にも「なにげなさそう」にできてしまっている〉という意味に解釈したのであろう。「それを達成しようという意図がなければ達成しにくいはずの「立ちブリッジ」を、特にそのようなものがなく「なにげなく」やったのに達成してしまうとは意外だ」、ということである。

一方インターネット上の辞書サービス「Yahoo！ 辞書」に掲載の亀井肇『新語探検』http://dic.yahoo.co.jp/newword では、“なにげに”について 2007 年 1 月 13 日付で、次のように記す。

・「何気なく」あるいは「何気ない」を略したもので、国語辞書によれば「はっきりした考えや意図がなくて行動するさま」（大辞泉）。若者たちは「さりげなく」、「わざとらしくなく」という意味で初めは使ってい

た。ところが、この「何気なく」のなかに、ひそやかなうれしい驚きの気持ちがかすかに込められていることを感じ取り、そこから「予想外」「わりと」という意味に広げて使い始めている。そこから「部長って、なにげにカラオケうまいっすね」(部長はカラオケがわりとうまいんだ)といった使い方をしている。

〈さりげなく〉という意味で使われていたものが〈予想外〉へと意味が変化したという説である。〈さりげない〉というのは新野(1992)でもふれたとおり、〈実は意図があるがそれを目立たせない、自然な〉ということである。つまり裏返せば〈何も意図がなさそうに見せながら、気づいてみると実は意図がある〉、〈意図が目立たないという外見に反し、意外にもちゃんと意図がある〉ということであり、これが意図云々に限定されず〈気づいてみると。予想に反し、意外にも実は〉という意味に一般化していったということであろう。

筆者は後者の説、つまり〈実は意図があるがそれを目立たせず。さりげなく〉から変化したと考える方が自然で説明しやすいと考えている。

## 4.6.　意味変化の背景

では“なにげに”がこのような意味変化を遂げた背景には何があるのか。秋月(2005: 51)は次のように述べる。

・さて、「なにげに」がもっぱら連用修飾語として用いられるのは、その意味によるところが大きい。「なにげに」は行動のあり方を形容することばである。「なにげに」するという行動様式は、八〇年代の新人類世代以降、人々の間に共有された価値観に基づいていると思われる。八〇年代には、七〇年代のスポ根マンガやアニメのように、汗をかいて血みどろの努力するのは「ダサい」ものであり、たとえそのようなな努《ママ》力していたとしても、人前ではその片鱗も感じさせないことに価値がおかれた。これには、高度経済成長の行き詰まりという経済的な背景も影響しているだろう。努力して這い上がることよりも、すでに今ある位置をキープしながら「なにげに」ふるまうことの方に価値がおかれるようになったのである。このような価値観に支えられている同様のことばに、「サクっと」や「サクサク」がある。「なにげに」やること、「サクっと」やることは、若い世代の人々の間では、クールなふるまいとみなされている。逆に、このようにふるまわないと、「うざい」とみなされることになる。 (p. 51)

「高度経済成長の行き詰まり」まで行くと少し話が大きくなりすぎの感もあるが、「努力していたとしても、人前ではその片鱗も感じさせないこと」を美しいとする意識は以前と比べると確かに強くなっていると思われる。それを“なにげ”と表現したと思われるのが、1994年10月から1995年9月まで、フジテレビで放送された(毎週木曜21:54～22:00)、『颯爽なにげくん』という番組である。ミニ番組ゆえ番組開始時の新聞などにも紹介記事は載っておらず、タイトルの意図は不明であるが、小林(1998: 248)には

・平成七年度受講学生の一人A・Aは、「ちなみに、『なにげくん』という番組は、“中学校や高校にいる、なにげにかっこいい人”を紹介する番組である。この場合の“なにげにかっこいい人”とは、男でも女でも、“その辺にいる普通の人のようでいて、実はすごく輝いている人”の意味。例えば、学校へ行きながらスポーツや演劇など、趣味に思いきりうちこんでいる人などである」と報告している。

とある。〈(「七○年代のスポ根マンガやアニメの」主人公のように)根性をむき出しにはせず颯爽としているが、表面にはそうと見せないものの実はさりげなく努力を積んでいる子〉といったニュアンスのタイトルではないかと推測される。

そもそも、日本人の美意識として、「さりげない」という要素は重要である。押しつけがましい優しさより「さりげない優しさ」、これ見よがしなおしゃれより「さりげないおしゃれ」の方を高く評価する傾向がある。“なにげに”が〈さりげなく〉の意味で使われる際もそのような美意識が感じられる例が見られた。

それが〈気づいてみると。そうでもなさそうに見えて、意外にも実は〉という意味で使われることが多くなってきたのは、その美意識の変種として、

「外見・予想どおり○○である」というのを「ベタ」などと呼んで「ダサい」ものとし、「外見・予想に反して○○である」という意外性を高く評価する価値観が、若い世代を中心に台頭してきたことと関係しているのではないか。「いかにも優しそうに見え、やっぱりそのとおりに優しかった」「一目ですぐそうと気づくほど、明らかにおしゃれだった」というのでは、いかに優しさ・おしゃれさが「さりげなく」とも、ストレートすぎて「ベタ」であり、驚きも話題性も乏しい。「武骨そうな外見に似合わず、優しかった」「パッと見ではそうとも見えなかったが、ふと気づくと、意外にもおしゃれだった」といういい意味での裏切りがあったほうが、それほど極端な優しさやおしゃれさでなくても、亀井氏言うところの「ひそやかなうれしい驚きの気持ち」は大きくなる。買い物で、高いものが「予想どおり・期待どおり」品質が良くともそれは当り前であり、安いものが「予想に反し・期待以上に」品質が良かった場合のほうが、喜びや満足感が大きい、というのは若い世代ならずとも感じることである。

そうなると、若い世代の日常語において、この〈そうでもなさそうに見えて、意外にも実は〉という意味を一語で表わせるような語が必要になってくる。それが“なにげに”の意味変化の背景にあるのではないか。若い世代の日常語の中で、もっともこの新しい価値観に近いニュアンスをもち、スムーズに意味変化できたのが“なにげに”であったということである。つまり、若い世代で“なにげに”が〈なにげなく〉〈さりげなく〉から〈気づいてみると。そうでもなさそうに見えて、意外にも実は〉へと意味変化した背景には、この世代を中心に台頭した新しい価値観を一語で表現できる語を、彼ら・彼女らが日常の言語生活において必要とし、求めたことがあった、と考えてみたい。

このような理由から、「部長って、カラオケうまいっすね」よりも、「部長って、なにげにカラオケうまいっすね」の方が、若い世代にとっては、より高いレベルの感動・賞賛の表明ということになるのである。ただ「部長って、なにげにカラオケうまいっすね」は、「今までは、うまいと思っていなかった」と認めることになるので、部長に対しては失礼にあたる。これは“なにげに”への中高年層の反発を生む原因の1つになっている。

## 5. “なにげに”の定着過程

### 5.1. “なにげ”から“なにげに”へ

筆者は、新野(1992: 34–35)で、若い女性向けのファッション雑誌『CanCam』の1992年4月号における「死語(笑)会話辞典」という特集で「ギャル系死語」の中に

・ナニゲで　なにげなく。語尾に“ゲ”をつけるのが大流行。〔派生語〕
　さりげなくは“さりゲで”。やりそうは“やりそゲ”。　(p. 240)

とあることから、「若い女性の間でのはやりすたりに敏感なこの種の雑誌がこう判断したということは、「死語」化を予感させるような衰退の兆しが首都圏ではすでに見えているのかもしれない」とし、そのうえで、結論として「現時点では、“なにげ”が「死語」化するのかあるいは定着していくのか予想は立てがたい。今後注意深く観察する要がある」と締めくくった。

今回の各種データベースの調査では、新野(1992)の時点では「なにげに」の形に比べると少なかったものの複数の用例が得られた、同じ連用形の「なにげで」や、連体形の「なにげな」の形は「新聞」では全くヒットせず、「ブック」で

・アルフェンタのアンプルが何気で心電図の上にあるのはなんでだっ！
　たり　(松本克平『麻酔じかけのパイナップル』文芸社、2001。p. 9)

・それからしばらく、宗彭は山科親子の消息を話した。
　小半時も過ぎたころ、
　「茶を喫むか」
　宗彭がなにげな口ぶりで云った。
　(山崎澄彦『秘すれば花なり』文芸社、2002。p. 309)

と1例ずつヒットしたのみであった。意味はいずれも$\beta$〈実は意図があるがそれを目立たせず、自然に。さりげなく〉であろう(第2例で、時代小説の地の文に「なにげな」というのは違和感を禁じえない)。「なにげの」も、毎

日で大学生向けのページ「キャンパる」の中の「なにげの主張」というコーナータイトルで 1995 年 11 月から 1998 年 4 月までの間使われた程度である。雑誌の用例を見ても、21 世紀に入ってからは、雑誌『Hanako』2003.12.24 ～ 2006.1.4 号に「東京なにげな日記」(山田美保子) と題したエッセイが連載されたりはしているものの、ほぼ「なにげに」専用期といってよい。

「なにげに」以外の形が今日使われないことには秋月 (2005: 49) でもふれており、

・「なにげに」は「なにげに」以外の活用形で用いられることは極めて少ない。インターネット上で検索をかけてみても、「なにげな」という連体形の形で用いられているものがわずか数例、発見できるだけである。{中略} であれば、「なにげに」は、もっぱらこのままの形で活用しない語であり、「さらに」や「特に」のような語と同じ、副詞であると考えた方がよさそうである。

としている。

秋月 (2005: 50–51) はさらに、「原宿ってなにげ来たことなかったんだよな」「美術館はなにげ楽しかった」のような「なにげ」の形で副詞として機能する例がインターネット上に見られることから、

・「なにげに」が、もっぱら連用修飾語として用いられる以上、このような用いられ方は今後、増えていく可能性がある。このことを示唆する興味深い例がある。

とし、やはりインターネット上の「なにげの毎日だけどその日その日が誰かの節目の日」という例を挙げ、

・ここでは、「なにげ」が「の」を伴って連体修飾語として用いられている。{中略} これは、「なにげ」という語が「に」を伴わない形で自立化しつつあることを示していると言える。

とする。

しかし、すでに見たように、新野 (1992) の時点ですでに「なにげの」という形で連体修飾する例(12)があり、その後も「なにげの主張」があった。連体修飾の際に「～な」と「～の」の両形を持つ語が多数あることは村木

(2002: 234) などで指摘されている。さらに、「「なにげ」という語が「に」を伴わない形で自立化し」た例も、

・「へえ、どうして？」女のコの口からナニゲに出る疑問詞。でも、これをナニゲととっては大きな間違いであるゾ。女のコはとてもやさしいけど、氷のような冷たい面もある。つまり異性との会話において「ヒマつぶしにお話する」場合、会話に連続性をもたせるためになら結構冷たいことをするのだ。つまらんと思っているネタでも「へえ、どうして？」と次に進める疑問詞を投げかける。どうして？　に対する回答なんて求めちゃいない。ただ時間が過ぎゆけばいいのだ。(『ORE』1991.3。p. 47)

・{TV に} 必ず映れるのは、「ワイド・ウォッチャー」(月〜金 12:00 〜 12:59TBS 系、生放送) の収録が行われている日比谷シャンテスタジオ前。何気を装ってスタジオ前に立っていれば必ず画面の隅の方には映れる。　　(『POPEYE』1993.4.28 号。p. 24)

のように、「なにげに」専用期に先立つ 1990 年代前半にすでにわずかながら見られるのである。

そうなると、「なにげの毎日だけど」のような例が今日わずかに見られるからといって、今後副詞 “なにげに” に対し「なにげ」の形が勢力を伸ばしていくようになる可能性がある、と判断するのは躊躇される。

いずれにせよ、先に挙げたように、1992 年 4 月号の『CanCam』が「ギャル系死語」の一として「ナニゲで」を挙げたのは、この形に限って言えば、的を射ていたということになる。

## 5.2. 「首都圏新方言」から「全国的若者言葉」へ

文化庁国語課による「国語に関する世論調査」では平成 8 年度と 15 年度の 2 度にわたり、“なにげに” を使うかどうかが問われている。

・あなたは、ここに挙げた(1)から(8)の下線部分の言い方をすることがありますか、それともありませんか。

(3)「なにげなくそうした」ということを「なにげにそうした」と言う

その結果は以下のようになっている(数字は%)。

8年度—ある8.8、ない90.3、分からない0.9

15年度—ある23.5、ない75.7、分からない0.8

すでに見たように、「なにげなくそうした」と「なにげにそうした」とでは意味が異なる。従って、単純に「「なにげにそうした」という言い方をすることがありますか」という設問であれば、もっと「ある」という回答が多くなったであろう。

なおこの2度の調査における「ある」回答の比率を、報告書（文化庁文化部国語課編1997: 135、2004: 52）でさらに詳しく見てみると、以下のような変化がわかる。

性別では、8年度は男性10.1%で女性が7.6%と男性の方が上回っていたのに対し、15年度は男性21.8%で女性25.1%と逆転している。この7年間で、新野（1992）でのアンケート調査の3③「女性の方がよく使う」という性格を帯びるようになっていったわけである。

また年齢別では、8年度は10代（16～19歳）28.5%、20代24.2%に対して30代で7.5%と急落し、40代以上はどの世代も3～4%で大差ない。つまり典型的な「若者言葉」の特徴を示していた。それが15年度では、10代・20代がそれぞれ61.3%・59.7%と拮抗し、それ以上では30代でも42.1%、40代で22.0%と急落するも8年度の20代の数字に近くなっている。そして50代以上は8%前後で横ばいである。「若者言葉」の枠にとどまらない広がり方を示しているのである。前章の“役不足”同様、「タテマエ回答が優先されがちになる」という要素が加味されるとすれば、中高年層の実際の使用率はこの数字以上に高いという可能性もある。

“なにげに”が1985年ころから使われ始めているとすれば、当時20代の若者は8年度すなわち1996年度には30代、15年度すなわち2003年度には多くが40代ということになる。それを考慮したうえで調査結果を見直すと、1985年当時の若者が若いころから中年になるまで一貫して使い続けている、というケースに加え、中年の域に達してから新たに使い始めるケースも少なからずあることが推測される。15年度の調査結果に関する読売2004.7.30の記事では、国語課の「年配の人も若者とのコミュニケーションのために使うようになった」とのコメントが出ているが、その背景には、すでに見たような、近年台頭してきた新たな価値観を表現するには、中高年層も“なにげに”を使わざるを得ない、ということがあると思われる。

さて、秋月（2005: 39–41）では、秋月氏自身が宮城県の短大・大学で行った、“なにげに”の認知度と使用度についての調査結果を示している。それによると、1998年春には、「聞いたことがない」という回答と、「使う」という回答がいずれも約3割、「使わないが聞く」という回答が約4割であった。それが2003年秋の調査では、「聞いたことがない」という回答はゼロで、「使う」という回答は8割を超えていた。そして早野（1996: 71–72）における調査結果で、くだけた場面での使用率が10代、20代でも「五割前後にとどまっている」こと、さらに「国語に関する世論調査」の結果（8年度）から、「九〇年代には、「なにげに」が、若い世代の人々の間でも一般化していなかった」「少なくとも、九〇年代末には、「なにげに」は、一部の若い世代の人々によって用いられることば、つまり、ローカルな若者ことばであった」としている。それが、「九〇年代末に、テレビ、雑誌、マンガなど、若い世代の人々が接するメディアにおいて、この「なにげに」ということばがさかんに用いられたことが影響して」「完全に若い世代の人々の使用語彙になったわけである」とする。

2003年の時点で「若い世代の人々の使用語彙」になっていたのは15年度の「国語に関する世論調査」の結果から確実であるとしても、1990年代は「若い世代の人々の間でも一般化していなかった」のであろうか。さきに見たように、黛（1998: 97）では、「若者が口癖のように使っている」とする。また小林（1998）では、1994年の著者担当授業受講学生（東海大学）の書いたこの語についての観察を掲載しているが、「私は本当によく使う」「私は普段から使っています」「私たちの間でもよく使われます」という報告が並んでいる。当時の首都圏の大学生においては明らかに「一般化してい」たと思われる。さらに2.1.に示した東京と宮崎でのアンケート結果も考慮に入れると、「1992～94年の段階で、首都圏の若い世代においては相当程度一般化していた」と考えるべきではないか（従って秋月氏の言う「ローカルな若者ことば」の「ローカル」が〈地域の限られた〉という意味であるなら、この時期にはあてはまる)。

そしてその後2003年までに地域を超えて使用が広がったのは、秋月氏の言う「テレビ、雑誌、マンガなど、若い世代の人々が接するメディアにおいて、この「なにげに」ということばがさかんに用いられたことが影響して」いるのは間違いない。しかしそれは氏の指摘する90年代末より早い、90年代初頭からの現象であったことは、2.2.や4.4.に挙げたような紙の資料の実例、さらに小林(1998: 200–201)に列挙されたテレビでの使用例(一部関東ローカルの番組もあるが)から裏づけられる。

それぞれのアンケート調査は質問文も調査法も異なり、結果を単純に比較するのは危険である。それを承知のうえであえてまとめを試みれば、

・1992年には東京の専門学校生7割が知っている一方宮崎の大学生の7割が知らず、94年時点でも首都圏の新方言という性格が強かったが、90年代初頭から若者向け中心に東京発信のテレビ、雑誌、マンガなどでしばしば使われた結果、98年には宮城県でも「知らない」と答えた学生は3割にとどまっており、2003年までには全国の若者世代の使用語彙になった。

という定着過程が描けるのである。

## 6. “さりげに”について

井上編(2004)、有光(2008)にあるように、しばしば“なにげに”とセットで論じられる“さりげに”であるが、その実例は“なにげに”と比べるときわめて少ない。「新聞」では、

・**なにげに**　近ごろよく耳にする若者言葉である。要するに「何気なく」の意味なのだが、それが「怪しげに」「苦しげに」「物欲しげに」といった一連の「形容詞＋げに」の表現と似た形で流通するようになったものらしい。

　社会言語学者の井上史雄氏は、「さりげに(さり気なく)」とともに「東

京の新方言」の例としてこれを挙げ、「よさげに」「なさげに」を方言として前から使っていた埼玉県などで生み出され、東京に入ってきたものと推定している（月刊「言語」1月号）。

　ところで、「形容詞＋げに」の言葉が対象のある決まった状態を推量するのに対して、「なにげに」「さりげに」が指すのはまさに何気ない、不明確な状態だ。新語の登場は、他者への（他者からの）決め付けを好まない若者の志向をも示しているのだろうか。

（「ことばの生態学」毎日 1998.1.5）

・**【さりげに】**さりげなく、相手が気付かないうちに何かをしていたりと、何気ない場合に使う。意外にというニュアンスを含む場合もある。

（「日本語シンポジウム　今どきのコギャル言葉一覧」産経 1998.11.20）

・若者言葉で作った新聞というアイデアもあった。例えば見出し。「財政破綻の危機かも／なにげに不安な安倍政権／税収はさりげによさげ」。確かにぃ、これならぁ、若い子に超訴えかけるもの、あるかもぅ。

（「試写室」朝日 2007.4.30）

のような、「若者言葉」について論じた記事でその事例として使われている場合を除けば、

・まだまだ残暑は続くんだろうけど、9月になったんだから、もう秋のファッションを取り入れなくちゃね。お化粧もコロンもさりげに秋のイメージで……。　（「女は見てるぞ」毎日 1997.9.2 夕）

というβ〈さりげなく〉の意の例がある程度である。

一方「ブック」でも、“なにげに”が111件ヒットしたのに対し“さりげに”はわずか7件で、うちこの語そのものを話題にしているものが2件である。そして残った5件のうち3件は同一著者（ゆうきゆう氏）の著書である。つまり異なりでは3名の著者しか“さりげに”を使っていないのである。その3名の例を挙げる。

・「だって、ユキが世界一カッコイイ高樹様のコト否定したんだぜ？」

　「世界一カッコ悪いの間違いじゃないのか？　あ、あの木のところで、北にある森に向かえだって」

地図を見ながら和彦が言う。

「今、さりげに、軽ぅく流したっしょ？」

「別に」　　　　　（神仲あい『地球は青かった』文芸社、2002。p. 118）

・この「飲食費」、さりげにかなり適当な予算管理がされている部署です。

ほら、思い出してみてください。

先月のあなたの食費はいくらでしたか？

それは先々月に比べてどのくらい多かったですか？

おそらく、この質問に即答できる人はいないはずです。

（ゆうきゆう『他人のこころをつかむ心理テクニック』PHP研究所、2003。p. 218）

・高殿　友人に、ビリヤードのプロを目指してるとかいうぷー男と付き合ってた子がいまして…。

T　さりげにだめんずうぉーかーの友人多いですね、先生…。

（高殿円『オーダーメイドダーリン―幸せの王子様の育て方』飛鳥新社、2006。p. 73）

雑誌でも、筆者が採集したのは次のような例があるくらいである。

・遊園地というのは、女の側から誘うスポットなんですね。憧れの君を射止める、思いを秘めた女性のための絶好のナンパ・ロケーション。{中略} 少々会話がなくてもなんとかなるし、オバケ屋敷では、さりげに（女性のほうから）手もつなげるし、

（「A！SOゼミナール」『週刊朝日』1993.8.6号。p. 54）

・結構泣かせる映画だと聞いていたので、ハンカチも用意し、女のコが泣き出したころ、さりげに渡しました。

（木村和久「対極天」『ビッグコミックスピリッツ』1995.4.10号。p. 285）

・ああ、そういえば、この雑誌、インタビュー受けたなーって私もうっかり忘れてたような雑誌（笑）が、読み終わって {実家の} 居間に置かれてたりするんです。そういうの見ると、なんか {父親が} さりげに見守っててくれてるみたいでうれしいですね。　（『Myojo』1997.2。p. 108）

“さりげに”は「若者言葉」を扱った文章においては、その事例としてほ

とんどの場合“なにげに”とセットでしばしば登場するものの、実際に生きて使われた例は“なにげに”に比べ非常に少ない語なのである。この語が示しているとされる〈さりげなく〉の意味は実は“なにげに”が負担していることはすでに見たとおりである。

この事実は矢澤(2004: 125–126)でも以下のように記述されている。

・現在の「何げに」は、「何げなく」の範囲だけでなく、「さりげない」の用法も吸収しているようです。わざとらしくない様子は「さりげなく」の方がふさわしく、「この手紙、さりげなく渡して」を「何げなく渡して」というとちょっと変です。ところが、若者の間では、「この手紙、何げに渡して」というのは、許容度が高いという調査結果も出ています。「さりげなく」からは「さりげに」が生まれましたが、定着は「何げに」より低いという調査結果もあり、これを裏付けています。

また、雑誌から採集した90年代の３例、および「ブック」の３例のうち第１例の意味は$\beta$〈さりげなく〉であるが、他の例は(ここに挙げなかった例も含め)ε〈気づいてみると。そうでもなさそうに見えて、意外にも実は〉と解するべきと思われる。2010年の若者向け雑誌にも

・SLYなユニオンジャック柄ティッシュポーチできました!!　かなり使えて実用的　さりげにウレシイポーチかも♡(『Scawaii !』2010.3。p.7)

という例があるが、これも同じ意味である。つまり産経1998.11.20にあるとおり、“さりげに”においても、少ない例からではあるが、1990年代から2000年代に入って、“なにげに”同様〈さりげなく〉から〈気づいてみると。そうでもなさそうに見えて、意外にも実は〉への意味変化が起きていることがうかがえる。であるとすれば、ますます“なにげに”との意味差はなくなり、存在意義が薄れてくるのである。

## 7.　おわりに

2003年の世論調査の結果では若者世代より上にも広がりを見せていた“なにげに”は、2010年、10代・20代を主なターゲットにしているとは言えな

いいくつもの雑誌で、以下のように使われている。

・こないだBGMについて興味深い記事を読んだ。回転寿司屋でBGMを速めの曲にしたら、客の回転も速くなった……という冗談みたいな話。確かにいろんな場所でさまざまなBGMが、皆さんの行動をなにげにプロデュースしてる気がする。{中略} そういえば昔、ラブホテルに入って、なにげに有線をつけたら、B.B.クィーンズの「おどるポンポコリン」が流れてきた。

（鈴木おさむ「ザ・私聴率」『AERA』2010.2.15号。p.84）

・本屋さんでなにげに開き、プハッ。{中略} 包装紙や看板、メニューなど、世界に広く日本語の誤記(ニホン誤)を探し集め、証拠写真で紹介する珍本。（温水ゆかり「愛でたい文庫」『週刊朝日』2010.3.12号。p.79）

・バンクーバーオリンピック、なにげに盛り上がりましたね。あまりオリンピックに興味のない僕も比較的ちゃんと観てました。

（福田雄一「妻の目を盗んでテレビかよ」『週刊現代』2010.3.13号。p.145）

・そもそも、中学生(学校に行くシーンは一度もないけど)の猿が家計を助け、賭けゴルフでオジサンからお金を巻き上げるという、なにげに結構タフな設定の本作 {＝マンガ『プロゴルファー猿』}。

（「特集：藤子不二雄Ⓐの主人公は深くて強い」『CUT』2010.5。p.20）

・この試合でなにげに際立っていたのは天龍 {源一郎} のナチュラルな大きさだった　（『週刊プロレス』2010.5.19号。p.117）

第1例は順に$\beta$、$\alpha$、第2例は$\alpha$、第3・4例は$\varepsilon$、第5例は$\beta$に分類すべきであろう。

また新聞でも、若者向けというわけではないページで、以下のように$\beta$、$\varepsilon$の意味で使われている。

・母の日になにげに待ってる母がいる　名古屋　鍋ちゃん

（「仲畑流・万能川柳」毎日 2010.5.24）

・JRの東京駅も、なにげにコロッケ激戦区だ。

（「食べテツの女スペシャル」朝日 2010.5.29 日曜版）

1980年代半ばに「なにげに」という形の存在が確認されてから四半世紀、

「なにげで」「なにげな」が衰えてこの形のみが副詞“なにげに”としてひとり生き残る、という形態面・文法面の変化、〈なにげなく〉や〈さりげなく〉に代わって〈気づいてみると。そうでもなさそうに見えて、意外にも実は〉という意味で使われることが多くなるという意味面の変化が起きた。そのような変化を経ながら、そして時には批判を受けつつも、“なにげに”は、若者言葉・流行語の枠にはとどまらず、日本語の中に定着したといってよい。

これからも注目していきたい語である。

**注**

1　これらの事例については早く濱田(1948)が論じている。その後も個別の事例についての論考はあるが、一件一件取り上げることは省略する。

2　正しくは「比較文化学部」(当時。2006年に国際教養学部に改組)である。

3　佐竹(1989: 65)では、若者の文章で語がカタカナ表記される場合の一に「話しことばに特徴的に見られる表現部分」があり、この場合「カタカナで書くことによって、その表現が一般的な語とは少し違うものであることが明確になるという効果が生じている」としている。

4　1992年の用例数が特に多いのは、新野(1992)執筆にあたり特に若者向け雑誌を多く読んで探したためである。

**補注**

原稿提出後、校正作業中に、次の論文の存在を知った。

・杉本妙子(2009)「若者語の定着と意味・用法の変化—ナニゲニの場合」『国語研究』72: pp. 29–47. 国学院大学国語研究会

この論文では、本章で述べたような“なにげに”の意味変化を「当初、もとになった「なにげなく」の表す意味「何げなく。何となく。さりげなく」で副詞として用いられていた。それがやがて、その意味だけでなく「けっこう。わりと。予想以上に」の意味でも用いられるようになった」(p. 34)と指摘し、2008年12月に茨城大学生に対して行ったアンケート調査の結果から、「今の若者世代においては新たな意味で専ら使われている」(p. 46)とする。さらに使用者層が若者よりも上の世代に広がっていることを指摘し、「既に流行語の域を出ていると言ってもいいだろう」「ナニゲニは今まさに定着しつつあると言える」(p. 46)としている。なお、挙がっている実例は1998年以降のもの（テレビや著者の周囲の人々の発話から採集したものが大部分）に限られ、それ以前の意味・用法については新語辞典・若者語辞典の記述に拠っている。

# 第２部
# 「“全然”＋肯定」をめぐる研究

# 第1章　「“全然”+肯定」の実態と「迷信」

## 1.　はじめに

筆者は1993年春、当時の勤務先であった宮崎大学の学生に「言葉の乱れ」についてレポートを提出させた。すると、具体例として、「ら抜き言葉」とともに「全然おもしろい」などの「“全然”+肯定」が多く挙げられた。このことがこのテーマに関心を持ったきっかけであった。

「“全然”+肯定」については数多くの論考が発表されている。新野(1997a)を執筆した1996年春の時点で管見に入っていた主なものを発表された順に挙げてみると、以下のようになる。

・宮内和夫(1961)「「全然」の改新—「とても」にふれて」『実践国語教育』247: pp.7–13. 穂波出版

・柄沢衛(1977)「「全然」の用法とその変遷—明治二、三十年代の四迷の作品を中心として」『解釈』23(3): pp.38–43. 教育出版センター

・松井栄一(1977)「近代口語文における程度副詞の消長—程度の甚だしさを表す場合」『松村明教授還暦記念　国語学と国語史』pp.737–758. 明治書院

・石山茂利夫(1990)「「全然悪い」は全然悪くない？」pp.33–39.『日本語矯めつ眇めつ—いまどきの辞書14種のことば探検』徳間書店

・若田部明(1991)「「全然」の語誌的研究—明治から現代まで」『解釈』37(11): pp.24–29. 教育出版センター

・若田部明(1993)「「全然」の語誌的研究II」多々良鎮男先生傘寿記念論

文集刊行会編刊『多々良鎮男先生傘寿記念論文集』pp. 184–173.

・播磨桂子(1993)「「とても」「全然」などにみられる副詞の用法変遷の一類型」『語文研究』75: pp. 11–22. 九州大学国語国文学会

・鈴木英夫(1993)「新漢語の受け入れについて—「全然」を例として」松村明先生喜寿記念会編『国語研究』pp. 428–449. 明治書院

・梅林博人(1994)「副詞「全然」の呼応について」『国文学解釈と鑑賞』59(7): pp. 103–110. 至文堂

・小池清治(1994)『日本語はどんな言語か』pp. 8–11. 筑摩書房

・倉島節尚(1995)『辞書は生きている—国語辞典の最前線』pp. 40–66. ほるぷ出版

そしてこれらの先行文献によって、「“全然”は現在では「全然ない」のように否定を伴うのが正しい用法と考えられているが、明治から昭和戦前にかけては否定をも肯定をも伴って用いられていた」ということは、すでに当時、国語学研究者にとっては半ば常識となっていたといえよう。初期のものとして松井(1977: 756–757)から引いてみる。

・昭和20年代に

　アプレゲールは全然エライよ(安吾巷談、田園ハレム)

　スゴいぢゃないの。全然、肉体派ね(自由学校、ふるさとの唄)

などのような言い方が流行したとき、従来の用法は必ず否定を伴うのに、こういうくずれた表現をして嘆かわしいという声がよく聞かれたものである。しかし、龍之介が「とても」について述べたのと同様、必ず否定を伴うというのは事実と違っている。「全然」が肯定表現を伴う用法は従来いくらでもあったのである。

　全然失敗して帰って来た(河霧)

　一体生徒が全然悪るいです(坊つちやん・六)

　全然秘密にしてゐた(橇)

　ぜんぜん貧乏くさい話ぢゃないか(「おぢいさんのランプ」所収、貧乏な少年の話・二)

さて松村一登氏は、松村(1993: 101)において、次のように述べた。

・最近、朝日新聞が「日本語の乱れ」と題して読者から寄せられた投書を三〇通近く掲載したが、言語学者がそれらの投書から読み取るべきことは、日本語に関する「世間の常識」と「言語学の常識」の間のへだたりが途方もなく大きいという事実であり、言語学の成果に世間はまったくといっていいほど注目していないという厳しい現実である。

そして、これが実に的を射た意見であることは、皮肉にも同じ雑誌の同じ号に掲載された、新聞記者・浅田修司氏の「日本語の変化」と題した文章によって証明されてしまっている。

・最近の辞典では確かに俗語として「全然すてき」「全然いかす」「全然同感」「全然いい」などが使われていることを紹介しているが、日本語の正確な使い方ではない。全然よくない表現だ。国語の乱れは足元までしのび寄っている。 (p.4)

ここでは「“全然”＋肯定」を何の躊躇もなく「全然よくない表現だ」としている。

また日経1994.4.10のコラム「新百科」では「全然正しくない「全然」の使い方」と題して編集委員青柳潤一氏が次のように述べている。

・「全然いい」「全然すてき」「全然同感です」などという。
　この「全然」は本来、「否定を客観的に強める語」(基礎日本語辞典)であり、正しくは「全然よくない」「金は全然ない」「全然だめ」のように用いる。つまり、下に打ち消しや否定を示すことばを伴っていなくてはならない。「全然いい」に代表される言語群は長年連れ添った下のことば仲間を追い出してしまい、その結果、本来とは正反対の肯定表現を生みだした。

ここでも「本来とは正反対の肯定表現」と堂々と言い切っている。

柄沢(1977: 38)、播磨(1993: 13)も引く朝日1964.10.6のコラム「言葉のしおり」では、

・「全然」は、本来は「全然出来ない」「全然感心しない」のように、否定の言い方を伴う副詞で、意味は「まるっきり」である。それを「全然いい」「全然うまい」と肯定表現に使うものだから、年寄りたちからは、

　　とんでもない使い方だと非難されている。

とある。それから30年の間に、学界では前掲のような多くの論考が発表され研究が進んだのに、新聞ジャーナリズムの世界では三十年一日のごとく、誤った「本来の」用法観（小池（1994）ではこれを「迷信」と呼んでいる）に基づく「“全然”＋肯定」批判が展開されていたのである。

　当時筆者は、この現実を前に、松村氏同様ある種の無力感にとらわれざるを得なかった。新聞記者たちが学会誌の学術論文を読む機会がないのはやむを得ないともいえるが、同じ新聞記者の石山氏がその一般向け著書石山（1990）で、「迷信」に基づく「“全然”＋肯定」批判の空しさを指摘してからでさえすでに何年かが経っていたのである。

　先に挙げた先行文献によっても解明されていない問題点の第1は、このような「迷信」がなぜ発生したのか、ということである。のちに見るように、すでに昭和20年代には「“全然”は否定を伴う副詞である」と言われていた。しかし当時の中高年層が言語形成期を過ごしていたころには「“全然”＋肯定」が一般的に使われていたことは明らかである。実に不思議な話である。

　そして第2の問題点は、昭和戦前までの「“全然”＋肯定」と現在のそれとが同じ意味を表すのか否か、ということである。この点についても先行文献での記述があるが、新野（1997a）ではそれを検証してみた。

　ではこの2つの問題について考えるために、まず明治から昭和戦前までと、現在のそれぞれにおける「“全然”＋肯定」の実例を見ていく。

　なお、これまで（2010年時点）の文献では、「否定を伴う」「否定と呼応する」という場合の「否定」とは“ない”“ず”だけなのか、“だめ”“無理”のような形の上では肯定でも意味は否定的あるいはマイナス（この違いについては後述）の語も含むのか、さらに含むとすればどこまで含むのか、という点が必ずしも明確でない場合が見られる。この点は明確に定義しておかないと、論は厳密さを欠くことになろう。本書では、“ない（ねえ）”（形容詞、助動詞）“ず（ん）”（助動詞）およびそれらの派生語（“なくす”“なくなる”など）を「否定」とし、それ以外の語を伴う例を「“全然”＋肯定」と定義する。

## 2. 明治〜昭和戦前の「“全然”＋肯定」の実例

前節に挙げた先行文献は、もっぱらこの時期の文学作品における実例を検討の材料としてきた。しかしそこには1つの問題点がある。現在では「全然」と書いてあれば100%“ぜんぜん”の例と考えてよいが、昭和戦前までは「全然」という文字列に「まるで」「まつたく」「すつかり」など「ぜんぜん」以外のルビを振っている例がままある。このような場合は“ぜんぜん”の例とは言えないことは言うまでもない。しかし現在（新野（1997a）時点でも、2010年時点でも）刊行されている全集の類には、このルビまで正確に作者の意を伝えているかどうか判断しにくいものが多いのが事実である。

そこで新野（1997a）では、当時の新聞・雑誌の原資料または復刻版を調査した。

調査した資料は以下のとおりである。まず明治期では、新聞は宮武外骨主幹による『滑稽新聞』の復刻版全6巻（筑摩書房、1986〜1987）所収の明34.1.25号〜41.10.20号の紙面（収録されているのはその全部ではない。また広告は除く）である。また雑誌は、教育学専門誌『児童研究』復刻版（第一書房、1980）の第1巻（明31.11〜32.8）と、その10年後になる第12巻（明41.7〜42.6）を調査した。

大正期は、『児童研究』の復刻版第23巻（大8.8〜9.7）に加え、映画専門誌『キネマ旬報』の雄松堂出版刊の複製版第1巻（1〜17号（大8.7.11〜12.21号）収録。1993）を調査した。

そして昭和戦前である。新聞としては『東京日日新聞』（以下「日日」）の昭和3年と13年のともに5月1〜10日の紙面（原資料）を調査した。この他雑誌として、教育史料出版会刊行の復刻版を用い、いずれも国語教育の専門誌である『工程』第1巻1〜5号（昭10.4〜8）と『綴方学校』（昭14.10〜15.3）を調査、さらに一般向け雑誌として『新青年』の誌面の一部を復刻した『新青年傑作選』第5巻「復刻編」（立風書房、1991。用例の後の所在ページは原雑誌のものではなく、この復刻編のもの）を調査した。

ここではまず“全然”の全用例（前述のような「ぜんぜん」以外のルビが

ある例、「全然の」「全然たる」などの副詞ではない例、「全々」と書かれている例は除いた）を“ない”“ず”およびそれらの派生語を伴っている例（前述のとおり、本書ではこれらを「否定を伴う例」と定義する）とそうでない例とに分け、後者（同じくこれを「“全然”＋肯定」と定義する）をさらにいくつかに分類してみる。

新野（1997a）以前に「“全然”＋肯定」の例について分類を試みているのは若田部（1991）及び梅林（1994）である。まず後者では、現代語での例を

・A「全然……非打ち消しによる肯定的内容」形式　　例　全然いい／すごい／平気
　B「全然……非打ち消しによる否定的内容」形式　　例　全然違う／だめ／忘れる

のように二分類している。そしてこのBに相当するものを、若田部（1991）ではさらに

①「反対」「別」「違う、異なる」などの否定的内容を含む語
②「不必要」「無意味」など、「不」や「無」という打消を含む語句

に分けている。

そして筆者はこれらを参考にし、さらに筆者の観点も加え、被修飾語句によって、現代において規範的な用法と考えられている「“全然”＋ない」に近いと思われる順にA～Eとした。Aは形式面で否定を表す指標があり、B～Dは意味の面で否定またはマイナス（この違いについては後述）の要素がある。分類の結果は表1である。

まずAとして、若田部（1991）の②に相当する「不」「無」「非」「未」「否」といった否定の意の接頭辞として使われる漢字を含む語を伴っている例である。語頭で接頭辞として使われる場合に加え、「事実無根」のような複合語の後項で使われている場合、「絶無」「皆無」のように語末に使われる場合も含む。明治から昭和まで例がある。

・我社はこれ迄屡々掲載した如く、極端な社会主義には全然不賛成であるが　（『滑稽新聞』明41.8.5号）
・児童は学校にも工場にも入る能はずして、全然無節制の状態に置かるる

**表1 明治〜昭和戦前の調査結果**

| 時期 | | 否定 | A | B | C | D | E | 計 |
|---|---|---|---|---|---|---|---|---|
| 明31〜32 | 児童研究 | 0 | 3 | 1 | 4 | 0 | 1 | 9 |
| 明34〜41 | 滑稽新聞 | 9 | 9 | 4 | 11 | 4 | 3 | 40 |
| 明41〜42 | 児童研究 | 5 | 0 | 2 | 2 | 1 | 3 | 13 |
| 大8 | キネマ旬報 | 2 | 0 | 1 | 2 | 2 | 6 | 13 |
| 大8〜9 | 児童研究 | 5 | 1 | 2 | 2 | 1 | 2 | 13 |
| 昭3 | 東京日日 | 7 | 3 | 3 | 6 | 4 | 4 | 27 |
| 昭9〜11 | 新青年 | 3 | 2 | 0 | 1 | 1 | 1 | 8 |
| 昭10 | 工程 | 4 | 0 | 7 | 2 | 0 | 3 | 16 |
| 昭13 | 東京日日 | 6 | 2 | 1 | 0 | 2 | 3 | 14 |
| 昭14〜15 | 綴方学校 | 5 | 1 | 3 | 1 | 3 | 0 | 13 |

か、否らずんば家族的小工業に使用せられ其労働状態は工場に於てよりも劣悪なるに至るべし。 （『児童研究』大9.5。p.265）

・右四名の身元は全然不明で （「日日」昭3.5.8）

・勿論高等動物には全然意志行為が皆無だと云ふ訳でもないから、案外現今のやうに世智辛い世情には、畜生と雖もかゝる奇篤行為｛＝自殺｝をしでかす奴が出て来ないとも限らない。

（「縮刷図書館」『新青年』昭11.7。p.282）

つぎにBとして、同じく①にあたる“反対”“別”“違う”“異なる”などの2つ以上の事物の差異を表す語句を伴っている例である。これも明治から昭和戦前まで見られる。

・発行の趣旨は滑稽新聞や絵葉書世界とは全然別種のものであツて、或方面に向ツて大発展せんとの目論見である （『滑稽新聞』明40.9.5号）

・｛児童の供述には｝実在しないものも現実性を具へて現出するに至り原物とは全然異つた心像を再出して居るやうな例も少くない。

（『児童研究』大9.2。p.180）

・短い詩と長い詩とは、結局その発想が全然ちがふものであるといふわけだ。 （『工程』昭和10.6。p.14）

・しかし学校や、村といふ言語環境が｛方言アクセントの矯正に関して｝

全然反対的現象を呈してゐる。　（『綴方学校』昭 14.11。p. 43）

Ｃは以下のような、否定的な意味の語句の例である。

・変更とは記載の事項を「かへあらためる」の意なれば二三項を全然削除したるが如きは変更と称すべきにあらず　（『滑稽新聞』明 34.8.5 号）

・小児の欲せざるに拘はらず教へ込まむとするは過食の部に属す。過食は全然避くべきなり。　（『児童研究』大 8.8。p. 50）

・然し後半に至つて折角の気分を全然打壊して終つて居るのは残念である。　（『キネマ旬報』大 8.9.21 号）

・これがため膠済線の済南張店間の連絡は全然断たれるに至つた。　（「日日」昭 3.5.1）

・ゲイリ・クーパーは当時全然雑誌記者と面会するのを嫌つてゐる。　（「シックシネシック」『新青年』昭 10.3。p. 326）

Ｄは以下のようなマイナスの価値評価を表す語句である。

・コンナ事を書添へて滑稽記者を脅《ママ》喝する様な奴の投書は全然没にしてやらうと思ツたが　（『滑稽新聞』明 39.8.5 号）

・そんなものは実際に於て芸術的にも教育的にも全然失敗である。　（『児童研究』大 9.1。p. 160）

・冬の間は人気があつても春から夏にかけて全然駄目になるものもある。　（「日日」昭 13.5.2）

・私が全然幼稚な頭で絢爛たる世界をのぞいたせいもあつたかも知れない。　（『綴方学校』昭 14.12。p. 6）

ＣとＤの区別はやや分かりにくいかもしれない。Ｃの場合、“全然”が修飾している“削除す”“避く”“打壊す”“断つ”“嫌う”という語は、いずれも〈ある事物や状況を否定して受容しない、継続させない〉ことを表しているという点で、否定的な意味を持っている。しかし、受容・継続されないのは好ましくないもの（第２例の「過食」）である場合も、好ましいもの（第３、４例の「折角の気分」「連絡」）である場合も、ニュートラルなもの（第１、５例「二三項」「雑誌記者と面会するの」）の場合もある。したがって、プラスかマイナスか、という点で見ると、語自体がいずれかの価値評価をするものではなく、ニュートラルといえる（否定的な意味ではあるが価値評価の面ではニュートラル、という点は、2つ以上の事物の間の差異を述べるBも同じである）。それに対してDの“没”“失敗”“駄目”“幼稚”という語の場合、例えば「彼は○○に失敗した」「彼の○○は駄目だ」というのは「彼」にとってプラスではあり得ない。したがってこれらの語は、それ自体がマイナスの価値評価を表している、と判断できる。ただこの両者は必ずしも截然と分けられるものではなく、判断が難しい例もある。

最後のEは、以上のいずれにもあてはまらない例、つまり否定的な意味やマイナス評価ではない語句を修飾している例である。明治期は

・故に此問題に対する答は強ち全然嗜好の問題に関係すと云ふを得ざることは認めざるべからず。（『児童研究』明31.6。p.16）

・其行為ト意志トハ、全然健康ニシテ、一モ病理的ト認ムベキモノアルヲ見ズ、只ソノ行為ノ倫理的価値ガ転倒セラレタルノミ。

（同、明41.7。p.16）

・著者ハ皮膚ノ外表面ニ於テ全然痛覚ノ正常ナリシコト及ビ仮令ヒ些少ノ深サト雖モ、表皮ヲ離ルルトキハ、更ニ痛覚ヲ有セズシテ、僅ニ生活的反応ヲ起スニ過ギザリシコトヲ確実ニ徴証スルコトヲ得タリ

（同、明41.9。p.96）

・而かも本年に入りては、雑誌の内容を全然一新したるため、汎く識者の認むる所となり、今や月刊雑誌将に弐千部に達せんとす。

（同、明42.1。後付7）

大正期には

・{投稿の} 選択取捨は全然此方にお任せ下さい

（『キネマ旬報』大8.7.11号）

・多くの観客は映画批評といふ事と単に称賛批《ママ》難を感ずる事とが全然同様なのに気着《ママ》かないで居る。（同、大8.7.21号）

・この劇の主役ジヤカラの性格は全然デイーン嬢のそれと一致して居る。

（同、大8.9.1号）

・終始悪人に全然有利と見えた形勢が、最後に到つて総て探偵が悪人の裏

をかいて居た仕儀と分明するのが略筋である。　　（同、大8.12.11号）

・強情な娘気と強い男の愛との争闘が此処で起る。そして遂に女が男の胸に身を委ねた時には、女の強情は全然男の熱愛に征服されて居た。

（同、大8.12.21号）

・{胎児の脳は} 第一期に於ては全然同様なる外胚葉細胞の厚き一層のみ。　　（『児童研究』大9.1。p.152）

・この時には主観と対象とは全然一つとなりて、予期して居ることはこの主観と対象との完全なる調和の自然的結果である　（同、大9.4。p.233）

昭和戦前には

・料金は東電では引上を市では引下を希望してゐたが {中略} 全然据置に決定した。　　（「日日」昭3.5.8）

・日本軍のとつた行動は全然日本人居留民並にその財産保護にあつた点を説明すると共に　　（同、昭3.5.10）

・売れた部数が実に千二百万を数へる程の大需要を見たのは、一に年齢の幼老といつたものを全然超越して書かれたからに外ならない。

（『工程』昭10.8。p.3）

・今年度からの増掘分については全然新たな基準につき関係者で協議の末

（「日日」昭13.5.3）

・以上勧告に対しクロフタ外相は全然その趣旨に賛成である旨答へた模様で　　（同、昭13.5.9）

・文部省の根本方針は全然同一である。　　（同、昭13.5.10）

といった例がある。

なお新野(1997a)ではこのEを二分していた。

・旧団々珍聞を再興したものとは名のみで、全然我滑稽新聞式だ。

（『滑稽新聞』明41.1.1号）

・原作者が同じくアーサー・ビー・リーヴス氏であるだけに、「呪の家」「人間タンク」等と全然同様の型である。毎も々々余りの不合理な馬鹿々々しさに舌打を禁じ得ない人が多い事と思ふ。（『キネマ旬報』大8.12.1号）

・しかし相場は好値では通らず、全然保合状態で　　（「日日」昭3.5.8）

・実はこの鬚モヂヤ氏の体臭と、越前屋の中僧の体臭とが全然同じであつたのがいけなかつた。

（徳川夢声「36年型花咲爺」『新青年』昭11.5。p.216）

といった、修飾される語句自体は否定的ともマイナス評価とも言えないが、用例中では筆者にとりマイナスの状況を表していたり、相手を非難するのに用いられていたりと、マイナスの性格を帯びている例をEとし、今回のEに挙げた例をFとしていたのである。しかし、今回はこの分類を廃し、両者を統合してEとした。被修飾語による分類である以上、同じ語が場面や文脈により違う分類に属する、というのは趣旨にそぐわないと判断したためである。

表1からは、明治から昭和戦前までの約40年間での顕著な変化は見てとれない。

## 3.　今日の「“全然”＋肯定」の実例

本節では、筆者が新野（1997a）の執筆時点で採集していた今日の「“全然”＋肯定」の実例を前節に倣って分類してみる。

実は第1節に挙げた先行論文のうちで、松井（1977）に示されたような昭和20年代の実例ではなく、最近（新野（1997a）執筆時点から見て）の実例を多く挙げて論じているのは梅林（1994）のみである。そこではテレビでの発言の例も挙げられているが、新野（1997a）では文字資料の例のみを取り上げた。ここで今日の実例として挙げたのは、1994～1996年に刊行された書籍・雑誌・新聞（宮崎市内で販売された版）などから筆者自身が採集したものである。

まずAであるが、

・そんなの｛＝髪をショートにすること｝出来ない絶対　髪をまとめてみてウィンドウみたけど　ぜんぜんムリ

（柚木美祐作詞・本島一弥作曲『そんなのムリ！』ビクターエンタテインメント、1994.6発売）

・阿川　人気のない夜道は歩かない？
江川　歩いてます。(笑)全然、無防備でダメなんですよ、私。
(「阿川佐和子のこの人に会いたい」『週刊文春』1995.6.8 号。p. 56)

・派閥政治が「悪の見本」のように {自民} 党内でも言われ始め、カネを配って“子分”を増やすというレースと全然無縁の存在だった河野洋平が、それゆえに総裁に選ばれた。
(田原総一朗「新・サンデー時評」『サンデー毎日』1995.10.8 号。p. 39)

・暗い世相のなか唯一の救いが野茂の快投だったともいえるけど、僕は何か全然無関係なんだなという気がした。
(えのきどいちろう「さよならの人たち」『Number』1996.1.4 号。p. 73)

程度で、全体から見るとかなり少ない。梅林(1994)中にも 1 例もない。

次の B の中では、「全然違う」の例が多い。ほんの一部を挙げる。

・大沢　日本では元来、プロの犯罪者はお上に対して楯突かないという「暗黙のルール」があった。{中略} ところが、外国人がプロの犯罪者として日本で犯罪を犯したら、これは全然違うわけ。
(『サンデー毎日』1995.1.22 号。p. 164)

・「とにかく活断層の真上には家を建てないこと。数メートル違うだけで被害度が全然違う」　(『週刊朝日』1995.2.10 号。p. 44)

・そのことを、他の週刊誌編集者に言うと、「事の重大さのレベルが全然違うよ」と諭すように言われた。
(「新・サンデー時評」『サンデー毎日』1995.2.19 号。p. 46)

・この三十年間でいちばん変わったことは、空気が格段によくなったことだろう。{中略} いまでは窓ガラスの汚れ方が全然ちがう。
(志水辰夫「孤悲の意匠」『アミューズ』1995.2.22 号。p. 119)

・いくら理想を掲げようとも実際に好きになる人は、その理想と全然違うことも多いじゃない？
(「FAX FRIEND のページ」『non・no』1995.4.20 号。p. 210)

・もし仮に東京でノック氏、大阪で青島氏が立候補していたら、結果は全然違ったものになっただろう。　(『AERA』1995.4.24 号。p. 10)

それ以外では、次のような例がある。

・{のど自慢の} リハーサルではとても上手く歌えたのに、本番でアガッてしまって全然調子が変わっちゃった若者とか……。
（「見もの聞きもの」『週刊文春』1995.1.12 号。p. 129）

・「自分たちがやっているゴルフとは、全然別の世界のゴルフがある」
（高橋健二「ゴルフ狂時代」『プレジデント』1995.2。p. 129）

・女性の裸も、その美を尊重してキレイに見せるか、隷属した男のオモチャとして見せるかによって全然異質なものになる。
（秋山仁「教育は仁術」『週刊朝日』1995.2.10 号。p. 131）

C は次に挙げる程度で、A 同様かなり少ない。

・高橋　小沢 {一郎} さんに比べると、村山富市さんは全然枯れてるよね。笠智衆とか宇野重吉タイプの人。
佐高　細川護熙にしろ羽田孜にしろ、首相になりたがる人でしょ。それに比べてギラギラしてないってのはあるよね。
（『SPA !』1994.8.3 号。p. 29）

・課税が全然抜けている　宗教法人法改正のカラ騒ぎ
（『週刊新潮』1995.11.2 号。pp. 150–151）

・仕事場では子供のことなんか全然、忘れているんですよ、私は。
（「家田荘子の私にだけ聞かせて!!」『女性自身』1995.11.7/14 号。p. 248）

次の D の中では「全然だめ」が目立つ。これは「“全然” ＋肯定」の中でも「言葉の乱れ」として槍玉に挙がりにくい、つまりあまり抵抗のないものといえる。

・「いわゆる普通の文学部の英文とかじゃなくて、人間科学系に進みたかった。理数系は全然ダメだし（笑）」（『アミューズ』1994.9.28 号。p. 96）

・子どものころ、町ではソロバン塾がはやっていました。通ってみたのですが、全然だめ。　（「編集長敬白」『AERA』1994.11.14 号。p. 76）

・「{歌手デビューして} 三枚目にやっと念願の演歌をもらえて、コスチュームも着物に、名前も本名にして、と、勝負をかけたんですが全然だめ」　（『アサヒグラフ』1995.3.10 号。p. 15）

・秋山仁さんはこう話す。「頭のいい子の勉強法としては、このとおりですが、できない子が信じてやったら全然ダメでしょう」

（『週刊朝日』1996.2.9号。p.44）

・僕が一番感じてるのがMCが全然ダメだったなってこと。コンサートってMCがかなり重要だと思うんだよね。　（『近代映画』1996.4。p.16）

・村上　あれ｛＝脚本｝はむずかしいよ。だったら森田、小説書いたほうがいいよ。

森田　それこそ基本を学ばなければ全然ダメなんじゃないですか。

（「Ryu's倶楽部」『サンデー毎日』1996.4.14号。p.56）

それ以外でも、次のような多くの種類の語が使われている。しかし種類は多いが、「全然だめ」と比べるとそれぞれの用例数はわずかである。

・オレ、ガンコで強くて、しかも冷たいってよく言われちゃうの。でも、ホントは全然弱いんだよ。　（『Myojo』1994.5。p.26）

・「急げーっ努力！　遅刻だーっ!!」「急げって師匠の方が全然遅いっすよ急いで下さい」

（ガモウひろし『とっても！　ラッキーマン』4、集英社、1994。p.7）

・「歌っていうのは、歌詞の意味を読み取って、それをメロディにのせて表現しなくちゃいけないんです。その表現のしかたが、彼女はぜんぜん甘かった。漠然と歌ってたんですよ、今までは」

（『SPA！』1994.8.24号。p.92）

・中米カリブ海の島プエルトリコ。これを「プエル・トリコ」だと思っている人が多い。トルコからの連想だろうが、これはスペイン語だから、トルコでは全然方角ちがいだ。

（呉智英『言葉につける薬』双葉社、1994。p.47）

・四、五月に強い選手でしたね。その後、全然さっぱりなんですが。

（「松村邦洋のバウバウなんでもベスト10」『週刊読売』1994.12.25号。p.125）

・「私たちの間では、｛中略｝マトモな電話はNTTのドコモだけって言われてるのよ。IDOなんて全然ダサいわよ」

（ホイチョイ・プロダクションズ「気まぐれコンセプト」『ビッグコミックスピリッツ』1995.2.20号。p.133）

・「私のいた大阪は当時東京より全然遅れてて、ダンスなんかで働く場も少なかったんだけど、女の子だけのチームを組んで活動してたんです」

（「trf／快楽のGROOVE」『月刊カドカワ』1995.5。p.219）

・ホント、「たけちゃん、頑張って」なんて応援してくれてるやつをよくみたら、タレントよりぜんぜん貧乏だったりしてさ。

（ビートたけし「世紀末毒談」『週刊ポスト』1995.8.4号。p.210）

・ふだんはたいてい本を探してたよね、創作とか評論以前に。{中略} 血眼になって探した幻の名作が、全然かすだったりね。

（「週刊図書館」『週刊朝日』1995.8.11号。p.112）

・「長谷川の好投が勝因」はOK、「イチローの好返球が勝ちにつながった」もOK、しかしその逆はペケである。「勝因につながった」はもう全然ペケ。（高島俊男「お言葉ですが…」『週刊文春』1995.8.17/24号。p.130）

そして、否定的な意味でもマイナス評価でもない語を修飾しているE（明治～昭和戦前の場合と同様、新野（1997）でのEとFを統合している）であるが、まず目につくのは、「全然平気」の例が特に多いことである。

・「大卒社員の場合、旅行の添乗員なんてイヤがるんですよね。小田急バスの旗持って歩くなんて、いよいよもってイヤがるわけ。そんなの、ぼくは全然平気だしね」

（羽田孜「私もサラリーマンだった」『ダ・カーポ』1994.1.5号。p.129）

・５匹 {のカブトムシ} はスイカに力強く吸いつき、決してその手足を離そうとしない。{中略}「ワッ」と大声で脅しても全然平気である。

（さくらももこ『ももこのいきもの図鑑』マガジンハウス、1994。p.41）

・「○○ちゃんの家は西宮市だったけど、建てたばかりだったんだって。そしたら、{阪神大震災でも} 家自体はガラスも割れなくて、全然平気だったみたいよ」

（酒井順子「ないものねだりで日は暮れて」『週刊読売』1995.2.19号。p.61）

・「みんないっせいに谷川の水を手ですくって飲んだのだが、三十分たたないうちに、全員が腹下しさ」
「やっぱりそうですか」
「うん、ただし、一人だけ全然、平気だった人がいたそうだ」
（「塩田丸男のもう一杯！」『週刊読売』1996.1.7/14号。p.88）

・{スノーボードでの} 激しいジャンプに、転倒はつきもの。「全然平気だよ〜ん」と、パワー全開の笑顔。（『Myojo』1996.2。p.12）

これよりは少ないが、「全然大丈夫」「全然OK」「全然いい(〈かまわない〉の意)」の例も複数見受けられる。

・初日にそのこと {＝左肩を痛めたこと} を聞かれ、追及を制するように強い口調で、「全然、大丈夫」と話した。（『朝日新聞』1994.11.8）

・「本当にもう大丈夫なの？」あまりに単刀直入な質問に対しても、野茂はやはりサラリと流した。
「全然、大丈夫ですよ。投げようと思ったら、いつでも投げられますよ」
（『Bart』1995.2.27号。p.133）

・「それ {＝ハンコを盗んだところが監視ビデオに映っていること} いわれたらすぐ、お金払います、スミマセンっていうのよ。全然大丈夫」
（「柳美里の辞書」『週刊朝日』1995.6.23号。p.120）

・ドラマなんかの乱闘シーンで、食べ物をひっくり返そうが投げつけようが全然OKなのに対し、バラエティーで同じようなことをすると苦情の電話がジャンジャンなるのも、お笑い文化レベルの低い証拠である。
（松本人志「オフオフ・ダウンタウン」『週刊朝日』1995.3.17号。p.52）

・「僕の {話す英語} は、受験英語が母体になってますから、ヘンにカタいらしいんですよ。それでも、全然OK！」
（「注目のひと」『an・an』1995.8.25号。p.93）

・林　農業高校の子に、町のカラオケボックスで歌ってほしい？
小沢　もう全然オーケーでしょう。
（「マリコの言わせてゴメン！」『週刊朝日』1995.12.15号。p.50）

・そう {＝外国へ行って収入が少なく} なると、もうポルシェに乗れない

かもしれないね、と水を向けると、
「全然いいですね」
さも当たり前のように言う。 (『週刊文春』1995.6.29号。p.195)

・仕事がらみ｛のカラオケ｝なら、楽しくなくても全然いいんだ、とまず自分に言い聞かせましょう。
(まついなつき「おつきあいの極意」『オレンジページ』1995.11.2号。p.91)

・私は新幹線で東京に帰った。切符を買ったあとまでも、父は、送らなくてほんとうにいいのかと訊き続けた。
「すまなかったね。滝をみせてあげられなくて」
改札口でいざ別れるだんになると、とうとうそんなことも言った。
「全然いいよ」
私はにっこりしてあげた。
(江國香織「指」『小説 TRIPPER』1996.9。p.154)

それ以外にも多くの例があるが、その中で目立つのは、「□□の方が(○○より／○○と比べたら etc.)全然××」という、比較表現の例である(B に分類される「○○と□□は全然違う／異なる／別だ etc.」も２つのものを比較した表現であるが、本書で用いる「比較表現の例」は、××という条件についてどちらが程度がより大きい(小さい)かを表現した、「□□の方が(○○より／○○と比べたら etc.)全然××」の類の例に限定する)。

・昔よりいまの方がいい、どんどんよくなっている、子供の頃よりもう全然いい……と、美川さんはまっすぐに肯定を重ねた。
(江國香織「男図鑑—15歳の残像」『ミセス』1994.12。p.158)

・「ミュージシャンて大変でしょって言われるけど、サラリーマンに比べれば、ぜんぜんラクですよ。だから、その分がんばれる」
(『週刊ポスト』1994.12.23号。p.249)

・今どきの女子大生に比べたら、ぜんぜんひかえめでおしとやかな友香クンだけど、タレントとしての華やかさはしっかり持っている。
(『ホットドッグ・プレス』1995.1.10号。p.34)

・30歳すぎてもボードはできる。とにかくスクールに行って、理論から学ぼう、そのほうが｛上達が｝全然早い。

（木村和久「キムラ総研」『SPA！』1995.1.25号。p.119）

・そばで見てみたら、｛遠くから見かけた時より｝もっと全然カッコ良くて、「乗ってみたいな」と思わせられた。

（日置千弓「オトコのおしゃれ術」『週刊読売』1995.2.19号。p.141）

・スイッチ一つでコンピュータが動き出すより、ドラマーがカッ、カッ、カッってカウントを入れたほうが全然インパクト、ありますからねぇ。

（「trf／快楽のGROOVE」『月刊カドカワ』1995.5。p.235）

比較表現以外では以下のような例がある。

・「ねえ美都ちゃあん。お弁当わけてよォ。最近、食生活ひもじくてさー」「いやよっ。全然ふっくらしてんじゃないの。」

（長谷川清「おさるなまさるくん」『週刊少年サンデー』1994.10.12号。p.106）

・「本当にそれだけ（母・光子さんとのケンカ）のことなんです。お騒がせしちゃって。もう全然、元気です」自殺未遂騒動から5日後、ドラマのロケ地・富良野にようやく到着した｛宮沢｝りえはそういって笑顔を見せた。（『週刊女性』1994.10.18号。p.8）

・大興奮の『スプラッシュ・マウンテン』「スリルとメルヘンが一度に楽しめるんッスよ。野郎3人でも、ぜんぜん楽しい！」

（『Myojo』1995.5。p.54）

・『X-ファイル』（テレビ朝日系）は何が不安といって八時台のオンエアという点である。これはとっとと帰らないと見逃す公算大。｛中略｝第一話「序章」の日は夕方帰宅してたので全然楽勝だった。

（えのきどいちろう「TV散歩道」『週刊読売』1995.12.17号。p.58）

以上は、積極的なプラス評価の語を修飾している例である。プラスともニュートラルとも決めがたい語を修飾している例は、次のようなものである。

・｛ドラマで高校生役をやっている｝吾郎ってさあ、｛もう20歳なのに｝

まだ全然見えるよね、高校生に。　（『non・no』1994.11.20号。p.108）

・レコーディングは小室｛哲哉｝さんの家で。

普通のマンションの1フロア、6部屋ぐらいあるところを全部、小室さんが借りきっていて、｛中略｝そのまま隣の部屋に入って……。そこも、全然、普通のリビングです。ほんま、ソファがあって広〜いリビング。そこにただポツンとマイクがあって、ヘッドホンつけて……。だから、家でカラオケやっているみたいな感じだった。

（浜田雅功「なんでやねん！」『女性自身』1995.5.9/16号。p.51）

・――｛香取慎吾さんは｝今までにつき合ったことはありますよね？

「うん。中学校のころとか、ありますよ。もう全然SMAPでしたけど」

（『non・no』1995.11.20号。p.185）

## 4.　明治〜昭和戦前と今日の「“全然”＋肯定」の意味

では1.で挙げたうちの第2の問題点、つまり明治〜昭和戦前の「“全然”＋肯定」と現在のそれとが同じ意味を表すのかどうか、という問題から先に検討してみたい。松井(1977: 757)では1.の引用箇所に続いて、

・これらはそういう用法のほんの一例であるが、問題はこれらが形の上では昭和20年代に新しく現われた言い方とよく似ていながら意味はちがうということなのである。新しい方は程度強調の意識で用いているが、以前のは、何から何まで残る所なくすっかり、まるっきりそういう状態であるさまの意である。

と、同じ「“全然”＋肯定」でも昭和戦前までと戦後とでは意味が違うとしている。

他にも、若田部(1993: 182)で、

・漱石にしても、谷崎にしても、上記の例｛＝『坊っちゃん』の「一体生徒が全然悪るいです」という例と、『文章読本』の「孰れを使つても全然同じである」という例｝で分るように「全然」を「すべて」の意味で使っているのである。現代の俗な用法と言われているような「とても、

非常に」の意味で使っている訳ではない。

播磨(1993: 13)で、

・例えば(タ)の例 {＝『安吾巷談』の「アプレゲールは全然エライよ」という例} で、「全然」は「エライ」ことの度合いを強調する語であるが、Ｉの(ハ)の例 {＝『坊っちゃん』の「一体〜」という例} では、「悪るい」度合いを強調するのではなく、“何から何まで”「生徒が悪るい」のだという意味を添えるものであり、「悪るい」事の度合いが強められるのは結果的なことである。

鈴木(1993: 442)で

・『坊っちゃん』の中の

㉕一体生徒が全然悪るいです。

という言い方も、『岩波図《ママ》語辞典』で「俗な用法」とした「全然いいね」という言い方と、形の上では似ていても、使い方は異なっていると思われる。すなわち、今日若い人達の用いる「全然おもしろい」などという言い方においては、「全然」は「非常に」「とても」に近く、程度副詞として使われているのに対して、『坊っちゃん』の例では、生徒が「すべての点において」悪いという意味で使われているからである。

としている。

これらを整理すると、同じ「“全然”＋肯定」でも昭和戦前までのそれは〈何から何まで、完全に〉の意であるが、今日のそれは〈とても、非常に〉の意である、ということになる。

では本当にそのような意味差があるのか、前節、前々節に挙げた実例で検証してみたい。

まずＡ、Ｂ、Ｃの例の「全然」はすべて〈完全に〉の意と考えるべきであろう。「全然違う」は「非常に違う」とも言えるがニュアンスは変わってくる。

そしてＤでは、昭和戦前まででも「全然幼稚な」は〈とても、非常に幼稚な〉の意とも解釈できそうに見えるが、〈全く成長・成熟しておらず、完全に幼稚な〉という意味の方がぴったりあてはまる。一方現代では「全然だめ」「全然方角ちがいだ」「全然さっぱり」「全然かす」「全然ペケ」は、「非常にだめ／方角ちがいだ／さっぱり／かす…」とは置き換えられない。他の例では、「全然弱いんだよ」、「ぜんぜん甘かった」、「全然ダサいわよ」「全然遅れてて」は「非常に」と置き換えても文は成立する。しかし「全然弱いんだよ」は〈(ガンコとか強いとかいうことは全くなく)完全に弱い〉、「ぜんぜん甘かった」は〈(厳しいところが全くなく)完全に甘かった〉、「全然ダサいわよ」は〈(ドコモに比べると)疑問の余地なく、完全にダサいわよ〉、「全然遅れてて」は〈まったく疑問の余地なく、完全に遅れてて〉というニュアンスであり、「非常に」に置き換えるとそれは変わってしまうのである。さらに「全然遅い」「全然遅れてて」「ぜんぜん貧乏だ」は、これだけで見ると「非常に」と置き換えられるが、「師匠の方が～」「東京より～」「タレントより～」と比較表現になっていると、「明らかに」「完全に」と置き換えないと不自然な文になる。

Eでは、昭和戦前までの例のうち、「全然健康ニシテ」「全然有利」「全然その趣旨に賛成」は、「完全に」とも「とても」「非常に」とも置き換えることが可能であるが、やはりニュアンスは変わってくる。一方現代の例では、「全然平気／大丈夫／OK／いい(〈かまわない〉の意)」は、〈とても、非常に〉の意とは考えられない。「とても平気」「非常に大丈夫」などとは言わない。〈完全に、100％〉の意である。それ以外でも「子供の頃よりもう全然いい」「そのほうが全然早い」といった比較表現で使われている場合は、Dの場合同様、「とても」や「非常に」より「明らかに」「疑いなく」と置き換えた方が自然な文になる。比較表現以外の例も、「全然ふっくらしてんじゃないの」は〈(食生活のひもじさをうかがわせるような点は全くなく)どこをどう見ても、完全にふっくらしてんじゃないの〉、「もう全然、元気です」は〈(自殺未遂などと報道されてお騒がせしたが、そんなことはなくただの母子ゲンカなので)もう完全に、100％元気です〉、「野郎3人でも、ぜんぜん楽しい！」は〈(遊園地は女の子と一緒じゃないと楽しくないと思われがちだが、そんなことはなく)野郎3人でも、文句なしに、100％楽しい〉という意で、「とてもふっくらしてんじゃないの」「とても元気です」「とっても楽しい！」に置き換えるとそのニュアンスが伝わらない。「全然楽勝だった」「全然見えるよね、高校生に」「全然、普通のリビング」「全然 SMAP でしたけど」も、〈とても、非常に〉の意とは解せない。

こう見ていくと、今日の肯定を伴う“全然”が〈とても、非常に〉の意である、と判断するのはどう考えても無理がある。逆に、昭和戦前まででも現代でも、〈完全に、疑問の余地なく〉の意と解釈できない、言い換えれば〈とても、非常に〉の意としか解釈できない「“全然”＋肯定」の例は１つもない、ということがいえる。

先行論文に載っている戦後の例も見てみよう。まず冒頭に引いた松井(1977)の２例を、場面が分かるくらい長く引いてみる。

・案内人(文春の誰かさん)はニヤリと笑つて言いました。

「それは夜かるべきですよ。オールナイト八百円の時間まで、頭かつて待つてるです。オシロ《ママ》コは胃にもたれるし、ビールは高いし、頭かるのは実用的で、全然もうかッとるですから」

アプレゲールは全然エライよ。　　　(文藝春秋新社、1950。p. 231)

・「体は、オヂサマほど大きくないけれど、超人的な腕力を持つてるんですつて。オバサマを襲つた悪漢を、その男が投げ飛ばしたら、ブーンと、十メートルぐらゐ離れた畑へ、落下したさうよ。スゴいぢやないの。全然、肉体派ね」　　　(朝日新聞社、1951。pp. 280–281)

『安吾巷談』の例は、著者坂口安吾が、戦後誕生した大規模なダンスホール兼赤線である「東京パレス」を探訪、「オシロコ屋」(ビールも飲ませる)や理髪店があるのを見つけ、「ここへ遊びにきた男の子」は夜遊ぶ前と朝遊んだ後のどっちの時間に頭を刈るのか、と疑問を抱いた後の場面になる。女遊びに来ながら、飲食に無駄金は使わず、散髪というきわめて実用的な金の使い方をして夜を待つという、「男の子」の金銭感覚に、著者はこの一言を漏らしたのである。これは〈(アプレゲールは)文句なしに、非の打ちどころがないぐらいエライ(皮肉交じり)よ〉という意味と思われる。さらに、その直前のセリフにある「全然もうかッとるですから」も、〈疑問の余地なく、間違いなくもうかッとるですから〉の意である。飲食の代わりに散髪した程度で、〈非常に、とてももうかッとる〉ということにはなるまい。

また獅子文六『自由学校』(新聞連載は前年)の例は、典型的な当時の「アプレゲール」として描かれている19歳の少女ユリーのセリフで、〈疑問の余地なく、100%肉体派ね〉と解釈して問題はない。

次に鈴木(1993: 445)で、「現在よく問題とされる用法で、「非常に」「とても」と同じような「全然」の使い方である」とする例である(掲載順は同論文に従う)。

・全然おなじなんです。　(『その最後の世界』昭43)

・美男美女が三人ずつで、ぜんぜん御機嫌だよ。

(『あいつと私』昭35～36)

・私は仏教については全然素人です。　(『黒い雨』昭41)

「私は仏教についてはとても素人です」というのは、一見して不自然な文である。一方「全然おなじなんです」はこれだけでは何を表現したい文なのかわからない。また「ぜんぜん御機嫌だよ」は「とても御機嫌だよ」と同じ意味のようにも思える。この2例は、それぞれどのような場面で使われているのかを見てみる必要がある。

・「つまり僕がこれからさき生きて行く道筋は、ほとんど全部見当がついているんです。{中略} いくら大学を出ても、いくら勉強しても、たいていの人はみんなそうなってしまうんです。百人のうちの九十九人はそうなってしまうんです。まるで汽車の時間表のように、全部同じ道を、行ったり来たり行ったり来たり……」

山崎の声は次第に激しくなり、憤りを含んでいた。

「……それと同じなんです。全然おなじなんです。そんな人生って、有るでしょうか。そんな馬鹿げた人生って、有るでしょうか。」

(新潮文庫、1979。pp. 200–201)

「全然おなじなんです」は、〈(僕の、そしてたいていの人の人生は、汽車の時間表と)完全に、100%おなじなんです〉ということを訴えるものであり、「全然」が〈とても、非常に〉の意ではないことは明らかである。

・「ママたち、何か用事があったのかい？」

「アメリカのえらい美容のプロフェッサーが、こちらのホテルに泊っていらっしゃるので、御機嫌伺いに来たのよ。ついでに、私たちも二、三日遊んでいこうと思って……。何か不足なものはありませんか」

「ないね。美男美女が三人ずつで、ぜんぜん御機嫌だよ」

（新潮文庫、1967。p.240）

「何か不足なものはありませんか」という「ママ」の懸念に対して、〈(不足なものは何もなく)100%、まったく言うことなしの御機嫌だよ〉と答えて完全否定しているわけである。「とても御機嫌だよ」では、〈相当程度御機嫌だよ〉という意味を表すにとどまり、同じ効果は得られない。

結局、これらの例の「全然」もすべて〈完全に、100%〉の意と考えるのが妥当ということになる。

梅林(1994)の挙げる実例は、「全然平気」3例、「いや、いいんですよ、全然」「さっきより全然すごい」各１例で、すでに述べたとおり〈非常に、とても〉ではなく〈完全に〉の意と考えるべきタイプの例である。

金田一(1966: 132)は、

・「全然いい」も、「全然欠点がないくらいいい」の意味で、否定の意味はやはり隠れて存在しているように思う。

としたが、「全然欠点がない」ということは〈完全〉ということである。

結局、筆者は新野(1997a: 278)で、以下のように結論づけた。昭和戦前まででも現代でも、肯定を伴う“全然”は(否定を伴う場合と同じく)〈完全に、100%、疑いなく〉の意で基本的に変わっていない。50%や60%ではなく100%なのであるから、結果的に被修飾語句の意味を強調することになり、したがって“とても”“非常に”と置き換えても文が成立する(ただしニュアンスは変わる)ような例も一部出てくる。この結論は現時点でも変わっていない。

それでは、なぜ新野(1997a)時点での先行論文や辞書では「戦後・現代の肯定を伴う“全然”は〈非常に、とても〉の意だ」とされてきたのであろうか。

それらにおいては、「“全然”＋肯定」の例をもっぱら「全然おもしろい」「全然いいね」「全然おいしい」といった形で示してきた。これらの場合、作例であるうえに、“全然”とその被修飾語のみであって実際に使われる場面や前後の文脈から切り離された形になっている、という二重の問題点がある。

語の意味研究において、研究者の作例が有効なことは当然である。しかしそれは研究者自身が日常よく使っている語の場合であろう。現代人が平安時代語の意味を考えるような場合は、研究者自身の作例を検討しても成果は上がるまい。そして国語学研究者の大半は、自らは「“全然”＋肯定」に（少なくともEに属するようなものは）「誤用」とはいかなくても俗語的なイメージを抱き、使うことに心理的抵抗を感じている人々であろう（筆者もその一人である）。そのような人々が「“全然”＋肯定」について考えるにあたっては、古語を扱う場合と同様に、まず実例を採集してそれを分析する、という手順を踏むのが必要だったのである。

さらに「全然おもしろい」「全然おいしい」のような場面や前後の文脈から切り離された例の場合、「おもしろい」「おいしい」が強調されているのは確かなので、〈非常に、とても〉の意だ、としても通用してしまう。しかし場面や前後の文脈を伴った形の実例を採集すれば、すでに見たように「□□の方が（○○より／○○と比べたらetc.）全然××」という比較表現での例や、「全然平気」「全然大丈夫」など、“非常に”“とても”と置き換えられないものの方が多いことに気づくはずである。さらに同じ「全然いい」でも、〈良好である〉の意の“いい”と〈かまわない〉の意の“いい”とでは区別して考える必要があるが、先行文献ではそこもあいまいであった。

筆者は、結局新野（1997a）時点での「“全然”＋肯定」研究の最大の問題点は、昭和戦前までの実例に比べ、戦後の実例の検討が、新しい時代の実例になるほど、十分に行われてこなかったことであると考える。

これは、「「全然…非打ち消し」形式は、いわゆるおしゃべり的な会話に多いので、確例が多数集まりにくいという難点はある」（梅林1994: 110）というのが原因であろう。当時はまだ、ウェブ上の各種データベースを検索して瞬時に大量の用例を集められる、という時代ではなかった。しかしながら、確かに研究者の学究活動の中で目に触れるような「お堅い」出版物からは採集は困難であるが、もっと「柔らかい」出版物に目を通せば、当時でもまとまった数の用例は採集できたのである。3. で挙げた実例は、筆者が新野（1997a）執筆に際し2年あまりの間に紙の資料から採集した例の一部にすぎない。

古語を研究する場合と同様に、現代の「誤用」といわれる現象の研究においても、文献の用例を採集し（今日であれば、紙からに限らず、ウェブ上のデータベースからも含む）分析するという作業は極めて重要かつ有効なのである。

## 5. 「迷信」の発生理由

続いて、第2の問題点、「迷信」の発生理由について考えてみる。

ここで注意すべきは、

①「“全然”の用法が、否定を伴うものが一般的になった」時期・理由

②「“全然”は否定を伴うべき副詞で肯定を伴うのは誤用だ、と考えられるようになった」時期・理由

という2つの問題は区別して考えねばならないということである。

新野（1997a）時点での先行論文のうち、①については柄沢（1977）、若田部（1991）、鈴木（1993）の各論文で言及されている。

柄沢（1977: 42）では、大正期に芥川龍之介らが「“とても”が肯定を伴うのは本来の用法ではない」と指摘した[1]ことに影響され、“全然”も同様なのだという考えが知識人に広まったことや、『言海』『大言海』が否定を伴う用例を挙げたことが理由である、としている。

若田部（1991: 29）では鴎外、漱石ら9人の作家の作品、新聞から抽出した用例の調査結果に基づき、

・一九二〇年〜一九二九年に「全然〜ない」型になるか、または否定的内容を含む語句と呼応することが期待されるようになった。

としている（「否定的内容を含む語句」については2. 参照）。

鈴木（1993: 443–444）では、「明治後期と大正期の小説」の調査に基づき、「内容的にも形式的にも、大正期の終り頃から、「全然」と「打ち消し」ある

いは否定との結び付きが多くなっているように思われる」とする。

鈴木(1993: 447–448)は②についても言及しているが、

・「全然……ない」が規範的な言い方で、「全然……だ」は規範的でないという考え方が、いつごろ確立したのかも明らかでない。{中略}「全然……ない」という言い方は、国語教育とは関係なしに、日常の用法から自然に浸透し、規範として確立したのであろうか。

と述べるにとどまっている。

「“全然” + 肯定」を「誤用」視する記述が初めて登場するのは、さきに見た『安吾巷談』『自由学校』から 3 年後の 1953 年に刊行された、『言語生活』18(1953.3)掲載の小堀杏奴のエッセイ「思ひ出」である。その後同誌は翌 1954(昭和 29)年にかけ、「“全然” + 肯定」を繰り返し取り上げている。その記述は、第 3 章で見ることとするが、具体的には「全然好きだ」「全然いい」「ゼンゼン判る気がしちゃうんです」「全然校正の見落としです」「全然ワンマンなの」といった表現を俎上に載せている。

それから数年後、冒頭に挙げた先行論文のうち最も古い宮内(1961)は「迷信」に全面的に基づく論を展開しており、1926(大正 15)年 1 月初出(宮内(1961: 10)では「大正 14 年 2 月」とあるが誤り)の芥川『年末の一日』の例を挙げる。「僕」が乗っていた電車で、突然天井の電球が女性客の髪をかすめて床に落ちて割れる、というハプニングが起きた。その直後の場面である。

・彼女は妙な顔をしたなり、電車中の人々を眺めまはした。それは人々の同情を、——少くとも人々の注意だけは惹かうとする顔に違ひなかつた。が、誰も言ひ合せたやうに全然彼女には冷淡だつた。

(『湖南の扇』文藝春秋出版部、1927。p. 196)

宮内氏はこの「全然彼女には冷淡だつた」という D の例を「呼応を忘却したために起こった誤用」としている(p. 10)。そして氏及び氏の友人の記憶に基づき、「“全然” + 肯定」は昭和 10 年頃に「当時の自称文化人仲間」が「新語を流行させようという意識」をはたらかせて用いた、しかし「その発生はもっと低いところにあり、たまたま自称文化人がそれを借用したと解している」、としている(pp. 8–9)。

宮内氏は「大正一〇年から一二年ごろ」に「小学校の五〜六年」だったというから、言語形成期の新聞や雑誌では、「“全然”＋肯定」は一般的に使われていたことになる。にもかかわらずそのような用法を「誤用」視し、昭和10年頃に始まったものとするなど、国語史上の事実に全く合わない規範意識を持っていたのは、どう考えても不思議な話である。

ここでもう一度昭和戦前までと現代の実例を、用法の面で比較してみよう。石山(1990: 36)で、築島裕氏は次のように述べる。

・肯定表現の場合でも、明治、大正時代の小説などに見られるものは、否定的な意味やイメージの悪い語を伴っていることが多い。これだと、打ち消し表現と同じ効果があります。たとえば、“全然不作法だ”というのは文法的には肯定表現ですが、意味的には否定的な表現とみることができます。(下に続くのが)否定的な言葉でない場合でも、いま、話し言葉で使われている『全然』のように“すてき”とか“すばらしい”とかいう積極的な評価の語でなく、ニュートラルな意味の語です。

「否定的な意味やイメージの悪い語」とはA〜Dにあたると考えられるが、すでに見たように、昭和戦前まではかなり多かったA、Cの例が今日は乏しい。そしてもっとも違いが顕著に見られるのはE(新野(1997)においては「F」。以下も同)である。今日は目立つ「全然平気」「全然大丈夫」「全然いい(〈かまわない〉の意)」、さらに「□□の方が(○○より／○○と比べたら etc.)全然××」という比較表現の例は、昭和戦前までには全く見られない。

そして現代では積極的なプラス評価の語を修飾している例が大半なのに対し、昭和戦前まででは「全然健康ニシテ」「全然その趣旨に賛成である」程度しかないのも大きな差異である。

なお新野(1997a: 282)では、昭和戦前までのEの例について、次のように述べた。

・「全然同様」「全然一致している」「全然同一」といった〈二つの物の間に差異がない〉ことを表す例が目立つ。また「全然一新した」「全然新たな」は〈今までと違うような／ようになった)〉ということであり、「全然据置」も〈価格の変化がない〉ということであるなど、ほとんどの例で被修飾語句を子細に検討すると何らかの否定的なニュアンスが見いだせる。その一方、現代の E でも「全然平気／大丈夫／ OK ／いい」は〈問題点、不都合な点がない、何でもない〉という意味で否定のニュアンスはあるが、それ以外の例での被修飾語句についてはそうは言いがたい。

しかし、現時点では、〈問題点がない〉、〈何でもない〉、〈かまわない〉といった否定表現と言い換えられる“大丈夫”“平気”“OK”“いい”といった語を除く E の語に、「否定のニュアンス」を認めるか否か、というのは主観的な判断になる危険性があり、別のより客観的な基準を設定するべきである、という考えに変わってきている。

ともあれ、新野 (1997a) の時点で筆者は次のように考えた。昭和 20 年代に言われた「“全然” は否定を伴うのが本来の用法だ」の「否定」とは、“ない” や “だめ” だけでなく、A ～ D に E の一部まで加えた、すべての否定的ニュアンスやマイナス評価の語句まで含んだ概念だったのではなかろうか。そう考えれば、これに明確に違反する戦前までの例は E のごく一部にすぎないので、あながち「迷信」とも言えない。

そのような意識からすれば、『自由学校』の、さきに挙げた「スゴいぢやないの。全然、肉体派ね」や、同じユリーの

・「今月は、アブれたけど、先月一ぱいは、社交喫茶で、稼いだわよ。フルフル、面白かつたわ。お金はとれるし、男性のウィーク・ポイント(弱点)は、全然、ハッキリしちやふしさ」　(p. 276)

といったセリフは、否定のニュアンスもマイナス評価もないということで、違和感を禁じ得なかったのであろう。同じユリーの「“全然” ＋肯定」でも、

・「オバサマ、お願ひだから、あの人、引き受けてくださらない？」
「隆文さんを引受ける？」
駒子は、判断に迷った。
「えゝ、オバサマになんとかして貰はないと、あたし、全然、持てあますのよ」　(p. 90)

・「悲劇よ、隆文さん。オヂサマつたら、全然、ピンチ（金がないこと）になつちまつたの」　(p. 365)

といった D に属する例であれば、まだ許容範囲内であったと思われる（第 2 例は外来語を修飾しているという別の問題点はあるが）。

『自由学校』と同じ 1950 年に刊行された「お堅い」雑誌『世界』（岩波書店）8、10 ～ 12 月号には E の例はないが、

・近代以前においてはこのような「時代」観念は全然欠如していたか、存在していたとしても近代のものとはよほど違つたものであるか、
（上原専禄「現代とはどのような時代か」8。p. 17）

・電信係りも始めの中こそは努力してゐたやうだが、後になると全然それを放棄して、{中略} 運転手もろともサツサとどこかへ遊びに行つてしまふ。　（梅崎春生「終戦のころ」8。p. 71）

・あゝいふことは全然苦手なんだから、これまでだつてずうツと他人任せにしてきたのさ。　（里見弴「真夏の昼の夢」10。p. 157）

・今後の日本の大方針として、独伊ソ連合に接近をつづけるべきか、英米仏連合に鞍がえするか、或は全然孤立独応の道をとるか、
（高木惣吉「日独伊軍事同盟成立の経緯」11。pp. 83–84）

・全然時代離れのした独自一箇の人生観を保持することは私には出来さうもない。　（正宗白鳥「私の信条」12。p. 91）

といった C、D のタイプの「“全然” ＋肯定」の例がある。

ただこう考えるとしても、宮内氏が芥川の「全然彼女には冷淡だつた」という D に属する例を誤用と考えたり、『言語生活』で「全然校正の見落とし」というやはり D の例が俎上に上がったりした点には、疑問が残る。この点については、“駄目” の場合は誰もが D と考えるのに対し、“冷淡” や “見落とし” の場合は「マイナスか否か」の判断に個人差がある、と新野（1997a）では考えた。

この問題については次章以降で改めて考えてみたい。

## 6. おわりに

“全然”という副詞は、時代が下るにつれ文章語での規範的な用法の範囲はどんどん狭まっていった。「全然〜ない」以外は、昭和戦前まではAからEまで見受けられていたのに、昭25の『世界』ではEはなく、そして現在では「全然違う」「全然別だ」程度である(「全然だめ」も規範に反するものとはみなされないが、文章語的な表現ではない)。したがって、1990年代の新聞記者である浅田・青柳両氏の言う「“全然”は否定を伴うのが本来の用法だ」の「否定」は、“ない”あるいは“ん”と“だめ”程度に限定された概念であり、戦前までのAやC、D(「全然だめ」は除く)を含めた大部分の例、そして『世界』の例をも認めないものであろう(両者の文章で「誤用」例として「全然同感」が挙げられているのは示唆的である)。それらは現在の用法としては確かに規範には合わないが、「本来の用法ではない」というのは明らかに国語史的事実に反する。そうであるがゆえに、「迷信」と呼ばざるを得ないのである。

青柳氏のコラムに掲げられているグラフ(NHK放送文化研究所の1993年の調査結果)を見ると、「こちらの方が、全然お得です」を「おかしい」とする率は40代が最も高く、60代以上ではむしろ20代より低い。質問文が、戦前は見られなかった比較表現になっているにもかかわらずこういう結果になったことは、戦後「迷信」とともに育った世代といえる当時の40代よりも、戦前に少年期を過ごした世代の方が「“全然”＋肯定」に対する抵抗感が薄いことを示している。

次章では、新野(1997a)以降の「“全然”＋肯定」に関する文献を中心に取り上げ、この問題に関する研究がどのように進んできているかを振り返る。そして、多くの文献で言及され、立場が分かれている、5つの問題点に関して、どのような見解が示されてきたかを整理する。

**注**

1　芥川は『澄江堂雑記』(1918(大正7)～1924(大正13))で“とても”の新用法について二度にわたり述べている。

・「とても安い」とか「とても寒い」と云ふ「とても」の東京の言葉になり出したのは数年以前のことである。勿論「とても」と云ふ言葉は東京にも全然なかつた訳ではない。が従来の用法は「とてもかなはない」とか「とても纏まらない」とか云ふやうに必ず否定を伴つてゐる。

(「とても」『芥川龍之介全集』8、岩波書店、昭10。pp. 135–136)

・肯定に伴ふ「とても」は東京の言葉ではない。東京人の古来使ふのは「とても及ばない」のやうに否定に伴ふ「とても」である。近来は肯定に伴ふ「とても」も盛んに行はれるやうになつた。たとへば「とても綺麗だ」「とてもうまい」の類である。(「続「とても」」同 pp. 138–139)

新用法に対しある程度の違和感を抱いていたことはうかがえるにしても、それを嫌悪し、排斥するような記述は見られない。

# 第2章 「“全然” + 肯定」に関する近年の研究史概観

## 1. はじめに

筆者は、新野(1997a)で「“全然” + 肯定」に関する先行文献を紹介しつつ自説を展開した。その後、新たに発表されたり、以前に発表されたもので新たに存在を知ったりした「“全然” + 肯定」研究の参考となる文献について、新野(2000b)で特徴や問題点などを指摘した。その後新野(2004)でも「“全然” + 肯定」に関する文献を少数ながら紹介した。さらにその後も、この問題に言及した文献は数多く出ている。

先行文献の調査において、「“全然” + 肯定」には、例えば上代特殊仮名遣いやヲコト点に関する研究の場合にはない1つの困難がある。それは、学術書や学術論文を博捜しただけではおさえきれないということである。この事例は「言葉の乱れ」「間違った日本語」を扱ったハウツーものの図書では定番中の定番の1つであるほか、作家や評論家のエッセイなどでも多く取り上げられる。もちろん、それら自体は学術的研究という性格のものではないが、一般国民の言語生活への影響は無視できないものがある。筆者はそのような範囲まで極力視野を広げてきた。これらは学術書や学術論文とは異なり、時間が経つほどその存在を把握するのは困難となってしまう。

以上の理由から、筆者は新野(2000b)において、「“全然” + 肯定」の関係文献をまとめようと考えるに至ったのである。本章でも同じ理由で、さらに新野(2000b、2004)の後今日に至るまでのもの(そのうち一部については新野(2010a)で紹介した)も含め、「“全然” + 肯定」研究の参考となる文献を紹介し[1]、いわば「“全然”＋肯定」の研究史を概観するとともに、各文献に対する筆者の考えを述べてみる。

## 2. 「“全然”＋肯定」に関する文献一覧

新野(1997a)以降に発表されたり、以前に発表されたもので新たに存在を知ったりした「“全然”＋肯定」関係の学術書・学術論文(「日本語本」に掲載された文章でも、研究者が学術的態度で書いているものは含む)を年代順に一覧の形で掲げる。まず新野(2000b)で取り上げた文献である。

・足立広子(1990)「副詞「全然」の用法について」『南山国文論集』14: pp. 37–46. 南山大学国語学国文学会

・遠藤織枝(1994)「使用語種と、新しいことばの用法」『ことば』15: pp. 114–134. 現代日本語研究会

・梅林博人(1995)「「全然」の用法に関する規範意識について」『人文学報』266: pp. 35–53. 東京都立大学人文学部

・横林宙世(1995)「そこが知りたい日本語何でも相談「ぜんぜんおいしい」は間違いだけど、どう教える？」『月刊日本語』8(6): pp. 50–51. アルク

・遠藤織枝・谷部弘子(1995)「話しことばに特徴的な語の新しい用法と世代差—「すごい」「とか」「ぜんぜん」「けっこう」について」『ことば』16: pp. 114–127. 現代日本語研究会

・増井典夫(1996)「否定と呼応する副詞と程度副詞についての覚書」『愛知淑徳大学現代社会学部論集』1: pp. 1–9. 愛知淑徳大学現代社会学部

・松浦純子・永尾章曹(1996)「「全然」と「全く」について—陳述の副詞についての一考察」『国語国文論集』26: pp. 1–10. 安田女子大学日本文学会国語国文論集編集室

・梅林博人(1997)「肯定表現を伴う「全然」の異同について」『人文学報』282: pp. 21–37. 東京都立大学人文学部

・葛金龍(1999)「日中同形漢語副詞「全然」についての比較研究」『愛媛

国文と教育』32: pp. 22–28. 愛媛大学教育学部国語国文学会

・梅林博人（2000）「流行語批判とその背景―「全然」の場合について」『相模国文』27: pp. 57–70. 相模女子大学国文研究会

・野田春美（2000）「「ぜんぜん」と肯定形の共起」『計量国語学』22（5）: pp. 169–182. 計量国語学会

次に新野（2004）で取り上げた文献である。

・小池清治（2001）「「全然」再々考」『宇大国語論究』12: pp. 1–11. 宇都宮大学国語教育学会＊小池清治編（2001）『現代日本語探究法』朝倉書店に再録。

・葛金龍（2002）「「全然」の意味機能について―俗語的用法を中心に」『愛媛国文と教育』35: pp. 11–24. 愛媛大学教育学部国語国文学会

それからさらに数年が過ぎ、この間にも「“全然” ＋肯定」についての文献は続々と発表されている。

・小林賢次（2004）「全然いい」『問題な日本語』pp. 17–21. 大修館書店

・田中一彦（2005）「「全然おいしいよ」は問題な日本語か」『言語情報学研究』1: pp. 31–42. 大阪市立大学文学研究科言語情報学会

・葛金龍（2005）「「全然」の俗語的用法の発生」『愛媛国文と教育』38: pp. 8–22. 愛媛大学教育学部国語国文学会

・窪薗晴夫（2006）「若者ことばの言語構造」『言語』35（3）: pp. 52–59. 大修館書店

・小谷野敦（2006）「上機嫌な私 21 「全然～ない」の迷信」『文学界』60（9）: pp. 210–211. 文藝春秋＊小谷野敦（2008）『猫を償うに猫をもってせよ』白水社に再録。

・尾谷昌則（2006）「構文の確立と語用論的強化―「全然～ない」の例を中心に」『日本語用論学会大会研究発表論文集』2: pp. 17–24. 日本語用論学会

・丁允英（2007）「中立的な態度を表わす副詞「全然」について―日・韓対照を視野に入れて」『日本語論叢』特別号 : pp. 278–291. 日本語論叢の会

・趙宏（2007）「速記資料における「全然」の様相をめぐって―明治から昭

和にかけて」『明治大学日本文学』36: pp. 62–56. 明治大学日本文学研究会

・服部匡（2007）「大規模コーパスを用いた副詞「全然」の共起特性の調査―朝日新聞と Yahoo！　知恵袋の比較」『同志社女子大学学術研究年報』58: pp. 1–8. 同志社女子大学

・有光奈美（2008）「日英語の対比表現に見られる非明示的否定性と量・質・態度に関する変化のメカニズム」児玉一宏・小山哲春編『言葉と認知のメカニズム―山梨正明教授還暦記念論文集』pp. 247–269. ひつじ書房

・尾谷昌則（2008）「アマルガム構文としての『「全然」＋肯定』に関する語用論的分析」児玉一宏・小山哲春編『言葉と認知のメカニズム―山梨正明教授還暦記念論文集』pp. 103–115. ひつじ書房

・岡崎晃一（2008）「「全然」考」『親和国文』43: pp. 1–21. 神戸親和女子大学国語国文学会

・山内信幸（2009）「日本語の強意表現をめぐって―「全然」を中心に」沈力・趙華敏編『漢日理論語言学研究』pp. 73–79. 学苑出版社

・小池清治（2009）「「全然」の用法」中山緑朗・飯田晴巳・陳力衛・木村義之・木村一編『みんなの日本語事典―言葉の疑問・不思議に答える』pp. 40–41. 明治書院

なお新野（2000b）では、各文献それぞれにつき注目すべき点を挙げていくという記述方法をとった。しかし、その後 10 年が経過して文献の数も増えたため、その方法ではいささか単調になろう。また、多くの文献で言及される、いわば論争テーマも浮き彫りになってきた。そこで本章は次のような論述形式をとる。まず

1.「“全然” ＋肯定」はどのような場面・文脈で使われるのか。
2. 今日の肯定を伴う “全然” の意味は、新野（1997a）で述べたとおり〈完全に、100%〉なのか、それとも従来言われていたように〈とても、非常に〉なのか。
3.「全然大丈夫／平気／ OK ／いい（〈かまわない〉の意）」の類の表現の

成り立ちをどうとらえるか。

4. 今日多く見られる、「□□の方が（○○より／○○と比べたら etc.）全然××」という比較表現の例をどうとらえるか。

5. 「迷信」が発生・定着したのはなぜか。

の 5 つの問題点に関して、どのような見解が示されてきたかを整理する。そして筆者の現時点での見解は、次章第 3 章で、各種データベースによる用例の調査結果とその分析を行ったうえで、述べることにしたい。

続いて、1. ～ 5. 以外で筆者が特に注目した各文献の特徴について、新野（2000b）同様に述べる。

また、さきに述べたように、一般向けの「日本語本」にも注目すべき記述が見られる場合がある。これについても、のちに取り上げてみる。

## 3.　諸論点について

### 3.1.　「“全然” ＋肯定」の使われる場面・文脈

まず足立（1990）である。これは梅林（1997）の「参考文献」に挙っていたことでその存在を知った。学部の卒業論文に基づいていると思われるが、注目すべき点がいくつかある。まず用例を、「A 形の上で打ち消しを表す語が後続する用法　B 意味の上で打ち消しを表す語が後続する用法　C 前提を必要とする用法　D その他の用法」に 4 分類している点で、C の視点がこの時点では斬新である。

・14　ここの料理はまずいなあ。

　　——全然うまいよ。

上の例では「全然」が「うまい」というプラスのイメージを持つ形容詞を強調している。しかし一般に「うまい」という語だけを強調する場合、

15　ここの料理、とても（すごく）うまい。

16　ここの料理、全然うまい。

の様に 15 は言えても、16 は単独では不自然となる。前提がある場合「全

然」の意味は強調であり、前提を否定することに呼応している。(p. 40)

14と16の「全然うまい」を区別して考えようとする態度は、“全然”と被修飾語のみに注目して考えがちの先行文献(この時点での)には見られないすぐれた点である。

野田(2000)は“全然”と肯定形(「〜ない」以外の形)の共起について、アンケート調査の結果をもとに論じたものである。①“全然”は“違う”“だめ”などの「絶対的基準と非連続的に異なる状態であることを表し」「絶対的基準と非連続的に異なる状態であるということ以外の語彙的意味をあまりもたない」語と共起しやすい、②①のような性質のない語も文脈によって基準が与えられると“全然”と共起しやすくなる、③若年層のアンケート結果から、「「ぜんぜん＋肯定形」は好ましい状態を述べる性質を強めつつあると考えられる」といった結論が述べられており(pp. 180–181)、②に関してはさらに

・「ぜんぜんおいしい」「ぜんぜんきれい(だ)」といった文は、相手の発言内容や自分の予想を基準として、あるいは、比較対象となる事物を基準として、その基準と大きく離れた状態を述べる場合に用いられる。

(p. 180)

としている。

この後も、さらに、

・「“全然”＋肯定形」表現は発話者が何かを否定するときに用いられるのではないかという予測が立つ。{中略} 発話者の否定の対象は言語化された前言だけでなく、コンテクストなどから発話者が読み取れるニュアンスまで否定の対象となることができるということが分かる。

(田中 2005: 36–37)

・もっとも、「全然」が「とても」のような単純な強調表現かというと、そうではないらしい。たとえば「暑いね」と話しかけられて、「全然暑い」とは答えないようである。「大丈夫か」「問題ないか」と聞かれて「全然大丈夫」「全然 OK」と答えるように、相手が持っているニュアンス(「大丈夫ではないのではないか」)を打ち消すときに使う表現のようであ

る。 （窪薗 2006: 59）

・否定疑問文 {=「緊張しなかったでしょう？」} に対する「うん、全然」は緊張しなかったことを意味し、「いいや、全然」は緊張したことを意味する。このことから、「全然」は「相手の想定・期待・予期していることを否定する」という機能を持っていることがわかる。{中略}「全然」は前言の否定をしようとしたり、相手の信じていることを否定したり、話者の否定的な態度を表すものであることがわかる。

（有光 2008: 260–261）

・「全然」に後続する述語を否定する従来の否定用法を「述部否定用法」と呼ぶとすれば、現代における「全然」の肯定用法は、後続する述語については肯定しているが、発話時に存在している文脈想定を否定しているので「文脈想定否定用法」とでも呼ぶべきであろう。

（尾谷 2008: 106）

と、「相手の発言内容や予想など、何らかの前提となる事柄を否定するような文脈で使われる」という指摘が相次いでいる。

## 3.2. 今日の肯定を伴う “全然” の意味

筆者は新野(1997a: 278–279)で、次のように述べている。

・昭和戦前まででも現代でも、肯定と呼応する “全然” は(否定と呼応する場合と同じく)〈完全に、百パーセント〉の意で基本的に変わっていない。五十パーセントや六十パーセントではなく百パーセントなのであるから、結果的に被修飾語句の意味を強調することになり、従って〈とても、非常に〉と置き換えても文が成立する(しかしニュアンスは変わる)ような例も出てくる。

まず、新野(1997a)以前は有力であった、戦前までは〈完全に、すっかり〉の意味で戦後は〈とても、非常に〉という意味である、という、戦前までと戦後とで全く意味が違うとする記述は、近年では影をひそめるようになった。

それに対し、今日は両方の意味で使われている、とする立場がある。その早いものは足立(1990)で、肯定を伴う“全然”の意味についての記述も注目すべき点の1つである。

・27　色々なことをやっていらっしゃって、全然びっくりいたしました。

28　やっぱり全然安心ですね。

29　年末だから、やっぱり全然すごい人だった。

以上3例の「全然」を他の副詞に置き換えると「とても」になる。

さらに、「全然」を「とても」に置き換えられない用例も見つかった。

30　ドイツ語ではどう？　全然英語のJapanと同じスペリング？

31　変わりませんか？

——面影がねえ、全然石井さんだ。

32　やめるように説得してみるわ。

——俺は全然平気だよ。

用例30、31、32の「全然」を他の副詞に置き換えると「全く」になる。なお用例30を用いた話し手に後で尋ねると、本人の意識の中では「全く」と言ったつもりだったそうである。「全然」と「全く」とは無意識に入れ変《ママ》わることがある様《ママ》だ。　(pp. 42–43)

「全然違う」や「全然だめ」のような明確な否定のニュアンスがなくても、〈とても〉と置き換えられない現在の「“全然”＋肯定」の例が存在する、と明言したのはこの論文が嚆矢と思われ、特筆されるべき点である。

次に梅林(1997)では、結論は次のようにまとめられている。

・伝統的用法の「全然」の意味—〈何から何まで、完全に〉(十全性副詞)
俗語用法の「全然」の意味—〈何から何まで、完全に〉(十全性副詞)・〈非常に、とても〉(程度副詞)

＊十全性副詞の意味から、結果的に程度副詞としての意味も生じてくる。　(p. 33)

戦前は〈何から何まで〉の意の例のみであるのに対し、現在はその他に〈非常に〉の意味の例がある、という見解である。

そして岡崎(2008: 17–18)では、肯定を伴う“全然”の意味については、新野(1997a)の見解を引いたうえで、

・昭和後期以後の「全然」が「非常に、とても」の意で用いられることが多いことは、次のような例(㉘〜㉜、会話文・心話文)が示している。

として、

・おばさんのが全然いいもん。 (橋本治「鞦韆」)

・色だって全然白いでしょう? (同)

・「私たちのほうが全然長いわよ」 (鈴木清剛「男の子女の子」)

・オレなんかより全然神経がずぶといんだな、とイツオは思った。 (同)

・「どの程度知ってる?」(中略)/「全然。テレビのオカルト番組の知識程度ですね」 (恩田陸「不安な童話」)

といった例を挙げる。そして、

・要するに、近年の俗語的肯定表現に「非常に、とても」の意の多用が目立ってはいるが、「すっかり、完全に」の意での用法が姿を消したわけではない。

と結論づける。

これらに対し、葛(2002: 23)では、多くの先行文献に見られた「否定と呼応する場合は陳述副詞、肯定と呼応する場合は程度副詞」という説に対し、新野(1997a)で「現在の「“全然”+肯定」の場合の“全然”が〈非常に、とても〉の意である、と断定するのはどう考えても無理がある」としたことを支持したうえで、

・一言で言えば、肯定文脈における俗語的用法の「全然」は、誇張のニュアンスを持ち、評価や判断の確実さを強調する陳述副詞である、と結論する。

としている。

## 3.3. 「全然平気/大丈夫/OK/いい」の成り立ち

「全然平気/大丈夫/OK/いい」は「“全然”+肯定」の中でも、日常会話の中で現れやすい表現と言える。ここでは、その成り立ちをどう考えるか、についての諸説を挙げる。

まず横林(1995)では、

・「ぜんぜん平気」「ぜんぜん大丈夫」などの言い方もよく耳にしますが、これは、例えば、「疲れた？」「ぜんぜん(疲れていない)。大丈夫。平気」のように、(　)内を除いた部分だけを言語化したと考えられます。

とする。これを「省略説」と呼んでおく。小池清治氏も、小池(2001: 11)では、

・「全然、OK。」の場合、あるいは「全然問題ない、OK だ。」の省略表現とも考えられるということでもある。

と、この可能性を示唆するレベルの記述であったが、小池(2009: 41)では、

・「土曜日の午前9時に駅東口広場に集合。大丈夫ですか？」
「全然、O・K。問題ないわ。」
　これは、一見、程度副詞のように思われますが、実際は異なります。この表現は、次のような表現の省略表現なのです。
　「全然、問題ない。O・K。」
　打消しとの呼応が一般化し、打消し表現を明言しなくともよくなり、省略されてしまうようになってしまったものなのです。
　このことは、次の例により証明されます。
　「皆さん、こういう説明でわかりましたか？」
　「全然！」
　この「全然」は情態副詞や程度副詞でないことは明白です。呼応副詞の省略表現、「全然(ワカリマセン)！」なのです。

と、「省略説」の立場を鮮明にしている。この説に従えば、「全然」と「平気／大丈夫 etc.」がそれぞれ独立した一語文ということになり、そもそも「“全然”＋肯定」の例とは言えないことになる。

それに対し、野田(2000: 176)では、“平気”“大丈夫”を「語自体が、悪い状態を否定する意味をもつ語」とする。また「「いい」は「困らない(＝平気)という意味のとき、「ぜんぜん」と共起しやすくなる」(p. 174)とする。これは新野(1997a: 282)で筆者が述べた「「全然平気／大丈夫／ OK ／いい」は〈悪い点、問題となる点がない〉ということで、否定のニュアンスはある」と同じ見解といえる。

葛(2005: 19)では、

・俗語的用法の中に,「全然大丈夫(だ)」「全然 OK だ」「全然平気だ」「全然いいよ」のようなものもある。

(21)ホワイトソックス井口資仁内野手(30)は休養で 5 試合ぶりに欠場した。前日のオリオールズ戦で腰付近へ死球を受けて途中交代したが「全然大丈夫」と笑顔を見せた。

(『日刊スポーツ九州』2000《ママ》5 年 8 月 3 日記事より)

(22)ここ最近では片付けられない女たちが多いらしく、テレビで特集されることも。部屋の床から 30 ㎝盛り上がるほどのごみの山の中で生活していても全然平気な方や、1 週間風呂に入らなくても全然平気な方、下着を何日も替えていなくても全然平気な方などいらっしゃるようです。

(23)この機械は人工知能がついているので、まったく初心者でも全然オケ《ママ》だ。

これらには, また別の形成ルートがあると考えられる。一つは,「心配ない」「問題ない」と「大丈夫だ」,「問題ない」と「OK だ」,「気にせず」と「平気だ」,「かまわない」と「いい」などは, 同義関係にある。否定表現がプラス若しくは中立の意味合いの表現によって代用されるのは容易なことである。例文では,「腰付近へ死球を受けて途中交代した」ことは心配事である。それに対する否定は「ご心配なく」である。「大丈夫」は「ご心配なく」の代用若しくは言い換えである。「平気だ」と「OK だ」も同様,「気にしない」「問題ない」の代用である。

もう一つは, 例文 21 ～ 23 で示すように, これらの文はよく逆接を含んだ語用論的否定の文脈に用いられる。

二つの場合とも, 否定との関わりが切れていない。ゆえに, かなり受け入れやすくなる。

とする。ここでは「かなり受け入れやすくなる」2 つの要因が挙げられているが、第 2 の要因は 3.1. で見た用いられる文脈の問題であり、成り立ちに関するものは第 1 の要因である。これらのような、“平気”“大丈夫”など自体が否定の要素を持つため許容度が高い、とする説を「否定内在説」と呼んでおく。

一方、窪薗(2006: 59)では、

・語形成という点から見ると、これ{=「全然大丈夫」}は「全然問題ない」と「まったく大丈夫」という二つの同義文が混成された結果——つまり混成文エラーの一種——と解釈できる。混成文とは、(12)のように、ある文の前半とその同義文の後半が結合してできる現象で、自然言語によく見られる言い間違いである。

(12)次の駅は、新大阪に止まります［車内放送］

(次の駅は新大阪です×次は新大阪に止まります)

雨が降らない前に帰ろう

(雨が降らないうちに帰ろう×雨が降る前に帰ろう)

とする。これは文レベルのコンタミネーション、いわゆる混交の結果とみる考え方であり、これを「混交説」と呼ぶ。『岩波国語辞典』でも第6版(2000)以降は「「―平気だ」は「―気にしない」「―構わない」との混交か」という注記がある。

以上、「省略説」「否定内在説」「混交説」の3つの説が提示されているのである。

### 3.4.　比較表現のとらえ方

前章でみたとおり、今日のEの例には比較表現で使われているものが多い。

そのことは、新野(1997a)で述べたが、それ以前に指摘しているのは足立(1990: 40–41)のみであると思われる。

・「全然」が前提に示されている程度を強調する用法もある。(中略)この様な程度強調の用法は、比較の形を伴って現れる場合が多い。

20　(あそこへ碁石を打つより)ここに打った方が全然良かったですね。

21　三越はその辺ですか？

——もっと全然西の方だよ。

比較の形を伴って用いられた場合「全然」は「ずっと」と同義となる。

新野(1997a)ののちでは、野田(2000: 175)で、

・否定的でない語(基準と異なる状態を表すという性質をもたない語)が「ぜんぜん」と共起するのは、文脈によって基準が与えられた場合である。つまり、相手の発言を基準として、あるいは、比較対象となる事物を基準として、それとの離れ方の大きさが「ぜんぜん」で表される。

とする。

また、尾谷(2008: 107)では、「キリンは首が全然長い」のような文が「不自然に感じられる」のは「それらによって否定される文脈想定が発話時に想起しにくいためなのである」とし、「否定される想定を補って」、「キリンの首は、人間なんかよりも全然長い」のようにすれば「容認文となる」とする。これは野田(2000)とほぼ同じ見解と言えよう。そして、

・比較表現は、一方を上位に置けば他方は必然的に下位になるので、暗黙のうちに否定のニュアンスを含む。そのため「全然」の使用が自然になる。

とする。

一方、小林(2004: 20)は、

・二つの物や事柄を比較して「こっちの方が全然いい。」とか「さっきより全然よくなった。」というように使う用法も見られますが、これは、おそらく「断然」との類似から広まったものでしょう。現在この用法もかなり一般化していると思います。

と異なる観点からその成立をとらえている。

### 3.5. 「迷信」が発生・定着した理由

この問題は、「“全然”＋肯定」にかかわる最大の問題といってよいであろう。

梅林(1995)は、「“全然”＋肯定」のうち「全然冷淡だ」「全然別だ」「全然無意味だ」などの「形の上では肯定でも内容的には否定的である語句によっ

て「全然」が承けられている表現」(氏はこれを「全然……否定的」と称した)を「規範的でない」とする意識の発生した時期および理由について考察したものである。その結論は以下のようになる。

・〈「全然……否定的」は「規範的でない」〉という意識は、昭和10年代末から20年代末の間に発生したと見られる。
・〈「全然……否定的」は「規範的でない」〉という意識が生じたのは、「全然いい」などを問題視する意識が「全然……否定的」にまで及んだためと考えられる。
・実際に「全然……否定的」が使用されているにもかかわらずそのような意識が生じたのは、「全然……否定的」に該当する個々の表現の存在感が乏しかったためと考えられる。　(p.51)

新野(1997a)では、昭和戦前までに言語形成期を過ごしたはずの人々が「全然冷淡だ」「全然見落としです」といった表現を問題視したのは、“冷淡”“見落とし”といった語が「マイナスか否か」の判断に個人差があるからではないかと述べた。それに対し梅林氏の説は、「全然……否定的」全体ではある程度の勢力になるように見えるが、「全然冷淡だ」「全然見落としです」といった個々の表現は「全然……ない」に比べると使用頻度がかなり低い、そのためそれらが「規範的でない」とされた場合に使用実感に基づいて異を唱えるということができなかったからではないか、というものである。

この問題について別の可能性を指摘したのが梅林(2000)である。ここでは昭和25年発表の小説『自由学校』で、典型的アプレゲールとして描かれている少女ユリーが「“全然”＋肯定」を何度か使っていること(このことは新野(1997a)でも述べている)、そしてアプレゲール及び彼らの使う「アプレ語」に当時世間が嫌悪感を持っていたことを述べ、

・つまり、世間は、アプレゲールの発するあるいはアプレゲールのまねをして発せられる「全然エライ」などを批判するために、当時の「全然」についての言語事実——肯定表現を伴う用法もありはするが、しかし、打ち消しや否定的表現を伴う用法のほうがやはり主流であるという事実——から、批判に役立つようにその内容を取捨して、「『全然』は必ず

> 否定を伴う」という批判用の決まり文句を導きだし、そしてそれをアプレ語に向かった《ママ》投げかけた。「迷信」の発生をこう見てはどうだろうか。
> (p. 64)

という考えが提示されている。

尾谷 (2006) では、『青空文庫』から作成した自作コーパスによって採集した実例を「否定類」、「疑似肯定類」(新野の分類では A 〜 D)、「肯定類」(同 E) に分類し、1890 年以降 10 年刻みで各類の全体比を計算した。そして 1930 年代に「否定類」が 6 割以上を占めるようになることに着目し、「どうやら「“全然” は否定表現と呼応するものだ」という〈迷信〉はこの時期に定着し始めたと見て間違いなさそうである」(p. 19) とする。さらに、

> ・問題はその〈迷信〉が生じた原因についてであるが、本論では、流行や偶然に帰結させた先行研究とは一線を画し、意味論・語用論的な観点から考察する。特に本論が注目するのは、〈迷信〉の定着と入れ替わるように衰退した疑似肯定の存在である。同時期に起こっているということは、これが〈迷信〉の定着と無関係ではあるまい。疑似肯定は形式が肯定であっても、意味は否定というねじれた表現であるが、コミュニケーションにとって重要な役割を果たすのが意味であると考えれば、形式よりも意味の側面が優先された(もしくは、強く意識された)と考えるのが自然であろう。その結果、「「全然」は否定と呼応して、否定を強調するために使用するものである」という推論が働き、それが語用論的に強化されて一種の規範意識にまで発展したものと考えられる。 (pp. 19–20)

としている。

### 3.6. そのほか、各論文について

まず足立 (1990) である。これまで触れてきたように、今日では多くの研究者により指摘されているもののこの時点での先行論文にはない、という視点がうかがえる、注目すべき論文である。ただきわめて残念なのは、用例の採集源を「テレビ、ラジオ、他人の発話」とするにとどまり、個別の例の出所や採集年月日などがいっさい示されていない点である。見坊豪紀氏は、見

坊(1990: 52)で「日付のない用例は用例ではない」と述べた。さらにそれぞれの用例の現れた場面がわからないため、各用例の「全然」の意味を十分検討できない。

例えば、足立(1990: 42)には、

・全然和倉温泉から空港まで二時間かかって、本当に遅れてごめんなさい。

という例が挙っている。足立氏はこれを「C 前提を必要とする用法」のうちの「逆接接続を伴わなくても、後続の文意が話し手の不都合を表す時、用いられ」た例とする。しかし、これは、「全然和倉温泉から空港まで車が進まなくて(混んでて／渋滞してて etc.)二時間かかって〜」のように言うつもりで、被修飾成分の「車が進まなくて」にあたる部分が流れてしまった、いわゆる不整表現の例ではないか。日常会話においてはこのような例が少なからず現れる。どういう場面でこの発話が現れたのかわからないので、これ以上分析するのは難しい。

遠藤(1994)、遠藤・谷部(1995)はいずれも「職場における女性の話しことば」という調査の結果に基づいており、後者のほうがより多数のデータに基づいて論じている。まず遠藤(1994: 126)に次のようにある(「セ〔HO〕などは場面と話者を表す記号)。

・副詞「ぜんぜん」は

⑦わたし、ぜんぜんわかってないんで……(セ〔HO〕)

のように否定のことばと呼応して用いられることばであるが、

⑧ボロくそ安いんなら、ぜんぜんいいんだけど。(コ〔SI〕)

のように、肯定の言葉と呼応する用法(以下「肯定用法」とする)もみられるようになり、用法のゆれていることばのひとつである。

この一文からは、同論文は「迷信」に拠っているかのように感じられる。なおここでも辞書の「[俗語] とても。非常に。」という記述をそのまま採用している。

増井(1996)は“全然”を含む多くの副詞および副詞的用法の形容詞について問題点を列挙したといった内容で、個別の語について深く考察する段階には至っていない。ただ現代において、同じ「ない」との呼応であっても、「全然おもいがけない／とんでもない／みっともない」などはどの程度許容されているか調査の要がある、というのは新しい視点と言える。また、

・現在は特に「全然」が問題にされることが多いようだが、これらの「誤用」の問題をみてみると、「人は、自分が持つ規範からはずれる用法を耳にしたとき、〈自分が知っているものより以前の用法がどういうものであったか〉などということは考えずに、自分の規範と違っていれば〈間違いだ〉といいたくなるものだ」などというようなことをいろいろと感じさせられるように思う。 (p.6)

との述懐には全く同感である（日本語学研究者でさえその弊から完全に逃れてはいない場合がある）。

松浦・永尾（1996）は志賀直哉作品における“全然”と“全く”との用法差について考察しており、「“全然”＋肯定」をとりたてて論じてはいない。ただ終り近くの次の一文は、新野（1997a: 279）でしたのと同じ指摘を、先行の「“全然”＋肯定」研究に対し行っている。

・「全然」についての考察は、一つの文の中で、「下に否定の語を伴う」かどうかというようなことではなく、それがどのような文脈（あるいは現場）にあるかというようなことから出発しなければ、十分な解答は得られないのではあるまいか。 (p.10)

「文脈（あるいは現場）」から切り離された「全然いい」「全然おもしろい」だけであれこれ論じても十分な成果は得られないということである。このことはいくら強調してもしすぎるということはない。

葛（1999）は標題どおり日中両語における“全然”の対照研究を行ったものである。日本語の“全然”について「後ろに打ち消しや否定的な表現を伴って使う」「後ろにマイナスの意味合いの語を伴って使う」「後ろにプラスイメージの語か中立性の語を伴って使う」と3分類しているが、最後の用法について「俗語的で、主に若者中心の日常会話に用いられる」とある点は従来の「迷信」に近く、筆者の考えとは異なる。ただこの3用法全てが「基本的に陳述副詞に属し」、「数量的に関わる動詞の否定形式を修飾する文では」「程

度副詞の性質」を持つ、としている点は、新見といえよう。

21世紀にはいると、これまで挙げたような先行研究の蓄積が生じており、それらを比較検討し、批判を加えたうえで、自らの論を展開するという文献が目立つようになる。そして外国人研究者や日本語学以外を専門とする研究者による研究も次々と発表され、視点や研究方法の多様化が顕著になる。

「“全然” は本来否定を伴うべき副詞である」という「通説」を最初に「迷信」と呼んだのは小池清治氏であったが、小池(2001: 59)は、

・日本語の濫れが問題にされる時、第一に槍玉にあげられるのが、敬語の濫れ、ラ抜き言葉、そして「全然」の用法の三つである。

とし、「打消表現や否定的な語を伴わない「全然」」がすでに芥川、鴎外、漱石、志賀、太宰といった近代作家に見られることを指摘して、「全然、OK。」のような打消表現や否定的な語を伴わない用法について「濫れとは言えない。語結合の拡大という変遷である」ということを実証的に結論づけた。

葛(2005)は、「「全然」の俗語的用法」(肯定文において、プラス又は中立の意味合いの表現と共起する用法)の発生について、先行研究を引きつつ、共起する述語の拡張による意味機能の転化、和語の類義語「全く」の「意味用法機能」の変化のあとを補う必要性、「旧伝統・旧規範に反逆する」アプレゲールが「言語表現の面でも新鮮な形や斬新な効果を求め」た時代の契機、という3つの要因があったとする。ただ、3つ目の要因に関連する、「“全然” ＋肯定」が「アプレ語」であったという説を、3.5.で見たとおり梅林(2000)がすでに提唱している。この論文を参考文献には挙げているにもかかわらず、そのことを記していないのはいかがなものか。

田中(2005)は、序論の部分で、次のように述べる。

・この「“全然” ＋肯定形」表現については、辞書の定義の中だけではなく、これまでも多くの人が様々な見解を述べているが、新野(1997: p. 257)にも述べられているようにおおむね事実観察としては次のようにまとめることが出来る。

(2)「全然」が否定だけではなく肯定とも呼応する用法は最近のものと

> いうわけではなく、明治から昭和戦前の文学作品などにも用いられていた。
>
> これまでの論文の中には、(2)の事実観察を元にして、「“全然” + 肯定形」は誤用とは言えないという結論が《ママ》導きだす論考も少なくない。新野にいたっては「“全然” が否定形と共起するのが本来の用法だ」というのは「迷信」であると結論づけている。本稿では、この「“全然” + 肯定形」は日本語として正しい用法であるとする最近の考え方を再検討してみたい。（p. 32）

新野(1997a)で述べたとおり、「迷信」という表現は筆者の創始ではなく、小池(1994)で初めて使われている。また筆者は「「“全然” + 肯定形」は日本語として正しい用法である」と述べたことは一度もない。あくまで「“全然” が否定形を伴うのが本来の用法だ」というのは国語史上の事実に反する、ということを主張しているのである[2]。

いずれにせよ、この箇所の「新野にいたっては」以下の書きぶりからは、この論文では「最近の考え方」を否定するような論が展開されることが予想される。しかし、それに反し、「ちまたで取りざたされている、「“全然” + 肯定形」表現は一見すると奇妙な表現だが日本語として全然誤用ではないと結論づけることが出来る」と、「最近の考え方」を全面的に支持する結論が示されている(p. 40)。

趙(2007)では、落語(明治 22 〜大正 13)、史談会(明治 25 〜昭和 13)の 2 種類の速記録を対象に “全然” の用例を調査した。そして、前者では「まるで」「すっかり」などの和語のルビがある例ばかりで、後者でも「全 411 輯からわずか 42 例しか」検出されなかった、とする。それを根拠に

> ・明治から昭和にかけて、少なくとも昭和 20 年代まで、「全然(ぜんぜん)」は会話にあまり使われなく、萌芽的状態にあったことが今回の調査によって明らかになった。（p. 57）

とするが、この 2 種の資料の収録年代の下限は昭和 13 年であり、「少なくとも昭和 20 年代まで」と言える根拠が何なのか不審である。

丁(2007: 290)は日韓の副詞の対照研究で、論証の手法は手堅く、その結

果も妥当なものといえる。しかし日本語の用例の大半が平成のものである中に、太宰や岡本かの子のものが混ざっているのは、“全然”の研究であることを考えると不注意と言わざるを得ない。また「注10」として、

・新野(1997)では、「全然＋肯定」表現で、「全然」は、「とても、非常に」「完全に」に置き換えができると述べている。

とする。これは新野(1997a: 278–279)の

・昭和戦前まででも現代でも、肯定と呼応する“全然”は(否定と呼応する場合と同じく)〈完全に、百パーセント〉の意で基本的に変わっていない。五十パーセントや六十パーセントではなく百パーセントなのであるから、結果的に被修飾語句の意味を強調することになり、従って〈とても、非常に〉と置き換えても文が成立する(しかしニュアンスは変わる)ような例も出てくる。

をふまえたものかと思われるが、「置き換えができる」と「置き換えても文が成立する(しかしニュアンスは変わる)」とでは意味するところが大きく異なる。前者では「そっくり置き換えられる、置き換えても全く文意が変わらない」のように解釈される恐れがある。間接引用の場合は原文の趣旨を変えないような要約が行われねばならない。

服部(2007)は、新聞記事データベースとウェブ上の掲示板(質問とそれへの回答からなる)という2種類の「大規模コーパス」を対象に、“全然”がどのような述語と共起するかを調査したものである。全体、「～より」「～に比べて」「～の方が」といった「明示的比較形式」の場合、掲示板で回答の冒頭文にある場合の3種類の調査結果を報告している。前2者については、述語を「A否定形式のもの」「B特定述語類(否定形式でないもの)」「Cその他」に分けて例を挙げている。BとCとを分けた基準が文中には明示されていないが、「全然だめ」はBで「全然悪い」はC、「全然平気」はBで「全然へっちゃら」はC、という分類結果と用例数の表を見ると、用例数がある程度以上の述語はB、それに満たない述語はCとしているように感じられる。

岡崎(2008)は、明治期以降平成に至るまでの文学作品から採集した“全然”の用例を明治・大正・昭和前・昭和中・昭和後・平成の各期ごとに用法・

意味によって分類している（分類対象には、「名詞的用法」（形容動詞の例も含む）、「すっかり系」「まるで系」（これらのルビがある例）のような、筆者は対象から除いているような例も含まれている）。その結果、大正期以降は否定（形容詞“ない”及び否定の助動詞）を伴う例が最も多く、昭和前期以降は“異なる”“違う”などの「差異表現」を伴う例が2位を確保している、とする。

山内（2009）は主に田中（2005）（山内氏は「田中（2004）」としているが誤り）を引きつつ自説を展開している（両氏はともに英語学が専門と思しい）。ここでは、明治〜昭和戦前までの〈全く、完全に〉の意で使われる“全然”を「強意の「全然」」とする。そして「最近の巷間の議論となっている」肯定を伴う“全然”のうち、田中（2005）が“とても”と置き換えられるとした「全然おいしいよ」「全然元気そうだね」の場合は「「程度の「全然」」と呼び、“全く”“完全に”と置き換え可能とした「全然大丈夫」「全然OK」の場合は、「あくまで程度が強意へ絶対化する前段階として、程度の範疇にとどまって」いるものであるとし、「程度から強意の「全然」」と呼んでいる（pp. 75–76）。しかし戦前までは「程度の「全然」」は存在しなかったわけであるから、戦後になって「程度から強意の「全然」」がいきなり発生するのは不自然である。先に「程度の「全然」」が発生し、そこからの変化であるというならそれが用例によって論証されねばならない。

また新野（1997a）を以下のように取り上げている。

・また、新野（1997）は、「全然」＋肯定形に関する従来からの諸説を精査し、くわえて、独自の調査によって、「全然」がはたす意味機能の変化を主張している。新野（1997: 276）が、「同じ「“全然”＋肯定」でも昭和戦前までのそれは〈何から何まで、完全に〉の意であるが、昭和のそれは〈とても、非常に〉の意だ」ということを、また、同論文（278）で、「昭和戦前まででも現代でも、肯定と呼応する“全然”は（否定と呼応する場合と同じく）〈完全に、百パーセント〉の意で基本的に変わっていない」ということを指摘していることは非常に示唆的である。（p. 77）

これでは筆者が「同じ「“全然”＋肯定」でも昭和戦前までのそれは〈何か

ら何まで、完全に〉の意であるが、昭和のそれは〈とても、非常に〉の意だ」と主張していることになる。しかし、これはあくまで先行文献での論を整理するとこのようになる、と述べただけで、その後実例の検討により、それを否定する「昭和戦前まででも現代でも、肯定と呼応する“全然”は（否定と呼応する場合と同じく）〈完全に、百パーセント〉の意で基本的に変わっていない」のような結論に至っているということは明確に書いてある。山内氏は、今日の肯定を伴う“全然”に程度と強意の両方の用法がある、という自説を補強するために、同様の論として新野（1997a）を引いたと思しいが、筆者はそのような主張はいっさいしていないことは明確にしておく。さらに、論理の飛躍や、図のミスも見受けられる論文である。

日本語学界以外では、小谷野（2006）が、「“全然”は否定で受ける」という規範意識が「迷信」であるという日本語研究の成果は以前からあったものの、それが一般に知られるようになったのは次節に挙げる石山（1997）によってであり、自らもこの記事で初めて知った、とする。そして新野（1997a）と梅林（1995、1997、2000）を紹介し、

・ともに一九六一年生まれの若い研究者の連携による通説への挑戦が、痛快である。

と評価した。ただし、筆者と梅林氏はそれぞれの研究にあたって「連携」と呼べるような密接な協力は行っていない。またこの時点ですでに２名とも40代半ばであり、さらに小谷野氏はこの２名より１歳若い1962生まれである。「若い研究者」というレッテルには、当惑を禁じえない。

なお本書執筆時点ではまだ論文化はされていないが、橋本行洋「〈「全然」＋否定〉について―近世中国語から近代日本語へ」（第273回近代語研究会春季発表大会、2010.5.28）では、“全然”の日本語への受容の典拠とされる中国近世白話小説ではほとんどが否定を伴うこと、幕末から明治前期にかけての戯作・小説では「すつぱり」「すつかり」「まるで」などの振り仮名付きで使われ、これらの和語の用法に牽引されて必ずしも否定は伴っていなかったことなどを述べている。

## 4.　注目すべき「日本語本」

一般向けのいわゆる「日本語本」でも「“全然”＋肯定」はしばしば取り上げられるが、ハウツー物の多くは、

・「全然だいじょうぶ」、「全然楽しい」などという言い方もよく耳にしますが、本来「全然」という副詞には、「だめだ」や「楽しくない」のように否定的な言葉を続けるのが、正しい使い方なのです。

（宇野 1996: 146）

・本来「全然」という言葉のあとに続くのは打消しの言葉。「全然歩けない」「全然勝てない」のように否定文に使われるものです。

（幸運社編 2008: 179）

のような記述で、「“全然”は本来否定を伴うべき副詞である」という「迷信」に基づき、「肯定で使ってはいけない」で終わっている。

もっとも、近年の研究の成果か、「かつては肯定をも伴って使われた」ことに言及する「日本語本」も見られるようになってきた。

古いところでは、茅野（1994）がある。ここで著者は明治42年発行の雑誌に「移民の渡航、全然禁止」という一節を見出したことを述べ、続いて次のように述べる。

・かつて（おおよそ二十年程前）「近頃の若い者の言葉遣いが全くなっていない、全然困るだとか、全然好きだのと平気でいう」と囂しく叫ばれたことがある。末尾に否定の語を伴うべきであるという慣習上の法則を無視し、日本語を乱しているというのが、批判の骨子であったが、なかには、日本語の乱用は国を亡ぼすという大時代的な論客もいた。

　確かにこの法則に従えば｛中略｝この雑誌の「全然禁止……」も誤用であるということになる。

「全然禁止」は新野（1997a）の分類ではCにあたる否定的な意味の語を伴った例であるが、確かに近年の「迷信」の立場に立てば「誤用」に入るであろう。

さらに氏は「私は国語の専門学者ではない」と断ったうえで、

・時代の変化は、何気ない言葉の表現にもじつによく表れるものだと興味深く感じたのである。

　また、ややもすれば古い言葉は正しく美しく、新しい言葉は間違っていて醜いと評価されがちな言語観をもつ人々に、一考を促すような発見であったことは事実である。

とする。

　また、マスコミ関係者の文章にも、きわめて明確に、そして冷静・客観的に「迷信」を指摘しているものが見られる。

・「こだわる」と同じように“こだわる”人が多い言葉に「全然」というのがあります。

「この洋服どう、全然いいでしょう」

「全然 OK だね」

などという用法です。

　こういう言い方を聞くと、「全然という言葉は、後に必ず否定を伴って使うものだ。全然よくない、という言い方が本来の使い方で、全然いい、などというのは、全然よくない」というわけです。

　私も実はそう思っていたのですが、過去の文例を見ると、どうもそうとは言い切れないようです。「全然ヒマだね」といった用法が、石川啄木、森鷗外、夏目漱石、芥川龍之介、志賀直哉など、明治、大正の文豪と呼ばれる人たちの作品に多数見つかるのです。

　こうして見ると、かつては肯定文の中でも使われていた「全然」が、昭和に入って、いつのまにか「否定を伴う言葉」に変化していたことがわかります。その常識で育った人たちは、若者が「全然」を肯定文の中で使うことに違和感を覚え、「間違いだ」と主張するというわけです。

　言葉は常に変化し、自分が育ったときに覚えた用法と違うと「言葉が乱れている」と感じるという構図が見えてきます。　（池上 2000）

　池上氏は当時は NHK のキャスターであった（現在はフリージャーナリスト）。

・「全然」は「全く然り」と書きます。「すっかり・ことごとく」「すべてにわたって」という意味もあり、もともとは肯定表現にも否定表現にも使えることばです。しかし、その後、なぜか「全然」は否定表現との結びつきが強く考えられるようになりました。現在の学校教育では「全然＋否定形」で教えています。いつからそのように指導するようになったのか、文部科学省に聞いてみましたが、はっきりしないとの答えでした。 (NHK アナウンス室ことば班編 2005b: 124)

引用箇所の前には、漱石や鷗外の小説、さらに他の文献にはない、雑誌『太陽』・国立国語研究所編『国定読本用語総覧』における「“全然” ＋肯定」の例を挙げている(第 3 章の注 2 参照)。

それに対し、同じマスコミ関係者によるものでも、対照的なのが、島野(2001)や小椋(2004)である。

・「全然」

は、その事柄を全面的に否定することを示す。「全然、面白くない」「全然、関係ない」など。

それを近ごろ、若い人は肯定的に使うことが目立っている。「全然、大丈夫」「全然、おいしい」など。テレビのバラエティー番組では、この誤用が日常化している。{中略} この肯定的な「全然」は使い方がおかしいと、かなり批判されている。

ところが先日、

「この使い方はまちがいとはいえない。夏目漱石も『全然、正しい』という使い方をしている」

の意見を読んだ。しかし漱石も使っているのだから、というのはおかしい。言葉の使い方をまちがえる作家はたくさんいて、ことに漱石は、おかしな当て字の名人である。 (島野 2001: 210–211)

著者は放送評論家である。有名作家が使っているから正しいとは言えない、というのは一般論としてはそのとおりであるが、漱石、そして芥川に限らず近代「“全然” ＋肯定」の用例が数多いことは動かしがたい事実である。

・そういう {＝正しいか間違いかの} グレーゾーン、というか本来の形から、意味が変化しつつある言葉の代表が、「全然〜だ」でしょう。この言い回し、もう一般的にかなり流通しています。本当だったら「全然よくない」というように否定表現で使われるべきですが、今では「全然オッケー」などと肯定の文章が後に続くように使われ始めています。

じつは明治時代から「全然〜だ」という言い方はあって、夏目漱石なども使っていました。要するに、言葉の強調用語として使われていたのです。ですが、その使い方は当時少数派だったかもしれません。本来は「全然」の後には否定表現がきます。　　　　　　（小椋 2004: 16–17）

問題は「ですが」以降である。「明治期においても“全然”は本来否定を伴うべき語であり漱石らの肯定用法は例外的少数派」というのは全く国語史上の事実に反する。もとより研究者ではない小椋氏であるが、著名な歌手としてファンも多く、一般層へ一定の影響力があるであろうことを考えると、このような不正確で「迷信」を助長するような文章を発表したのは残念なことである。

さて「日本語本」の記述の中で特に注目すべきなのが、石山(1997)と高島(1997)である[3]。後者は前者の約2か月後に発表されているが、前者をふまえて書かれているので、両者を併せて見ていくこととする。

高島(1997)は、当時の巨人・長嶋茂雄監督(現：終身名誉監督)が「松井？うんいいよ、全然いい」と目を細めていたという話を枕に、自身の著作にある「全然兄貴にそっくり」といった表現について「誤用ではないか」と質問されたことがある、という経験を語り、続いて石山(1997)を紹介している。

石山(1997)によれば、「“全然”＋肯定」が明治・大正期に一般的であったことに松井栄一氏は『日本国語大辞典』(初版)の用例採集の最中に気づいた。松井氏はその際を回顧して、

・「私は物心ついたころから、すでに、『全然』には打ち消しがつきものと思っていましたから、これにはびっくりしました」　　　　　　(1.12)

と述べる。松井氏は新野(1997a)で取上げた松井(1977: 757)で、「“全然”が従来必ず否定を伴うべき語であった」というのは事実に反すると述べているが、氏自身もかつてはそのように思っていたというのである。高島氏はこの箇所について、

・わたしのようなすこし古手の人間は、「全然」には否定がつく、という観念がないのである。松井栄一さんは大正末の生れで、しかも国語の専門家だ。そんな人が、用例採集をはじめるまで気がつかなかったとは、にわかに信じられない。

とする。ちなみに松井氏は 1926（大正 15）年、高島氏は 1937（昭和 12）年が生年である。

ともあれ松井氏はそのような用例に基づき、『日本国語大辞典』に〈残すところなく。すべてにわたって。ことごとく。すっかり。全部〉という意味を記述した。そして、

・「打ち消しを伴うのは陳述副詞、戦後に『俗語』と批判される『全然面白い』といった使い方のものは非常に、とても の意味の程度副詞であるのに対し、（『日国』に）新しく加えたのは事態のあり方を示す情態副詞だと見ています」 (1.12)

とその後多くの辞書や論文も従っている 3 分類を示した。これについても高島氏は

・わざわざ三つにわけることもなさそうだ。「全然同じ」は「情態」で、「全然違う」は「陳述」だなんて変じゃないか。

と疑問を呈する。そして

・要するに「全然」は「まったく」と同じである。語のニュアンスにちがいはあるが、用法にちがいはない。「全然同じ」も一用法、「全然話にならぬ」も一用法である。③ {＝程度副詞} に分類される「全然おもしろい」なども、わたしはそう変だと思わない。『坊つちやん』の「生徒が全然悪い」に近い。

　というわけで――

　長嶋さんに日本語破壊的傾向のあることはたしかだが、冒頭の「全然いい」にかぎって言えば、正常の範囲内、というのがわたしの見解である。

としめくくる。高島氏は日本語に関する他の事例についてはかなり「保守的」な見解（「十分」をジュップンと発音するのは東京なまりであってジッ

プンが正しい、など）を述べたりもする。その氏がこのように述べたこと、しかも松井氏のように実例を調査した結果そう考えるようになった、というのではなく、生来の言語感覚でそうである、という事実は、注目すべきである。

## 5.　おわりに

以上見てきたとおり、新野(1997a)のころと比べると、「“全然”＋肯定」に関する日本語研究者による研究は著しく進歩している。しかしながら、小谷野(2006: 210)に

・私も身に沁みて知っている通り、文系の学術論文での指摘など、一般にはまったく知られない。

とあるのは、残念ながらそのとおりで、それは「日本語本」の記述における「迷信」の根強さを見れば明らかなことである。ただ第3章に挙げるように、近年になると、新聞記事にも研究成果を反映した記述が見られ始めてきている。

研究の進展の成果をいかに社会に浸透させ、「“全然”は否定と呼応する副詞である」というのは今日の規範としては確かに存在するものの、それが「本来の用法である」というのは「迷信」であることを周知させていくか、が研究者に突きつけられた重要かつ非常に困難な課題といえよう[4]。

**注**

1　ここに挙げた以外にも「“全然”＋肯定」に言及した文献は少なからずあるが、新見が見られないなど特筆すべき内容のないものは割愛した。ただし、日本語関係の文献は言うまでもなく膨大な数であり、ほかにも取り上げるべき文献が残っている可能性は否定できない。

2　序章 p.9 参照。

3　「日本語本」として刊行された年次でいえば石山(1998)、高島(1998)となるとこ

ろである。しかし後者が前者の新聞初出本文に基づいて論を展開しているので、それぞれの初出年を示すこととした。

4　その意味では、2010 年 4 月 1 日に NHK 総合テレビで放送された『国民的ことばバラエティー みんなでニホン GO ！』第 1 回で、この問題を扱い（松井氏や小林氏、梅林氏が出演し、筆者も協力した）、「迷信」の存在を明確に提示したのは有意義なことであった。なおこの内容は、NHK「みんなでニホン GO ！」制作班(2010)に収録された。

# 第3章　各種データベースによる実例の調査結果とその分析

## 1.　はじめに

筆者は、第1章に収めた新野(1997a)で、その時点で採集していた「“全然”+肯定」の実例を挙げて分析・考察を行った。そして、同じ肯定を伴う“全然”でも昭和戦前までは〈何から何まで、完全に〉という意味であるが現代のそれは〈とても、非常に〉の意である、という当時の「通説」に対し、今日も〈何から何まで、完全に〉という意味で基本的に変わっていない(ただし昭和戦前までは見られなかった「全然平気」「全然大丈夫」や、「□□の方が(○○より／○○と比べたら etc.)全然××」といった比較表現での用例が数多く見られるという、用法の違いはある)ということを述べた。当時はまだウェブ上の各種データベースやコーパスを手軽に利用できるという時代ではなく、用例はすべて紙の資料から採集したものであった。

本章では当時使用できなかったそれらの資料を用い、明治〜昭和戦前と今日の双方の時代の「“全然”+肯定」の用例を採集し、分析・考察を行った。

なお、明治〜昭和戦前と今日のいずれにおいても、文学作品における用例については、第1章・第2章に挙げた先行文献のうち、若田部(1991)、鈴木(1993)、岡崎(2008)などで調べられ、その結果が表で示され、実例も挙げられている。そこで、ここでは明治〜昭和戦前の新聞・雑誌記事、今日の「新聞」「国会」を見てみる(このうち新聞記事に関する部分は、新野(2010b)の内容を修正のうえ取り込んでいる)。

そのうえで、第2章で取り上げた5つの論争テーマについて、筆者の現時点での見解を述べる。

## 2.　明治～昭和戦前のデータベースの調査結果とその分析

第 1 章でふれたように、この時期は「全然」という文字列に「まるで」「すつかり」などの振り仮名がまま付されているが、そのような例は除いてある。

### 2.1.　『新聞記事文庫』

『新聞記事文庫』を利用して、2008 年 11 月 23 日に『東京日日新聞』・『読売新聞』を検索の結果、前者（以下「日日」）では 520 件の記事から 676 例、後者（以下「読売」）では 171 件の記事から 195 例、計 871 例の “全然” が得られた[1]。それを、第 1 章と同じ基準に基づき、被修飾語によって分類し、『太陽コーパス』の記事収録年に合わせて調査期間を 3 期に分けて（結果として明治末～大正前期・大正後期・昭和戦前期に 3 分したことになる）まとめた結果が表 1 である。各期の数値は 3 列目までが用例数、4 列目が全体比（%）である。なお「全然の」などの副詞ではない例は除いた。「不明」とは、紙面の欠損や汚れなどのため、被修飾語が何か判定できない例である。

今日の規範的用法である、否定を伴う例の比率は、Ⅰ期からⅡ期にかけては微増にとどまるが、Ⅲ期になると急増して全体の 5 割近くに達している。特に否定の助動詞を伴う例の比率が、Ⅲ期ではⅡ期の 3 倍になっている。一方 C はⅠ期・Ⅱ期では全体の約 4 分の 1 を占めているがⅢ期になると 10% 台半ばに低下する。A・D・E は時代が下るほどに比率が低下し、特に E はⅢ期には比率がⅠ期の 5 割以下に低下している。

A ～ E の例は以下のとおりである。

**○ A の例**

・昨年四月迄は金融界の状勢と全然没交渉の態度を執りて公定利子を据置きたりしが　（日日 1917.3.17）

表1　『新聞記事文庫』のうち『東京日日新聞』『読売新聞』の“全然”

| | | Ⅰ期　1910 ～ 17 | | | | Ⅱ期　1918 ～ 25 | | | | Ⅲ期　1926 ～ 43 | | | | 通算 | | | |
|---|---|---|---|---|---|---|---|---|---|---|---|---|---|---|---|---|---|
| | | 日日 | 読売 | 計 | 全体比 | 日日 | 読売 | 計 | 全体比 | 日日 | 読売 | 計 | 全体比 | 日日 | 読売 | 計 | 全体比 |
| 否定を伴う例 | 形容詞“ない(ねえ)” | 6 | 2 | 8 | 3.05 | 17 | 5 | 22 | 5.71 | 15 | 13 | 28 | 12.50 | 38 | 20 | 58 | 6.66 |
| | 助動詞“ない(ねえ)”“ず(ん)” | 30 | 5 | 35 | 13.36 | 38 | 5 | 43 | 11.17 | 56 | 19 | 75 | 33.48 | 124 | 29 | 153 | 17.57 |
| | 動詞“なくなる”“なくす” | 0 | 0 | 0 | 0.00 | 1 | 1 | 2 | 0.52 | 1 | 2 | 3 | 1.34 | 2 | 3 | 5 | 0.57 |
| | 小計 | 36 | 7 | 43 | 16.41 | 56 | 11 | 67 | 17.40 | 72 | 34 | 106 | 47.32 | 164 | 52 | 216 | 24.80 |
| 肯定を伴う例 | A 否定の意の接頭辞として使われる漢字を含む語 | 32 | 3 | 35 | 13.36 | 28 | 11 | 39 | 10.13 | 14 | 5 | 19 | 8.48 | 74 | 19 | 93 | 10.68 |
| | B 2つ以上の事物の差異を表す語 | 18 | 5 | 23 | 8.78 | 47 | 13 | 60 | 15.58 | 23 | 5 | 28 | 12.50 | 88 | 23 | 111 | 12.74 |
| | C 否定的な意味の語 | 56 | 15 | 71 | 27.10 | 69 | 28 | 97 | 25.19 | 22 | 12 | 34 | 15.18 | 147 | 55 | 202 | 23.19 |
| | D マイナスの価値評価を表す語 | 31 | 6 | 37 | 14.12 | 41 | 12 | 53 | 13.77 | 15 | 1 | 16 | 7.14 | 87 | 19 | 106 | 12.17 |
| | E 否定的意味・マイナス評価でない語 | 42 | 11 | 53 | 20.23 | 56 | 11 | 67 | 17.40 | 16 | 5 | 21 | 9.38 | 114 | 27 | 141 | 16.19 |
| | 小計 | 179 | 40 | 219 | 83.59 | 241 | 75 | 316 | 82.08 | 90 | 28 | 118 | 52.68 | 510 | 143 | 653 | 74.97 |
| 不明 | | 0 | 0 | 0 | 0.00 | 2 | 0 | 2 | 0.52 | 0 | 0 | 0 | 0.00 | 2 | 0 | 2 | 0.23 |
| 計 | | 215 | 47 | 262 | 100.00 | 299 | 86 | 385 | 100.00 | 162 | 62 | 224 | 100.00 | 676 | 195 | 871 | 100.00 |

・欧洲列国の状態に就き多く知る所なかりしのみならず或は全然無知なるものすらなしと云ふ可からざるに似たりしなり。　(読売 1917.11.18)
・国家としても寧ろ家内工業を奨励してゐる現在に於て、家内工業禁止は全然不可能なことだらうが、　(読売 1919.4.1)

○ **B の例**

・今日米価騰貴に藉口して生活難を訴ふるものゝ階級は過去の米価騰貴に依る生活難を叫ぶものゝ階級とは全然異なるものである　(読売 1918.3.9)
・更に之を発展せしめんとせば関税保護以外全然別個の方策に出づるの他なきなり　(読売 1920.2.3)
・ジャバの占領地行政は満洲や支那とは全然違ふ、　(日日 1942.5.10)

○ **C の例**

・加之鬼怒川水電より電力を受くべき小沼変電所の受電設備費を軽率にも全然忘却し、之を計上せざりし為、　(読売 1915.2.12)
・市たるもの宜しく彼等の人格を尊重し、精神的差別待遇は全然之を廃止し　(日日 1919.12.22)
・一時は懸念された八分配当も十二年度純益五千万円をあげてからは全然前途不安は解消されたとはいふものゝ、　(読売 1939.2.6)

○ **D の例**

・此の命令が日本一国へのみ向けて発せられたるが如く伝ふるは全然誤聞にして　(読売 1918.1.20)
・戦時中英国政府の行ひたる船舶取締は全然失敗に終れり戦後は船舶所有者をして戦後の如く自由に行動せしめ以て海運の伸展を図るべし否らざれば英国の海運業は全然破産に瀕するに至らん　(読売 1918.6.29)
・今度の対戦に於ける政府鉄道管理の経験は彼等の希望を全然裏切つてしまつた　(日日 1920.1.13)

### ○ Eの例

・今次の戦乱が人民の戦争であり従つて其講和の締結に就ても全然人民の意思によつて決せられねばならぬと唱へられつつある（日日 1917.12.3）

・国家が全力を尽して之れが保護を為し場合に依りては全然官営と為すをも辞せざる底のものなり（読売 1921.3.24）

・現行制度を廃して全然新制度を設くる事は頗る困難なりと云ふにあり（読売 1921.8.31）

・大阪商船が玉造船で艤装中の報国丸と全然同一の姉妹船興国丸、愛国丸も同造船所で着々工事を急いでをり（読売 1940.1.8）

## 2.2. 『太陽コーパス』

この資料については、副詞“とても”について調査した中尾(2005)がある。そこでは“とても”の否定辞(形容詞“ない”“なし”及び否定・否定推量の助動詞)と呼応する用法のみを陳述副詞とし、それ以外をすべて程度副詞としている。本書では“全然”のどの用法が何副詞か、といった品詞の下位分類には踏み込まない。

各年の1～6号を対象に調査したが、1895年のみ用例数が特に少ないため、全号(1～12号)を対象とした。結果は表2である。

表2を見ると、まず1895年から1917年にかけ総用例数が急増しているのが目を引く。前述のとおり1895年のみ1年分の用例数であるが、1901年は半年でそれを上回り、さらに1909年は大きく増え、1917年も増加傾向が続く。1925年にはその4分の3程度に下がっているが、「記事著者の著作権の問題により公刊するコーパスからは除外した記事が、年次を追うごとに増えていくため」(田中 2005: 20)、検索対象となる各年の総文字数は順に3335366→3154554→2860352→2658172→2447096と減少している。にもかかわらずこのような変化になっていることは、19世紀末から20世紀初期にかけて“全然”の使用頻度が高くなるという変化が起きていることを示す。

細かく見ると、今日の規範的用法である否定を伴う例の比率は、1901～1917年は約20%で横ばいであるが、1925年には30%強と急増する。これ

**表2 『太陽コーパス』の"全然"**

| | | 1895 | | 1901 | | 1909 | | 1917 | | 1925 | | 計 | |
|---|---|---|---|---|---|---|---|---|---|---|---|---|---|
| | | 用例数 | 全体比 | 用例数 | 全体比 | 用例数 | 全体比 | 用例数 | 全体比 | 用例数 | 全体比 | 用例数 | 全体比 |
| 否定を伴う例 | 形容詞"ない" | 1 | 2.86 | 3 | 7.89 | 2 | 1.90 | 5 | 4.31 | 12 | 13.64 | 23 | 6.02 |
| | 助動詞"ない""ず(ん)" | 4 | 11.43 | 4 | 10.53 | 19 | 18.10 | 16 | 13.79 | 16 | 18.18 | 59 | 15.45 |
| | 動詞"なくす" | 0 | 0.00 | 0 | 0.00 | 0 | 0.00 | 1 | 0.86 | 0 | 0.00 | 1 | 0.26 |
| | 小計 | 5 | 14.29 | 7 | 18.42 | 21 | 20.00 | 22 | 18.97 | 28 | 31.82 | 83 | 21.73 |
| 肯定を伴う例 | A 否定の意の接頭辞として使われる漢字を含む語 | 1 | 2.86 | 1 | 2.63 | 14 | 13.33 | 14 | 12.07 | 11 | 12.50 | 41 | 10.73 |
| | B 2つ以上の事物の差異を表す語 | 4 | 11.43 | 1 | 2.63 | 23 | 21.90 | 15 | 12.93 | 10 | 11.36 | 53 | 13.87 |
| | C 否定的な意味の語 | 10 | 28.57 | 11 | 28.95 | 19 | 18.10 | 27 | 23.28 | 18 | 20.45 | 85 | 22.25 |
| | D マイナスの価値評価を表す語 | 3 | 8.57 | 5 | 13.16 | 7 | 6.67 | 10 | 8.62 | 9 | 10.23 | 34 | 8.90 |
| | E 否定的意味・マイナス評価でない語 | 12 | 34.29 | 13 | 34.21 | 21 | 20.00 | 28 | 24.14 | 12 | 13.64 | 86 | 22.51 |
| | 小計 | 30 | 85.71 | 31 | 81.58 | 84 | 80.00 | 94 | 81.03 | 60 | 68.18 | 299 | 78.27 |
| 計 | | 35 | 100.00 | 38 | 100.00 | 105 | 100.00 | 116 | 100.00 | 88 | 100.00 | 382 | 100.00 |

は形容詞“ない”を伴う例の比率が伸びているためである。A は 1909 年以降横ばい、B は 1909 年で急伸するもその後急落している。一方 C・E は 1901 年までは横ばいでその後低下傾向を見せる[2]。

A ～ E の例は以下のとおりである[3]。

### ○ A の例

・新政党の作者は自家の不都合なる現状を打破すべく、如何の方法に出づるも勝手たるべし。然れども此厭ふべき政界の現状を打破する所以としては、所謂新政党計画は全然無価値と断ぜざる能はず。
（浅田江村「政党首領としての桂侯」1909.2）

・不信任案に反対したる政党あり。又政党に籍を有せざる議員に在りても我欽定憲法の大義に遵由し刻下宇内の情勢を顧念し、全然不信任案の理由を否認して反対を表明したる者尠からざりしは洽く世人の知悉する所なり。
（「第三十八議会解散顛末」1917.3）

・今日に於ては、僅かに南米移住が実行されて居る様であるが、それも問題とする程のことでもない。して見れば、我国のもつとも重大な政策であらねばならぬ他国移住といふことは、全然不可能な状態となつて居る。
（三輪田元道「生活上に於ける差別撤廃論」1925.1）

### ○ B の例

・眼を転じて政治上よりして観察を下さば今後欧州諸国の日本に対する外交政略は全然其趣を異にすべきや
（「海外思想」1895.1）

・片仮名を視易くし、平仮名の線形を規則正しくし、且つ横書に適するやうにせば、従来手習ひし来れる仮名と全然別物を現出せざる可らざるなり。
（三宅雪嶺「国字を論す」1895.5）

・全然日本と違つて米国には今日に至るまで未だ真の意義に於て外交といふものはなかつた。
（浮田和民「無意義なる議会解散」1917.2）

### ○ C の例

・他日世論の変遷し世人の厭倦失望は其極端に達し、終に代議制度を全然廃棄すべしと唱ふる者輩出せんも未だ知るべからず。

（添田寿一「代議制の危期」1895.4）

・然るに今の教会学校は時俗に迎合して全然宗教の圏外に立つ如く粧ふに係らず、其の教師の人格卑小にして容易に異分子を容れず。

（内田魯庵「外人経営の中学教育の現状」1917.3）

・吾々は将来に向つて、この発明発見の世界の開拓のために、大努力をしなければならぬ。追従これこととする様な態度は、全然放擲して、オリヂナルな世界的発明に驀進しなければならぬ。

（阪谷芳郎「近代文明と発明」1925.1）

### ○ D の例

・近頃新聞は粛親王、鉄良、林紹年の三名が新たに軍機大臣に任命せられたと伝へたが、全然虚説である。

（犬養毅（談）「清国の真相　清国の革命党」1909.1）

・けれども、この研究の前途が果して、どの程度まで展開し得るものであるか、そして、大々的に実用に供されるものであるか、どうかといふことは全然五里霧中にあるのであつて、目下の研究の道程は、光線のエネルギーを直ちに電力に変換せしめることが出来るといふところで塞がれてゐる。　（飯盛里安「太陽エネルギーの化学的利用法」1925.1）

・普通選挙に反対して、無産階級の国政に参与するの権を阻止することは、階級闘争の露骨化を未然に防止することだといつた様な近眼者流の見解は全然誤りであつて、（安倍磯雄「普選実施後の労働運動」1925.3）

### ○ E の例

・独逸に於ては、日本は全く毀誉褒貶相半はし、為に墺国又は独逸の議員中の一部のものは、全然日本は好戦国とのみ思ふて居るものもある。

（長島鷲太郎（談）「名士の独逸観」1909.1）

・換言すれば伊藤公歿後の我政界は全然山県天下である。山県天下は憲政の形式を以てする専制政治の理想境である。この理想境には形式の憲法、便宜の憲政はあつても実質の憲政、主義の憲法はない。

（浅田江村「山県天下」1917.4）

・今日の社会に存在するところの資本と土地、即ち社会的性質を帯びてゐるところの資本と土地とは、全然一部の資本家階級に握られてゐる。このホンの社会の一部に存在するところの資本家階級をなくすることによつて、大部分の無産階級、即ち労働階級を生かすことが最後の目的である。　（安倍磯雄「普選実施後の労働運動」1925.3）

『新聞記事文庫』と『太陽コーパス』は時期的にはややずれているが、否定を伴う例の増加、Eの低下傾向は共通している。

## 3.　今日の各種データベースにおける“全然”

### 3.1.「新聞」

朝日、毎日の2007年の記事を検索した。すると、朝日では「全然」が332件の記事から345例、「ぜんぜん」が31件の記事から32例、「ゼンゼン」が1件の記事に1例の合計378例が、毎日では「全然」が254件の記事から260例、「ぜんぜん」が5件の記事から5例、合計で265例が得られた。総計643例の内訳は表3のとおりである。

否定の助動詞を伴う例が最も多く全体の約半数を占め、ついでB「2つ以上の事物の差異を表す語」を修飾する例が全体の約4分の1、形容詞“ない（ねえ）”を修飾する例がさらにその約2分の1で続いており、この3種だけで全体の約87%を占める。

なお、「その他」の「述語部分省略」とは、

・昨季はチーム最多タイの12勝。今季は初の開幕投手の期待がかかる。それを問われると「いやあ、全然。どこでも言われたところで投げるだけ」。あっけらかんとしていた。　（朝日3.2）

のような例で、この場合なら「考えてない」「気にしてない」のような述部

が省略されている。このような「全然」に“です”が下接したのが、

・「さすがに緊張すると思った。でも、全然でした」　（朝日 8.26）

のような「〜です」の例である。当然ながら、これらの例はすべて会話文に現れている。

「この語の用法自体が話題」とは、例えば読者投稿欄における17歳の女子高校生からの投書の中で使われた、以下の例である。

・「全然大丈夫」や感動を表現する「やばい」など、若者の言葉遣いが日本語として定着してきたと思う。若者は常に新しい表現を作っている。それを大人が使うようになって、日本語が変わっていくのは悲しいことだとは思う。しかし、若者が作った表現のおかげで、人々が堅苦しくなく話ができ、伝えたいことを簡単に伝えられると思う。

（「みんなの広場」毎日 6.10）

さらに細かく見ていく。Bの中でも、「全然違う」の用例数は全167例中163例にのぼり、この1語で全用例の約4分の1を占めているわけである。

**○朝日**

・私生活でも、選手仲間のステパネク（チェコ）と婚約し、「去年とは全然違う。オンコートとオフコートのバランスもいいし、ランクも気持ちも安定している」と幸せそうだ。　（2.1）

・同じことではないか、と思われるかもしれないが、「勝ちたい」と「負けたくない」は、私の中では全然違う感情なのだ。

（松尾貴史「なまねた」2.15 夕）

・「日本の中心、東京を見たことがあるかで就職する時に全然違う。地方公務員志望でも東京をみてから『岡山をこうしよう』と考える公務員になって欲しい」と三浦教授。　（「土曜フォーカス」3.24 夕）

**○毎日**

・役員報酬は、いつを基準にして見るかで全然違う。01年あたりを基準にしても無意味だ。あのころの役員賞与はゼロだった。　（1.24）

**表3　朝日・毎日の調査結果**

| | | 朝日 | 毎日 | 計 | |
|---|---|---|---|---|---|
| | | | | 用例数 | 全体比 |
| 否定を伴う例 | 形容詞“ない(ねえ)” | 44 | 42 | 86 | 13.37 |
| | 助動詞“ない(ねえ)”“ず(ん)” | 189 | 118 | 307 | 47.74 |
| | 動詞“なくなる”“なくす” | 0 | 0 | 0 | 0.00 |
| | 小計 | 233 | 160 | 393 | 61.12 |
| 肯定を伴う例 | A 否定の意の接頭辞として使われる漢字を含む語 | 0 | 0 | 0 | 0.00 |
| | B 2つ以上の事物の差異を表す語 | 96 | 71 | 167 | 25.97 |
| | C 否定的な意味の語 | 0 | 1 | 1 | 0.16 |
| | D マイナスの価値評価を表す語 | 16 | 14 | 30 | 4.67 |
| | E 否定的意味・マイナス評価でない語 | 17 | 9 | 26 | 4.04 |
| | 小計 | 129 | 95 | 224 | 34.84 |
| その他 | ～です | 3 | 2 | 5 | 0.78 |
| | 呼応部分省略 | 9 | 3 | 12 | 1.87 |
| | 過去の文章の例 | 4 | 2 | 6 | 0.93 |
| | この語の用法自体が話題 | 0 | 3 | 3 | 0.47 |
| 計 | | 378 | 265 | 643 | 100.00 |

**表4　「国会」の調査結果**

| | | 用例数 | 比率(%) |
|---|---|---|---|
| 否定を伴う例 | 形容詞“ない(ねえ)” | 34 | 17.99 |
| | 助動詞“ない(ねえ)”“ず(ん)” | 86 | 45.50 |
| | “～なさ” | 1 | 0.53 |
| | 小計 | 121 | 64.02 |
| 肯定を伴う例 | A 否定の意の接頭辞として使われる漢字を含む語 | 1 | 0.53 |
| | B 2つ以上の事物の差異を表す語 | 52 | 27.51 |
| | C 否定的な意味の語 | 3 | 1.59 |
| | D マイナスの価値評価を表す語 | 8 | 4.23 |
| | E 否定的意味・マイナス評価でない語 | 3 | 1.59 |
| | 小計 | 67 | 35.45 |
| その他 | 呼応部分省略 | 1 | 0.53 |
| 計 | | 189 | 100.00 |

・麻生太郎外相も2日の記者会見で「(北朝鮮の)『拉致問題は解決済み』に対して、こちらは『全然意見が違う』。まずそこからがスタート」と述べ、北朝鮮が出発点の姿勢を改めることが協議の第一歩になるとの認識を示した。(3.3)

・「何百年もたっているのに、ずっと聴かれ続けているクラシックの曲。生活スタイルも全然違う現代の私たちが聞いても感動できる音楽はすごい」(3.14)

他のBの例としては「全然変わる」が

・一人暮らしも始めて自分の行動に責任を感じるようになったし、仕事に関しての気持ちも全然変わりました。(「イマドキッ！」毎日6.15夕)

など2例、「全然別」も

・「政府は拉致が第一、核は第二といった具合に順番をつけているが、それ自体がおかしい。全然別の問題ですから」(「丁々発止」朝日3.9)

など2例見られる。

一方A「否定の意の接頭辞として使われる漢字を含む語」を伴う例はなく、C「否定的な意味の語」を伴う例も

・「個人の記録は全然どうでもいい。ドジャースが勝つ方がいい」(毎日4.29)

が1例あるのみであった。

D「マイナスの価値評価を表す語」では、"だめ"が

・藤原監督は「後半は全然だめ」とおかんむり。(毎日1.3)

・「全然ダメですね。課題はまだいっぱいあります」(朝日5.26)

など30例中26例を数える。その他には"的はずれ""外している""悪い"各1例があり、さらに、

・いずれにせよ、今回の{「産む機械」という}柳沢発言は、極めて珍しい日本特有の現象だったようだ。「安倍さんは新しい保守と言うけど、今回の反応なんか見ると、全然オールドですよ」とファクラーさんは繰り返した。(「特集ワイド」毎日2.13夕)

という外来語を修飾した例が、外国人の発言の中に見られる。

E「否定的意味・マイナス評価でない語」に該当する例は全26例中「全然大丈夫」が8例と最も多いが、このうち5例は2008年1月公開の映画の題名として現れたもので、それ以外は3例である。さらに「全然平気」が4例、「全然OK」が1例見られる。次に「「□□の方が（○○より／○○と比べたら etc.）全然××」のような比較表現が6例である。また、映画題名の「全然大丈夫」5例を除いた21例中、小説の地の文中の「全然平気」1例以外はすべて会話文(座談会・討論記事中の発言部分を含む)に現れている。さらにそのうち14例はスポーツ関係の記事に現れている。

具体例は次節で見ることとする。

新聞用語懇談会編（1996: 354–355）では「用字用語集　誤りやすい慣用語句」のなかに「全然(いい)」という項目があり、次のように書かれている。

・「全然面白くない」「全然問題外」など、下に打ち消しの形または否定的な語を伴うのが伝統的用法。「全然いい」など肯定的な使い方は避ける。

それが新聞用語懇談会編（2007: 388）では、項目名は同じであるが文章は以下のようになっている。

・「全然面白くない」「全然問題外」など、下に打ち消しの形または否定的な語を伴う場合に使う。「全然いい」など肯定的な使い方は避ける。ただ、昔から「すべてにわたって、全部」の意味で「全然一致する」のような使い方はあった。「全然うれしい」のような「非常に」の意味で肯定に使うのは最近の俗用。

「全然いい」が〈良好である〉か〈かまわない〉か明確でない点、「全然うれしい」を〈非常にうれしい〉の意味としている点は問題がある。しかし、旧版から「下に打ち消しの形または否定的な語を伴うのが伝統的用法」という「迷信」が消え、「ただ、昔から〜」の一文が増補されたのは、この間の研究の成果が反映されたものといえる。

その影響か、近年には、新聞記事にも研究成果を反映した記述が見られるようになってきている。

・咲　あ、そういえば「全然平気」っていう使い方は間違ってるって、ほんと？

ご隠居　全然の後は、否定的表現にっていうんだろ。

咲　でもよく使うよねえ。

ご隠居　そうだね。辞書を見ると、全然は「余すところがないさま」なんて意味で、もともと肯定的にも否定的にも使ってたようだよ。

咲　へえ、そうなんだ。

ご隠居　「全然駄目だ」なんて否定的な表現と強く結びつくようになったのは、大正時代の終わりかららしいよ。

咲　じゃ、あまり気にしなくてもいいのか。

（「漢字んな話」朝日 2008.3.29 夕。前田・桑田(2010)に再録）

・若い人に仕事の進み具合を聞く。または体調を気遣う。するとこんな返事がくる。「はい、全然大丈夫です」。全然は打ち消しに使う。その言い方は「間違い」だ、と怒るのは早計らしい。少し古い辞典によれば昔は肯定文の中でも使われていたようだ。　（「春秋」日経 2008.7.26）

ところが、そのような記事が出た後にもかかわらず、依然として研究の成果が全く反映されていない記事も掲載されている。

・テレビを見ていると、「全然大丈夫」とか「全然 OK」といった出演者の言葉をよく耳にします。街中でもそうした会話を聞きますが、個人的にはちょっと違和感があります。

関西地区の新聞、放送、通信社が先に、「全然」について紙面や放送などでどう扱っているかアンケートしたところ「過去も現在も使っていない」と回答したのは十六社中十三社なのに対し、「過去も現在も使っている」というのが二社。興味深かったのは「かつては使っていなかったが現在は使っている」が一社。会社によっては対応が違ってきているようです。

厳密には「全然〜ない」といったように、否定を表すとされるが、広辞苑には「俗な用法で肯定的にも使う」とあります。

昔「とても」が「とてもできない」というように打ち消しを伴っていたのが「とてもおいしい」などとも使われ、言葉の意味は歴史的に変わります。

「全然」について東京新聞は肯定的には使いませんが、やがて市民権を得るのでしょうか？

（「コトバ言葉　知っている？知りたい」東京 2009.1.17）

2段落目の「過去も現在も使っていない」というのはこのまま読むと“全然”という語そのものについて言っているようにとれるが、後とのつながりから考えると「肯定的」に使うかどうか、ということのようである。しかし同じ「肯定的」でもどのような語が続くかによって今日における許容度には差があるわけで、具体的にどのような形について「どう扱っているか」を尋ねたのかを書くべきである。さらに、“とても”の近代における用法の変化については記述していながら、“全然”がかつては肯定を伴っても使われていたことは書いていないのも奇妙である。この文章の筆者は校閲部の記者であるが、新野（1997a）のころならともかく、2009年の段階で、“全然”がかつては肯定を伴っても使われていたことを知らなかったとすれば、校閲担当者としては不勉強のそしりは免れないのではないか。

### 3.2. 「国会」

「国会」では、2007年2月（1月は開会されず）中の49件の会議に計189例が見られた。それをまとめたのが表4である。

やはり、否定の助動詞を伴う例が最も多く、全体の50%近くを占めている。ついでB「2つ以上の事物の差異を表す語」を修飾する例、形容詞“ない（ねえ）”を修飾する例が続き、この3種だけで全体の91%を占める。上位3者の順位は「新聞」と同じで、その合計の全体比も近い数字であるが、3者間の差は「新聞」よりも小さくなっている。

詳しく見ると、「新聞」に見られなかったA「否定の意の接頭辞として使われる漢字を含む語」の例が1例ある。

・ただ、先ほどもちょっと触れましたけれども、ウラン濃縮型の核計画について、アメリカが最初に言った、そして向こうは何か認めたような認めないような答弁だったんですね、二〇〇二年の最初の段階。しかし、その後否定した。それ以来、全然、六カ国の協議の中で不問に付されて

きているわけですね。　　　　　（第166回衆議院外務委員会1号、2.21）

B「2つ以上の事物の差異を表す語」では「全然違う」が41例と圧倒的に多いものの、「全然変わる」が5例、「全然別」も4例見られる。

・だから、どんどん変わってきている。今までなれ親しんできたものと全然変わったリモコン体系をしていて、すごいものになると二段になっている。　　　　　（第166回衆議院予算委員会10号、2.16）

・大臣、私はそうは思わないんです。大臣は、国民にまだ理解を得られていないからというようなことですけれども、私は、今回これを出さなかったのは全然別の理由だと思いますね。全然別の理由だ。

（第166回衆議院厚生労働委員会2号、2.21）

またC「否定的な意味の語」の例としては、次の例がある。

・国民の税金を差し向けていろいろな対策を打っていく場合に、それがどのような結果を招来するかということも全然放念して取り組むということは、私はあり得ないと思います。

（第166回衆議院予算委員会4号、2.7）

・総理になる前とかなんとかおっしゃるけれども、国民はまさに、なられるのは決まっているわけだから、一体として見ているんですよ。そういう場合に、総理におなりになる、私はいつ会われたかわからぬから言っているんですよ、なって会われたのか、その前か、わからないから。そういうこと全体の国民の疑念に対して、きちっと措置をするのが官房長官の仕事じゃないの。それを全然ほっておいていいの。もう一度。

（第166回衆議院予算委員会7号、2.13）

D「マイナスの価値評価を表す語」の例である。「全然だめ」4例以外では、

・これは本当に私の抜かりといえば抜かりなんですけれども、最初から残業代ゼロなんて言われちゃいまして、全然もう誤解が横行してしまったということが背景にあろうかと思います。

（第166回衆議院予算委員会4号、2.7）

・それからもう一つ、ちょっと違う話なんですが、水口先生が先ほどおっしゃった話で、情報というのは幾ら集めてもこれは全然ナンセンスだと

いうのが戦前の日本なんですね。

（第166回参議院国際問題に関する調査会1号、2.7）

のような例がある。第1例の「全然」は「横行して」にかかると判断したが、「誤解」にかかるともとれる。しかしいずれにしてもマイナスの意味の語である。

そしてE「否定的意味・マイナス評価でない語」の例は、後に見る。

明治～昭和戦前では、2資料とも助動詞「“ない（ねえ）”“ず（ん）”」、B「2つ以上の事物の差異を表す語」、C「否定的な意味の語」が上位3位を占めている。これは今日の2資料でいずれも「助動詞“ない（ねえ）”“ず（ん）”」を伴う例が全体の5割近くに達し、次いでB、形容詞“ない（ねえ）”の順であるのとは大きく異なっている。さらにこれら上位3者合計の全体比が、明治～昭和戦前では50%台前半なのに対し、今日では90%前後に達しているのも目立つ差異である。

どちらの時期も上位となっているBであるが、その内訳は大きく異なる。今日では2資料とも「全然違う」が大部分を占めているのに対し、『太陽コーパス』では57例中6例にとどまり、『新聞記事文庫』では確例は4例しかない[4]。

また、明治～昭和戦前は10%前後の比率があったA「否定の意の接頭辞として使われる漢字を含む語」、D「マイナスの価値評価を表す語」が今日は、「全然だめ」を除けば1～2%にすぎない状況である。今日は明治～昭和戦前と比べて、単に「否定と呼応するようになった」と言うにとどまらず、被修飾語のバリエーションがきわめて乏しくなっているということがわかる。

さらに、第2部第1章に収めた新野（1997a: 267）では、被修飾語による分類結果について、「明治から昭和戦前までの約40年間では顕著な変化は見られない」とした。しかし今回データベース・コーパスを用いて大量の用例を調査した結果、時代が下るほど今日の姿に近づいてくる、という変化が見られることがわかった。これはある意味当然の結果ともいえるが、それが数字の上で明らかになった意義は大きい。

## 4.　諸論点に対する見解

### 4.1.　「“全然”＋肯定」の使われる場面・文脈

先行文献では、「相手の予想や発言内容など、何らかの前提となる事柄を否定するような文脈で使われる」との指摘が多く見られた。

今回採集した2007年のEの例を見てみよう。「新聞」の例のうち「全然大丈夫／平気／OK」、比較表現の例は後に見る。それ以外の例について見ると、まず、次のような例がある。

・もっと遊ばないと、とか、甘えていいのに、とか言われるんですが、全然遊んでいるし、甘えてます。　（「イマドキッ！」毎日8.17夕）

・「かっかするなよ」と言う落合監督に対し、「全然冷静だった」という谷繁。　（朝日10.21）

いずれも、直前に明示された、自分に対する他人の発言の内容という前提に対して、〈そんなことはまったくなく〉と否定している。

これらとは異なり、否定される前提が文中に明示されていない例もある。

・翌年、{サッカーJ1}名古屋に移籍。日本代表GK楢崎に挑んだ。結局、足踏みを強いられた。{中略}新天地で背番号１を用意された。「守備のリーダーになり得る」と期待がかかる。向上心を捨てなかった男が意気に感じないわけがない。「全然、充実してます」と表情が明るい。　（朝日2.15夕）

「（名古屋では）足踏みを強いられた」という記述から、当時の心境として「充実していなかった」ことが容易に推測され、その明示されてはいない前提となる事柄を否定する形で、「（新天地では期待されているので、名古屋時代のような「充実していない」ということはまったくなく）100％充実してます」という状況を表現するのに使われている。

これら以外の例も含め、いずれも何らかの前提となる事柄を否定して使われている。

「国会」のEの例は、以下のとおりである。

・ただ、それは、働く人個人の価値観を変えろという意味ではないんですね。個人の価値観は価値観でお持ちいただいて全然結構ですし、実際に弊社の会社の中にも自分の奥さんにはやっぱり専業主婦でいてほしいよねと思っている人も多分いると思います。

（第166回参議院 経済・産業・雇用に関する調査会1号、2.14）

・まさに、今回は内閣府に置きますけれども、それとはもう全然独立したものとしてなければならないわけですね。ところが、今回は内閣府の委員会という形になっている。　　（166回衆議院内閣委員会2号、2.21）

・つまり、同じ労働者でも、雇用の質、つまり資本設備とか働き方とか市場環境とかが整いますと、何割も生産性を高めることができる。わかりやすく言えば、自転車で通勤しなさいというのに対して、車を一台与えるから頑張りなさいと言ったら、全然生産性が上がるわけですね。

（第166回衆議院予算委員会公聴会1号、2.21）

第1例は〈かまわない〉の意の「結構です」にかかっている。第3例は、文意から言うと比較表現で使われているといえる。残る第2例は、「今回は内閣府に置きますけれども、（本来はそうではなく）それとはもう完全に独立したものとしてなければならない」ということを主張している。

今日の「“全然”＋肯定」が何らかの前提を否定するような場合に使われることは今回の調査でも改めて確認された。

第1章に挙げたEの用例を改めて見てみても、それは確認できる。

「全然楽勝だった」は〈（見逃す公算大だと思っていたが、早々と夕方に帰宅していたので、全く見逃す心配はなく）完全に楽勝だった〉、「まだ全然見えるよね、高校生に」は〈（もう20歳ということで、ドラマで高校生役をやるのは無理があると思われるかもしれないが）不自然さは全くなく、問題なく高校生に見える〉、「全然、普通のリビングです」は、〈（レコーディングに使うからには特別な設備のある部屋だと思うだろうが、そうではなく）全く、どこをどう見ても普通のリビングです〉、「全然SMAPでしたけど」は〈（アイドルが特定の異性とつきあうのはタブーだから、つきあっていたのはまだSMAPになる前のことだと思われるかもしれないが、そうではなく）すでに正式に、れっきとしたSMAPでしたけど〉といったように、いずれも事前の予想や一般的な通念など、何らかの前提となる事柄を否定している。

今回の調査で、明治～昭和戦前においても同じような例が見つかった。『新聞記事文庫』では、

・「カチユーシヤの唄」は言ふまでもなく歌詞音譜とも創作ですバ《ママ》タイユの脚本にたゞ一首だけ似たものがありますが、芸術座本の歌は全然私{＝島村抱月}及び相馬御風君の創作ですし、音譜は勿論中山晋平君の創作で、何等の粉本も原作もありません。　(読売 1915.3.17)

・併し此船主側からの要求額の査定方法には二つあつて即ち政府と船舶業者との協定に依るか乃至は全然政府の命令とするかであるが、之に就てはどうなるか未だ疑問である。　(東京 1921.4.7)

「(バタイユの脚本に一首だけ似たものがあるとはいっても、何かを模倣したということは全くなく)芸術座本の歌は完全に、100%私及び相馬御風君の創作です」、「(政府と船舶業者との協定に依るということはなく)完全に、100%政府の命令とする」ということで、いずれも前提となるような事柄が否定されている。

『太陽コーパス』では、

・然るに今の我邦の自然派などは客観的描写と云ふことを標榜し、ありのまゝ主義に終始して居らるゝが、ゴーゴリなどの行方は同じ自然派でも余程趣きが違つて居る。『検査官』を見ても、『死せる人々』を見ても、其材料は直接実生活の経験から来たものでもなければ、実社会に対する厳密な観察から出たものでもない。唯だ以前田舎で見聞した社会的欠陥を材料として、あとは全然彼自身の天才で生み出した作物である。
(昇曙夢「露国写実主義の創始者(ゴーゴリの誕辰百回紀に際して)」1909.6)

・而してミレートス学派や、エレヤ学派に於ける如く、其の始、万本の根源となり、一切の始祖たるものは、夫れ自から変化することなき最後の唯一物、即ち原素でなければならぬとの考へより、或は水に、或は空気に、或は全然抽象的の『有』に於て、不生不滅、無終無始の斯の唯一原素を求め得たと信じたのであるが、

（永井潜「内分泌学説の歴史的回顧」1925.1）

・この様にその {=アミノ酸の} 排列に於ても、組合せに於ても全く似寄つたもので、著しい差異はないといふことがわかる。図によつて見ても、トリプトフアンとサイキロシンとの二つは全然相似形であり、チロジン、アドレナリン、フエニイルアラニンの三つの相似形である。

（三浦政太郎「最近栄養学上の進歩」1925.2）

のような例である。順に、「（実生活の経験や実社会の観察など他の何かに依るところはまったくなく）何から何まで、すべて彼自身の天才で生み出した作物である」、「或は水に、或は空気に、或は（とらえどころのない水や空気どころではなく、それら以上に実体をとらえられない）完全に、100％抽象的の『有』に於て」、「（アミノ酸の排列に於ても、組合せに於ても著しい差異はなく）まったく、疑問の余地なく相似形であり」のように、何らかの前提の否定を読み取ることが可能である。

しかし、どう見ても前提を否定する要素が感じられない例の方が多い。2. に挙げた E の例はいずれもそうであるし、『新聞記事文庫』では、次のような例がある。第 2 例はなにも前提のない、記事の冒頭である。

・当時世は舶来品崇拝熱が旺盛であつて従つて時計ガラスの如きも全然輸入品のみであつたため、　（日日 1930.3.30）

・三池港は、三井鉱山会社の独力経営により、全然人為的に築造されたもので、　（東京 1933.4.17）

『太陽コーパス』には、次のような例がある。

・勿論、この規則的の徴証を以て、全然露人の性質を尽し得たり、とは断言し難し。然れども其の最も重要なる点は能く符合すと云ふて可なり。

（小西増太郎「露国人情」1895.6）

・「ダイナモ」を車軸にて運転する場合に、鉄道列車に於て照光を満足ならしめんには、一個の蓄電池を全然必要とす。

（金子篤寿「工業世界」1901.5）

・尚ほ独逸帝国政府は将来の戦争勃発を防止すべき大事業は現在の戦争終熄後に於て初めて着手し得べきものなりとの意見を有するものにして其

時機来らば此崇高なる事業の為め喜んで米国と全然提携せんとするものなり。　　　　　　　　　　（長瀬鳳輔「講和成立如何」1917.2）

さて、第1章に挙げたように、石山(1990: 36)で、築島裕氏は

・肯定表現の場合でも、明治、大正時代の小説などに見られるものは、否定的な意味やイメージの悪い語を伴っていることが多い。{中略}(下に続くのが)否定的な言葉でない場合でも、いま、話し言葉で使われている『全然』のように“すてき”とか“すばらしい”とかいう積極的な評価の語でなく、ニュートラルな意味の語です。

と述べている。しかし、今まで見てきた例のうちでは、「全然私及び相馬御風君の創作ですし」「全然彼自身の天才で生み出した作物である」は、プラス評価の語を伴った例といえる。

それ以外でも、『新聞記事文庫』では、

・病虫害の惧れなき有望の場所にあるを以て今後に於ては蔗苗より生ずる凡ての杞憂は全然根治すべく　　　　　　　　　　（日日 1913.3.10）

・一は現在の如く漫然膨脹したる都市を其根柢より破壊するの目的で、全然理想的新都邑建設を企図するものである。　　　　　　（日日 1917.4.24）

・相当なる罷工に至つては全然法律上正当なるものとして之れを権利同様として認むる事は今日に於て至当と云はざるを得ず　　　（読売 1920.1.9）

・而して之が動機となつて、産業界の景気が全然恢復することなしとも限らぬ。　　　　　　　　　　（読売 1920.12.5）

など15例程度であるが、『太陽コーパス』では、

・右千八百十一年の民法中特に婚姻に関する部分は羅馬法王の権力の関係上其効力の有無に付き久しく議論ありたりと雖も千八百六十八年五月二十五日附の法律以来全然有効なるものと認めらるゝに至れり。

（岡田三面子「法律時評」1901.4）

・中にもルーベンの傑作なる十字架上に耶蘇を押し上げる図と、同く磔刑施行後引下す図とは、世界に聞ゆる名画、殊に後の図は、{中略}画いて尽く真に迫り、他の十字架上に千遍一律なる基督の像とは、全然新機軸を出し、雄渾奇抜なる着想と筆力と、流石に世界有数の名画だ。

（坪谷水哉「南独逸と白耳義の旅」1909.5）

・代議士の第三に備ふべき要件は其の確信する所に依りて自由に表決を行ふこと是れなり。故に代議士は全然独立自由の態度を以て表決を行ふべく決して他人の為に制限拘束せらるべきに非ず。

（佐藤丑次郎「代議士論」1917.4）

・たとひ彼女の眼が全然健康なものであるにしても、眼隠しをされては、色糸を見分けることは出来なかつたであらうから。

（牧田環「鼻で見、指で聞く少女」1925.1）

など 72 例中 23 例、約 3 分の 1 がプラス評価の語を伴った例である。

## 4.2.　今日の肯定を伴う“全然”の意味

ここでは、各文献で〈とても、非常に〉の意の例として挙げられた用例をまず検討してみる。

まず、足立（1990）の挙げる 27 ～ 29 の 3 例は、引用されている部分だけを見ると、確かに「とても」と置き換えられるように思えるが、いずれも会話の冒頭とは思えない。27 には明らかに「予想に反し」というニュアンスが感じられるし、28、29 も「やっぱり」という何らかの予想・判断の存在を前提とする副詞が使われている。これらの例の現れた場面・文脈がわからないと、置き換えの可否の判断は困難である。

また岡崎（2008: 18）の挙げる例のうち、第 3、4 例のような比較表現の場合は、〈とても、非常に〉よりも〈完全に、疑問の余地なく〉の意と解した方が適当であることは、新野（1997a）で指摘している。第 1、2 例については、場面が分かるくらい範囲を広げて『鞦韆』（白夜書房、1988）から引用してみる。

・俺やっぱりおばさんのが好きだ。あんな毛むくじゃらのおっさんよか、おばさんのがきれいだもん。

　ねェ、ひどいと思わない？　なんであんなおっさんがサ、金待ってるって理由だけで俺のからだ自由に出来んの？ ｛中略｝ 俺なんか全然いい思いなんかしてないのに。あんなおっさん相手にしていい思いなんか

する訳ないじゃん？　おばさんのが全然いいもん。 (p. 140)

・やだなァ、見ないでよォ。俺、全然臑毛が濃くないから恥ずかしくって。色だって全然白いでしょう？
田山さん、もう海行ったの？
もうそんなに灼けたの？
一回で？
地だっていいじゃない。いいなァ、男だったら白いより黒い方がずっといいでしょう？　俺、恥ずかしくって。 (pp. 10–11)

第１例の「おばさんのが全然いいもん」は、冒頭の「おばさんのが」２例と同じで、〈おばさんの方が～〉の意であり（このような“方”を略す言い方は近年よく聞かれる）、比較表現での例ということがわかる。また第２例は「（男なのに全然臑毛が濃くなくて恥ずかしいのに加えて）色だって（「男だったら白いより黒い方がずっといい」のに、恥ずかしいことにそうではなく）まったく灼けてなくって、真っ白でしょう？」という発話意図である。“とても”に置き換えても文は成立するが、ニュアンスは変わってくる。いずれも〈完全に、疑問の余地なく〉という意味に解すべき例なのである。

そして第５例については、

・「すっかり（完全に）知らない」のではなく、「少し（TV 番組の知識程度）は知っている＝あまり多く（程度）は知らない」のである。

とする。厳密にいえば「「すっかり（完全に）知らない」のではな」い、というのはそのとおりである。しかし、「問題の「全然」は「全然知らない」の略である→この場合「全然知らない」は〈すっかり（完全に）知らない〉のではなく、〈あまり多く（程度）は知らない〉の意である→したがって、そこから「知らない」が略された後に残った「全然」は、〈あまり多く（程度）〉の意である」とするのは、無理がありすぎる。ここで「全然」を使っているのは、〈TV のオカルト番組の知識程度では、あまりに浅く、「全然知らない」のと同じことである〉ということを言いたいがためである。

結局、ここで岡崎氏の挙げた５例は、「昭和後期以後の「全然」が「非常に、とても」の意で用いられることが多いこと」の傍証にはならないのである。

筆者は、新野(2000b: 229)でも述べたとおり、戦前まではむろん戦後においても、“とても”“非常に”と置き換えてもニュアンスの全く変わらない、つまり〈とても、非常に〉の意としか解せない“全然”の用例は、これまでの辞書や先行論文の多くに挙っている作例、さらに年配者や「正しい日本語」を守ろうとする人々が、フィクション・ノンフィクションを問わず「乱れた」若者言葉を「再現」した中に現れる例を除けば、存在しないのではないかと考えている。これらは、〈とても、非常に〉の意だと考えている人々が作ったものなので、必然的にそのような意味の例になる。自然言語の実例(「“全然”＋肯定」に関するなんらかの問題意識を持たない使用者から発せられた実例)と同列には扱えない。

最後に、小林(2004)を取り上げる。これは「日本語本」の中の１項目であるが、ここまで取り上げた２つの問題を関連させて簡潔に述べている。

・多くの国語辞典において、こういう用法{=「全然いい」とか「全然平気だ」のような用法}が「俗語」として挙げられていますが、それが程度を表す副詞として、単に、〈とても〉〈非常に〉という意味で使われているかというと、かなり疑問です。若者が「全然いい」という言い方をよくするといっても、たとえば、たまたま顔を合わせたときに、「きょうは全然いい天気だねえ。」などと言うでしょうか。相手が天気を心配しているときに、自分がすでに天気予報を確認していて、「きょうは全然いい天気だよ。」と言ったり、自分の服装に自信が持てず、気にしている相手に対して、「その服全然似合っているよ。」と言ったりするように、否定的な状況あるいは心配な状況・懸念をくつがえし、まったく問題がないという場合に用いるのが普通でしょう。「大丈夫？」と聞かれて、「全然平気！」と答えるのも同様です。私の勤務校で、この「全然」について使用の実態をレポートにまとめた学生がいましたが、〈あなたが思っていることとは違って〉という限定で使うのだと書いてあり、大変優れた着眼だと感心しました。こうした「全然」は、〈まったく問題なく〉という意味を表すもので、単に程度を強調する〈とても〉や〈非

常に〉とは明らかに異なるものだと言えるでしょう。　　　(pp. 19–20)

やや長い引用になったが、"とても"とは置き換えられない、ということと、何らかの前提を否定する場合に使われる、ということの双方を関連づけて明確に主張したのは小林(2004)が初めてと思われ、掲載された図書がベストセラーとなっただけに、意義は大きい。

### 4.3. 「全然平気／大丈夫／OK／いい」の成り立ち

「新聞」では、「全然大丈夫」は映画題名の例を除くと

・15日間の故障者リストに入ったヤンキースの松井秀は9日、チームに同行し、ツインズとの3連戦のため、遠征先のミネアポリスに入った。練習には参加せず、ほとんど治療に専念したが、「全然大丈夫。若干よくなってるんじゃない」と、明るい表情で球場を出た。（朝日 4.10 夕）

・さらにレベルを上げるため、昨夏、米国ロサンゼルス郊外に拠点を移した。

「はじめは英語も話せないし、不安だなあと思った。けど、意外に食べ物にも困らないし、英語もジェスチャーで分かるし、全然大丈夫でした」(「スポーツ★フロンティア　第2部　平成ひとケタ：1」朝日 4.17)

など3例、「全然平気」は

・8000億ドルの経常赤字を抱えながら、貯蓄率はマイナス。こんな状態が続くはずないというのが経済学の常識なのに、{米国経済は} 全然平気だ。（毎日 1.1）

・20代のころは睡眠3時間の日が続いても「全然平気だった」と言う金井亜佐子さん。「でも最近はつらくなってきたので5時間はとるようにしています」。（「ヘルシーリポート」毎日 4.28）

など4例があった。

「全然 OK」も

・昼食を終えて、野口が滞在している {中国の} ホテルのロビーに現れた。「こっちの料理で全然 OK。手羽先とか空揚げ系が好きですね」（朝日 11.10）

の１例見られる。

また「国会」の「全然結構です」も、〈かまわない〉の意であり、同じグループと考えるべきである。

これらの例の成立に関しては、先行文献における「省略説」「否定内在説」「混交説」のうちどれが最も妥当なのか。

まず「省略説」であるが、「全然」の後に否定表現の述部が省略されている、ということは、そこでセンテンスが切れることになる。それならそこにポーズを置けるはずであるが、ここに挙げた例や第１章に挙げた例のすべてでそれが可能である、と考えるのは無理がある。日常耳にする会話での例でも、“全然”と“平気”“大丈夫”などの間にポーズはないのが普通である。

さらに、小池(2009: 41)の言うように

・「土曜日の午前９時に駅東口広場に集合。大丈夫ですか？」

「全然、O・K。問題ないわ。」

の「全然」が、「全然(ワカリマセン)！」と同じ「呼応副詞の省略表現」であるとするなら、「大丈夫ですか？」という問いに対する答えなのであるから、「全然大丈夫ジャナイワ」の省略ということになり、逆の意味を表すことになるのではないか。

残る２説のうち、「混交説」は類例も多く、魅力的な説である。しかし、筆者は「否定内在説」に最も惹かれる。「“全然”＋肯定」の中でもこの種の表現は比較的抵抗が薄い。その理由として、葛氏の言うようにこの種の表現は「語用論的否定の文脈」に使われるということがある。先に挙げた小林(2004)でも、「「大丈夫？」と聞かれて、「全然平気！」と答えるのも」「否定的な状況あるいは心配な状況・懸念をくつがえし、まったく問題がないという場合に用いる」としている。

前掲の「新聞」の例でもそれは明らかである。「全然大丈夫」の２例は相手あるいは自分の心中の前提(故障に対する相手の懸念や、渡米時点での自らの不安)を否定し、「全然平気」の２例や「全然 OK」の例は社会通念として存在する前提(「こんな状態が続くはずない」、「睡眠３時間の日が続いて」はもたないだろう、という常識に基づく判断、「中国の食事はなかなか日本

人の口に合わない」という一般的な認識)を否定する表現である。

しかしそれだけなら、4.1. で見たとおり、ほかの「“全然”＋肯定」表現も大差ない。そうなると、やはりこれは、“大丈夫”“平気”“OK”“いい”といった語自体が〈何でもない〉〈かまわない〉〈問題ない〉といった否定表現と言い換えられるため、と考えるべきではないか。語自体と、使われる場面の両方で否定の要素があるために、ほかの「“全然”＋肯定」表現と比べ用例が表れやすい、というように筆者は考えたい。

ただ葛氏の使う「代用」「言い換え」という表現は、「否定で言うべきところを意識的に“大丈夫”などの肯定で言い換えている」というようにもとれる。筆者はそこまでの意識的な選択は行われていないと考える。場面と語自体の両方で否定の要素があるため、「迷信」信奉者でも抵抗感が薄く、「否定形でないから使うべきではない」とわかっていても、無意識のうちに「つい、使ってしまった」ということが起きやすいということである[5]。

今回用いたデータベースでも、戦前までは「全然平気／大丈夫／OK／いい」といった例はやはり見られなかった[6]。他の資料も調査したところ、このうち「全然大丈夫」は、1939(昭和14)年刊の中野重治『空想家とシナリオ』に見出すことができた[7]が、「全然平気」は戦後1960年代に入ってから、「全然OK」「全然いい」は1980年代にならないと確例は見出せない。

なお、田中(2005)では、「全然＋肯定形」を、「全然大丈夫」「全然OK」と「全然おいしいよ」「全然元気そうだね」の2つのタイプに分け、前者は「明治期から存在する「全然」に肯定形が呼応するタイプの表現である。すなわち、このタイプの表現にはそもそも誤用であるかないかの議論は無用である」とする。そして、

・{「全然おいしいよ」タイプの表現は} 見かけは「全然」が「おいしいよ」という肯定形と呼応しているかのように見えるが、実は、言語化されていない部分で、「全然」は「まずくない」といった否定表現と呼応していると分析出来る。最終的に言語化されて出てきたものが、「全然」に肯定形が呼応する奇妙な表現となっているが、実は、もともとは従来の「打消しや否定的な意味の表現を伴って、その事柄を全面的に否定する」

機能を持つ「全然」なのである。　(p.40)

として、「全然平気／大丈夫／OK／いい」以外の「“全然”＋肯定」表現のほうで、“全然”が修飾する否定部分が省略されている、という「省略説」をとる。

それに対し、尾谷(2008: 111–112)では、

・『「全然」＋肯定』構文の語用論的意味は〈文脈想定の否定〉と〈肯定評価の表明〉という2つを同時に表意として伝達することである。そこで、〈文脈想定の否定〉は『「全然」＋否定』構文から、〈肯定評価の表明〉は肯定構文からそれぞれ継承し、『「全然」＋肯定』という一種のアマルガム構文が生み出されたと考えられる。

として、「この料理、まずいでしょう？」と言われて「全然美味しいよ」と答えた場合を例に挙げ、この形式は「全然まずくないよ」から〈文脈想定の否定〉を、「美味しいよ」から〈肯定評価の表明〉を継承したものである、としている。そして、「全然(まずくないよ。むしろ)美味しいよ」のような省略とする説は「本稿では採用しない」とする。“アマルガム”とは〈水銀と他の金属との合金〉のことであり、「アマルガム構文」という概念は、2種類の構文の合成、すなわち構文レベルの混交の結果生じた構文ということになろう。つまり尾谷氏の説は、窪薗(2006)の唱える「混交説」を「“全然”＋肯定」全般に適用するという立場と見てよい。

田中・尾谷両氏ともに「全然おいしいよ」という文を例に挙げているが、結局、「省略説」も「混交説」も、「表面上では「全然」が「おいしい」という肯定表現を修飾しているように見えるが実はそうではなく、表面には現れていないところで「まずくない」という否定表現を修飾しているのである」と考える点は共通している。筆者は、やはり「全然」が修飾しているのは「おいしい」そのものであると考えたい。〈(あなたが考えているようなまずいなどということは、全くなく)完全に、まったく疑問の余地なく〉というのがこの場合の「全然」の意味である、ということである。しかし、「おいしい」という形も意味も肯定の語を修飾しているため、形は肯定でも否定の要素を含む語を修飾する「全然大丈夫」の類と比べると抵抗が強く、用例が現れに

くいということである。

### 4.4. 比較表現のとらえ方

「新聞」の E のうち「「□□の方が(○○より／○○と比べたら etc.)全然××」のような比較表現の例は、

・今日 5 番から(代打の高橋光を除けば安打が)ゼロやろ。キーは 5、6 番って開幕前から言ってるやろ。({先発投手の} 小嶋について) この間よりは全然良かったよ。(毎日 4.9)

・「塾に通うと小中 9 年間で 720 万円かかる。お子さん 3 人で使えるのだから、うちのソフトを買った方が全然安いですよ」

(「あなたの安心」朝日 4.10)

・内藤戦に向けて「パンチ力はおれの方が全然ある。力でねじ伏せるだけ」と豪語。(毎日 8.17)

など 6 例見られる。

「この間よりは(今日の投球内容の方が)間違いなく、明らかに良かった」、「(塾に通うよりも)うちのソフトを買った方が間違いなく、明らかに安い」、「(対戦相手の内藤よりも)パンチ力はおれの方が間違いなく、明らかにある」と、比較の対象を否定しているのは明らかである。

小林(2004)は“断然”との類似が原因だとする「類形牽引」説を唱えた。“全然”に比較表現での例が多く見られるようになる以前に、“断然”が比較表現で多く使われているというのであれば、その可能性もある。しかし、“断然”は『太陽コーパス』では 293 例がヒットするが、〈断固として、きっぱりと〉という意味で使われた例ばかりで、「□□の方が(○○より／○○と比べたら etc.)断然××」という比較表現で使われた例は 1 例もない。

・平和の促進は空漠たる理想の高調よりも断然軍需品の供給を絶つことがどれだけ捷徑で有効であつたか知れない。

(浅田江村「戦局壷中観」1917.10)

は比較表現の中に現れた例ではあるが、ここで問題にしている「比較表現の例」には該当しない。

また、「国会会議録」の戦後間もない第1回～第5回(1947 ～ 49)では、98件の会議に108例ヒットするが、比較表現の例は、

・又日本におきましても、恐らく金を持てる者、物を持てる者、土地を持てる者よりは、一般その日の勤労によつて自分の生活を営む大衆が私は断然多いと思うのであります。

(第2回参議院司法委員会17号、1948.4.27)

など9例しか見られない。戦前から戦後間もなくの時期、“断然”のうち比較表現で使われる比率がそう高くないということになると、それとの類似というだけで、戦後に“全然”にこれほど多く比較表現での用例が見られるようになるとはちょっと考えにくい。

なお、今回の調査では、明治～昭和戦前の比較表現の例が、わずか1例ながら『太陽コーパス』に確認された。

・{鮭の繁殖法として} 此天然より人工孵化法の方が果して全然有効であるか否かと云ふこと、云ひ換れば天然蕃殖法を止めてまでも人工蕃殖法を行はねばならぬかと云ふことは、なか～～議論のある所で、

(岡村金太郎「越後三面川鮭漁業」1909.4)

尾谷氏の言うとおり、「□□の方が(○○より／○○と比べたらetc.)全然××」という場合には〈○○が××である〉ことを否定する要素があるからこそ、この用法が目立つようになったと考えるべきであろう。“全然”と否定とのつながりが強まる戦後になって多く見られるようになることがそれを物語っている。

ただ、「キリンの首は、人間なんかよりも全然長い」が「容認文」「自然」といえるかどうかは、「誰にとって」なのかが問題になる。「迷信」信奉者にとっては容認もできないし自然でもないであろう。比較表現でない場合とそれこそ比較して、「容認度が高くなる」「より自然になる」程度にしておくのが妥当である。

### 4.5. 「迷信」が発生・定着した理由

昨今(いつの時代もそうなのであろうが)の「若者言葉」批判の際も、大人

の常識から外れた外見や行動を好む若者への嫌悪感や反発（と羨望）から、「坊主憎けりゃ〜」的発想で行われる場合が少なくないのは明らかである。梅林（2000）の「アプレ語」批判と関連させる説は、それを考え合わせても納得できるところはあるが、「当時世間が「アプレ語」に嫌悪感を持っていたこと」と「アプレゲールであるユリーが「“全然” ＋肯定」を使っていること」は確かであるものの、「「“全然” ＋肯定」が「アプレ語」とみなされていたこと」を直接証明する材料が欲しいところである。

また尾谷（2006）では、「“全然” は否定表現と呼応するものだ」という〈迷信〉」が発生・定着したのは、「形式よりも意味の側面が優先された（もしくは、強く意識された）」結果、とする。しかし、そうであれば、形式が肯定であっても意味は否定である疑似肯定が、“全然” の被修飾語として「〈迷信〉の定着と入れ替わるように衰退」することはなかったはずである。そもそも「迷信」における「否定」とは形式面にほぼ限定されるのであるから、「形式よりも意味の側面」が重視された結果生じた、というのは無理があるように思える。

この規範意識がメディアに見られるようになるのは、終戦から8年後の1953年から翌年にかけてである。第1章に挙げたとおり、雑誌『言語生活』に「“全然” ＋肯定」を「誤用」視する記事が相次いで登場する。これらの記事を順に挙げる。

（1）近頃気になるのはよく、

「全然よく出来るの。」

式の言葉を使ふ事である。「全然」とは否定の意味であっ《ママ》て、「全然出来ない。」とか、「全然駄目だ。」と云ふのならわかるが、これでは意味をなさない。　　　　（小堀杏奴「思ひ出」18（1953.3）。p.63）

（2）浅沼　「断然」なんて言葉は、その次に否定の言葉がくるのが普通でしょう。

丸野　普通はそうでしょう。

浅沼　ところが「断然やる」とか……。

編集部　「全然」というのが、今は肯定になっておるでしょう。

堀川　「まるでおもしろい」もそうですね。

（「座談会　マス・コミュニケーションと日本語」21(1953.6)。p. 16）

（3）「てんで好きだ」「てんでいい」のような「てんで」の用法、「全然好きだ」「全然いい」のような「全然」の用法、なかなか意表に出た表現が少なくないが、大体において、流行語は、名前通り一時の流行に過ぎず、生命力ははかないようである。

（岩淵悦太郎「言語時評―流行語」27(1953.12)。p. 45）

（4）二十歳の女優の言葉――このごろ実存的孤独感なんてゼンゼン判る気がしちゃうんです――新聞全《ママ》然わからない。（「目」30(1954.3)。p. 26）

（5）日頃ことばについて口やかましいある少壮言語学者。「この表紙はここで全然つけましたんで、もとは全然なかったんです。これは全然委員会の責任ではないんです。…これは全然校正の見落としです。」

（「耳」33(1954.6)。p. 53）

（6）同じく中年夫人どうしの立ち話。

A「うちじゃもう全然ワンマンなの。お宅じゃそんなことないでしょう」

B「ところが全然あるのよ」　（「耳」38(1954.11)。p. 31）

これらの記事から、"全然" に関するどのような規範意識が感じられるか。

(1)の場合「全然駄目だ。」は「正用」とされているので、「否定の意味であって」の「否定」の範囲は形式上のものだけにはとどまらないのは明らかであるが、例えば小堀自身の父である鴎外の、

・妻を迎へて一家団楽《ママ》の楽を得ようとして、全然失敗した博士も、此城{＝妻に母と話すことを妨害され、残った唯一の機会}丈は落されまいといふので、どうしても母君と一しよに食事をする。

（「半日」『スバル』1909.3(初出)。p. 44）

という例を「否定の意味」の例に含めるのかは、わからない。

(2)にしても、「今は肯定になっておる」の「肯定」の具体的範囲は明確でない。同じ座談会の同じページに、

・みなさんのおっしゃることに全然同感なんです。

さらに前半部に、

・{商業放送とNHKの} 両方聞いていたところが、全然同じ文章が出て来まして、偶然でしょうが、どっちがどうとも言えなかった。　(p.8)

という例があるのである。そうなると、(2)の場面で「断然やる」「まるでおもしろい」が「誤用」視されていることから、「肯定」が意味するのは「全然やる」「全然おもしろい」のような例であり、同じEでも戦前に例のある「全然同感」「全然同じ」はそのうちには入らないと見るべきか。

そして(3)以降は、“全然”がどういう語を修飾している例が問題になっているかがわかるにとどまり、具体的にどのような理由で「誤用」視したのかは書かれていない。

(3)で日本語学者の岩淵氏が「なかなか意表に出た表現」の例として挙げたのは「全然好きだ」「全然いい」というプラス評価の語を伴った例で、「“全然”＋肯定」全体を「流行語」扱いしているかどうかは不明である。しかし岩淵氏は後に、次のように述べている。

・戦争後に気の付いたことであるが、若い層で、しきりに、

　　てんでおもしろい。

　　全然うれしい。

　のような言いかたをする。この「てんで」「全然」は、言うまでもなく、

　　てんで出来ない。

　　てんで見向きもしない。

　　全然知らない。

　　全然興味がない。

　のように、否定表現を伴うのが普通である。それを肯定表現に使うのであるから、これはちょうど、「とても」の場合と同じと言ってよい。

　このような用法の転換は、従来の言語習慣に反するものである。従来なら、「大変」とか「非常に」とか言うべきところを、あえて「とても」「てんで」「全然」という言葉で表現しているのである。おそらく若い人たちは、従来の言語習慣では、当然否定表現が続いて現われるようなも

のを、肯定表現に使うことによって、「大変」や「非常」には求められない、ある種の表現効果をあげようとしたものにちがいない。{中略}少なくとも「てんで」「全然」の場合は、若い年齢層の人たちの新鮮な表現を求める心理から、自然に発生したものと見てよさそうである。

（岩淵 1959: 218–219）

・近年行われている副詞には、「てんで立派だ」「てんでうまい」という「てんで」がある。また、「全然立派だ」「全然うまい」という「全然」がある。「てんで」も「全然」も、本来は「とても《ママ》出来ない」「全然知らない」のように打消を伴うのが普通だ。それを、打消でなく肯定の言い方に使った所に、表現の新鮮さがある。

夏目漱石の『坊っちゃん』を見ていたら、

一体、生徒が全然悪いです。どうしても詫まらせなくっちあ、癖になります。

というのが出て来た。「全然悪い」というのだから、このごろの使い方と同じようだが、しかし、「悪い」は「よい」の否定的な言い方だから、こういう場合は古くからあったのかも知れない。同じく『坊っちゃん』に、

私は教頭及び其他諸君の御説には全然不同意であります。

というのがあった。「不同意」という語には打消の意の「不」が含まれているから、こういう場合は昔から許されていたものであろう。

（岩淵 1970: 262）

この 2 件の文章からは、岩淵氏（1905 生）自身の規範意識は、「“全然” + 肯定」を「このごろの使い方」と考える、今日の「迷信」に近いものであったことがわかる。そして、岩淵（1959）の時点では、前章で見た松井栄一氏同様、「“全然” + 肯定」の例が戦前すでにあったことを知らなかったと思しい。そうなると、(3)の時点でも、「“全然” + 肯定」全体を「なかなか意表に出た表現」「流行語」扱いしていたと考えるのが適切である。

ここで「誤用」視された表現について、被修飾語を古い順に確認すると、「全然よく出来るの」（1953.3）・「全然好きだ」「全然いい」（以上 1953.12）は

Eのプラス評価、「ゼンゼン判る気がしちゃう」(1954.3)は修飾されているのが「判る」であればEのプラス評価で「しちゃう」であればニュートラル、「全然つけました」(1954.6)はEのニュートラルである。そして「全然校正の見落としです」(1954.6)と「全然ワンマンなの」(1954.11)はD、「ところが全然あるのよ」(1954.11)はEということになる。つまり、おおむねプラス評価→ニュートラル→マイナス評価という流れになっているのである。

一雑誌に掲載された記事のみ[8]から、当時の一般的な言語規範意識を推測するのは危険であろう。しかし、あえてそれを行ってみると、これは、「"全然" は否定を伴うべき副詞である」という規範意識に反する、「誤用」として批判されるべき「"全然" ＋肯定」の範囲が、1953年3月から1954年11月というわずか2年足らずの間に、「Eのうちプラス評価の語」→「ニュートラルも含めたEの語」→「D、Eの語」と急激に広がっていった、言い換えれば「否定」の範囲が急激に縮小していったことを物語っているように見えるのである。

(5)で「全然校正の見落としです」、(6)で「全然ワンマンなの」が「誤用」視されるということは、Eはもちろん、第1章に挙げた1950年の『世界』にある「全然苦手なんだから」「全然孤立独往の道」「全然時代離れのした」といったDの例も同様に「誤用」視している可能性が高いということになる。

しかし、『世界』の1955年10～12月号を調べると、以下のような例が見られる。

・都留　日本として賠償の義務を誠実に果すことは大事だと思います。何も向うの要求通り払えというのではないが、払うと決まつたものを誠実に払う、早く処理するという体制に持つていくのは大事だ、それを片づけないで防衛費をふやすというのは困る。

大内　<u>全然</u>賛成。しかしそれについては、賠償問題については日本の根本精神がいかに誤つているかということを自覚することの方が重大である。　（「座談会　冷戦終結の経済的基礎」10。pp. 47–48）

・農民や少年の頭には、<u>全然</u>架空のものとしてではなく、歴史事実とあまりちがわぬ影響をあたえたことであろう。

（貝塚茂樹「毛沢東伝（一）」10。p.186）

・編輯部　「フレンチ・カンカン」の方へ移つていただきましよう。

河盛　あれは実に楽しい映画でした。そして非常に絵画的です。一つ一つの画面が絵を思わせましたね。

飯澤　あれはあまり文学的な筋なんか考えないで見てもいいのでしようね。乱暴な話ですが、全然筋を抜きにしても楽しめる。

高峰　木の下のラブシーンなんかすつかり絵ですね。

飯澤　同じ頃を扱つたイギリス映画の「赤い風車」が前に出ているので、今度本場のルノワール先生どういう風にとるかと思いましたが、うまく逃げましたね。全然娯楽映画にしている。この方が利口だな。

五所　それでもちやんとした芯のあるものが出ているでしよう。その時代を映して活力にあふれているという映画ですね。

（「座談会　「フレンチ・カンカン」と「エデンの東」」10。p.211）

・その企図が失敗すると、すつかり理想主義を失つて、全然改革の試みを放棄し、まつたくニヒリストに陥つてしまう。

（「毛沢東伝（二）」11。p.150）

・{面会で要求を拒否されてから}一日置いて、再度米軍に面会を求めた。しかし今度は、全然面会そのものまで拒否されるに至つた。

（渡辺洋三「富士・基地・農民」12。p.125）

「全然架空のもの」「全然筋を抜きにしても」「全然改革の試みを放棄し」「全然面会そのものまで拒否される」はいずれもC、「全然賛成」「全然娯楽映画にしている」はEである。『言語生活』誌上に提示された規範意識からは外れるはずのEの例が、依然「お堅い」雑誌に見られるのである。２例はいずれも座談会での発言であるが、「全然賛成」は『新聞記事文庫』では1935年に１例、『太陽コーパス』では1901、1907年に各１例、1917年に２例の計４例見られる。「全然娯楽映画にしている」も、〈「全然筋を抜きにしても楽しめる」ほどに、100%、完全に娯楽映画にしている〉という意味で、戦前までの“全然”の用法に沿ったものである。

今日（20世紀末以降）の「“全然”は本来否定を伴うべきである」という規範意識は、国語史上の事実と合わないゆえに「迷信」と呼ばれる。その伝で行くなら、20年代末に『言語生活』誌上に提示された規範意識は、すでに「迷信」と呼ばれるべき資格を得ていたと言えるであろう。

“全然”は、大正末期〜昭和初期から否定を伴う例が多くなり、表1から、昭和に入ってからの新聞記事では全用例の5割近くになっていたことがわかる。文学作品についてはすでに若田部（1991）、尾谷（2006）で同様の指摘がある。それに伴い、「“全然”は否定を伴って使う副詞である」という規範意識も次第に形成されていったことは間違いあるまい。しかし、その規範意識が、戦後間もない20年代に急速に厳格化し、昭和戦前期はもちろん当時ですら活字メディアで使われていた「“全然”＋肯定」を「誤用」視するという、今日の「迷信」に近い姿にまで成長したのか、その理由を突き止めるだけの材料は今回得ることができなかった。

## 5.　おわりに

今日の場合、「否定を伴うべきである」という規範意識における「否定」の概念は〈“ない”や“ず”のような形式上否定である語＋形式上肯定である語のうち“だめ”“違う”など少数の例外（例外の範囲は人により異なる）〉である。一方実際には、その規範に背いているように見える例が多く使われている。しかし、「否定」には“ない”（形容詞・助動詞）“ん”さらにAのような形式面での明確な指標がある「否定」、B〜Dのような語の意味のレベルの「マイナス」あるいは「否定」、Eのような前提となる事柄を否定するという場面・文脈レベルの「否定」がある。今日の“全然”の例は必ずそのうちのどれかに当てはまるのであり、否定的かマイナスかのいずれか（この総称が、先行文献で一般に使われてきた「否定」である）の要素を持っているのである。今日の規範からは外れたものと見なされている「全然平気／大丈夫／OK」といった表現が、戦後間もなくではなく、「迷信」確立後にむしろ目立ってくるのは、4.3.で見たとおり、意味・文脈両方のレベルでの否定の要素があったからである。同じく戦前まではさきに挙げた1例しか見られなかったEの比較表現の例が今日多く見られるのも、文脈レベルで否定の要素があるからである。

つまり明治～昭和戦前期までよりも今日の方が「否定」との結び付きは強いわけで、そういう点からも、今日言われる「“全然”は否定を伴うのが本来の用法である」という規範意識は、「否定」の概念をどうとらえるにせよ国語史上の事実とは異なる。したがって、「迷信」と呼ばざるを得ないという点は変わらない。

その「迷信」の発生・流布・定着の過程を明らかにするためには、昭和戦前から戦後20年代末ころまでの“全然”の使用状況と、「迷信」そのものに関して言及している文献をさらに探索する必要がある。

**注**

1　この資料には「全然」という文字列が副詞として使われている例が872例見られるが、そのうち169例は振り仮名のない「全然」という表記の例である。そして振り仮名のある703例中、「全然《ぜんぜん》」「全《ぜん》然」「全然《ぜん》」が合わせて702例、「ぜんぜん」以外に読ませる振り仮名があるのは日日に「全然《まるで》」(1913.8. ？)1例のみである。そこで、振り仮名のない「全然」も“全然”の例として処理した。

2　第2章3.2.で紹介した、橋本行洋「〈「全然」＋否定〉について—近世中国語から近代日本語へ」では、1895・1901年分の“全然”の調査を行い、「全142例中、否定36例(25.3%)。否定的意味(66例)を加えると102例(71.8%)」であること、「動作・行為を修飾する例が多い」ことを指摘している。

3　第2章4.で述べたとおり、NHKアナウンス室ことば班編(2005b: 123)では、『太陽』における「“全然”＋肯定」の例を挙げている。しかしそこには、次のようにある。

・また、国立国語研究所によると、雑誌『太陽』(明治二十八年創刊)にも、四か所ありました。

全然休息しろ(明治三十四年)
全然誤解なり(明治四十二年)
全然皮をぬぐ(大正六年)

全然暗中模索だった（大正十四年）

ここに挙っている用例の所在年から、『太陽コーパス』を用いていることは間違いないと思われるが、この記述では、『太陽』全体でこの4例が「“全然”＋肯定」の全用例である、というように読むのが普通であろう。しかし実際には表2に示したとおり、はるかに多くの例がある。誤解を招くような記述である。

4　ただし、日日に「全然異つた二つの階級」（1939.6）、読売に「これと全然異つた発展」（1937.1.1）・「政治的、経済的地位及び事情が全然異つてゐる」（1939.10.13）という、「異」字に振り仮名のない例がある。『新聞記事文庫』では「異《こと》る」の例に加え、「異《ちが》ふ」の例、さらに「異《かは》つて」という振り仮名の例もあり、問題の3例の読みは「全然ことなった（て）」、「全然ちがった（て）」、「全然かわった（て）」と3通りの可能性があることになる。

5　『諸君！』2002.2 掲載の座談会「「家族」の復権はなるか」で、阿川佐和子氏は、父親で作家の弘之氏が新聞コラムの「立ち上げる」という記述にクレームをつけた、という話題が出たところで、次のようなエピソードを語っている。

・私も「立ち上げる」問題ではずいぶん叱られました。

「立つは自動詞、上げるは他動詞。一緒にするな！　いいか、お前も原稿を書くんだったら気をつけろ」って。

ところが、去年のお正月に家族みんなが集まってお喋りをしているとき、私、失言してしまったんです。知り合いが会社をつくった話かなにかをしていて、「だって、あの人がせっかく立ち上げたのに」とやっちゃった。「あれだけ使っちゃいかんといっただろう！」と雷が落ちて、私は、「あー、失敗したッ」と思って静かにしていたんですが、しばらくして話題が移り、父が兄（慶応大学教授の尚之氏）に、「お前、それは全然大丈夫だ」というようなことを言ったんで、すかさず私が、「全然の下は否定形。美しい日本語を使いましょう」と（笑）。父はふくれてましたけど。　（p.265）

この座談会では弘之氏が権威のある怖い父親であることが繰り返し語られているが、にもかかわらずここでは娘に対しふくれただけで反論できなかった。弘之氏も「誤用」であることは十分認識していたわけである。そのような人物でも無意識に使ってしまうような表現なのである。

6　『太陽コーパス』全体では、今日の「全然平気」に相当すると思われる表現として、「一向平気」が14例ヒットした。

・廉蔵の技倆《はたらき》の無いのを｛母と妻は｝勃然《やつき》となつて折々は励ましもし愚痴交りの意見も陳べるが、廉蔵は一向平気で冷し込んでるから張合抜けがした。

（内田魯庵「投機」1901.5）

・『時に、何分、此の家は、粗末で、定めし御寒いことでムらう、当方の大工に命じて新しく御建てなされては如何で……』

　お世辞をふりまいたりする。

『いや、御心配あるな、われ〜〜は雪国の生れで、寒さは一向平気でムる、この家作で結構』

　痩我慢を云つてゐる。

（豹子頭「明治初年外交物語（その十四）北緯五十度の争」1925.13）

7　以下のような例である。

・「この前君に借りた分がまだ残つてるんで恐縮なんだが、いつか話してゐたらう？　シナリオを書くことにして、それで金が借りられないかと思ふんだが…………君に借りるんぢやなく会社から借りたいんだ。{中略} ただ明日は日曜だらう？　それでどうかと思ふんだけど……」

「いや、それやかまはんよ。しかしね……いや、いゝよ。いゝだらう。それぢやね、明日の午前十時きつかりに社へ来てくれないか？　僕は無論行つてゐる。そして話しておくよ。たいてい大丈夫だ。まあ、全然大丈夫と思つていゝだらう」

（改造社。pp. 54–56）

8　梅林（1995: 45）では、『安吾巷談』『自由学校』と同じ昭和25年刊の星野書店編集部『新制中学国文法口語編　教授参考書』（星野書店）pp. 87–88に、「たとえば「到底」や「全然」などを、「到底よい」「全然ある」などと使うことはできませんから」という記述があることを挙げているが、この記述では、「“全然”＋肯定」はすべて認めないのかどうかはわからない。

# 第3部
# 現代日本語の「気づかない変化」

# 第1章　“いやがうえにも”の意味変化について
## ―「いやがうえにも盛り上がる」とは？

## 1.　はじめに―“いやがうえにも”の意味

筆者は以前、“いやがうえにも”について新野(2000a)を執筆した。

この話は本来どういう意味なのであろうか。国語辞書では「いやがうえにも」を見出しにするもの(『大辞林』第3版、『日本語大辞典』第2版、『新明解国語辞典』第6版、『三省堂国語辞典』第6版など)と「いやがうえに」を見出しにするもの(『大辞泉』増補・新装版、『広辞苑』第6版、『旺文社国語辞典』第10版など)に大きく分れるが、意味記述は

・なお、そのうえにますます。なお、いっそう。「—戦意がたかまる」（『大辞林』）

・なおその上に。いよいよ。弥が上に。（『日本語大辞典』）

・そうでなくても十分その傾向が認められていたところに、さらにその傾向が強められる様子。「雪明かりに梅の花の白さが—冴える／酒が入り、宴会は—盛り上がった」（『新明解国語辞典』）

・なおその上に。「—も盛り上がった」（『三省堂国語辞典』）

・(多く「も」を伴って)なおその上に。ますます。「好守好打の連続で球場は—も盛り上がった」（『大辞泉』）

・なおその上に。あるがうえにますます。「—も気勢があがる」(『広辞苑』)

・なおその上に。さらにますます。「人気は—(も)高まった」「胸は—(も)高鳴る」（『旺文社国語辞典』）

と大同小異である。〈なおその上に。さらにますます〉というのが、一般的

な「辞書的意味」ということになる。

なお、辞書の見出しはこのように2つに分かれるが、今日「いやがうえに」だけで使うことはまれである。したがって本書では“いやがうえにも”を一語扱いし、“　”に入れて表示することとする。

ではそのような本来の意味が、どう変化しているのか。数多く出版されている「言葉の乱れ」「間違った日本語」を扱った本の中で、“いやがうえにも”の意味変化を「誤用」として取り上げているものは、新野(2000a)以前には管見の限り次のようなものがあった。

・「気がおけない」と並んで、多くの若い人が誤解している言葉に、「いやが上にも」がある。例えば、

　（1）数学は嫌いで怠けがちだったが、いやが上にも勉強しなければならない。

　（2）第一戦に勝利を収めて、彼等の士気はいやが上にも高揚した。

　のうちで正しいものを選べと言うと、(1)を取る者が過半数である。「いや」を「厭」「嫌」の「いや」と混同しているらしい。

　「いやが上」の「いや」は「弥」で、ますます、一層の意で、元来は副詞である。{中略}「いやが上にも」は、ますますの上にさらにますますの意で、「いや」をさらに強調した表現である。

（国語問題協議会監修 1976: 42）

・高校生の作文に、「数学は嫌いだが、嫌が上にも勉強しなければならない」とあったという話を聞いた。そう書いた気持はわからないでもないが、「いやが上にも」は、正しくは「弥が上にも」と書かなければならない。「なおその上に、ますます、いっそう」という意味である。

　例にあげた高校生は、「いやが上にも」の「いや」を「嫌」ととったために「いやだけれども、あえて」と、意味までも間違って使ってしまったようだ。{中略}「熱烈な声援を受けて、チームの気勢はいやが上にも上がった」というように使うのが正しい用法である。　(吉沢 1986: 45)

・町内の綱引き大会は、天気もよし、応援も大勢、「いやが上にも」気分が盛り上る。この“いや”はいやさか(彌栄)の“いや”と同じで、“いっ

そう”“ますます”の意。その“いや”よりも上が“いやが上”である。

ところが、最近、“いやだけど”という意味で言《ママ》葉を使う人がいる。綱引き大会に出るのは恥しいし、手にマメもできる。「いやが上にも」、おつきあいで出てくるというわけだ。　（柴田 1988: 188）

・「いやが上にも」は「本当は嫌なのにやらざるをえない」なんて時に使われることが多い。{中略} だが、正しくは「いや」は「嫌」ではなく「弥」である。

「弥が上にも」は「その上ますます」という意味。「弥」は「ますます」の意味で、「嫌」というニュアンスはどこにもない。本来は、「みなの声援で、試合は弥が上にも盛り上がった」などといった喜ばしい状況で使われるのがふさわしい言葉なのである。（OL 会話研究会編 1993: 108）

「間違った日本語」事例の「定番」ともいうべき、本書第1部、第2部で扱った“役不足”や「“全然”＋肯定」に比べればかなり少ないものの、これだけ言及した文献はあるのだから、「気づかない意味変化」とは言えないのではないか、という疑問を持つ向きもあろうと思われる。

ここで筆者が 1998 年に都内のある女子短大で2度にわたり行った調査の結果を示そう。対象は国語国文科の日本人学生1、2年生で、1月の1回目は 33 名、7月の2回目は 47 名である（年度が違うので学生は入れ替わっている）。

1回目の質問文は以下のとおりである。

・次の文の下線を引いた部分の意味をわかりやすく説明してください。

＊日本チームが1点を取り、観客の興奮はいやがうえにも高まった。

2回目の質問文は以下のとおりである。

・次の文の下線部のことばの意味をわかりやすく書いてください。

＊ワールドカップの開幕まであと3日となり、サッカーファンの期待はいやがうえにも盛り上がっている。

いずれも先行文献が挙げた「正用」の例と同種の例文である。となると〈さらにますます〉という回答が多いであろうか。それともなお、〈嫌だけれども、嫌々ながら〉という「誤用」の回答が多いのであろうか。

この 2 回の調査の結果、計 80 名の回答中もっとも多かったのは

・望む望まないに関わらず(1 回目)

・そうならなくてはならない状況になっている(1 回目)

・気持ちをおさえたくてもおさえきれない(2 回目)

・盛り上がらずにはいられない(有無を言わさず)(2 回目)

といった類の回答である。そしてその中には

・嫌だと思っていてもそれを拒否できないくらい、それ以上の気持ちがあるということ。どうしようもないくらいと同じ意味(1 回目)

・いうまでもなくいやと思おうとしても(2 回目)

・いやでも、いやでなくても(2 回目)

といった「嫌」という語が含まれたものもあった。しかし〈嫌だけれども、嫌々ながら〉とは明らかに違う。そして特に目を引くのは

・いや応なしに(1 回目)

・いやおうなしに。いやとはいわせないほど(2 回目)

・“いやがおうにも” も類議《ママ》語である。“嫌でも～してしまう” という意味。止めようとしても止められないという意。(2 回目)

という回答である。つまりこれまで挙げた回答は、すべて「否が応にも」や「否応なしに」と同様の意味に解釈した結果と思われるのである。このような回答は全部で 32 名(1 回目 13、2 回目 19)に上った。それに続くのは〈自然に、おのずと〉の類で 17 名(順に 10、7)、それ以外では〈かなり、すごく〉の類が 7 名(1、6)、その他の回答が 8 名(1、7)、「わからない」10 名(2、8)で、〈なおその上に〉という本来の意味の回答は 1 回目に

・さっきよりもさらに増して

・ますます　よりいっそう

など 5 名のみで、2 回目はゼロであった。そして〈嫌だけれども、嫌々ながら〉に属すると思われる回答は 2 回を通してゼロであった(他に 1 回目に無回答 1)。

結局、若年層では本来の意味が少数派であるというのは先行文献の指摘どおりであるものの、それに代る多数派の意味は先行文献の言う〈嫌だけれど

も、嫌々ながら〉ではなく、〈否応なしに、意識的にそうしよう・そうしたいと思うか否かを問わず〉あるいは〈自然に、おのずと〉であるという結果になったのである。この2つの意味は一見大きく違うように見えるが、〈自分の意思とは無関係に、不可抗力によって〉という点では通じるところがある。

管見の限り、“いやがうえにも”の意味変化を「否応なしに」「否が応でも」の類と関連させて述べている記述は、新野(2000a)以前には

・▼「社員旅行は嫌いだわ。いやがうえにもお酌をさせられるんですもの」気持はわかるが、この女性は「いやがうえ」を「嫌が上」とでも思ったのだろうか。「**いやがうえ**」は「弥が上」である。{中略} 冒頭のケースで使うなら、「**いやがおう**でも」「いやでもおうでも」「いやおうなしに」である。これは「否が応でも」「否でも応でも」「否応なしに」で、いいも悪いもかまわず、有無をいわせず、の意。　(井口 1999: 187–188)

がある程度であった。この〈さらにますます〉から〈否応なしに〉〈おのずと〉という意味変化は「気づかない意味変化」と呼ばれる資格があるといえる。そこで筆者はこの語について新野(2000a)を発表した(なお新野(2000a)のもととなる口頭発表を、井口(1999)に先立って1999年5月の近代語研究会第164回研究発表会で行っている)。その後、さらに用例を採集して新野(2004)を発表したが、その間でも、“いやがうえにも”の意味変化を「否応なしに」「否が応でも」の類と関連させて述べている文献は

・例　①わたしは全く自分の異なっていることをいやがうえにも自覚させられるはめになる(米谷ふみ子「過越しの祭」『芥川賞全集』)、②私の頭にクゥ〜と血が上り、今度こそ、弥が上にもバキッと目が覚めるのであった(『週刊文春』平13・6・28)

解　{中略}「いやが上にも」は既にそうであるのに「なおその上にますます」という意味に使われる。右の例の①は「自分の異なっていることを嫌でも自覚させられる」、②は「嫌でもバキッと目が覚める」とすべきであろう。　(土屋 2002: 33)

程度であった。

本章は新野（2000a、2004）を、それ以降の文献や各種データベースから採集した用例と、それらに基づく考察を加えて再構成したものである。

## 2. “いやがうえにも”の実例の検討

前節のアンケート結果は新野（2000a）に掲載しているが、それに対しては、「調査した短大・学科の学生にたまたまそのような解釈が固まって見られたのであって、広く現代日本語全体を見渡せば先行文献の指摘どおりなのではないか」との反論も予想される。そこで、各種資料から採集した実例を見てみよう。

**表1　「新聞」の調査結果**

| | 朝日 | | 毎日 | | 計 |
|---|---|---|---|---|---|
| | いやがうえにも | いやが上にも | いやがうえにも | いやが上にも | |
| 本義 | 11 | 7 | 4 | 0 | 22 |
| 新義 | 20 | 23 | 22 | 6 | 71 |
| 両方 | 57 | 43 | 54 | 42 | 196 |

### 2.1. 「新聞」

今回、朝日・毎日2紙における1988～2007年の記事を検索した結果が表1である。

まず、以下のように〈さらにますます〉という本義に解釈するのが適当な例がある。

**○朝日**

・そんな乱世の女性群像を巧みに織り込むことによって、『演義』世界はいやがうえにも複雑な魅力を増している。

（井波律子「乱世の女たち」2003.6.6夕）

・第1回アテネ五輪は、オリンピックの祖国・ギリシャの人たちの心を大いにくすぐった。

アテネ開催が決まった時点で、早くも「大会をギリシャの独占物に」との声が上がり、大会の興奮はその声をいやがうえにも増幅した。

（「五輪108話」2004.4.25）

**○毎日**

・抗体がとりついただけでも食細胞たちは細菌に対して食欲をそそるのだが、さらに補体がとりつくと、食細胞はいやがうえにも細菌がうまそうにみえるらしい。（「健康いま」1994.5.14）

・奈良の大仏様の御尊顔は、体にくらべ、少し大きすぎると思ったことはないだろうか。下から見上げるから大きく作ったにしては、下から見上げても大きく見えるから、必要以上に大きいのだ。そのうえ扁平になっているから、いやがうえにも顔面面積が過剰に思える。

（「書評」1997.11.23）

・一人はマーティン・エスリンであって、彼は同時代の作家に「不条理の演劇」を見いだした。現代人が確実な自我を意識できないのは、それが向かいあう世界が不条理であり、存在のすべてがはかなく偶然的に見えるからである。明快な感情も意志も抱けないのは現実の投影なのであって、それに気づいた劇作家はあえてその現実を誇張して描いている。いやがうえにも世界を不条理に、人間を混乱した姿で表現することで、彼らは観客に現実を直視させようとしているのだという。

（「20世紀精神史」1999.3.29夕）

一方、〈否応なしに〉あるいは〈おのずと〉という新義としか解釈できない例は以下のとおりである。

**○朝日**

・だから、小泉氏には、今年はぜひ約束通り、8月15日に靖国参拝をしてもらいたい。

　そうすれば、周辺諸国から今までにない激しい抗議がくることだろう。

これまで、過去の戦争を忘れようとしていた多くの日本人は、いやが上にも自らの歴史と真正面から向き合わなければならなくなる。日本の未来のためには、それが必要なのだ。（「声」2005.8.6）

・11 日の「土曜ワイド劇場特別企画・ユニット」(朝日)を見た。まず、妻子を殺されて悲嘆に暮れる篤(緒形直人)を登場させ、ついで、夫の暴力から逃げる祐子(若村麻由美)が登場。いやがうえにもサスペンスの世界に引き込まれた。（「はがき通信」2006.2.22）

・座敷芸、幇間芸、高座芸などと聞くと、男の遊び心はいやが上にもくすぐられる。で、早速「三越名人会―座敷芸・幇間芸・高座芸」(12 日、東京・日本橋、三越劇場)をたずねると、女性客が約 7 割の超満員。異なものである。（2006.7.24）

・街とアートの共鳴は、ベネチアでも見られた。例えばビル・ヴィオラ(米)の水を使った映像作品は、いやがうえにも水上都市と重なりあって見えた。（「美の惑星直列　欧州 3 大美術展から：下」2007.7.22）

**○毎日**

・これはニセ医者の物語だ。というより、医者にあこがれていた青年が、あるきっかけで医者になりすましてしまう。果たして彼はどうなるだろう。いつ正体がばれるのだろう。観客の緊張はいやがうえにも高まり、息をころして青年と一体のスリルを味わう。（「映画」1991.8.28 夕）

・遊樹ちゃんは父を“達ちゃん”、母を“とこ”と呼ぶ。「パパ、ママと呼ばれると、いやがうえにも父親役、母親役を意識するので」（「スカートをはく男たち」1995.1.3）

・戦中、報道班員としてさまざまな戦地に従軍しながら記録映画の制作にたずさわったという向井氏は、戦争の実態を肌で感じ、その悲惨さをいやが上にも痛感した。（1997.1.6 夕）

しかしもっとも多いのは、以下のような両方に解釈可能な例である。

**○朝日**

・スポーツはナショナリズムを刺激する。とくにサッカーはそうだ。なかなか得点が入らないいら立ちが興奮をいやが上にも高め、それがゴールによっていっきに解放される。観客にとっては、思い切り感情を移入しやすい競技である。（「社説」2005.2.8）

・長距離バス、鉄道、船、飛行機……交通機関はどれも繁忙期を迎える。この大移動を「春運」（春節の運送）と呼ぶ。日本の帰省ラッシュとは比べものにならない混雑となる。春運の開始はいわば春節へのカウントダウンのようなものだ。それに伴って、人々の気持ちはいやがうえにも高揚してくる。（莫邦富「mo@china」2006.1.28）

・「かけっこ」よりはクラス対抗リレーで、抜きつ抜かれつの接戦を演じているとき、あの「天国と地獄」が流されると、いやが上にも興奮を煽り立てられたものだ。

（赤川次郎「三毛猫ホームズとオペラに行こう！」2007.9.12 夕）

・開校と同時に創部し、20周年を迎えた。今回で14度目の全国出場を果たす名門。大会開催地・岩手から唯一の出場団体でもあり、いやが上にも力がこもる。（2007.10.19）

「なかなか得点が入らないいら立ちが興奮をよりいっそう／否応なしに高め」「抜きつ抜かれつの接戦を演じているとき、あの「天国と地獄」が流されると、よりいっそう／否応なしに興奮を煽り立てられたものだ」のように、いずれに解釈しても文意は通じるのである（ただ、いずれに解釈するのがより自然か、という点では差がある。これはこの後挙げる例についても言えることである）。

**○毎日**

・来年度予算政府案が決まった。税制改正による04年度実施分も含め年金の減額、医療費負担の増額、たばこ・発泡酒税のアップ、配偶者特別控除の廃止など庶民の家計をいやが上にも圧迫するアイデアが盛りだくさんである。（「みんなの広場」2003.1.13）

・今の政権には、日米で力を合わせて中国に向き合うといった発想で対中問題を考えているんじゃないかというフシがある。だけど、現実には米中関係の密度の方がどんどん濃くなっている。米国のアジアゲームの本質は変わりつつある。二重の意味でね。つまり昨年、米中貿易の総額は日米貿易の総額を上回った。米国の中国への関心はいやがうえにも高まっている。（「平和立国の試練」2004.6.24）

・カルタゴの封鎖を受けたシラクサの独裁者アガトクレスは起死回生の挙に出る。封鎖をかいくぐり1万4000の兵を60隻に乗せ、敵の本拠北アフリカを急襲したのだ。カルタゴにほど近い海岸でアガトクレスは、乗ってきた船を焼き払わせた▲敵地で退路を断った兵の士気はいやがうえにも盛り上がり、カルタゴ領を思うままに荒らし回った。

（「余録」2007.7.10）

「庶民の家計をよりいっそう／否応なく圧迫するアイデアが盛りだくさんである」「米国の中国への関心はよりいっそう／おのずと高まっている」のように、新旧いずれに解釈しても文意は通じるのである。

## 2.2.「国会」

今回1988～2007年の「国会」を調査の結果、全70件の会議に計73例が得られた（表記はすべて「いやが上にも」）。内訳は、本義の〈さらにますます〉と解釈すべき例が

・ただでさえも我が国は、敗戦国でありながら今や経済大国になった。こういうところから何だかんだといったような、感情的とさえも言えるくらいに世界の各国から小面憎くさえ思われているような現状のときに、そういうような非常に不適切な発言をされる。そのことによってなおさら我が国に対するいろいろな面でのそういうような不評というものがいやが上にも強くなっていくのじゃないかということを私は申し上げたいわけなんです。（第120回参議院法務委員会1号、1990.12.18）

・とりわけ、その最大の懸案は、何といっても前内閣が途中で放棄した住専問題に決着をつけることでありました。住専各社はもとより、母体

行や系統金融機関、借り手などの責任のほか、行政責任をも徹底的に究明し、いやしくも国民に負担のしわ寄せをしないことが求められているのであります。しかるに、政府・与党は一体となってその責任を先送りし、また、加藤自由民主党幹事長をめぐる住専問題を初めとする疑惑解明を拒否し続けるなど、国民の憤りをいやが上にも駆り立てているのであります。　（第 136 回参議院本会議 16 号、1996.5.10）

・今言われましたように、地方の首長さんがこういう事態で逮捕等されるということは、大変あってはならないことでありますし、極めて遺憾だ、こういうように思っております。

特に、地方の場合には、委員御承知のように大統領制ですからね、国は議院内閣制ですけれども。だから首長さんに全部権限が集まるんですね、独任制の執行機関だし。そういう意味では、首長さんはいやが上にもクリーンであっていただくということが我々の願いなんですね。

（第 154 回衆議院経済産業委員会 10 号、2002.4.17）

など 12 例、〈否応なしに、好むと好まざるとによらず〉〈おのずと〉という新義に解すべき例が

・四番目、不毛な南北問題の激化。特に最近北海道方面ではすばらしい減反ですね。四八％も水田が減反されて、その減反を切り抜けるためには酪農に転化せざるを得ない。これは北海道の農家の意思じゃない、国の政治の方向がそういうふうにさせているわけです。そして加工原料乳ができて、その余った乳が今度は本土の方に出ざるを得ない。そうなると、市乳地帯である本土との間のいやが上にも争いにならざるを得ないという、好まない、好まれざる争いが生ずる。

（第 112 回衆議院物価問題等に関する特別委員会 5 号、1988.5.12）

・ほかのシカの死んでいるところへ行きましたら、もう黒いと言っていいぐらいワシやカラスがシカを食べている。そして、ちょうど私のこの横にいますのは、食べられたシカの死体です。（資料を示す）こういう形で本当に骨だけが残るような形で食べるわけです。ところが、鳥ですから、やはりくちばしでつっつくのに一番つっつきやすいのは傷のつい

ているところ、そうするとそこには鉛の弾が入っている。だから、いやが上にも鉛の弾を食べちゃうわけです。ですから、たちまち中毒になって、こういうことになる。

（第145回参議院国土・環境委員会10号、1999.4.15）

・基本的にヨーロッパは、外観というのは公共である。いやが上にも目に入りますからね。外観というのは、したがって、色とか高さとか、そういうのは規制していいんだという文化的なものがあるんですが、日本の場合には、残念ながら戦後何でもいいんだということで自由になっていますから、何となく汚い町になってしまったんです。

（第164回衆議院経済産業委員会2号、2006.2.24）

など8例で、残る53例はいずれに解釈できる以下のような例である。

・この間、我が国の食品をめぐる状況は大きく変化してまいりました。とりわけ、輸入食品の増大や国際基準への適応、残留農薬・ポストハーベスト問題等を背景に、食の安全性をめぐる国民の不安とその安全確保を求める声はいやが上にも高まってきております。

（第132回参議院本会議16号、1995.4.14）

・ですから、私の若い友人ですけれども、銀行業はもう資金の流通ではない、リスクの配分がビジネスであるというようなことを言っている人間もおるわけでありまして、そういうようなことで、リスクに対する敏感さというものはこれからいやが上にも高まってこざるを得ない。

（第151回参議院財政金融委員会14号、2001.6.14）

・高齢化が進む中で、介護の需要と申しますか、そういうことを必要とする高齢者の方々がいやが上にも多くなってくるという状況でありまして、だれかがその介護を担うということが必要になります。その人材の確保というのは、その意味で極めて重要な課題だというふうな認識を持っております。　（第166回参議院予算委員会12号、2007.3.19）

「食の安全性をめぐる国民の不安とその安全確保を求める声はさらにますます／おのずと高まってきております」「リスクに対する敏感さというものはこれからよりいっそう／否応なしに高まってこざるを得ない」のように、

いずれの解釈も可能なのである。

### 2.3. 「ブック」

続いて「ブック」の検索結果である。2009年4月8日に検索を行った結果、「いやがうえにも」155件、「いやが上にも」235件がヒットした。それぞれの上位100件ずつ計200件を調査した結果が表2である。

**表2 「ブック」の調査結果**

| | いやがうえにも | いやが上にも | 計 |
|---|---|---|---|
| 本義 | 4 | 11 | 15 |
| 新義 | 21 | 13 | 34 |
| 両方 | 72 | 72 | 144 |
| この語自体が話題 | 3 | 2 | 5 |
| 昭和20年以前の文章 | 0 | 2 | 2 |

まず本義の〈さらにますます〉と解釈するのが適当な例がある。

・二人は、男たちに誘われて、踊りの中に入っていった。踊りの輪が、いやが上にも高潮になり、いつ、果てるともなく続いていた。

（及川征志郎『縄文の風』文芸社、2001。p. 275）

・墨を流したような夜のぬかるみ行軍は、ただでさえ疲れた我々の体をいやが上にもへとへとにした。

（桜木憲宗『往還―我が戦場の軌跡』文芸社、2002。p. 45）

・いやがうえにも敬うことを「様に様をつける」と言う。

（山崎武也『一流の仕事術気配り篇―仕事と生き方のスタイルを極める50の法則』PHP研究所、2005。p. 78）

・山岳信仰が根強かった当時であれば、富士はいやが上にも特別な存在だっただろう。　（海部宣男『天文歳時記』角川学芸出版、2008。p. 27）

一方、〈さらにますます〉ではなく、新義の〈否応なしに。好むと好まざるとによらず〉と解釈しないと文意が通らないような例もヒットする。

・人生は、社会はいやが上にも金無しでは進まない。だからこの世はすべて金次第と言うのか。

（後藤正司『環境を守る心で明日を創る』文芸社、2004。p. 253）

・行く夏を惜しむパーティではなく、3日前に急死した大野薫の散骨セレモニーだった。この旅立ちの日｛= 1999年9月2日｝はまさに大野薫らしい選択だった。{中略｝ちょっともの悲しい、センチメンタルな夏の終わりは、記憶に残るどころか、毎年いやがうえにも、彼を、そしてこの日を思い出す。

（大野薫『スナップス』marine planning 、2005。p. 462）

・同時に、原爆に代表される戦争の恐ろしさと平和の尊さは、いやがうえにも読者の心を深く揺り動かさずにはおかない。

（あすとろ出版部編『東京書籍版完全準拠新しい国語1年』文理、2006。p. 43）

次の例は〈おのずと〉という意味がよくあてはまる。

・祖父母が健在の実家を離れれば、私と娘しかいないので、常に何かについて話しているという状況がいやがうえにも生まれる。

（清水克彦『頭のいい子のパパが「話していること」』PHP研究所、2008。p. 71）

そしてやはり最も多いのは、新旧いずれに解釈しても文意の通る例である。

・戦後自由や人権の尊重によって、われわれは一時に解放され、一方、急速な経済的発展はわれわれの現実的欲望をいやがうえにも刺激してきた。（中南忠雄『戦後教育の回顧と展望』文芸社、2002。pp. 114–115）

・だから、アルジェリアの時間感覚のいい加減さに囲まれていると、日本では自分が時間にせわしなく追われるような日常を送っているということにいやが上にも気づかされたものだった。

（栗本ひろし『わが転職と会社起業体験記—サラリーマンのリストラに活路を』文芸社、2002。p. 104）

・少年時代を回想する歌群でもそうであったように、都会と故郷、過去と現在という視点の重層性によって望郷の念はいやがうえにも高められる。

（太田登『日本近代短歌史の構築—晶子・啄木・八一・茂吉・佐美雄』八木書店、2006。p.190）

・不審者の出没や、それに伴う事件が増えてきている。これらの状況は、いやが上にも保護者の不安を掻き立てている。

（児童健全育成推進財団著刊『児童館—理論と実践 ENCYCLOPEDIA』2007。p.87）

〈急速な経済的発展はわれわれの現実的欲望をいっそう／われわれが好むと好まざるとによらず刺激してきた〉、〈日本では自分が時間にせわしなく追われるような日常を送っているということによりいっそう／おのずと気づかされたものだった〉と、いずれに解釈することもできるのである。

## 2.4.　それ以外の新聞・雑誌記事の例

続いて、データベース以外から採集した例についてである。1998年には、長野五輪、サッカーW杯フランス大会と日本の参加した2つの大きな国際的スポーツイベントがあった。ともに国民の関心は高く、マスコミに取り上げられた回数も多かった。その記事の中にしばしば“いやがうえにも”が現われており、筆者は新野(2000a)執筆に際してそれらを採集した。

長野五輪に関する記事では、

・26年ぶりに日本で開催される冬季オリンピック。いやがうえにもメダルへの期待が高まるけれど、この美女たちを前にさらに胸が熱くなるぞ！　（『FLASH』1998.2.10号。p.22）

・いよいよ二月七日から長野冬季オリンピックが始まる。長野市内には幟や旗が飾られ、いやが上にも盛り上がってきた。が、このオリンピックの運営費は一千三十億円。　（『週刊新潮』1998.2.12号。p.148）

・原田雅彦、岡部孝信、斎藤浩哉の有力3選手を擁する雪印スキー部は、彼らがメダルを獲得すれば、1人当たり300万—100万（推定）の報奨金を用意している。選手たちのやる気も、いやが上にも燃え上がるというものだが、ちょっと気になることがある。

（『週刊読売』1998.2.22号。p.162）

・日本人選手の予想以上の活躍で、長野冬季五輪はいやがうえにも盛り上っているが、そんな折も折、国際オリンピック委員会（IOC）の腐敗ぶりを徹底的に暴露した本が出版された。（『週刊新潮』1998.2.26号。p.50）

サッカーW杯に関しては、

・マレーシアで16日に行われる日本がサッカーW杯初出場を賭けたアジア地区第3代表決定戦は、フジテレビが午後10時から完全生中継する。{中略} 同局のW杯中継は“不敗”を続けているだけに、期待も視聴率もいやがうえにも高まりそうだ。　　（『サンケイスポーツ』1997.11.13）

・サッカーW杯開幕までいよいよ一ヵ月を切った。五月七日には日本代表選手二十五名のメンバーが発表され、スポーツ紙ばかりか、一般紙、テレビも連日、サッカー情報を伝え、いやが上にも盛り上ってきている。　　（『週刊新潮』1998.5.21号。p.142）

・サッカーW杯は開会目前である。大会期間中の入場者は、フランス国内10会場で250万人に上ると言われ、写真のように、リヨンでは出場32か国の国旗が街中に掲げられるなど、ムードはいやが上にも盛り上がっている。　　（「世界NOW」『週刊読売』1998.6.21号。p.8）

・3対2で日本はイランに勝った。第二の真珠湾またはマレー沖海戦である。

〈緒戦の勝利〉

というやつで、以後、日本の大衆はさして興味がなかったサッカーに熱狂するようになる。

いやが上にも盛り上げたのは大新聞、スポーツ紙、テレビ――特にNHKである。大新聞とNHKの過剰な報道によって、むかしと同じに日本人独特のナショナリズムが燃え上った。

（小林信彦「人生は五十一から」『週刊文春』1998.7.16号。p.72）

といった例がある。いずれも先行文献が「正用」例として挙げるのと同種の、「盛り上がる」「高まる」などものの勢いが強まることを表す動詞を修飾している例である。これらは〈(どのオリンピックでも期待はするが、日本で開催されるという地の利があるので）さらにメダルへの期待が高まる〉、〈（すでに盛り上がってはいたが、幟や旗が飾られるようになると）ますます盛り上がる〉のように文意をとることができる。

しかし一方、〈（他国の選手に比べ地の利があるというのは明らかに有利なので）おのずとメダルへの期待が高まる〉、〈（市内に幟や旗が飾られるといやでも目に入ってくるので）否応なしに盛り上がる〉といったように、どの例も“いやがうえにも”を〈否応なしに〉〈おのずと〉の意にとっても文意は通じる。

新野（2000a、2004）執筆に際して採集した他の例はどうか。

・両番組とも冒頭は瀕死の重傷患者が次々に運び込まれて修羅場と化す救命救急センターの長い長いシーン。ともに、画面には男優（田中信夫と渡辺篤史）の緊迫したナレーションがかぶさり、看護婦の職場の異常性がいやが上にも浮き彫りにされる。

（足立倫行「私のテレビ批評」『週刊現代』1996.11.2号。p.73）

・グループ全体の借金がおよそ二兆六千億円にも上るダイエー。陸上、女子バレー両部は休部で、ホークスへの期待はいやが上にも高まる一方。

（『週刊新潮』1998.3.19号。p.33）

・夏のローカル開催が終わり、いよいよ秋競馬が今週末（9月12日）から中山、阪神の両競馬場で始まる。これからは毎週のように秋のGIの前哨戦ともいうべき重賞が組まれているわけで、いやがうえにもレース検討に熱が入る。

（平松さとし構成「勝つための競馬人類学」『週刊現代』1998.9.19号。p.164）

・西武に続いて14日朝には横浜主催ゲームのチケットも売り出され、日本シリーズの決戦ムードはいやがうえにも高まってきた。

（「十字路」『スポーツニッポン』1998.10.15）

・この不況に抗うような、とんでもない本が出た。その名も『60歳までに1億円つくる本』。{中略} 何しろ、のっけから、

〈老後の生活は自助努力なしには乗り切れない！〉

と宣告し、老後に必要な生活費は夫婦二人で1億円――と脅すのだから、いやが上にもギョッとさせられるのだ。

（『週刊新潮』2000.2.3号。p.50）

・世の中は今、例の看護婦殺人事件の話題で持ちきりである。ある新聞記者から聞いたのだが、彼女たちの職業が「看護婦」であった時点で、報道側の扱いが一段と大きくなったのだそうだ。

ま、そりゃそうでしょ。人命を救う立場にある看護婦が、その知識と技術を殺人に使ったのであるから、世間の受ける衝撃はいやがうえにも増大する。（中村うさぎ「フェロモン道色問答」『夕刊フジ』2002.6.1）

・この7月にスタートした連続ドラマの中で、最も話題の多い一作である。なにしろ主演は、このところ映画の仕事ばかりで、ドラマ出演は実に10年ぶりとなる永瀬正敏。プロデュースは、映画『らせん』『リング』『EUREKA』などを立て続けに当てた仙頭武則。勢いのある映画人がタッグを組むのだから、いやが上にも期待は高まってくる。

（『SPA！』2002.7.16号。p.113）

・映画『極道の妻たち』の原作者として知られ、テレビでもお馴染みの家田さん。それにしても、もう4度目の結婚とは。いやがうえにも新しいお相手が、どんな御仁か気になるところだ。

（『週刊新潮』2003.8.14/21号。p.166）

多くの引用がやや長くなったのは、各例の“いやがうえにも”を本来の〈さらにますます〉と新しい〈否応なしに〉〈おのずと〉のいずれに解釈すべきかの判断には少し長めの文脈を必要とするためである。これらもやはり、〈(修羅場のシーンに緊迫したナレーションがかぶさって）異常性がますます／否応なしに浮き彫りにされる〉、〈(残った唯一のスポーツ部門ということで）ホークスへの期待はさらにますます／否応なしに高まる〉、〈これからは毎週のように秋のＧＩの前哨戦ともいうべき重賞が組まれているわけで）これまで以上に／おのずとレース検討に熱が入る〉、〈(対戦する両チームの主催ゲームのチケットが売り出され）日本シリーズの決戦ムードはよりいっそう／おのずと高まってきた〉のように、いずれの解釈も成り立つ例である。

さてこれまでの例はすべて「いや」は仮名表記であった。漢字表記の例は次に挙げる程度である[1]。

・2 年振りの故郷凱旋となった人生。地元・徳島が生んだ一レスラーが今や世界のトップ・レスラーに仲間入りしての凱旋はそれだけで郷土の誇りであり、相手がみちのくマットのみならず、幾つもの日本の団体を股にかけて活躍する TAKA ということで、否が上にも期待の高まる一戦となった。（『週刊ゴング』1997.1.9/16 号。p. 132）

・{和歌山カレー毒物混入事件で} 警察は、松本サリン事件での河野義行さんの二の舞を踏まないため、弥《いや》が上にも捜査に慎重を期しているという。（『週刊新潮』1998.8.6 号。p. 135）

・田原さんは漫画原作を書かれていたこともあって 2、3 度言葉を交してもらったことがある 「栗東の玉三郎」と異名をとる甘いマスクに G I 15 勝ジョッキー　嫌が上にもオーラを放ちっぱなしなのにあまりにも気さくなその性格……　カッコ良かった！
（若林健次「ベタ健バクチ日記」『サンデー毎日』2001.10.28 号。p. 129）

・「そしてもう一人の挑戦者は、番組内から下克上、ナイナイ、岡村隆史！」
　今ではテレビバラエティのトップに立った岡村ではあるが、当時は人気は先行していたが、まだ駆け出しのグリーンボーイ。しかし、先輩の清水圭に相対して「いつまでも、後輩じゃないですよ」と突っかかってみせた。
　スタジオは嫌が上にも盛り上がった。
（浅草キッド「お笑い男の星座第二部」『TV Bros.』2002.6.8 号。p. 20）

第 2 例以外は「誤った」漢字表記であるが、その漢字表記に見合った解釈しかできない例は第 3 例のみである。〈本人が好むと好まざるとによらずオーラを放ちっぱなしなのに〉という解釈が妥当である。他の例は、第 2 例は〈さらにますます〉、それ以外は〈否応なしに〉〈おのずと〉としか解釈できないかというとそうではなく、いずれも 2 通りの解釈が可能である。

〈さらにますます〉の解釈しか成り立たないと判断した例は次に挙げるも

のなど5例のみである。

・特選素材が相変わらずの凝りよう。ローストビーフは世界最古の製塩法で作った天然塩、カツオは土佐の漁師が釣り上げた一本釣りもの。この塩ができるまで、カツオが釣れるまでをじっくり見せて、料理の価値をいやが上にも高めている。

（山田論「きょうの一本」『日刊スポーツ』1999.7.22）

・いい年をした男が、たかが温泉場の卓球にアツくなる。

スマッシュを叩き込めば、鬼の形相でボールにくらいつく。ついにはダイビング。乱れた髪から飛び散る汗。勝利のガッツポーズ。そしてビール。劇画の世界そのままだ。

それが、超スローモーションで流れ、スピードと緊張（といい年《ママ》した男のぶざま）がいやがうえにも強調される。

（『週刊宝石』2000.2.3号。p. 172）

・資産デフレはバブル崩壊の結果で、バブルに踊った国民が悪いと言わんばかりの当局の態度は、とんでもない話だ。米国はバブルをソフトランディングさせようと必死の努力を重ねている。ところが日本は、放っておけば破裂するバブルをわざわざたたき潰して、いやがうえにも傷を深めたのだ。　（『サンデー毎日』2001.3.25号。pp. 158–159）

一方〈否応なしに〉あるいは〈おのずと〉としか解せないと思われる例も、次に挙げた例を含む7例にとどまる。

・2月3日の節分の日は、芸者衆や色街で遊ぶ旦那衆が「お化け」と称していろんな趣向で色々な者に扮装するのでにぎやかです。何の扮装をしなくとも立派なお化けという舞妓ちゃんも沢山いらっしゃいますが、その夜だけはのどかな京都の夜がいやが上にも盛り上がる行事である事は間違いありません。

（「山城新伍の粋やんか」『週刊読売』1998.2.22号。pp. 141）

・この春、知事選があるというのに、毎日のようにどこが誰をかつぐかという記事が新聞をにぎわしている。あの田中真紀子さんに頼めば、ビシッと断られる。とにかく有名なあの人この人。名前が出ると、どの人もめっそうもないと否定する。知事になって東京を立て直すのだッ！と燃えている人は、いないようだ。都民としてはいやがうえにもシラける。　　　（吉永みち子「季節風」『スポーツニッポン』1999.1.23）

・このゲーム、サイコロを振って進んでいく。止まったところでカードを引き、そこに書かれた株式や不動産に投資するかどうかを決め、資産を増やすのが目的。不労所得が年間５万ドルを上回れば、あがりだ。{中略} 遊びとわかっていても、人が金持ちになり、自分がさえない状態に置かれると、とても冷静ではいられない。皆、いやが上にも電卓片手に真剣にお金の運用を考えるようになり、損益計算書や貸借対照表の見方、つけ方までわかるようになるのがこのゲームのミソ。
（木村佳子「「ペイオフ時代」のマネー・クリニック」『週刊朝日』2003.1.3/10 号。p.151）

第１例は「のどかな京都の夜が」であるから〈さらにますます盛り上がる〉とは解せない。それ以外の例もそれぞれ「都民が都知事選に対してシラける」「真剣にお金の運用を考える」ということは下線部以前には書かれておらず、〈さらにますます〉と解するのは困難である。

そして、以上見てきたとおり、筆者が採集した例のうち〈嫌だけれども、嫌々ながら〉という解釈が適当な例は１例もない、ということがいえる。

## 3.「いやがおうで（に）も」との対比

ここまで見てきたように、どの資料においても、どちらか一方の意味にしか解せない例は少数にとどまる。この事実は“いやがうえにも”の意味変化を考える上で重要であると思われる。この句の〈さらにますます〉から〈否応なしに、意識的にそうしよう・そうしたいと思うか否かを問わず〉〈自然と、おのずと〉への意味変化は、形の似た「否が応で（に）も」「否でも応でも」などに引かれたいわゆる類形牽引によるところが大きいのは疑う余地がない。そこには先行文献の指摘どおり「いや」を「嫌」「否」と考えるという語源解釈が認められよう。さらに「うえ」は「覚悟のうえ」「承知のうえ」

などの場合と同じように解釈されているのではないか。

そして「いやがおうで(に)も」にも、

・打線も、松井が、三塁打が出ればサイクルという5打数4安打の大当たり。いやがおうにもベンチのムードは盛り上がり、須藤監督代行の思惑通りの試合展開になった。　(読売 1997.7.13)

・長野冬季五輪がいよいよ二月七日、開会式を迎える。{中略}札幌大会以来二十六年ぶりに国内で開催されるオリンピックとあって、期待は否が応でも高まるばかり。　(『週刊文春』1998.2.12号。p.168)

・いよいよ1999年が迫ってきた。否が応でも終末気分が高まってくる。そういえば、ノストラダムスの予言っていうのもあったな。確か来年の7の月に世界は終わってしまうんじゃなかったっけ。
(稲田隆紀「お熱いのがお好き」『週刊漫画アクション』1998.12.1号。p.225)

・鳴りやまないテレフォンコールが、緊張感をいやがおうにも高める。米スポーツ界の殿堂マディソン・スクエア・ガーデンで行われた全世界注目のオーディション。　(『サンケイスポーツ』1999.1.14)

・平成6年、羽田内閣が瓦解したあと、社会党(現・社民党)の村山さんが総理になりましたが、私は衆院議長だった土井たか子さんに「村山さんは議長に。おたかさん、あなたが総理になればいい」と進言しました。女性総理が誕生すれば、いやがおうでも女性の政治関心は高まり、立候補する女性も増えるはずです。でも、実現しませんでした。
(三木睦子「語るには若すぎる」『週刊朝日』2002.12.20号。p.115)

と同じような文脈の中で“盛り上がる”“高ま(め)る”を修飾して用いられる場合が少なからずあることも、“いやがうえにも”の〈否応なしに〉への意味変化を助けているといえる。

さてこれらのような「いやがおうで(に)も」の例と、“いやがうえにも”とを関連させて述べている「日本語本」がいくつか見られる。しかしそこで問題にしているのは「いやがおうで(に)も」の意味・用法なのである。

・誤用実例　「いやがおうにも盛り上がる会場の熱気」(Viewsic Online)

「ますます／よりいっそう、会場の熱気が盛り上がった」ということを言いたいのであろうことは分かる。しかし、それを言うのであれば、ここは「いやが上にも」と書くべきところ。　（加納 2002: 39）

・オリンピックでは、有力選手への期待が日に日に高まっていく。すると、いよいよ試合が近づくと、「いやがおうにも期待が高まりますねぇ」と言う人が出てくるものだ。しかし、この言葉は間違い。正しくは、「いやがうえにも期待が高まる」だ。　（宇野監修・日本語倶楽部 2002: 131）

・例　①九年ぶりの政権の座だけに、期待感はいやがおうにも高まる（『朝日新聞』平3・10・11）、②選手発掘、育成の下地は、いやが応でも強化される（『同平5・8・17』）　解　右の「いやがおうにも」「いやが応でも」は「その上ますます」という意味に使われているが、それなら「いやが上にも」でなければならない。　（土屋 2002: 33）

三者に共通しているのは、「いやがおうで（に）も高まる／盛り上がる」という「誤用」例文は〈さらにますます高まる／盛り上がる〉という文意であり、そのような文意を表すには“いやがうえにも”を使わねばならない、としている点である。筆者はこの点については異を唱えたい。

朝日・毎日2紙における「いやがおうで（に）も」の用例の中には、確かに“いやがうえにも”の本義つまり〈さらにますます〉と解釈することが可能な例も以下のように見られる。

**○朝日**

・現在、世界で最も力強い発展を続けるアジア・太平洋地域への日本人の関心は、欧米諸国の保護主義的・地域主義的な動きや米ソ両国の緊張緩和の進行とあいまって、いやがおうでも高まっている。　（1989.3.5）

・東京都内の大手ゲーム機メーカーはこの春、独自の「非常持ち出し袋」を作って、新入社員を含む約3500人の社員らに配る。｛中略｝

　このメーカーは元々、本社周辺の店舗などに約2万食分の非常食を備蓄するなど、災害対策に力を入れてきた。企画した部長は「地震が相次いだこの時期に防災グッズを持たせれば、いやが応でも危機意識が高ま

るはず」と話す。(2005.4.20)

・韓国民にとって良くも悪くも日本は意識せざるを得ない国である。韓国民の対日意識の底流には反日もあれば反発もある。一方には、類似の文化を共有する国、隣国としての親しみもある。その間を揺れ動いているからこそ、いやが応でも意識せざるを得なくなる。(「論壇」1998.2.19)

・たしかに、年明けのブッシュ米大統領の来日や、来年6月の地球サミット(環境と開発に関する国連会議)開催などを控え、日本の国際貢献に対する世界各国からの要請は、いやがおうでも強まるだろう。

(「社説」1991.12.15)

**○毎日**

・新たな産業が生まれる時は、滅びゆく産業があるのは歴史の必然。だからこそ、マルチメディアに群がる企業のボルテージは、いやが応でも高まることになる。(「素描マルチメディア」1994.7.6)

・今年の夏、スピードは、初の全国ツアーをライブハウスやホールでなく、5000人以上のアリーナ・コンサートに決定。福岡、大阪、名古屋、東京の4大ドーム公演の最年少記録を打ち立てることになった。同時に主演映画「アンドロメディア」も公開、スピードの夏は、いやが応でも熱くならざるを得なかったのだ。(「夢の現場で」1998.9.7)

・1人の女性が生涯に産む子どもの数である合計特殊出生率(出生率)が03年に1.29まで落ち込み、しかも厚生労働省が年金改革論議の終盤になってデータを「後出し」したため、国民の怒りと不安が一気に強まった。怒りは年金不信につながり、いやが応でも少子化への関心を高めた。それほど「1.29」ショックは大きかった。その熱気を少子化対策に生かす必要がある。(「社説」2005.1.7)

・バスケットは、選手同士の激しいぶつかり合いと、迫り来る時間との戦いだ。技術が同レベルなら、モチベーション(動機づけ)が高い方が、集中力を発揮し、ファインプレーを生み出す。NKKにはその要素がそろっていた。部の消滅という極限状態。NKK側の観客席はほぼ満席。大会最多の優勝 14 回という黄金時代を築き上げた OB の姿もコートサイドにあった。いやがおうにも心は燃える。　(1999.1.9)

しかしこれらはいずれも「〈否応なしに。不可抗力によって〉〈おのずと〉に加え〈さらにますます〉という解釈も可能な例」であって、「〈さらにますます〉としか解釈できない例」ではない。

ここで筆者が、2009 年 7 月に神奈川県のある私立大学文学部・教育学部の日本人学生 77 名に調査した結果を示してみる。「下線部の語句の意味は何か」として、いくつかの問題を出し、その中に次のような質問を入れた。

・W 杯の開幕まであと 3 日となり、サッカーファンの期待はいやがおうでも盛り上がっている。

回答は選択肢でなく自由回答のためさまざまなものが見られた。それを大きく 4 つのグループに分けてみる。なお無回答は 22 名であった。

（1）〈好むと好まざるとによらず。不可抗力によって〉の類　29 名

「いやでも」「どうしても」各 3、(以下各 1)「回避することができない」「嫌がろうが嫌でなかろうが」「どうすることもできないほど」「どうしようもなく」「たとえ抗おうとしても抗えないこと」「誰が何と言おうと」「どうあがいても」「何があっても」「そうなっても仕方ない」「盛り上がらざるを得ない」「いやでもしかたなく」「食い止めることができない、仕方ないくらい」「決して避けることができない」「止めようにも止められないほど」「望むと望まざるにかかわらず」「そうならざるをえない」「周囲には止められないくらいに」「そうしようと思わなくても、なってしまう」「おさえようとしても」「意志とは関係なしに」「無理矢理にも」「いやでも。周りの意志に門《ママ》係なく」「どうしようもなく、仕方なく(いやが上にもでは？)」

（2）〈自然に。おのずと〉の類　21 名

「自然と」4、(以下各 1)「盛り上がろうとしなくても」「そうしようとしなくても」「わざわざ手を加えなくとも自然に」「当然のことながら」「無理もなく」「自然に」「必然的に。自然と」「何か外部から力をうけなくても自然な流れで」「とりたてて何もせずとも」「自然と空気の流れで」「盛り上がらないわけがない」「無理もなく　当たり前に」「当然。必然的に」「必然的に」

「あおったりする必要もなく自然に」「誰もが否定することなく、皆が一緒になって」「どんな状況でも、当たり前のごとく」

（3）〈とても。非常に〉の類　3名

「ものすごく」「とても」「とてつもなく」

（4）その他　2名

「いやおうなしに→自然に、自発的に」「気持ちを冷静に保とうとしても、興奮が上回って抑えきれない状態」

さきに示した、1998年の“いやがうえにも”の調査とほぼ同じ結果がここでも出ている。この結果は、加納（2002）、宇野監修・日本語倶楽部（2002）、土屋（2002）の記述が妥当でないことを物語っている。「いやがおうでも」は〈さらにますます〉への意味変化は起こしていないのである。近年見られる「いやがおうで（に）も高まる／盛り上がる」という例は「いやがうえにも高まる／盛り上がる」の本義と同じ〈さらにますます高まる／盛り上がる〉ということを言おうとしたものではなく、「いやがうえにも高まる／盛り上がる」の新義の場合と同じく〈好むと好まざるとによらず、あるいは意識してそうしよう・そうしたいと思うか否かによらず、不可抗力によっておのずと高まる／盛り上がる〉ということを言おうとした文なのである。土屋（2002）の挙げる新聞での例についても、今回の調査で前後の文脈を確認したところ、〈好むと好まざるとによらず、不可抗力によって〉と解して問題ない。「いやがうえにも高まる／盛り上がる」とあれば「正用」で「いやがおうで（に）も高まる／盛り上がる」とあれば「誤用」である、とするのは適切ではないのである。

これらとはすこし異なるタイプの指摘もある。

・「決戦の日が近づき、チームのムードはいやがおうでも盛り上がっている」
　「彼の様子を見ていると、いやがうえにも気合が入っているのがわかる」
　このふたつは「いやがおうでも」「いやがうえに」を使った例文ですが、一方には誤りがあります。
　どちらも「いやが」で始まるため、同じような意味だと思い込んでいる人がいますが、そのような勘違いをしていると、このような失敗をすることになります。

まず、「いやがおうでも」の「いや」は、漢字で「否」または「嫌」「厭」と書きます。「おう」は「応」なので、「否が応でも」「嫌が応でも」などとなります。

これを見れば、ニュアンスを感じ取れるでしょう。承知でも不承知でもとか、ぜひともということで、「いやでもおうでも」といっても同じことです。

もう一方の「いやがうえに」の「いや」は「弥」と書きますから、好ましくないとか、嫌うといったことではないとわかります。

この「弥」は、ますますという意味。そこに「上に」とつくのですから、「いやがうえに」とは、なおそのうえに、そのうえますますということです。

つまり、ふたつの言葉はまったく意味が違うわけです。最初の例文は、「いやがおうでも盛り上がる」としていますが、その気もないのに無理に盛り上げようとしているようで、おかしな使い方といえます。決戦の日が近づけば、気分はよりいっそう高揚してくるはずですから、「いやがうえにも」とするのが正解です。

（21 世紀日本語研究会編 2001: 166–167）

こちらは、「いやがおうでも盛り上がる」を「その気もないのに無理に盛り上げようとしている」ようで、おかしな使い方といえます」とする。「いやがおうでも」をそのような意味に取れば確かに日本語の文として無理があるが、〈その気もないのに無理に〉ではなく、〈その気があるか否かによらず、不可抗力によって〉という意味に取れば、おかしいとはいえないのである。

また「いやがおうで(に)も」と近い意味の「否応なしに」「否応なく」「いやでも」にも

・それ｛＝コメの輸入に関する問題｝に加えての湾岸問題。「金を出しても、血は流さない日本」への批判が米国内に渦巻いている。「米兵の遺体が続々と米国に帰国すれば、反日感情はいや応なしに高まる」（外務

省首脳）ことになり、　（朝日 1991.2.24）

・「徳陽シティ｛銀行｝と取引のあった町内の会社が連鎖倒産していく姿を目の当たりにして以来、町民の株価に対する関心もいや応なく高まりました」　（『サンデー毎日』1998.9.20 号。p.21）

・上限を設けない青天井年俸制にすれば、社員の士気はいやでも高まります。　（「著者が語る一冊」読売 1996.5.20）

・ダイエーホークスはだんとつの一位で、このままいけば優勝しそうな勢いだ。セ・リーグでジャイアンツが優勝すれば、日本シリーズは監督のON 対決となり、いやでも盛りあがる。

（嵐山光三郎「コンセント抜いたか！」『週刊朝日』1999.7.16 号。p.137）

のような“高まる”“盛り上がる”を修飾する例がある。

そして〈さらにますます〉から〈意識してそうしよう・そうしたいと思うか否かを問わず。不可抗力によって〉への変化をさらに促進したのが、先に見たように、大部分の側がどちらの意味に解しても文意が通るということである。つまり、例えば 2.4. に挙げた長野五輪やサッカーW杯に関する例の執筆者はみな〈さらにますます〉の意のつもりで書いたとする。これを〈否応なしに〉の意と考えている人が読んだ場合、〈さらにますます〉としか解せない文であれば違和感を持ち、そこから辞書を引いたりして本来の意味に気づくということもあろう。しかし〈否応なしに〉の意に解しても文意が通るためそうはならず、こちらの方を本来の意味と思ったまま通り過ぎてしまうのである。

その一方で〈否応なしに〉としか解せない例も少数のため、本来の意味しか知らない人も、新しい意味が広がっていることに気づきにくい（「高まる」「盛り上がる」といった語を修飾しているというだけで「正用」と判断しているとすれば、それが妥当でないことは見てきたとおりである）。これが、この語の意味変化が「言葉の乱れ」「間違った日本語」の実例として槍玉に挙りにくい理由と言えよう。これに対し、例えば第1部第1章で扱った“役不足”の場合は「正用」か「誤用」か直ちに判断できる例が大半であり、なおかつ後者の例の方が多く現われるので、「正用」派にすれば意味変化（あるいは「乱れ」)に気づきやすいのである。

## 4.　意味変化の開始時期

では、この〈さらにますます〉から〈否応なしに〉〈おのずと〉への意味変化はいつごろ始まったのであろうか。

『新聞記事文庫』で、東京とその近辺で発行された新聞23紙を対象に2009年1月23日に検索を行った結果、「弥が上にも」(もとの記事での表記は「彌が上にも」)が127例(同文の重複除く)、「いやが上にも」・「イヤが上にも」が計69例、「いやがうえにも」が１例ヒットした。その中で注目すべきは次の２例である。

・想ふに製紙の事業は日進月歩の工業にして、吾人の斯業に従事するものは弥が上にも其発達に貢献せねばならぬ。　（『時事新報』1927.8.15）

・いずれにしても支那今回の東鉄回収行為は支那国権、国威の伸張を意味することは争へないが、支那の国権国威の伸張は、弥が上にもソヴエートおよび日本の利害関係に影響を及ぼすわけで、これが早晩南満洲における日本の既得権を侵すに至りはしないかを恐るゝのである。
（『中外商業新報』1929.7.16 ）

これらはその前に「吾人の斯業(製紙業)に従事するものは其発達に貢献せねばならぬ」「支那の国権国威の伸張はソヴエートおよび日本の利害関係に影響を及ぼす」といった内容の明確な記述はなく、〈否応なしに。好むと好まざるとによらず〉という解釈の方が適当と感じられる。

『太陽コーパス』では、「いやがうえにも」９例、「弥が上にも」５例、「イヤが上にも」１例がヒットした。その内訳は、本義と解すべき例が

・かの寛政年間に爆発せし火口は、祠下数町のところにあり、今は唯だ草生ひたる窪地たるに過ぎず。之を脚底に見下ろし、林叢を押し分けてゆけば、遂にかの洞穴といふにつきぬ。こは爆裂の際、巖層の落ち下りしため出来たたりと覚ぼしきが、頗る奥深く、あたりには鬱蒼たる草樹いやが上にも生ひ茂りて、全く陽光を通ぜず、

（久保天随「鎮西遊記」1901.3）

・▼処が革命後の露国は、紛擾に紛擾を重ねて、今又コルニロフなどいふ猛者が顕れてから、国内はイヤが上にもゴタクサが大うなつたのぢやから、時こそ来れと例の独探をケシ掛けて、益々油をついで居るのかも知れぬ。　（某将軍（談）「露国の内訌と独探」1917.12）

など4例、本義と新義の両方に解釈できる例が

・此の虚に乗じて独逸は盛んに露国と手を握らうと噪いで居る。即ち独逸は露国に対して、既に前皇室倒れ、新政体創立された今日、吾々は露国国民に対しては何等の憎悪を持つて居るものでない、従つて露国に其の意があれば、独逸は決して握手することを否ない、といふ如なことは大宰相ベートマン、ホルウエヒなどが、盛んに言ひ触らして、弥が上にも露国の講和熱を向上速進させようと勉めて居る。

（某将軍「講和再提議と春季総攻撃」1917.5）

・浅草観音の霊顕あらたかさは、過ぐる大震災に、儼然として焼残つたことによつて、一層あざやかにされた。そして善男善女の心からの信仰を、いやが上にも高めてしまつた。宜なる哉。こゝに詣づるもの一日に七八万の多きを数へ、ごつた返しの雑閙は、他所では見られない物すごさである。　（記者「浅草放浪記」1925.11）

など10例である。そして注目すべき例が次の例である。

・ではその禁酒によつて、如何なる恩恵があるかといへば、先づ第一に彼等の給料が次第に増額されたことである。禁酒によつて、二割乃至三割の能率が増進するとすれば、生産額が増加し、その価格も比較的低廉になる。低廉で而も生産額が多くなれば、経済界は活気を呈し、商売は繁昌する。故に自然に彼等の収入は増加しその増加した収入は、従来の様に飲酒に消費されないから、彼等の貯蓄はいやが上にも増すことになる。

（伊藤一隆「禁酒運動の科学的基礎―特に工業能率増進に就て」1925.7）

当該個所の前に「彼等（米国の労働者）」の貯蓄に関する記述はない。「給料が次第に増額された」という記述はあるが、それは貯蓄に直結するもので

はない。ここは〈(収入は増加しその増加した収入は、従来の様に飲酒に消費されないから)彼等の貯蓄は好むと好まざるとによらず、自然と増すことになる〉という解釈が最も自然に思える。

このように見ていくと、新旧いずれにも解釈できる例はすでに明治期から見られ、そして新義と解すのが適当である例は1925年つまり大正14年の雑誌記事に見られ、さらに新聞記事で1920年代後半に同種の例がある、ということになる。

このような早い時期に新義の萌芽を認めることができるのは意外な感がある。しかし、第1部第1章でふれたとおり、今日の「間違った日本語」論議の定番例である“役不足”の「誤用」も同じ昭和初期にまでさかのぼれる、という類例もある。

なお表記の点では、『新聞記事文庫』全体で「嫌が上にも」が4例ヒットし、本義と解釈すべき例が

・大正八年末に於ける一般銀行の極端なる警戒も本年初頭に於ては株式界の活躍に依りて全く効果なかりしを立証され、金融状態は一時緩漫を告げ株式熱は嫌が上にも昂潮を告げんとしたり、（『神戸新聞』1920.2.4）

・そこで今まで逼塞してゐた生産業者は愈々算盤がとれるといふわけで生産能率を嫌が上にも昂めんとし初めた。（『大阪毎日新聞』1932.10.31）

の2例、両方に解釈可能な例が

・依然として工賃が高いのと各印刷所が申し合せたやうに一斉に工場の増設を行ひ新式機械の購入に腐心して只管事業の拡張を図つた関係から自然職工の争奪が行はれ嫌が上にも工賃を高め（『中外商業新報』1922.11.14）

・更にその上ヨーロッパの船腹不足は不況時代日本を中心として太平洋アジア方面を運航してゐた約五十万トンの貨物船を皆夫々本国に帰り《ママ》嫌が上にも船腹の不足に拍車をかけてゐる（『神戸又新日報』1937.6.1）

の2例見られる。

また『太陽コーパス』で「厭が上にも」が、

・成程当今の様に、物価は騰貴する、其の上生活状態は、上下を通じて厭

が上にも張つて来るといふのであるから、元と〜〜資産の豊かでない政治家に取つては、この事既に大なる打撃に相違ないのであるが、

（犬養毅（談）「政治家と生活問題―制度の罪」1909.11）

の1例ヒットする。これは新旧両方の意味に解釈できる例である。“いやがうえにも”の「いや」を「弥」でなく「嫌」「厭」と解釈するという意識も、すでに明治期から見られるわけである。そしてそのような表記の例だからといって、〈否応なしに〉と解釈すべきかというと必ずしもそうでない、という点も今日と同じである。

## 5.　おわりに

以上、“いやがうえにも”について見てきた。今後この語はどのような展開を見せるであろうか。現時点では、

A 新しい意味がさらに勢力を拡大し、本来の意味では解釈できない例が多くなってくる。それとともに「日本語本」などで指摘されることも多くなるが、変化に歯止めはかからない。

B 日常会話では使われず文章語において「〜高まる／盛り上がる」という定型句の形で使われる、という特殊性が強まり、それとともに「要するに強調表現なのだ」と受け取られ正確な意味まで云々されないようになっていく。そして次第に「廃語」化の道をたどる。

のいずれかになるのではないかと考える。あるいは、まずA、そして次の段階でBという展開も予想できる。今後も引き続き注目していきたい。

**注**

1　第1例の「人生」「TAKA」はいずれもレスラーの名である。

# 第 2 章　“返り討ち”の意味変化について

## 1.　はじめに

本章で扱う“返り討ち”の意味変化について、これまで「日本語本」などで取り上げられたことは、管見の限り全くない。この語について、筆者がテレビを見ていて「自分の知識とは違う意味で使われているようだ」と気づいたのは 2003 年 3 月ころであった。その後アンケート調査や用例の採集・分析を行い、その成果を新野(2006)にまとめた。

本章は新野(2006)に、その後採集した用例や新たなアンケート調査の結果を増補し、さらに考察を加えたものである。

## 2.　“返り討ち”の本義

まずこの語の本義を確認するため、国語辞典の記述を見ておく。

・①自分と関係のある人を殺傷した相手に復讐をしようとして、逆にその相手に討たれること。(江戸期の『好色二代男』『曽我虎が磨』『平仮名盛衰記』『世事見聞録』の例あり)②江戸時代、主人が下人を手討ちにしようとして、かえって下人に殺されること。この場合、家は断絶となった。(江戸期の『的例問答』の例あり)③転じて、一般に、相手にしかえしをしようとして、逆にまたやっつけられること。(江戸期の『花暦八笑人』、明治期の『浮雲』『多情多恨』の例あり)

(『日本国語大辞典』第 2 版)

・かたきを討とうとして、相手に逆に討たれること。「―にあう」
（『大辞林』第3版）

・①かたきを討つ人が逆に討たれること。用例「―に遭う」②仕返しをしようとして逆にやられること。（『日本語大辞典』第2版）

・かたきを討とうとして、逆に相手に討たれること。「―にあう」
（『大辞泉』増補・新装版）

・かたきを討とうとして、逆に自分が討たれること。「―にあう」
（『旺文社国語辞典』第10版）

・かたきを討とうとして、反対に相手に討たれること。「―にあう」
（『集英社国語辞典』第2版）

・あだ討ちをしようとしてかえって討たれること。
（『三省堂国語辞典』第5版）

・しかえしをしようとして逆に討たれること。「ざんねんながら―にあう」（『新選国語辞典』第8版）

・かたきを討とうとして、逆に自分が討たれること。「―にあう」
（『明鏡国語辞典』）

・かたき討ちに失敗して、自分のほうが討たれてしまうこと。
（『新明解国語辞典』第6版）

・かたきを討とうとして却ってかたきのために討たれること。
（『広辞苑』第6版）

・かたき討ちをしようとして、反対に自分が討たれること。「―にあう」
（『学研現代新国語辞典』改訂第4版）

・かたきを討とうとして、かえってかたきのために討たれること。「―にあう」（『岩波国語辞典』第7版）

もともとは仇討ち制度があった江戸時代に使われた語であるが、現代語での基本的な意味はもっぱら『日本国語大辞典』の③や『日本語大辞典』の②に示された比喩的なものということになる。〈一度やられた相手に仕返しをしようとして、再度やられてしまうこと〉となろう。簡潔かつ今日ふうに言えば、〈リベンジ失敗〉ということになる。

では、それがどのような意味に変化しているのであろうか。

## 3.　大学での調査結果

ここで筆者が2004年4月に東京都内の私立大学で行った調査（筆者自身ではなく、同大学の教官に委託して行った）の結果を示そう。対象は一部（昼間）の学生67名（年齢（当時。以下も同）は全員が20～24歳）及び二部（夜間）の学生52名（19歳が9名、20代が38名、30代1名、50代3名、60代1名）である。調査票を配布し、「下線部の語句の意味をお書きください」という問題10問ほどの中に「あんなやつは返り討ちにしてやる」という設問を入れた。それへの回答は表1のとおりである。

**表1　私立大学（都内）での調査結果**

| | 本義 | 新義1 | 新義2 | その他 | 無回答 | 計 |
|---|---|---|---|---|---|---|
| 一部 | 0 | 43 | 9 | 7 | 8 | 67 |
| 二部 | 2 | 38 | 2 | 3 | 7 | 52 |
| 計 | 2 | 81 | 11 | 10 | 15 | 119 |

本義の回答はわずかに2名であった。

・「敵のためにやられる」（22歳男性）

・「仇討ちを申込まれた時相手を打ち負かす」（57歳男性）

1つ目は、「かたきのために」と読んだが、仮に本人が「てきのために」と答えたつもりであったら「その他」に含まれ、本義はわずか1名ということになる。

そしてそれ以外の回答で、目立ったのは以下のようなタイプのものであった。

・「向かってきた相手を逆にうちのめすこと」（20歳女性）

・「逆にやっつける」（20歳男性）

・「攻撃してきた者を逆に負かす」（21歳女性）

・「受けてたって勝つ」(21歳男性)
・「襲ってきたら逆に倒してしまう」(22歳女性)
・「向こうから襲ってきたところを討ちとる」(22歳女性)
・「挑戦を退ける」(22歳男性)
・「向かって来る相手を迎え討つ」(30歳男性)

これらをまとめると、〈自分を倒そうと向かってきた敵を、受けてたって逆に打ち負かすこと〉となろう。これを「新義1」とした。

そしてこれに比べると少ないながら、さらに注目すべき一群の回答が見られた。

・「かたきを討つこと」(20歳女性)
・「仕返し」(20歳女性2名、21歳女性2名、50歳女性など)
・「復讐」(20歳女性2名など)
・「かたきをとる」(60歳女性)

これらは〈リベンジ失敗〉という本義とは正反対の、〈リベンジ成功〉という意味の回答ということになる。これを「新義2」とした。

なお「その他」に分類したのは、「痛い目にあわせる」「血しぶきが飛ぶ」といった回答である。

## 4.　新義と世代差

冒頭で述べたように、筆者が“返り討ち”の新義に気づいたのは2003年3月ころであった。テレビのあるバラエティー番組で、タレントAが隣にいたタレントBの「恥ずかしい話」を暴露したところ、逆に自分の「もっと恥ずかしい話」をBに暴露されてしまい、そのときに「返り討ち」という字幕が出たのである。新義1の例ということになるが、それまで筆者は、この語の意味は〈リベンジ失敗〉であると考え何の疑問も持っていなかった。

その後調査を始めた時点では、新義は若い世代に限られ、少なくとも筆者(1961年生)より上の世代は〈リベンジ失敗〉でしか使わないのではないかと考えていたが、前掲の大学での調査の結果、50～60代の4名中本義を答えたのは前掲の「57歳男性」1名のみであったことで、その予想は大きく揺らいできた。

そこで再度調査を行った。今度は関西地区の専門学校の日本語教師養成コース受講生と、私立大学通信教育部のスクーリング受講生を対象とした調査である。今回もやはり筆者自身ではなく、大学教師でこれらの講師を勤めた信頼すべき研究者に委託して、2004年7月に行った。前回同様10問ほどの質問文を記入した調査票を配布し回答してもらう形式である。ただし今回は質問文を「全力で戦ったが、結果は返り討ちだった」に変えた。前回は「返り討ち」にする、すなわち勝つ立場からの例文であったが、それを負ける立場からのものにした場合何か変化が生じるかという点に興味があったのである。結果は以下の表2・表3のとおりである。

**表2　専門学校での調査結果**

| | 本義 | 新義1 | 新義2 | その他 | 無回答 | 計 |
|---|---|---|---|---|---|---|
| 20代 | 1 | 8 | 0 | 8 | 2 | 19 |
| 30代 | 1 | 2 | 0 | 2 | 0 | 5 |
| 40代 | 1 | 1 | 0 | 4 | 0 | 6 |
| 50代 | 4 | 2 | 0 | 5 | 0 | 11 |
| 60代 | 1 | 1 | 0 | 2 | 0 | 4 |
| 計 | 8 | 14 | 0 | 21 | 2 | 45 |

**表3　私立大学(関西)での調査結果**

| | 本義 | 新義1 | 新義2 | その他 | 無回答 | 計 |
|---|---|---|---|---|---|---|
| 20代 | 1 | 13 | 0 | 7 | 0 | 21 |
| 30代 | 0 | 12 | 1 | 5 | 0 | 18 |
| 40代 | 0 | 5 | 0 | 2 | 0 | 7 |
| 50代 | 2 | 1 | 0 | 0 | 0 | 3 |
| 60代 | 0 | 4 | 0 | 2 | 0 | 6 |
| 70代 | 0 | 2 | 0 | 0 | 1 | 3 |
| 計 | 3 | 37 | 1 | 16 | 1 | 58 |

いずれも50代に本義の回答がやや目立つが、全体的に世代差は見出しが

たい。つまり中高年層にも新義 1 が相当広がっているのである。さらに負ける立場からの例文であっても「その他」(多いのは、単に「負けた」「敗れた」としか書いていない類のものである)が多いという点は目立つものの新義 1 の勢力という点では表 1 と大差はない。東京と関西という地域による差も新義の勢いについてはほとんど見られないということになる。

筆者は調査前はこのように仮説を立てていた。1970 年代末ころまではテレビの時代劇が多かった。そして当時はテレビが家庭の娯楽の中心でなおかつ一家に 1 台という時代であったため、親が見る時代劇を別に見たくもないのに子供もなんとなく一緒に見ている、ということもままあったのである。また当時はお笑い番組や少年マンガでも、時代劇のパロディーはしばしばあった。そのような中で子供は“返り討ち”などの時代劇用語とその意味をいつのまにか覚えていったのである。しかしもう相当以前からテレビは一人に 1 台の時代となり、近年は時代劇も少なくなった。そういった状況が、若い世代から本義習得の機会を奪い、新たな意味の発生と広がりを促しているのではないか―。

しかし新義の広がりに特に世代差が見られないとなると、この仮説も疑わしくなる。

そして 2009 年 7 月、3 度目の調査を行った。今回は神奈川県内の私立大学文学部・教育学部の日本人学生 77 名が対象である。「下線部の語句の意味は何か」として、いくつかの問題を出し、その中に次のような質問を入れた。

・全力で戦ったが、結果は<u>返り討ち</u>だった。

その結果、本義・新義 2 はそれぞれ「リベンジ(仕返し)のつもりで行ったが逆に負けた」・「前回負けてしまったことに対するふくしゅう」という 1 名のみであった。新義 1 に該当する答えは「自分から攻めていって逆に反撃に遭うこと」「自分が攻撃を仕掛けるも、却って自分が被害をこうむること」「向っていった相手に逆にたおされる」「こちらから挑んでいったのに結局歯が立たなかった」など 22 名に達した。ところが、「その他」がそれを上回る 31 名にのぼり、そのうちでは単に〈負け(る／た)〉というのが計 18 名、

「あっさり負けること」「大負け」など〈惨敗した〉というのが計10名となっている。これらのような回答は、例文の前後関係から「要するに(散々に)負けるということでしょ」と推測した結果の回答であり、“返り討ち”の「返り」にこめられた、「どのような経緯で負けることなのか」という点を考慮していないということになる。加えて「無回答」も新義1と同じ22名を数えた。このような結果は、この語が若い世代にとり使用語彙でないのはもちろん理解語彙(本義か新義かはともかく、本人は意味を知っていると思っている語彙)にも含まれなくなってきていることを示すものではないか。

次節では、各種データベースなどで得られたこの語の用例を見ていく。

## 5.　各種データベースの調査結果

### 5.1.「新聞」

朝日・毎日・読売各紙の記事を、1988～2007年の期間検索した結果が表4である。この表の前に、すでに1984年から新義1の例は現れている。

・ちょうど行われていた写真展に入ると、ライオンが別のライオンをかみ殺しているクローズアップが目に飛び込む。メスにちょっかいを出しにきたライオンが返り討ちにあったのだ。　　（「ひと」朝日1984.12.6）

その後の新義1は、かなりの数に上るので新しい例を挙げると、

**○朝日**

・20年近く前。いつものように宝塚の中島らも邸で日本酒をきこしめしつつ、明け方までくぐもった笑い声を立てていた。お宅を急襲しては返り討ちに遭い、次の朝朦朧としながら仕事の現場に向かうという健康的な生活を送っていた頃だ。　　（松尾貴史「なまねた」2006.5.18夕）

・たとえば、騎士が悪人のテルラムント(セルゲイ・レイフェルクス)を誅するところ。普通なら悪人が騎士を襲って返り討ちになるが、この日は、騎士が後方のカーテンを突き刺すと、隠れていた悪人が倒れる要領。

**表4　「新聞」の調査結果**

| | 朝日 | | | 毎日 | | | 読売 | | | 合計 | | | 両義 | 不明 | 総計 |
|---|---|---|---|---|---|---|---|---|---|---|---|---|---|---|---|
| | 本義 | 新義1 | 新義2 | 本義 | 新義1 | 新義2 | 本義 | 新義1 | 新義2 | 本義 | 新義1 | 新義2 | | | |
| 1988 | 1 | 2 | 0 | 0 | 0 | 0 | 0 | 0 | 0 | 1 | 2 | 0 | 0 | 0 | 3 |
| 1989 | 0 | 0 | 0 | 0 | 0 | 0 | 3 | 0 | 0 | 3 | 0 | 0 | 0 | 0 | 3 |
| 1990 | 1 | 0 | 0 | 0 | 0 | 0 | 0 | 1 | 0 | 1 | 1 | 0 | 0 | 0 | 2 |
| 1991 | 1 | 1 | 0 | 0 | 0 | 1 | 3 | 2 | 0 | 4 | 3 | 1 | 0 | 0 | 8 |
| 1992 | 0 | 0 | 0 | 1 | 0 | 0 | 2 | 2 | 0 | 3 | 2 | 0 | 0 | 0 | 5 |
| 1993 | 1 | 1 | 0 | 2 | 0 | 0 | 0 | 1 | 0 | 3 | 2 | 0 | 0 | 0 | 5 |
| 1994 | 1 | 1 | 0 | 1 | 0 | 0 | 3 | 5 | 0 | 5 | 6 | 0 | 0 | 0 | 11 |
| 1995 | 0 | 0 | 0 | 1 | 1 | 0 | 2 | 2 | 0 | 3 | 3 | 0 | 0 | 0 | 6 |
| 1996 | 0 | 0 | 0 | 4 | 2 | 0 | 0 | 1 | 0 | 4 | 3 | 0 | 0 | 0 | 7 |
| 1997 | 0 | 0 | 1 | 0 | 0 | 1 | 2 | 1 | 0 | 2 | 1 | 2 | 0 | 0 | 5 |
| 1998 | 1 | 1 | 1 | 3 | 1 | 0 | 4 | 1 | 0 | 8 | 3 | 1 | 0 | 0 | 12 |
| 1999 | 1 | 1 | 2 | 4 | 1 | 0 | 2 | 1 | 1 | 7 | 3 | 3 | 朝日1 | 0 | 14 |
| 2000 | 1 | 4 | 0 | 1 | 0 | 0 | 5 | 5 | 1 | 7 | 9 | 1 | 0 | 0 | 17 |
| 2001 | 1 | 2 | 0 | 1 | 2 | 0 | 1 | 1 | 0 | 3 | 5 | 0 | 0 | 0 | 8 |
| 2002 | 4 | 3 | 1 | 6 | 6 | 0 | 4 | 2 | 0 | 14 | 11 | 1 | 朝日1 | 0 | 27 |
| 2003 | 3 | 0 | 0 | 4 | 4 | 0 | 0 | 0 | 0 | 7 | 4 | 0 | 0 | 0 | 11 |
| 2004 | 1 | 0 | 1 | 6 | 0 | 0 | 1 | 1 | 0 | 8 | 1 | 1 | 0 | 読売1 | 11 |
| 2005 | 2 | 4 | 1 | 8 | 1 | 0 | 1 | 4 | 0 | 11 | 9 | 1 | 0 | 0 | 21 |
| 2006 | 3 | 3 | 0 | 4 | 1 | 0 | 3 | 2 | 1 | 10 | 6 | 1 | 0 | 0 | 17 |
| 2007 | 3 | 3 | 1 | 8 | 1 | 0 | 2 | 3 | 0 | 13 | 7 | 1 | 0 | 0 | 21 |
| 計 | 25 | 26 | 8 | 54 | 20 | 2 | 38 | 35 | 3 | 117 | 81 | 13 | 朝日2 | 読売1 | 214 |

（片山杜秀「（音楽）オペラ「ローエングリン」　後引く、寄る辺なき不安」2007.3.28）

・意気込んでエチオピア選手の練習に参加したが、遅いグループに入っても最下位。「こてんぱんにやられた」と福士。見事に“返り討ち”にあってしまった。　（「スポーツ人物館　世界陸上編」2007.6.4 夕）

### ○毎日

・街のあちこちに、投かん口をベニヤ板で覆った青い郵便ポストがある。98 年に民間参入を認め、郵政民営化の「お手本」とされたニュージーランドの首都ウェリントン。{中略} しかし、実はポストを設置した会社は前の年に国内郵便事業から撤退していた。かつて国営だった郵便会社「ニュージーランドポスト」の返り討ちに遭ったからだ。ポスト社のシェアは今、9 割を超える。国内部門担当のバーナウ氏は「わが社と同等には競争できない」と胸を張る。　（2006.6.13）

・勝利へのシナリオはあった。序盤は足を使って疲れを誘い、その後は前に出てボディーを軸に攻める。だが、間合いを詰めると王者は強烈な左右の連打で応戦。九回には左フックをよけ切れず、バランスを崩してダウンを喫するなど返り討ちにあった。　（2007.9.25）

### ○読売

・相手をやっつけようとして返り討ちにあいながら、「よっしゃ、今日はこれぐらいにしといたるわ」と強がりを言う池乃めだかさんの名文句に、また爆笑。　（「恋ナビ対決」2006.11.15 夕）

・信玄の時代に生まれた丸馬出は、家臣の山本勘助が考案したともされる。虎口を視界から隠すとともに、攻め込んできた敵を伏兵で返り討ちにする攻撃的な面も併せ持った防御施設で、　（2007.2.9）

・シャリフ氏は、1997 年 2 月の下院選大勝を背景に軍部を支配下に置こうとし、99 年 10 月の軍事クーデターで「返り討ち」に遭った。

（2007.11.26）

「〜にする」であれば攻撃を受けて立った方が、「〜にあう」であれば先に攻撃を仕掛けた方が主語になる。

なお本義・新義1の両方に解釈可能な例もある。

・{豪州チームは} 二四年、二度目の英国遠征は32戦全勝。三〇年には乗り込んできた全英チームを3勝1敗と返り討ちに。　(朝日 1999.1.21)

本義の例とも、〈相手の本拠地に乗り込んでいったものの迎え撃たれて負ける〉という新義1の例とも解釈できる

・最近では正義の味方たちを返り討ちにする「悪代官」という異色作まで出るなど　(朝日 2002.9.17 夕)

この例は、『悪代官』というゲームの紹介記事である。このゲームは、悪代官(プレイヤー)が、自らを成敗しようと屋敷内に侵入してくる正義の味方を、様々な仕掛けや用心棒を使って撃退する、という趣向である。攻め込んできた敵を待ち受けてやっつける、という新義1の例とも解釈できるが、悪代官に虐げられた民衆の恨みを晴らそうとする正義の味方をやっつける、と考えれば本義の例とも取れる。

また新義2の例は1991年がもっとも早く、1990年代中には3紙すべてに現れている。その例は以下のようなものである。

**○朝日**

・●山田(横)　4月、敵地で勝った中日に今度は本拠で返り討ちにあう。「こんな内容ではコメントできません」　(2002.5.12)

・{民主} 党内は元々、古賀氏の辞職で4月補選を迎え、昨秋の総選挙で破った自民党の山崎氏に返り討ちにあう展開は避けたいとの擁護論が強かった。　(2004.1.27)

・場所前、出げいこに来た横綱にこてんぱんにされた。以前なら逃げ腰になったが、新三役の今回は違った。翌日、返り討ちにしようと体調を整えた。　(2005.9.12)

・広陵の野村は涙を見せなかった。昨秋の明治神宮大会1回戦で勝っている帝京に返り討ちにあったが、「秋と比べて帝京は変わっていない。僕

が悪かっただけ」。エースの誇りから、強気の言葉を繰り返した。

（2007.4.2）

**○毎日**

・六十三年春場所。大乃国は千秋楽の結びの一番で北勝海と顔を合わせ快勝、十三勝二敗で並び、優勝決定戦に持ち込み、再び勝って二度目の優勝を決めた。{中略} 元年夏場所は千秋楽で北勝海と十二勝同士で当たり、返り討ちにあって、優勝をさらわれている。

（「記者の目」1991.7.17）

・◇若くても本を読める年齢の人は昭和を体験した同時代人。自分が生きた時代を勉強しないと歴史に返り討ちに遭う。歴史には長い序章があり、それに気づかないうちに第１章に入りかけているのがこの夏です。橋本さんはずいぶん本を読むそうですが、自分に都合のいい本を読むのじゃ困ります。なぜ戦争をしたのか、何が間違っていたのかを考えてきたはずの半世紀です。（「聞く語る」1997.8.3）

**○読売**

・前日は５本塁打で快勝した巨人が、本塁打の“返り討ち”に遭った。緒方の２打席連続に始まってディアスの２ラン、金本、ディアスのソロときっちり５本のアーチを打たれた。投手陣を預かる鹿取コーチも「今日は完敗だよ」と、なすすべがなかった。（1999.8.2）

・紺色のウエアの一団が、泣きじゃくっていたのは、2000年１月３日の大手町。その１年前、駒大を逆転して10年ぶりの優勝を果たし、喜びに浸った路上で、順大の選手たちは唇をかんだ。勝ったのは、駒大。返り討ちを果たされた沢木啓祐監督は、教え子たちに言った。「完全な力負け。来年は新たな戦略と戦術で巻き返すしかない」（2000.12.27）

・小泉首相の20日の施政方針演説の前、「小泉チルドレン」と呼ばれる自民党新人衆院議員82人に対し、首相への声援や拍手を指示するファクスが送られた。{中略}　指示を無視した議員は「大人なんだから、そこまで指図されたくない」と語った。民主党の前原代表は「次の選挙で返り討ちにし、(国会内に)まともな議員が多くなるように努力したい」と皮肉った。（2006.1.21）

いずれも、〈一度明確に勝負に敗れた側が、再戦でやり返して勝つ〉という意味で使われている。「〜にする」であれば一度負けた方が、「〜にあう」であれば一度勝った方が主語になる。スポーツ記事と政治記事の両方に見られるのが興味深い。

## 5.2. 「国会」

「国会」では、戦後2007年までに8件の会議に用例が見られるが、すでに1961(昭和36)年に新義1と解すべき例が見られる。

・この大もとを直さずして、末だけを正そうとしたって、これは中国の人が教えてくれているように、百年河清を待つにひとしい。だから従ってさいぜん言ったように、外堀と内堀を埋めずして一挙に城主の首を取ろうと本丸に乗り込むようなもので、そんなことをしたら一ぺんに捕虜になってしまう。捕虜になって返り討ちですよ。

（第38回衆議院内閣委員会38号、1961.5.23）

その後もこのような例がある。

・私が鉄パイプのことをことさら質問したのはこれと関連があるからです。衝突は数分間で終わっております。あっという間の出来事です。そして襲撃した側がみごとに返り討ちに遭ったわけです。それは彼らに襲撃してくるということがちゃんと予想されていたからです。

（第75回衆議院法務委員会27号、1975.6.18）

・続きまして、この質問をすると経済、財政に強い大臣の土俵にみずから上がって私は返り討ちになるんじゃないかという不安を感じながら、しかしやっぱりこれは聞いておかなくちゃいけないと思ってお聞きいたしたいと思います。

（第142回参議院労働・社会政策委員会13号、2000.3.31）

これらは〈仇を討とうとして負ける〉というのではなく、〈攻め込んでいった方が迎え撃った方にやられる〉という新義 1 の意味に解釈するべきである。

### 5.3. 「ブック」

次に「ブック」である。2009 年 4 月 10 日に検索してヒットした 150 件のうち先頭 100 件についてその意味を調べた。そこで注目されるのは、江戸時代を題材とした図書に、『日本国語大辞典』②の〈江戸時代、主人が下人を手討ちにしようとして、かえって下人に殺されること〉という意味と解釈すべき例が 2 例見られることである。第 1 例は「下人」ではないが、〈手討ちにしようとした下の者にかえって殺される〉という点で、この意味の例に含められよう。

・一六一二年、信景の十歳過ぎの息子・十蔵が主君南部利直に罪人を斬るように命じられたが返り討ちにあい死亡する。
（加賀康之『大坂の陣・なるほど人物事典　豊臣 vs 徳川—主役・脇役たちの意外な素顔』PHP 研究所、2006。p. 151）

・おもだった家臣はことごとく去って、{小早川} 秀秋の孤独はふかまっていった。
「家来を討とうとして、返り討ちにあった」
という横死説、もしくは毒殺とする史料すらもある。
（岳真也『関ヶ原合戦「武将」たちの言い分—天下分け目の行動学』PHP 研究所、2007。p. 139）

これ以外では、本義の例が

・けれどいくら許せないからといって、女の細腕一つで大の男三人に報復を挑むのは、小雀が大鷲三羽に立ち向かうのと等しく、たちまち返り討ちになる。　（神丈正『峠の惨劇』文芸社、2002。p. 135）

・仇討ちをする場合は一族で一番強い者が、つまり、この俺が出向く。そして一対一で勝負だ。勝てば文句なしだが、もし返り討ちにあって俺が死んだ場合でも、そこで仇討ちは終わりだ。
（滝上隼世『遥かなる天の蒼』文芸社、2003。p. 96）

など37例である。それに対し、新義1の例が

・古事記と日本書紀には、小野というところで相武国造がヤマトタケルを火攻めにしようとして返り討ちになつたとある。

（恵美嘉樹『全国「一の宮」徹底ガイド』PHP研究所、2007。p.83）

・髪型が変わったようなので、美容院にでも行ったのかと思いほめてみたら、「切ったの、もう2週間前ですよ!?（今さら気づくなんて）」と返り討ちにあった経験はないでしょうか。

（アダム徳永『毎日使える！　ほめ言葉—女性を喜ばせる作法』PHP研究所、2008。p.57）

など、全体のちょうど半数の50例に達している。さらに新義2の例が

・このまま引き上げても、勝ちは勝ち。しかし、夜討ちをかけても、上杉朝興の首をとれるという保証はない。いやそれどころか、無傷の一〇〇名余りを加えた上杉軍に返り討ちにあうこともあり得ぬことではない。

（菊池道人『北条氏康—信玄・謙信と覇を競った関東の雄』PHP研究所、2002。p.77）

の1例見られる。

## 6.　新義の発生時期と、その理由

見てきたとおり、本義は「新聞」では全体の2分の1強、「ブック」では3分の1強にとどまっている。校閲が厳しく行われているはずの新聞記事に、これだけ新義の例が見られるのである。新聞用語懇談会編（2007）の「用字用語集　誤りやすい慣用語句」では、“役不足”「気の置けない人」などは当然載っているが、“返り討ち”は出ていない。この本のみならず、それを基にした各社の用語マニュアルにも“返り討ち”の「誤用」に関する記述はない。「言葉の乱れ」「間違った日本語」に関する「日本語本」などにもこの語についての記述は管見の限り全く見当たらず、まさに「気づかない意味変化」と呼ぶにふさわしい事例である。

これだけ新義が広がっていると、時代劇ではお馴染みと思われる、

・「おのれ父の仇、○川×之介。ここで会ったが百年目、いざ尋常に勝負しろ」

「何を小癪な。小僧、返り討ちにしてくれるわ」

といったやり取りの正確な意味が伝わっていない読者・視聴者が世代を問わず少なからずいるということになる。

### 6.1.　新義の発生時期

今や「気づかない」うちに相当の勢力になっている新たな意味は、いつごろ発生したのか。さらにさかのぼって、戦前のデータベースを検索してみた。

しかし『新聞記事文庫』では全データ（2009.7.31時点）を対象に検索の結果、「返り討ち」2例・「返り討」1例がヒットしたがいずれも本義であった。『太陽コーパス』ではヒットがなかった。

一方『青空文庫』では、2009年8月31日の検索では7件がヒットした。そのうち5件は本義、1件は落語の題名であった。問題は残る1件である。

中里介山『大菩薩峠　白雲の巻』の一節で、この巻の中心人物田山白雲が、怪力の大男「ウスノロ」と船頭親子との取っ組み合いを「遠眼鏡」で観察する場面である。長い引用になるが、その場面を次に引く。なお本文は、『大菩薩峠　第十二巻』（1933、大菩薩峠刊行会）による。

・ところが、前に馳けて行く大男は、身体こそ頑丈さうだが、馳け方は存外不器用で、何か河原の石ころか、杭かにつまづいて仰向けにひつくりかへつた状は、見られたものではありません、さうすると、それを幸に後ろから追ひかけて来た大小二つの人間が、いきなりそれを取押へて組伏せにかゝりました、そこで、大男がはね起きようとする、二人が必死と抑へ込まうとする、三箇が川の岸で組んずほぐれつの大格闘を始め出したのです。

{中略}

そのうちにむつくりはね起きたくだんの大男、もう立て直つたと見ると、大変な馬力で両方から取りかゝる大小二つの、たぶんこれは船頭親子であらうと見られるところの二つをむしろ返り討ちの体で突き飛ばし、はね飛ばし、その暴れつ振りの不器用ながら猛烈なることは当るべくもありません、あとから追ひかけた船頭親子はあべこべに突きまくられはね飛ばされ、蹴倒されつゝ、遂には大声を挙げて救ひを求むる体です。

{中略}

このウスノロの力の強いことは流石の白雲も一時はタヂ〳〵とさせられた体験がある、中々かいなでの老人子供の手に合ふものではない、あゝして立て直して返り討ちの形になり、二人に悲鳴を挙げさせてゐるのも無理のない処だが、それはさうとして彼奴を此処で見ようとは思はなかった。

{中略}

彼は今、飢に迫つてあの船頭小屋の中へ何か食物を漁りに来たのだ、そして船頭親子に見つかつてあの醜体だ、白雲は自分の想像の図星を行つてゐるウスノロ奴の行動が、むしろ可笑しくなつて吹き出したいくらゐに感じたが、併し、彼処で争つてゐる三人の御当人達の身になつてみれば必死の格闘である、殊に気の毒なのは、この一種異様な侵入者を、こゝまで追跡して来て、折角取抑へたかと思へば却つて逆襲されて、一歩あやまると自分達の生命問題になる立場に変つて狼狽しつゝ後退しつゝ必死に争つてゐる体を見ると白雲は気の毒でたまりません。

(pp. 215–220)

「返り討ち」が 2 例現れている。船頭親子は、自分たちの小屋に「何か食物を漁りに来」て「何か抱へて」逃げ出した「ウスノロ」が、「つまづいて仰向けにひつくりかへつた」ところを「取押へて組伏せにかゝりました」。つまり、先に相手の身体に物理的な攻撃を加えたのは船頭親子の方なのである。しかし「折角取抑へたかと思へば却つて逆襲されて」しまった。そのさまを「返り討ち」と表現しており、これは新義 1 の例ということになる。船頭親子にとって「ウスノロ」は仇ではない。「ウスノロ」が抱えていた「何か」を白雲は船頭小屋にあった食料品と推測するが、それを持ち出された「仇」

を取ろうとして逆にやられてしまった、と本義に解釈するのはかなり無理がある。この作品の雑誌初出は同じく1933（昭和8）年であり、新義１の発生は戦前、昭和１ケタにまでさかのぼれるということになる。

### 6.2.　新義の発生理由

それでは、続いて新義の発生理由について考えてみる。

『日本国語大辞典』の②「江戸時代、主人が下人を手討ちにしようとして、かえって下人に殺されること」という意味は新義１に近いように見える。しかしこの意味は用例が１つしか挙っておらず、『俚言集覧』『言海』『日本大辞書』『大日本国語辞典』、さらに『江戸語大辞典』などにも見えないことを考えると、江戸期においても①ほど一般的ではなかったと思われ、さらに明治以降はその性格上、江戸期について記す場合にしかまず出てこない意味であろう。今日のデータベースでも「ブック」に２例のみである。この意味が明治～昭和と勢力を水面下で維持し続けてからここ何十年かで急に広がって現在の新義１につながったと考えるのは無理がある。

考えてみると、本来の“返り討ち”にしても、多くの場合敗れるのは勝負を挑んできた側、先に攻撃してきた側である。かたきを討つ側と討たれる側とでは当然前者から名乗りをあげて勝負を挑むわけであるし、先に斬り込んでいくことが多いであろう。つまり〈相手をやっつけようと自分から向かっていって、かえってやられる〉という部分では共通しており、〈敵討ちや一般的な仕返しにおいて〉という場面・状況の制約がなくなった、ということになる。そういう点では、“瀬戸物”（〈瀬戸産の陶磁器〉→〈陶磁器一般〉）や“続投”（〈野球で投手が交代せずマウンドにとどまること〉→〈一般に、ある高い地位にいる人が交代せずにとどまること〉）のような「特殊→一般」というタイプの意味変化の一例と考えるべきではないか。

また新義2、すなわち〈敵討ち、しかえし〉の意でこの語を使うというのは“役不足”のような「対義的方向への意味変化」ということになる。したがって本義で使う立場から見れば新義１以上に違和感が強い。しかし新義１との関連で見ると、〈攻撃を先に受けた側が、その攻撃により負ける前にやり返して勝つ〉のが新義１、〈攻撃を受けていったん先に負けた側が、その後の再戦でやり返して勝つ〉のが新義２ということになり、相当近い関係にあると言えるのである。新義１からさらに意味変化したものが新義２、と考えたい。その背景として、“かたきうち”と“かえりうち”の２語は音が近似しているうえ、同じ場面で密接に関連して用いられることも考慮すべきであろう。

## 7.　おわりに

今後“返り討ち”の新たな意味はどうなっていくであろうか。第３部第１章で扱った“いやがうえにも”の場合は、本義と新しい意味のいずれに解釈しても文意が通るような例が多く、それが「気づかない意味変化」になっている要因であると筆者は考えた。それに対し、第１部第１章で扱った“役不足”は新しい意味で使われた場合、「役不足ですが、司会を勤めさせていただきます」のような本義を知る人はただちに違和感を抱くような例が多く、したがって「誤用」として指摘される頻度も高いのである。

“返り討ち”の場合、新義１と考えている人から見て、本義の例は前述のとおり〈やっつけようとして向かっていった相手にかえって自分がやられる〉という点では同じなのでさほど疑問は感じないであろう。一方本義で使う層からすれば新義１、２のような使い方には明らかに違和感を抱くと思われる。しかしそれは個別のケースで対戦の背景（以前の対戦の有無やその結果など）についての予備知識があったり、用例の前後の本文までじっくり読んだりしてのことである。そうでなく、「○○、××に返り討ち」という一文だけを見たのであれば「ああ、リベンジ失敗なんだな」で特に違和感を抱くことなく通りすぎてしまうことにもなろう。

これまで見てきたように新義の例はスポーツ関連の記事に多く見られる。同じ一般紙の記事でもスポーツ関連のそれは、見出しでの語呂合わせや話し言葉の多用が目立ち（スポーツ専門紙ほどではないにせよ）、用語の自由度が比較的高い。しかし、その一方で政治・国際関係の堅い記事にも使われている。そのような現状を考えると、今後新義１が勢いを増し、近い将来に「言葉の乱れ」「間違った日本語」に関する文献で指摘されて世に知られるようになることも十分考えられる。これに対し新義２の場合は前述のとおり本義からすれば対義的であるが、新義１からは近い関係にあるといえる。そうなると、新義１がさらに勢力を伸ばしていけば、そこからの転用という形で、“かたき討ち”の類義語として併用されるまでになる可能性もある。

今後もこの語に注目していきたい。

# 第3章　“ていたらく”について
## —「ていたらくな自分」とは？

### 1.　はじめに—「ていたらくな自分」

筆者は、“ていたらく”という語の意味・用法について、新野(2007)を発表した。そのきっかけとなったのは、社会を騒がせたある事件であった。

2006年1月、ある大手ホテルチェーンが条例などに違反する形で改築工事を行ってきたことが発覚し、社会問題となった。責任を問われたこのチェーンの社長は、同年2月6日、涙ながらに自らの非を認める謝罪会見を行った。その中で次のようなセリフがあった。

・「本当に、ていたらくな自分だと思ってます」

“ていたらく”という語の用法は、国語辞書では以下のとおりである。

・《口頭》(非難・軽蔑の意が含まれた)状態。ありさま。様子。「なんという—だ」▽「為体」とも書く。「体」＋助動詞「たり」の未然形＋接尾語「く」　　(『集英社国語辞典』第2版)

・《名》(「たらく」は断定の助動詞「たり」のク語法。(そのような)体(てい＝ようす)であることの意から)有様。様子。状態。近世以後は、あまりよくない有様や、その様子を軽蔑したり悪くいったりする場合に用いるようになった。　　(例略。『日本国語大辞典』第2版)

・《名》人のありさま。ようす。ざま。▽「たらく」は断定の助動詞「たり」を名詞化した、ク語法の語。表現 現在では好ましくない状態についていう。　　(『明鏡国語辞典』)

・(名)《みっともないときに言う》すがた。ようす。「さんざんの—」

（『講談社国語辞典』第3版）

・〔「体たり」の未然形＋接辞「く」〕情け無い(言いようも無いほどひどい)ありさま。〔自嘲を込めても使われる。例、「わたしとしたことがこの―だ」〕 表記 もとの用字は「為体」。（『新明解国語辞典』第6版）

・ありさま。状態。ようす。かっこう。「なんという―だ」 用法 多く、非難や自嘲を含んで言う。 語源 「たらく」は、断定の助動詞「たり」のク語法。（『旺文社国語辞典』第10版重版）

・〔「体(てい)たり」のク語法。そのような体であること、の意〕ようす。ありさま。現代では、好ましくない状態やほめられない状態についていう。「散々の―だ」「此の山の―、峰高うして / 盛衰記 三五」

（『大辞林』第3版）

・(タラクは助動詞タリのク語法) ①すがた。ありさま。平家七「覚明が―、褐の直垂に黒革威の鎧きて」②(後世は非難の意をこめて用いる)ざま。「何という―だ」（『広辞苑』第6版）

・様子・姿。「何という―だ」▽好ましくない場合に非難の意をこめて使う。「為体」とも書いた。「態」＋断定の文語助動詞「たり」を体言化したもの。（『岩波国語辞典』第7版）

「ていたらくな自分」という形は形容動詞“ていたらくだ”の連体形ということになるが、“ていたらく”に形容動詞としての用法を挙げる辞書はない。また意味としては〈ダメな自分〉〈ろくでなしの自分〉ということになるが、これも辞書にはないものである。したがって、この社長の「ていたらくな自分」は、「言葉の乱れ」「間違った日本語」の一例とみなされてもやむを得ないといえる。

しかし、“ていたらく”のこのような用法への言及は、新野(2007)執筆の時点では、読売新聞校閲部(2003)、飯間(2003)に見られる程度であった。その後も、呉(2007)が発表され、さらに過去の山本(1978)の存在を知った程度である。この“ていたらく”の場合は意味に加え、名詞から形容動詞へ、という文法上の変化もあり、この社長のみならず一般に広がっているとなれば、この両面における「気づかない変化」の例ということになる。

本章では、今回各種データベースなどから採集した用例を加えて新野(2007)を再構成し、“ていたらく”の新用法の現状を明らかにし、その発生要因、さらに今後の展望などについて考えてみたい。なおこの語の標準的表記は現代においては「ていたらく」「体たらく」の2通り見られるが、引用部分を除き、語自体は“ていたらく”と表すこととする。

## 2.　先行文献

前掲の先行文献のうち、山本(1978: 252–253)では、雑誌に掲載された読者の手記に「ていたらくなぼくをいれて七人の人間がこの家に平和を装って住んでいる」「学生時代に育くんだなまけぐせが去ることなく、中途半端でていたらくな若いからだをもてあますのみである」というくだりがあることを挙げ、

・ていたらくは為体と書いて、すがた、ありさま、なりゆきというほどのことで、故郷に錦を着て帰るつもりがこのていたらく——と以前は使われたように思う。この青年はどういうつもりで使っているのか見当がつかない。

とする。ここでは「ていたらくな」という形を「誤用」としており、新用法の存在を指摘した、管見の限りではもっとも早い文献である。

読売新聞校閲部(2003)は

・「〜なていたらく」は「〜な様子であること」。
時代が下って、「何というていたらくだ」などと、もっぱら感心しない様子を指すようになった。
　ただ、非難の意は込められてはいるものの、「ていたらく」自体には「ひどい」「よくない」という意味はない。だから、「ていたらくな生活を送る」「ていたらくぶりをさらす」などという使い方はおかしい。マイナスイメージの形容詞と共に使われてきたため、そちらの意味も吸収しつつあるのだろうか。

とする。

また飯間(2003: 102)は

・これ{=「ていたらく」}は、平安時代末期にはもう使われていた古いことばで、元来は「様子、ありさま」という意味でした。それが、時代とともに「何という情けないていたらくだ」「これはひどいていたらくだ」などのように、マイナスの形容を伴うことが多くなり、それによってマイナスの語感が生まれました。ただ、意味としては「様子、ありさま」であることに変わりありませんでした。

として、「ていたらくぶり」「ていたらくな」という例を「新用法」として取り上げている。

そして呉(2007)は、2007年7月刊の週刊マンガ誌に掲載された新連載予告中の、「高偏差値、体たらくな大学院生活が幕を開ける」という一節について、次のように述べる。

・「体たらくな大学院生活」って何だ。意味不明である。

　隣のページには「高学歴ニート」という一句もあるから、どうやら、役立たず、のらくら、ぐらいの意味だと思っているらしい。もちろん、ちがう。「体たらく」は、様子、ありさま、という意味だ。

　・しっかり勉強すると言っていたが、成績表を見てみれば、この体たらくだ。

という風に使う。「体たらくな大学院生活」では、「様子な大学院生活」である。これでは、京大大学院どころか、高校の国語からやりなおさなければならない体たらくだ。

さらに1998年刊のある絵画関係の図書に「達磨がこんなにヤニ下がってよいものか、まったくていたらくの達磨である」という一節があることを挙げ、

・「ありさまの達磨」では意味が通らない。日本美術史を専攻する大学教授にしてこのていたらくである。

と批判する。

このように4件とも、「～の」「～な」「～ぶり」という形を本来のものではないとする一方で、意味は〈様子、ありさま〉としている。いずれも「正

用」として挙げているのは好ましくない〈様子・状態〉を表す例であるが、読売新聞校閲部(2003)は「「ていたらく」自体には「ひどい」「よくない」という意味はない」と明記する。さらに飯間(2003)は「〜ぶり」「〜な」「〜の」という形の例とともに

・とすると今度は形而上学。昔は大学の必修科目だったらしい。今これを復活させたらおもしろいだろう。大学生のていたらくがあからさまになっちゃって。

・[写真館] 各種イベントの時に撮った“ていたらく”…もとい、記念写真です。(以上 HP の例)

・オーナーが選手に詫びる体たらく　　(『週刊文春』1999.12.2 号。p. 92)

といった例を「「ていたらく」自体にマイナスの意味を込める使い方」として「新用法」に含めている(下線は同書のママ。ただし原文は縦書きのため傍線)。

この2つの問題、「〜ぶり」「〜な」「〜の」という形が現れるという文法上の問題と、“ていたらく”自体にマイナスの〈感心しない、よくない〉という意味が含まれているかどうかという意味上の問題について、考えていく。

## 3.　今日の“ていたらく”の実例―「〜ぶり」「〜な」「〜さ」「〜の」

### 3.1.「新聞」

朝日、毎日、読売の 1988 〜 2007 年の 20 年間の記事を対象として調査を行った。

その結果、“ていたらく”は朝日で 180 例、毎日で 162 例、読売で 124 例がヒットし、その中に数は少ないが「〜ぶり」が 9 例、「〜な」「〜さ」が各 1 例見られる。

### □「ていたらくぶり」

**○朝日**

・落語家の三遊亭円楽さん　村山さん個人としては人生の掉尾を飾れてよかったが、社会党はこれでおしまいだ。{中略} 自民党も小沢憎しといいながら、グーの音も出ないていたらくぶりだ。（1994.6.30）

・それにしても、最近の金融機関の体たらくぶりは本当にひどい。変額保険や不良債権、そして住専などの諸問題は、どれもが利益優先主義による強欲な姿勢から生まれたものばかりで、「世のため人のため」という思想はみじんも感じられない。（「声」1995.10.13）

**○毎日**

・収入がぐんと減って“ひもじい生活”を余儀なくされ、敵さんはオッカナイ（家内）に成り上がり、私めはオット（夫）ドッコイに成り下がる体たらくぶりです。（「男の気持ち」1997.3.7）

・先日のぞいたある学校寄席も「落語は日本の伝統芸能として……」という教師の講釈で始まり、二つ目が上がると場内がざわめき、「静かにしなさい」と叫ぶ教師の方が面白いという体たらくぶり。

（「剌定席」2004.8.5 夕）

**○読売**

・政権交代可能な二大政党を目指し、小選挙区制度が導入されたにもかかわらず、共産党が元気なほかは、自民党以外の政党の体たらくぶりが目立つ。一強五弱とも六弱とも言われる。（「政治を読む」1997.7.27）

・経済危機が深刻化するなかで、金融システム安定化が焦眉の急となった臨時国会。しかし、その目玉である金融再生関連法の成立に二か月あまりもかかる体たらくぶりをさらけ出した。（「気流」1998.10.31）

### □「ていたらくな」

・先日の「衆院大蔵委員会の審議に自民党議員大量に欠席」のニュース

に、こんな体たらくな政治家たちを責任政党に送り込んだツケが、私たちの生活にはね返ってきているのだ、と改めて政治監視の大切さを思った。
（「みんなの広場」毎日 1997.12.3）

□「**ていたらくさ**」

・「経済国会」とされて召集された今臨時国会が活発な論議もなく、無気力状態の「消化国会」のようだ。その体たらくさに失望している。
（「みんなの広場」毎日 2002.12.6）

読者からの投書（「声」「男の気持ち」「みんなの広場」）、「有識者」の談話、さらに記者の記名原稿の例が目立つ。これらの場合は必ずしも新聞各社の用語マニュアルに照らして厳しく校閲を行わず、著者の用字・用語をある程度尊重するという背景もあると思われる。同時にこれは新用法が、すでに一定の勢力になっていることを示している。

## 3.2. 「国会」

次に、1988 ～ 2007 年の「国会」を検索した結果、「ていたらく」は 139 件の会議に計 144 例、「体たらく」は 1 例ヒットした。その中に問題となるような形の例は、「ていたらくな」が 9 例、「ていたらくの」が 3 例であった。

□「**ていたらくな**」

・一つの市の市長がそういうようなていたらくなことをしているということを黙って見ているということは許せない。行政はもっとしっかり調査をして指導すべきじゃないか。これは要請です。
（第 121 回衆議院環境委員会 2 号、1991.9.17）

・住専問題については、資料が公開されればされるほど金融機関のでたらめさ、無責任ぶりには本当にあきれるばかりでございます。また、昨年来の官官接待に見られるように、何で官庁がこんなていたらくな姿になってしまったのかと思わざるを得ません。
（第 136 回参議院決算委員会 1 号、1996.2.15）

・こんなことで日債銀がどうしてああいう破綻に至ったのか、問題点が解明できますか、そんな大臣のていたらくな姿勢で。

（第145回衆議院予算委員会22号、1999.8.2）

・国を守りあるいは国民の生命、財産を守る崇高な任務を帯びている自衛官がこんなていたらくなことでは一体日本がどうなるのかなという思いがいたしました。　（第151回参議院外交防衛委員会11号、2001.5.29）

・私は、総理がこの問題に対してきちっとした態度を取る、その点で私は、総理が一度は了承されているこの報告書、今の外務省の本当にていたらくな事態を象徴していると思います。

（第154回参議院予算委員会20号、2002.5.27）

次の例ははじめに現れるのが本来の用法の例、後に現れるのが新用法の例で、同一発話の中に共存していることになる。

・下請振興計画、これが今まで十二件というていたらくという御批判でございました。{中略} こういったようなことでこの振興計画がていたらくな、低レベルの状況にあるということではないかというような議論を中でいたしたわけでございます。

（第156回参議院経済産業委員会17号、2003.5.22）

□「**ていたらくの**」

・こういう言ってみれば役所の、これは企画庁だけじゃない、ほかの役所も含めて、物事を小出しする姿勢というのがこの間の日本のこのていたらくの事態を招いているのじゃありませんか。

（第147回衆議院商工委員会4号、2000.3.21）

・それから、国民の所得が非常に今、手元が悪いわけであります。銀行は御承知のように、ああいうていたらくの状況でありますから。

（第154回衆議院国土交通委員会3号、2002.3.15）

さらに、次に挙げるような判断が難しい例が3例見られた。

・何か全然防衛はどうでもいいという考えですね、答弁を伺っていると。総理、こういうていたらくの答弁をしていていいのですか。させておい

て。　　　　　　　　　　　　（第118回衆議院予算委員会6号、1990.4.9）

「こういうていたらくの・答弁」と考えれば本来の用法であるが、「こういう・ていたらくの答弁」であれば新用法ということになる。

## 3.3. 「ブック」

2009年6月25日に「ブック」を検索した結果、問題になる形は以下のような例がヒットした。

### □「ていたらくぶり」

・果たすべき自己の職責すら自覚できない体たらくぶりには、情けなく犯罪に走る子供達の寒々とした心が私にもわかるような気持ちがします。

（かんな『命のしずく』文芸社、2001。p.137）

・あとの14回はすべてBクラスで、そのうちなんと10回が最下位という救い難いていたらくぶりでした。

（岩淵信太郎・細谷和史『くそったれ阪神！　なんとかせんかい！―一喜一憂、トラキチEメール放談』文芸社、2002。p.12）

・大手マスコミの体たらくぶりに愕然とし、公正 かつ適切を旨とする報道に疑念を強くする出来事でした。

（植田忠司『騙されて泣き寝入りしている消費者たち―不当な債務、悪質な商法から抜け出すために』文芸社、2005。p.63）

・日本政府のその後の体たらく振りは、論外と言う他はなかった。

（入山一平『煙男』文芸社、2005。p.277）

・外貨が稼げるとしたら、たとえば日本の家電製品のOSをトロンにするという手段がありますが、その日本の家電のOSですらマイクロソフト社のものを使おうかなんて言っているような体たらくぶりです。

（関岡英之『「改革」にダマされるな！―私たちの医療、安全、教育はこうなる』PHP研究所、2007。p.77）

・序盤戦は体たらくぶりを発揮してしまったのであった。

（村越正海『職業釣り師の悠々釣記』椎出版社、2007。p.11）

□**「ていたらくな」**

・とんでもない体たらくな先輩だが幸次は岳人が販売管理の設計作業などできないことを知っている。

（鈴木岳人『サラリーマン荒野をゆく』文芸社、2001。p. 27）

□**「ていたらくの」**

・体たらくの父親や教師では役不足のいま、一体、誰が、いつ、どこで、どうやって男を育てるのか。こうした状況のなか、男を育てるにふさわしい場所は職場しかない 。

（小田嶋哲夫『現代版　男を育てる』文芸社、1998。帯）

この例は、本書第1部第1章で扱った“役不足”の「誤用」例でもある。

### 3.4.　それ以外の新聞・雑誌記事の例

次に、3.1. で検索対象とした以外の新聞・雑誌には以下のような実例を見出した。

□**「ていたらくぶり」**

・社会党の体たらくぶりに、ついに腰を上げた労働界のドン。

（『プレジデント』1991.4。p. 41）

・しかしながら、私たちは今、どうしようもなく苛立っている。{中略}他者との関わり以前に、他者の姿すら明瞭に見えない自身の体たらくぶりに、ようやく動転しはじめている。

（森孝雅「書評」『群像』1991.11。p. 254）

・欧米や香港の各証券取引所は連日大盛況。その一方で、わが国だけはじり貧状態。バブル崩壊後、日本市場を支えてきた外国人投資家が、昨今の日本の体たらくぶりを見て失望するのも無理はない。

（「読者から」『エコノミスト』1997.2.18号。p. 105）

・みずほのシステム障害で、入金が遅れたために信用不安に陥り、倒産する企業が全国各地で続出しない限り（信用不安が社会不安を引き起こさない限り、という意味だ)、みずほと監督官庁のていたらくぶりに歯止めはかかりそうにない。

(「丸の内コンフィデンシャル」『文藝春秋』2002.6。p.230)

・安全性よりも効率と面子を優先する昨今の行政や食品会社の体たらくぶりを批判する。(「新刊抄」東京 2002.9.15)

・松野氏は、小泉首相の改革路線にも、民主党の体たらくぶりが悪影響を与えているという。(「こちら特捜部」東京 2002.12.3)

・今年に入ったとたん、成績はさっぱり。未だ白星を挙げていない体たらくぶりである。(『週刊ゴング』2006.3.22号。p.40)

・各テレビ局における報道姿勢と、女子アナを中心としたプロ野球選手との関係、さらにスポーツ新聞の体たらくぶりについて明らかにしたい。

(「スポーツ業界本音でドン!」『サイゾー』2006.7。p.46)

この例の6ページ前には「都庁御用メディアの体たらく」という見出しもある。

・力負けの試合内容はそのまま、首位と最下位で最大14ゲーム差あった横浜に順位をひっくり返された巨人の体たらくぶりを物語った。

(『サンケイスポーツ』2006.8.5)

・社会保険庁の体たらくぶりは、聞きしに勝るものだった。

(東京 2007.6.18)

・若者の体たらくぶりは、世間にもまれていないことが原因なのかもしれない。彼らに新たな課外授業の場所を提供したいと思う。

(李小牧「Tokyo Eye」『ニューズウィーク日本版』2007.11.7号。p.17)

・麻生太郎首相の体たらくぶりが毎週のように記事になる。

(『週刊朝日』2008.12.19号。p.120)

・いまの無党派は、昨夏の衆院選で自民を離反した層が多いとみられている。

　つまり、自民寄りの無党派層である。相変わらずの自民の体たらくぶりで自民支持に戻ってはいないが、首相が交代したところで簡単に民主支持にもならない。(『AERA』2010.6.14号。p.22)

□**「ていたらくな」**

・進学校といっても、高校時代も浪人時代も、勉強はたいしてしなかった。軽音楽部でバンド仲間と集まってはギターを弾き、歌い、酒を飲んだ。家に帰らない日も多かった。

　そんな体たらくな生活の、彼なりの理由がないでもなかった。

（「特集：彼らはなぜ、フリーターやニートになるか」『エコノミスト』2005.7.12号。p.32）

・「プロレスが蔑視されていた時代は良かった。生半可にいまのようにメジャー的な扱いをされると、胡坐をかいてしまう。{中略}市民権を持ったばかりに、ていたらくなプロレスになった」

（安田拡了「ヤスカクの私的な事件簿」『週刊プロレス』2006.6.21号。p.53）

・“秋の夜長”を満喫すべく、ため録りしてたDVDを鑑賞。気づけばうっすら夜が明け、えっ!?　もう5時過ぎてんの!?　ということで、いそいそ布団に入ったら、マンション上の部屋から、ピピピ、ピピピって目覚ましの音が聞こえてきて…。体たらくな自分と健康的な毎日を送る人々…。何だかしみじみしちゃったよ。

（「ピピピクラブ」『TV Bros.』2009.10.31号。p.97）

・過去を振り返りながら、現在の日本がどういう歴史のなかにいて、どうしてこんな体たらくな国になってしまったのかを身にしみて考える経営者がどれだけいるだろうか。

（「BUSINESS EYE」『エコノミスト』2010.4.6号。p.127）

□**「ていたらくぶり」「ていたらくな」**

・特に、最大会派の創風会の体たらくぶりにはあきれるばかりだ。

（「徹底追及　薬学部誘致失敗の藤森郡山市長に「辞任勧告」する！—チェック機能失った“体たらく”な市議会も同罪だ」『財界ふくしま』2004.7。p.58）

記事のタイトル（p.54）には「ていたらくな」、本文中には「ていたらくぶり」が使われている。

□「**ていたらくの**」

・考えてもみましょう。この体たらくの政治は制度のせいでしょうか。政党も国会議員も、民意との落差を埋める努力を、十分にしてきたでしょうか。（「社説」東京 2001.1.15）

さきに挙げた「国会」の「こういうていたらくの答弁」と同じく、「この体たらくの・政治」であれば本来の用法であるが、「この・体たらくの政治」であれば新用法ということになる。

また、2010年4月21日夜、当時自民党国会議員の舛添要一氏が離党して新党（その後の「新党改革」）を結成する意思を表明した。それを報じるテレビのニュース映像を見ると、この際舛添氏は「今のていたらくの鳩山内閣を打倒する」と発言している。これも新旧いずれにも解釈できる例であるが、舛添氏は「ていたらくの」のあとにポーズを置いており、筆者は本来の用法のつもりで使った可能性の方が高いと考える。しかし、翌22日付の朝刊各紙では、この発言が以下のようになっていた。

・「鳩山内閣を打倒する」（朝日）

・「体たらくの鳩山内閣を打倒する」（毎日）

・「今のていたらくの鳩山内閣を打倒する」（読売）

少なくとも毎日は（あるいは読売も）舛添氏が新用法で“ていたらく”を使ったと判断し（「新しい用法」であるという認識があったかどうかまではわからないが）、その点に関しては手を加えることなく紙面に掲載したことになる。

# 4. “ていたらく”の意味

## 4.1. 〈状態〉か〈ひどい状態〉か

「新聞」の検索結果を再度見てみると、以下のような例が多く見られる。

・阪神大震災、地下鉄サリン事件など降ってわいた問題のみならず、自ら掲げた行政改革や規制緩和でも、政権は十分に対応できない。しかし政治の体たらくに対する強力な批判勢力は乏しい。　　　（朝日 1995.5.19）

・一方、他の力士のふがいなさは目に余る。若乃花がこの日敗れ、貴乃花と次点との差は星四つ。千代の富士（現九重親方）が全勝した一九八九年秋場所以来七年ぶりの体たらくだ。　　　（朝日 1996.9.23）

・5月15日に5勝目を挙げて以来、3試合連続で結果が出せなかった。{中略}「この体たらくではチームメートの信頼も薄らいでいく」との危機感を抱えてのこの日のマウンドでもあった。　　　（毎日 1998.6.11）

・一向に国会の展望を切り開けない自民党執行部の体たらくに、衆院から法案を受け取り成立を請け負う参院自民党がいら立ちを募らせている。
（毎日 2002.6.1）

・「政治がこんな体たらくでは困る」　　　（読売 1996.9.4）

・何という体たらくか。社会保険庁の組織体質を象徴するような出来事だ。

東京、大阪、長崎の社会保険事務局が、本人からの申請がないのに、国民年金の保険料を免除する手続きを行っていた。
（「社説」読売 2006.5.25）

これらの例における「ていたらく」は、「政治のひどい状態」「七年ぶりの情ない状態」「このひどい状態では」のように置き換えられるが、単に「状態」と置き換えることもできる。先行文献で「本来の用法」例として挙げられていたのも、すべてそのような例であった。これらの例からは、「“ていたらく”自体に悪い意味はない」ということも可能であろう。

しかし、次のような例はどうであろうか。

**○朝日**

・近ごろ、都に流行るもの。替え玉受験に株損失補てん、果ては投票所入場券の流用まで、国をあげての体たらく。「道徳」「倫理」が恐れをなし、姿を消せば、不浄の金、汚れた心が世を支配。　　　（「声」1991.7.6）

・――有事法制から何を思い浮かべますか。

「あるべくしてないものの典型じゃないの。この国のていたらく、ってこと。米国はあのテロを新しい戦争と規定したが、そんなこと日本ではとっくに起こっている」（石原慎太郎「私の有事法制論」2002.3.10）

・天下り先を転々とし、巨額の退職金をもらって、涼しい顔の人もいる。組織あげての体たらくに、国民の憤りはいよいよ強い

（「天声人語」2007.6.8）

○**毎日**

・ムネオ疑惑、揺れる外務省、不良債権……政官財にわたって重なる日本のていたらくをよそに、世界で勝負する日本人デザイナーの活躍がまぶしい。今月のプレタポルテ02～03秋冬パリコレクションは、欧米デザイナーの多くが70～80年代のデジャビュ(既視感)に流れる作品を並べたのに対し、日本勢の「一歩前へ」進む未来志向の斬新な創意が光った。（2002.3.24）

・アメリカも、イギリスも、政治家が「オレたちが決めた」と言って2党体制になった。しかし、2党体制がいいのか、連立がいいのか、それ以外であるべきか、まだ、分からない。日本は政治家の体たらくのおかげで、結果的に(政治家でなく)国民が(政治体制を)選んでいる状態になっている。（「ミレニアム快談」2000.1.6）

○**読売**

・胸にリボン、白手袋の伸晃氏は、「国会の体たらくで候補に苦しい戦いを強いてしまう結果になった」とわびた後、「無能な総理があんな形で国会を解散してしまって本当に迷惑」と痛烈に首相批判。（1993.6.21）

・中央省庁再編の動きの中で、科学技術創造立国の観点から一時は科学技術省への昇格案もあった同庁。しかし、動燃問題の処理をめぐり、橋本首相が「科技庁の体たらく」と不信感をあらわにしたこともあり、昨年十二月に正式決定された再編案では、文部省との合併が決まった。

（1998.3.10）

・公明党内では「自民党の解散発言は脅しだと思うが、株価も上がり、民主党のていたらくも手伝い、自民党の中に条件が整ってきたと思っている雰囲気もある」(幹部)と早期解散に警戒する向きもある。(2000.2.15)

・民主党の体たらくは、内閣を改造する首相に若干の“余裕”も与えた。

首相側近が古賀誠・前幹事長に「財務相をやってもらえないか」と入閣を打診したことは、その一例だ。首相と古賀氏は、道路公団民営化問題などで対立関係にある。(2002.10.4)

「国をあげての状態」「この国の状態、ってこと」「組織あげての状態に」「政官財にわたって重なる日本の状態」「政治家の状態のおかげ」……では文意が通らない。「ひどい状態」と置き換えると文意が通る。このような例は多くはないが3紙いずれにも見られるのである。

それがさらに明確になるのが、次のような、連体修飾成分がなく、単独で引用された形の例である。

・19日に閉会した臨時国会では、最終盤で民主党と他の野党3党で足並みが乱れた。政府・与党との対決姿勢を鮮明にしない民主党に対し、「体たらく」(社民党の福島党首)と不満が噴出した。(朝日 2006.12.26)

・記者会見では感情をあらわにする場面も。安倍内閣批判について聞かれると、「ていたらくと言われるような仕事はしていない」と悔しさで声を震わせた。(朝日 2007.8.24)

・釜社長によると、同事業の大規模工事の一部では、見積原価が甘かった疑いも浮上している。営業損失はさらに280億円分膨らむ恐れがあるといい、同社は弁護士らで構成される調査委員会で検証し、10月末にも追加の損失額を公表。改めて業績を下方修正する方針だ。伊藤源嗣会長は調査結果がまとまった段階で引責辞任する意向だ。

釜社長は「体たらくという指摘はあると思う。心よりおわび申し上げる」と陳謝した。(朝日 2007.9.29)

・民主党は臨時国会での改正教育基本法審議への柔軟姿勢をめぐり、他の野党から「体たらく」(福島瑞穂社民党党首)と批判を浴びた。来夏参院選へ向け、与党との対決姿勢を鮮明にするためにも「戦う国対」の立て

直しが急務となっている。　(毎日 2006.12.23)

これらの例は第1、4例のようにカギカッコでくくられているもの以外でも、すべて引用である。「体たらく」のみで批判、非難のセリフとして成立するのは、単独でマイナスの意味を表わすからこそである。

つまり“ていたらく”は中立的な〈状態、状況〉という意味ではないのである。「いい状態(状況)だ」「悪い状態(状況)だ」はいずれも自然であるが、「いいていたらくだ」「悪いていたらくだ」はそうでない。それは“ていたらく”そのものに〈悪い状態・状況〉という意味があるため、「いいていたらくだ」では矛盾し(皮肉、嘲笑の意図があれば別)、「悪いていたらくだ」は重複表現となるからである。「ひどいていたらくだ」はいえるが、この場合の「ひどい」は〈悪い〉という意味ではなく、〈はなはだしい〉の意の程度強調の意味と考えられる。

そこで前掲の飯間(2003)の「新用法」の例であるが、筆者は第1例「大学生のていたらく」、第3例「選手に詫びる体たらく」には違和感がない。飯間氏はそれぞれ「大学生の様子」「選手に詫びる様子」と置き換え、それでは文意が通らないとするが、筆者はそれぞれ「大学生のひどい状態」「選手に詫びる情けない様子」と置き換えることのできる、現代の「規範的な」用法の範疇に入る例と考える。第2例「各種イベントの時に撮った“ていたらく”」には確かに違和感があるが、例えば「各種イベントの時に撮ったみんな(学生たち、ぼくら)の“ていたらく”」という形であれば、それは感じない。要するに、「何の様子・状態なのか」が示されていないことによる違和感であり、「「ていたらく」自体にマイナスの意味を込める使い方」であることによるものではない。

なお、この例と同様、筆者が違和感を持つ例としては次のようなものもある。

・◆僕は阪神に入団する時、名古屋(中日)の時代も言ってきたけど、阪神が強くならなければ日本のプロ野球は繁栄しないよと。世の中には東西がある。西が体たらくで東京に甘んじていては切磋琢磨できない。

(「特集ワイド1」毎日 2003.12.24夕)

・社民党の福島瑞穂党首は20日の記者会見で、臨時国会終盤で安倍晋三首相の問責決議案提出を拒否した民主党の国会対応について「体たらくがあった。残念で心外」と改めて批判した。「社民党が議席を増やすことこそ政治を変えるという確信はますます強まった」とも述べ、来夏の参院選では野党共闘より独自性を重視する姿勢を強調した。

（毎日 2006.12.21）

・防衛省の事務次官人事をめぐる小池百合子防衛相と守屋武昌事務次官の異例の対立は17日、安倍晋三首相が収拾に乗り出して両者「痛み分け」で決着した。大物次官が増長し、塩崎恭久官房長官ら首相官邸を巻き込んで混乱を続けた醜態に対し、首相が静観を決め込んで指導力を発揮しなかったことへの批判が高まり、重い腰を上げた格好だ。参院選惨敗の要因の一つに政権の危機管理能力の欠如が指摘されたにもかかわらず、体たらくを繰り返したことに、「政権の末期症状」との声もあがっている。　（毎日 2007.8.18）

・「中央の政治は政党間の競争がほとんどなくなり、体たらくが目立つが、地方では改革派を自称している知事たちの動きがあり、ある意味で躍動している」　（「展望」読売 2003.1.1）

・北海道、静岡、福岡ということで続々と不正事実というものが、住民の証拠開示というか、情報公開をきっかけに次から出て、大変なていたらくを今やっておる。　（第159回参議院法務委員会2号、2004.3.16）

・景気が不況の主要な産業というのは、過去一世を風靡しました繊維でございますとかあるいは刃物の商いが非常に低迷している、あるいは、地元牽引役の、今お話がございましたような建設業がもうていたらくもいいところでございまして、

（第163回衆議院経済産業委員会3号、2005.10.26）

・野党は体たらく、政権は高い支持率、しかも自民党は単独過半数を確保——すべてが順風満帆に見えた。だから、多少批判めいた声が上がるかもしれないが乗り切れると思ったのだろう。

（中村啓三「政流観測」『エコノミスト』2002.2.19号。p.93）

これらの例に対し筆者が違和感を持つ理由は、第1、6、7例は「○○が(は)ていたらく(だ)」と単独で述語になっている、第2、4例は引用でないのに単独で主語になっている、ということである。いずれも「どうしようもないていたらく」「手の打ちようのないていたらく」のように連体修飾成分を補えばそれはなくなる。また第3、5例は、動作ではなく状態である“ていたらく”が“繰り返す”“やる”といった動詞の目的語になっているためで、「体たらくを続けたことに」「大変なていたらくを今さらしておる」のように言いかえれば、違和感はなくなる。

### 4.2. “状態”と“ていたらく”

ここまで、“ていたらく”の意味を考える中で、“状態”という語をメタ言語として用いてきた。この“状態”について研究した新屋(2008)をここで取り上げてみる。この論文は、雑誌『AERA』2005年1月～2007年9月発行分におけるこの語の用例を調査し、「述語用法の「状態」のうちネガティヴな表現性を帯びて用いられているものは主節、従属節を問わず80%前後の多きに及んでいる」(p.69)、「述語以外の「状態」も約61%がネガティヴな文に用いられている」(p.74)とする。その一方で「ただし「状態」の場合、それ自体の意味は中立である」と(p.74)としている。

新屋が挙げる「ネガティヴな表現性を帯びて用いられている」例とは、

A　これだけの巨額ロスを吸収する体力はいまの三菱自動車にはない。退くに退けない状態なのだ。　(2005.4.25号)

B　きつい仕事だと地元の人に思われてしまって応募は期待できない状態です。　(2005.6.6号)

C　それが96年の九州場所を目前に、貴は稽古で背中の筋肉を痛めて四股も踏めない状態だった。　(2005.6.27号)

のような例である。しかし、ここで筆者(新野)が試みにそれぞれの内容をポジティブに変えて、

A′　この程度のロスを吸収する体力はいまの三菱自動車には十分あり、前進あるのみという状態なのだ。

B′　やりがいのある仕事だと地元の人に思われていて応募が殺到している状態です。

C′　96年の九州場所を目前に、貴は痛めていた背中の筋肉も快復し四股もしっかり踏める状態だった。

としても、不自然さはない。そのようなことから、新屋の言う「「状態」の場合、それ自体の意味は中立である」というのは妥当と言えるのである[1]。

一方“ていたらく”の場合、A・B・Cの「状態」は「ていたらく」に置き換えることができる。しかしポジティブになったA′・B′・C′の「状態」は置き換えられず、置き換えると「違和感」「不自然」を通り越して「非文」になる。置き換えられる可能性があるとすれば、実は「ネガティヴ」である場合、すなわちA′・C′の書き手が「三菱自動車」や「貴」を嫌っており好調になることを望んでいなかったり、B′の話し手が応募が増えることを望んでいなかったりする場合だけであろう。このことから、“ていたらく”は“状態”とは異なり、「それ自体の意味は中立」とはいえないことがわかる。現在の「規範的な」用法として、“ていたらく”自体に〈好ましくない、よくない〉という意味が含まれていると考えるべきである。

2009年の9月上旬には、“ていたらく”の意味・用法に関する記述が相次いで新聞紙面に載った。

・ていたらく。体タリに接尾語クを伴って体たること、つまり様子、ありようの意だが、今日ではマイナス評価の“非難さるべき情けない様子”といった場面で使う。接尾語クは岩波古語辞典は動詞・形容詞等の連体形にakuを伴った語法と説明。為体は当て字。

（「言葉の雑学　為体」産経大阪本社版2009.9.5夕）

・〈ていたらく〉―ありさま、様子、状態のこと。それもあまりよくないありさま、その様子を軽蔑したり、悪くいう時に用いる◆きのうの自民党両院議員総会のてんまつを聞いてこの言葉を思い浮かべた。なんという〈ていたらく〉か。総選挙の惨敗で〈貧すれば鈍する〉に堕したか

（「よみうり寸評」読売2009.9.9夕）

いずれもこの語がどういう場面で使われるかの記述にとどまり、この語自

体に〈感心しない。よくない〉という意味があるかどうかには言及していないが、それゆえに妥当な記述の範囲内であるということがいえる。

## 5.　大学でのアンケート調査

次に、2006年6月に東京都内の私立大学で行ったアンケート調査（諸事情から筆者自身が行うことはできず、同大学の信頼すべき教官に委託して行った）の結果を示そう。対象は1～4年生132名（全員が19～27歳の日本人学生）である。調査票を配布し、ア～キの例文それぞれの「ていたらく」の使い方について「正しい　正しくない　わからない」のいずれかに○をつけてもらう、という方法で行った。“ていたらく”の意味や例文を記述式で答えてもらう、という質問方法も考えたのであるが、筆者自身が調査に立ち会えず、委託した教官の担当授業時間を割いて行う形になるため、口頭での説明が必要になる設問やあまり回答に時間を要する設問は避けざるを得なかった。例文と、回答数は表1のとおりである。

エ、キが現代の「規範的な」用法の例であるが、前者は「正しい」の回答

**表1　私立大学でのアンケート調査結果**

| 例文 | 正しい | 正しくない | わからない | 無回答 |
|---|---|---|---|---|
| アあの会社はトップが無能なせいですっかりていたらくになった。 | 40 | 45 | 47 | 0 |
| イていたらくの連中には大事な仕事は任せられない。 | 45 | 42 | 45 | 0 |
| ウ1点もとれずに負けてしまうというていたらくぶりだ。 | 40 | 41 | 51 | 0 |
| エ今のようなていたらくを続けていては、とても優勝はむりだ。 | 57 | 30 | 44 | 1 |
| オ本当にていたらくな男なんだけど、どこか憎めないんだよ。 | 47 | 41 | 42 | 2 |
| カ学生時代のあいつはていたらくで、よく先生に怒られていた。 | 41 | 41 | 50 | 0 |
| キあと3日間を300円で生活しなくてはならないというていたらくだ。 | 28 | 52 | 52 | 0 |

がア〜キのうちもっとも多く、後者はその逆、という結果になった。他の新用法の例は、いずれも3種の回答の数値が拮抗している。ウとキは同種の構文で、文末が「ていたらくぶりだ」になるか「ていたらくだ」になるかということである。どちらかが「正しい」ならもう一方は「正しくない」という回答になると予想していたが、実際の回答結果はウ「正しい」・キ「正しくない」の組み合わせが15、その逆が5に対し、ともに「正しい」が20、ともに「正しくない」が30という結果であった。

そして目を引くのは、すべて「わからない」と回答した被調査者が、全体の約4分の1にあたる32名にのぼっていることである。さらに、調査票の余白に「この言葉自体きいた事がない」「初めて見ました」「「テイタラク」を知りません」と、“ていたらく”が理解語彙でないことを吐露するコメントを書き添えていた被調査者も12名いた。その全員が、すべて「わからない」と回答した32名に含まれるわけではない。「勘で○をつけました」という被調査者もいた。このことは、12名以外にも同様の対応をとった被調査者がいたであろうことも示唆する。用法の実態以前に、この語を知らない若い世代がかなりの比率で存在していることを知らされる結果となった。このことは筆者にとって予想外であり、このアンケートの最大の成果と言えるかもしれない。

## 6. “ていたらく”の変化の時期と過程

以上見てきたとおり、“ていたらく”は品詞面では「〜さ」「〜な」「〜の」という形で形容詞（広義。以下も同）化という現象が見られる[2]。この語は古くは〈様子・状態〉という中立的な意味であったが、現在はマイナスの意味で用いられる。小野正弘氏は、小野（1983、1984、1985a、1985b）などで、中立的な意味の語がプラス化またはマイナス化していく過程で形容動詞化が見られやすい、ということを“しあわせ”“因果”“果報”“分限”“天気”といった語について指摘している。そして小野（2001: 7）には、次のようにある。

・中立的な意味がプラス化あるいはマイナス化する（または、その逆）ということとと、形容動詞化という問題は、かなり関連の深いものであると言える。{中略} 体言が形容動詞的な語法で用いられることで、評価的な側面を持つようになることは、時代を問わず観察されることであり、中立的意味をプラス化・マイナス化する際の一つの軸となるものであることは確実である。

それでは、“ていたらく”のこのような変化はいつごろ生じたのか。ここで、明治〜昭和戦前の状況について見てみよう。

まず『青空文庫』の検索を 2009 年 7 月 1 日に行った結果、77 例中 75 例と、大部分が「良くない状態」と置き換えられるマイナスの場面での例であった。中立と思われる例は以下の 2 例が見られる程度であるが、前者は寛永六年の、後者は日蓮の書状の中に現れたものである。

・此の長崎にて切支丹の御検分ことのほか厳しくなり、丸山の妓楼の花魁衆にまで御奉行、水尾様御工夫の踏絵の御調べあるべしとなり。{中略} 母しやま〳〵と悲鳴を揚げつゝ竹矢来の外へ引かれ行けば、並居る役人も其の後よりゾロ〴〵と引上げ行く模様、今日の調べはたゞ初花太夫一人の為めなりし体裁《ていたらく》なり。

（夢野久作『白くれない』1934。本文は『夢野久作全集』3、三一書房、1969。pp. 273–274）

・「此の山のていたらく……戌亥の方に入りて二十余里の深山あり。北は身延山、南は鷹取山、西は七面山、東は天子山也。板を四枚つい立てたるが如し。此外を回りて四つの河あり」

（倉田百三『学生と先哲　予言僧日蓮』1937。本文は『青春をいかに生きるか』角川文庫、1953。p. 92）

また『太陽コーパス』を調査した結果、全 24 例中、中立と思われるのは以下の 4 例で、ほかは「良くない状態」と置き換えられるマイナスの場面での例であった。第 3 例は江戸期の書状の中のものである。

・阿父様はネ、明治二十七年十二月二十八日に、新占領地満州盛京省の金州城で、御死去遊ばしたといふ事をお忘れなさるな。詞に十二分の力を籠めて、最も荘重に言ひ示す母が躰態《ていたらく》、勲は少しく怖しさに酸鼻み、朧気ながら口のうちにて、十二月二十八日に、御死去遊した。言ひ訖つておろ〜〜と泣き出せば、節子は吾が児を引寄せて今は憚かる方もなく、惜まぬ涙に身を漾はしけり。（須藤南翠「吾妻錦絵」1895.3）

・出入する物うる人の調子も、何となく、質朴らしく、彼等は、あまり金銭を貪ぼらぬならんと、床し気なりき。たま〜〜路傍の子供に、あまれる品をやれば、其が親なるものの来りて礼いふ躰たらく、如何にも忠実らしく見えたり。（巖本善治「閑居随筆」1895.7）

・寛文元年、公年十九、始めて国に入る。集古雑話に曰く。
松雲侯御入国の砌本多安房守、（政長、）御礼申上事之外頭高にて大へいに見え候。横山左衛門を召し御意には安房守沙汰の限なり。手前に不礼緩怠の体我等が威光を奪と思召候急度申付候へと御意有之候へば、左衛門御請に御尤至極に奉存候。乍然此儀は今三年御待可被下候とて速々安房守に申聞、後には事之外為体宜しく罷成申よしに候。高田弥右衛門話し。（山路愛山「加賀松雲公」1909.6）

・胸に筋書を描いて居た黒住は、かねて顔馴染の芸妓に旨を含めて、小林を下へも置かぬやうに歓待させると、芸妓もさるもの、「先生！ センセイ！」と連発して、そのメートルを引上げた。とも知らぬ微酔機嫌の先生は、両手に花の庭園散歩、互に摺れつ縺れつ喋々喃々、笑つたり笑はれたり、陽春三月花悉く開くの為体である。
（前座陳人「政界太平記」1925.5）

また『新聞記事文庫』を2009年1月11日に検索した結果、「ていたらく」12例、「体たらく」40例、「為体（く）」58例が得られたが、いずれもマイナスの場面での例であった。

・折角築き上げた市街敷地も殆ど手の出すものがなく久しく茫々たる川原の如き体たらくであつた（『大阪毎日新聞』1913.1.31）

・呆然自失なすところなく今や半狂人の体たらくにて町内を彷徨してゐるものなど（『時事新報』1923.6.22）

・タトヒ辛うじて肉類などを手に入れたればとて電気もなく瓦斯は無論のこと水道さへ断れて居れば如何ともなし難き為体なり

（『大阪毎日新聞』1919.5.9）

・調査員中ただの一人も紙切れ一枚の復命書も書いてゐないといふていたらくである　（『東京朝日新聞』1931.5.28）

以上から“ていたらく”の場合遅くとも明治期のうちにはほぼマイナスの場面での使用に限定されているといえる。その一方、「状態」「状況」と置き換えられない、「よくない状態」「よくない状況」としか置き換えられない例もなかった。

次に、形容詞化がいつごろ始まったのかという問題であるが、これまで見た3種のデータベースには、「〜な」やさらに「〜ぶり」「〜さ」など今回問題としたような形での例は見られなかった。

先に挙げた、山本(1978)が取り上げている「ていたらくな」を含む手記は、「一流雑誌」の1971年9月号に掲載されたとある。しかし、「国会」で戦後すべての国会を対象に検索してみると、「ていたらくな」はそれに先立ち1950年代後半に、すでに

・国会の、ことに決算委員会がそういうようなていたらくなものに関係をしておるのかどうか。こういうようなことはしばしば各種の新聞、雑誌等に報ぜられますたびに国民の疑惑の一つになっておると思うのでございます。　（第26回衆議院決算委員会29号、1957.4.26）

・それだのに、外貨の方は通商局の方でやった、これは向うでやるのでしょう。しかしその現物はどういうふうになっておるかわからぬ、あなたはそんな体たらくな食品課長ですか。実際にわからないのですか。わからなければ、あなたは食品課長として職責を全うし得ないから、本委員会は議決をもってあなたにその職責から去ってもらわなければならない。　（第28回衆議院決算委員会8号、1958.2.18）

のような例が見られ、その後1966年に2例、1971年に1例見られる。

・いまのようなていたらくなことで物価が下がろうなんと思っているのが間違いなんです。物価を下げますと口だけでは言うけれども、ほんとうは国民は信用しませんよ。

（第51回衆議院予算委員会15号、1966.2.16）

・今度のものは名前がない。何もないものですか。不義の子を生んだが、その子供の名前もつけれ《ママ》ない、籍も入れられないというていたらくなものですか。　（第 52 回参議院予算委員会 2 号、1966.7.20）

・しかし、こんなていたらくな国会運営をやっていたのでは、本決議案を党利党略の具に供したと国民から見られても、弁解の余地はないではありませんか。　（第 67 回衆議院本会議 18 号、1971.11.24）

一方「ていたらくの」の今回問題としたような例の初出は、1973 年の、

・まあ公のお金を使ってこういうていたらくの状態では非常に問題だと私は思うのです。　（第 71 回衆議院運輸委員会 14 号、1973.4.4）

で、その後の出現は先に示した例になる。

そして、「ていたらくぶり」の古い例で確認できたのは、現時点では 1976 年刊の『キネマ旬報』の次のような例である。

・「『市民ケーン』は何かの弾みでヒットしただけよ。{オース《ママ》ン・ウェルズは} げんにそれ一本きりじゃねェか，近ごろは日本のテレビ CM なんかに出てよォ、“これは完璧だ” とかなんとかぬかして、ウイスキーの宣伝屋になりさがる体たらくぶりだ。それが国際的に大活躍てェのなら、とんだお笑いぐさってもんだぜ」

（バロン吉元「ハリウッド悪党伝」5 月上旬号。p.125）

・じつに豊かな発想を根拠としつつ、この「トラック野郎」第三作のていたらくぶりはどうだ。なぜそうなのかはハッキリしている。{監督の} 鈴本則文は娯楽映画の俗っぽさを、俗情との狎れあいだと誤解しているにちがいないのだ。　（「日本映画批評」9 月下旬号。p.155）

近世以前の “ていたらく” について、古く鈴木（1961: 123）では

・このテイタラクは何事、などというときのテイタラクは、ざま、醜態ということであるが、古いところでは、こういったわるい意味でなく、単にありさま、すがたの意味に使われている。{中略} 室町期のテイタラクの用例には、この {＝醜態の意味を含む} 傾向が見え始めている。「唐の玄宗傾廃せしていたらくもかくこそはありつらめ」（太平記）などは、単に有様だけではなく、悪い意味になりつつあるテイタラクを示してい

る。「光秀のこの体たらくになりて酒の酔も俄かにさめ」(室町日記)には、さらにいやしめへの傾斜が濃く見られる。

とする。

ついで三保(1979: 127)では、院政期から鎌倉期の古文書(願文、勧進帳の類を除く)においては「「為体」を「テイタラク」と読む。その基本的な「ありさま」という意味で用いることはまれであり、よくないありさまや、その様子を軽蔑したり非難したりする、用法」に偏っている、とし、このような用法は「あるいは、古文書の世界で生れた表現方法ではなかろうか。これが後に、他分野にも流布していったようにも思われる」とする。

さらに島田(2002: 74)では、

・早く平安期の記録類に例が見え始め {中略} それらはプラスでもマイナスでもないありさまを中立的に表すものであった。逆に、用例にマイナスの偏りが明らかに見られる近世においても、次のような単に目で見た様子を表す用法(その判断性においても「体」とほぼ同じもの)がなお見出される。

(62) 竹馬と下女わけの有ルていたらく(柳多留　六篇　九・十一　明和八［1771］年)

とする。いずれも当初はニュートラルな意味であったことは指摘しているが、その後については今日までの通時的な意味変化の記述は行われず、近世までのある時期においてマイナスに傾斜していた状況を指摘しているにとどまる。

いつの時点でマイナス化がほぼ完了したのかを知るには、近世期以前の状況を詳らかにしなければならない。

しかし、明治〜昭和戦前のデータベースでは今回取り上げた新用法にあたるような例は全く見られないことを考えると、マイナス化の完了から数十年あるいはそれ以上の時間差をもって形容詞化が始まり、進行しつつある、というのはほぼ確実である。マイナス化の過程においてではなく、その完了後に形容詞化が見られる、という点では、“ていたらく”は小野氏の手がけた一連の語とは異なっているといえよう。

一方、「〜ぶり」となる場合の“ていたらく”は、品詞としては名詞のままであるが、〈〜な様子〉という「本来の」意味が忘れられ、〈ダメ〉〈お粗末〉〈低レベル〉といった意味で使われている。連体修飾形式「〜な」「〜の」も〈ダメな〉〈お粗末な〉〈低レベルの〉と解釈すべきである。

なぜこのような“ていたらく”の変化が起きたのか。その背景には、辞書に載せるような語源が現代人には意識されなくなったことがある。“ていたらく”全体がわからない場合は“停滞”“低落”、また「てい」は「体」と認識したにしても「たらく」は何か—となると、“たらたら”“堕落”といった音の近い語に牽引されて、「とにかく、〈ダメでだらしなくてレベルが低い〉ということなんだ」という意味解釈がなされたのではないか。

また飯間(2003: 104)には

・想像をたくましくすれば、なんとなく「低たらく」というような文字を意識している人もありそうです。

とあるが、そこからさらに進んで、「低堕落」という一種の「語源俗解」が発生しているのである。今回使用したデータベースでは「低たらく」「低堕落」はヒットしなかったものの「Yahoo！」検索(2009年6月25日)ではそれぞれ約752件、1470件がヒットし、

・昨年は食品に関係する事件が多数起こり非常に残念な年でありました。特に食品の産地や品質の偽造それに消費期限の改ざんなど、食品を取扱うものとしてのモラルの低堕落が目に付きました。

(横浜市健康福祉局中央卸売市場本場食品衛生検査所「細菌検査室レポート38(2009.1)」『横浜市のホームページ』p.2. <http://www.city.yokohama.jp/me/kenkou/kensajo/report/box/sa_vol38.pdf>2009.6.25)

と、市の機関の広報誌にも現れている。この場合、誤変換によるうっかりミスではなかろう。「ていだらく」と入力しない限り「低堕落」とは変換されないからである。また、意図的に当て字をして一種の言葉遊びを試みたとも思えない。つまり、「低堕落」を、「正しい日本語」と認識した上で使っていると考えられるのである。そして意味も、〈好ましくない状態〉ではなく文字どおり〈低いレベルへの堕落〉と解釈すべきである。

## 7.　おわりに

ここまで見てきたように、“ていたらく”の新用法は今日の日本語では—新聞や書籍、国会という公の場の言語でも—すでに無視できない勢力になっている。にもかかわらず指摘するのが前掲の4文献程度にとどまっているとなると、文法と意味の両面における「気づかない変化」と呼んでいいと思われる。

とはいえ、新用法は、現時点では新聞･雑誌などのマスコミにおいてそう頻繁には用例は拾えない。また新用法が見られるメディアでも、現代の「規範的な」用法のほうが多く使われているのである。しかし、筆者が個人的に親しい日本語研究者からでさえ、「ていたらくな」「ていたらくぶり」にそれほど抵抗は感じないという声も聞かれ、HP上の状況などを合わせ考えると、新用法は今後さらに勢力を伸ばす可能性が高いといえよう。そうなれば遠からず多くの人に知られるようになり、「誤用」として槍玉にあげられることになっていくと思われる。その一方で、大学でのアンケート調査の結果からは、“ていたらく”という語自体を知らない若年層が無視できない率で存在することがうかがえ、そうなるとこの語は次第に「廃語」化の方向へ向かう可能性もある。これらのような点は第1章で取り上げた“いやがうえにも”と通じる所がある。

今後、新用法のさらなる用例採集と分析を行うとともに、今回は見送った近世以前の状況についての考察も行い、マイナス化がほぼ完了した時期及び形容詞化が始まった時期の解明を試みたい。

**注**

1　金(2006: 232)では、新聞記事において外来語“ケース”は、「「(すでに起こった)良くないコトガラ(＝ケース)が〈多い／有る〉」という表現に、最も多く用いられていると考えられる」としている。語自体の意味は中立でも、報道記事においてはマイナスの場面で使われることが多いという点では、新屋（2008）の扱った“状態”と共通する特徴がある。さらに金（2006: 234）では、「この「（すでに起こった）良くないコトガラ（＝ケース）が〈多い／有る〉」という表現は、新聞において報道される機会がきわめて多いものと考えられる」としている。何も問題がなく順調に物事が進んでいる「状態」よりも、何か問題が生じ、物事が順調に進まなくなっている「状態」の方が、新聞記事で取り上げられることが多いのは首肯できるところである。これも、新屋（2008）の用いた雑誌『AERA』にも共通する特徴であろう。

2　村木新次郎氏は村木（2000）をはじめとする一連の論考で、狭義の形容詞を「第一形容詞」、形容動詞を「第二形容詞」とするのに加え、終止形（氏の用語では「述語用法」）が「〜だ」、連用形（同「修飾用法」）が「〜に」、連体形（同「規定用法」）が「〜な」という形をとる形容詞（広義）を「第三形容詞」と呼んだ。“ていたらく”の新用法は連体形が「〜な」と「〜の」の両形が現れているが、同様に連体の形式に「〜な」と「〜の」の両形を持つ語が多数あることも村木（2002: 234）などで指摘されている。

# 第4章　“万端”の意味・用法について
## —今日と明治〜昭和戦前との比較

## 1.　はじめに—あるCM

2007年2月、筆者はテレビで流れるCM中のあるセリフが耳にとまった。子どもの学資保険のCMで、若い父親と母親が生まれたばかりの我が子をあやしている。そして三輪車から学習机、さらにはツメえり学生服までもがすでに準備されているという映像をバックに、父親の次のようなセリフが流れる。

・「すくすく育てよ。将来への準備、万端だぞ〜」

“万端”という名詞について近年の著名国語辞書は次のように意味を記述する。

・①すべての事柄。ある事についてのあらゆる事柄。また、さまざまの物事万緒。万般。(『忠岑十体』『蘭東事始』の例あり)②いろいろのてだて。あらゆる手段。(『新撰万葉』の例あり)　(『日本国語大辞典』精選版)

・ある物事についての、すべての事柄。諸般。「諸事—の世話をする」「用意—怠りない」　(『大辞林』第3版)

・(その事に関する)あらゆる事柄。また、あらゆる手段。万般。「諸事—」「用意—ととのう」　(『広辞苑』第6版)

・［文］さまざまのものごと。一切。「準備—ととのう」　(『三省堂国語辞典』第6版)

したがって、問題のCMの父親のセリフ「将来への準備、万端だぞ〜」は、〈将来への準備、すべてだぞ〜〉〈将来への準備、諸般だぞ〜〉という意味になる。しかしここで父親が言いたかったのは、〈(三輪車から学習机、さらにはツメえり学生服まで)将来への準備はもう全部できてるぞ～〉ということであろう。であれば、「将来への準備、万端整ってるぞ～」とあるべきで、「将来への準備、万端だぞ～」だけでは言葉が足りず、不十分な表現ということになる。

しかし、このような“万端”の用法を「言葉の乱れ」「間違った日本語」の一例として指摘する先行文献は、管見の限りでは、以下の読売新聞校閲部(2005: 162)程度である[1]。

・「選挙に向けて準備万端」というように、「万端」で止める形でよく使われる。しかし、「準備万端」は「すべての準備」の意味だから、「～整う」「～怠りない」などと、動詞を続けないと、「万端」がどうしたのか分からない。「用意万端」「諸事万端」も同様だ。

　「万全」なら、「全く手抜かりがない」だから、「選挙に向けて準備万全」でもおかしくない。

一方、新用法を指摘しながらも、「誤用」ではないとするのが国広(2010b: 65–67)である。ここでは“準備”と“備え”の用法差について述べたのち、

・ついでに触れておくと、「準備」に関して「準備万端が整う」という決まった言い方がある。

{「準備万端が整った」「準備万端整った」の実例}

　ところが日常の場面ではこの成句が簡略化されて、次のように使われる。

{「準備は万端です」「準備は万端だった」「準備万端のインド軍」「準備万端なわけです」の実例}

つまり「準備万端」全体が一個の形容動詞になったわけである。

　この「準備万端」がさらに簡略化されて、単に「万端です」になることもある。一九九一年七月に山口県の下関市に滞在していたときのことである。翌日から下関と釜山の間に新しく定期航路が開設されようとしていた。テレビのアナウンサーが出航の準備に忙しい船を訪ね、船員一人一人に尋ねて回っていた。始めは「準備万端ですか」と聞いていた

> が、お仕舞には単に「万端ですか」と聞くようになり、答えるほうも「はい、万端です」というようになっておかしかった。これは一種の省略表現であり、誤用というわけではない。元の句「準備万端が整った」の全体の意味が「万端」にこめられているのであり、場面の支えがなければ成立しない言い方である。

と述べている。

「誤用」とするか否かはともかく、指摘がこの程度にとどまるのは、この“万端”の意味変化―辞書などで記述された〈全般〉という意味(以下「本義」とする)から〈万端整っている。万全〉の意(以下「新義」とする)への変化―が、問題の CM などごく局所的に見られるものにすぎないからであろうか。それとも「気づかない意味変化」の一例と呼べるものゆえであろうか。

CM によってこの問題に関心を持った筆者は、新野(2009a)を発表した。本章は、その内容に、新義の類義語である“万全”との比較などを加え、再構成したものである。

## 2.　今日の“万端”

### 2.1.　「新聞」

まず今日の“万端”の実例を、朝日、毎日、読売 3 紙の記事データベースで調査した。1987 ～ 2007 年の期間が対象である。

その結果、全用例数のうち大部分が“準備”を伴う(本章では、同一句内に共起することを「伴う」と表現する)ことが判明した。さらに、新義の用例数が、本義のそれを大きく上回っていること、その中でも冒頭の CM のような「準備(は、も etc.)万端」の形で、“整う”(他動詞“整える”も含む)などを伴わない用例が大半を占めていることもわかった。そして 1987 ～ 2007 年の調査期間 21 年を 7 年ずつ 3 期に分けて集計してみたところ、これらの傾向は時期が下るにつれ顕著になってきていることが明らかになった。

その集計結果が表 1 である。各期別に全用例数に対する比率(%)を出してみると、Ⅰ期→Ⅱ期→Ⅲ期と進むにつれ、B 新義の用例数の比率が 51.18 →

**表1　「新聞」調査結果**

| 用例 | | | Ⅰ期<br>87〜93 | Ⅱ期<br>94〜00 | Ⅲ期<br>01〜07 | 通算 | 全体比<br>（%） |
|---|---|---|---|---|---|---|---|
| A本義の例 | α“準備”を伴う | 1「準備万端整う」 | 23 | 29 | 19 | 71 | 10.84 |
| | | 2「準備万端が整う」 | 1 | 1 | 1 | 3 | 0.46 |
| | | 3「準備は（も etc.）万端整う」 | 3 | 5 | 5 | 13 | 1.98 |
| | | 4「万端の準備」 | 4 | 2 | 3 | 9 | 1.37 |
| | | 5「準備万端怠りなし（い）」 | 3 | 1 | 2 | 6 | 0.92 |
| | | 1と3の併用 | 1 | 0 | 0 | 1 | 0.15 |
| | | その他 | 2 | 3 | 4 | 9 | 1.37 |
| | 小計 | | 37 | 41 | 34 | 112 | 16.95 |
| | β“準備”を伴わない | 1「○○万端」 | 20 | 24 | 10 | 54 | 8.24 |
| | | 2「万端の○○」 | 0 | 1 | 2 | 3 | 0.46 |
| | | 3単独の副詞的用法 | 5 | 8 | 6 | 19 | 2.9 |
| | | 4単独の名詞用法 | 0 | 5 | 1 | 6 | 0.92 |
| | αとβの併用 | | 0 | 0 | 1 | 1 | 0.15 |
| A合計 | | | 62 | 79 | 54 | 195 | 29.77 |
| B新義の例 | α“準備”を伴う | 1「準備万端」 | 40 | 84 | 166 | 290 | 44.27 |
| | | 2「準備は（も etc.）万端」 | 15 | 48 | 63 | 126 | 19.24 |
| | | 3同一記事での1・2の併用 | 0 | 1 | 3 | 4 | 0.61 |
| | | 4その他 | 1 | 0 | 1 | 2 | 0.31 |
| | 小計 | | 56 | 133 | 233 | 422 | 64.43 |
| | β“準備”を伴わない | 1「○○万端」 | 7 | 8 | 8 | 23 | 3.51 |
| | | 2「○○は（も etc.）万端」 | 2 | 2 | 2 | 6 | 0.92 |
| | | 3万端の○○ | 0 | 0 | 1 | 1 | 0.15 |
| | | 4単独の名詞用法 | 0 | 2 | 2 | 4 | 0.61 |
| | αとβの併用 | | 0 | 0 | 2 | 2 | 0.31 |
| B合計 | | | 65 | 145 | 248 | 458 | 69.92 |
| この語の用法についての記事 | | | 0 | 0 | 2 | 2 | 0.31 |
| 総計 | | | 127 | 224 | 304 | 655 | 100.00 |

64.73 → 81.58、Bα1・2「準備（は、も etc.）万端」の形で“整う”を伴わない用例数の比率が 43.31 → 59.38 → 76.32 と、いずれも 30 ポイント以上伸びている。Aα・Bα“準備”を伴う用例数の比率も 73.23 → 77.68 → 87.83 と 15 ポイント近く伸びている。Ⅲ期の用例の一部を挙げておく。

### A　本義の例

### α　“準備”を伴う

1「準備万端整う」

（1）丁寧に黒51のマゲを決めて、図のシチョウはなくなった。準備万端整ってから黒53。　（「囲碁将棋」朝日 2006.7.25）

（2）広報担当者は「準備万端整い、ようやく本番を迎えられます」と晴れやかな表情で語った。　（毎日 2005.11.15）

（3）前日、準備万端整えても、当日、大雨になりガックリ——といったことも珍しくない。　（「気流」読売 2007.9.19）

2「準備万端が整う」

（4）伊藤大輔監督「大江戸五人男」の準備万端が調っていたが、スタートの声はかからない。　（「書評」毎日 2002.3.17）

3「準備は（も etc.）万端整う」

（5）去年の開幕時よりも、選手の気持ちが高まっている。コンディションも良く、準備は万端、整っている。　（毎日 2007.3.24）

（6）「天候、特に強風だけが心配だが、準備は万端整った」　（読売 2002.2.28 夕）

4「万端の準備」

（7）「朝鮮半島の非核化実現に向けて実質的進展を図ろうとするなら、当事者たちの政治的意志と戦略的決断が求められる。我々には万端の準備ができている」　（読売 2005.7.27）

5「準備万端怠りなし（い）」

（8）中でも準備万端怠りないのが、郵便局だ。　（毎日 2004.9.2）

### β“準備”を伴わない

1「○○万端」

（9）画才に見切りをつけた緑敏は芙美子の秘書役に徹した。雑事万端を引き受けただけでなく、乳飲み子でもらいうけた養子の子守もしていた。　（「愛の旅人」朝日 2006.10.14）

(10)聖路加国際病院の医師と看護スタッフは救急車が到着する前から用意万端整えて治療にあたることができた。
(「夕閑コラム」毎日 2003.10.27 夕)

2「万端の○○」

(11)「我々はそれに対処して必要な万端の措置をより強力に講じていくだろう」と警告した。(朝日 2003.5.18)

3 単独の副詞的用法

(12)当時の執事によれば、用意は万端させておくが気に入らぬ客はそのまま帰し、また料理を盛る皿が自らの思いと異なると口にしなかったという。(「権力の館を歩く」毎日 2007.1.24 夕)

(13)敗因を万端きれいに取り除いて勝つに越したことはないが、この際だから贅沢は言うまい。(「編集手帳」読売 2006.6.14)

4 単独の名詞用法

(14)こうして新参の弟子は、和尚や阿闍梨から修行生活の万端を学び、少しずつ僧侶らしくなっていく。(「日々是修行」朝日 2007.11.22 夕)

**B 新義**

**α“準備”を伴う例**

1「準備万端」

(15)バヨは「練習では上り坂での走りこみもした。力の配分をうまくやりたい」と準備万端。(毎日 2005.2.12)

(16)いま前期試験の真っ最中、不勉強のツケに苦労している学生も多いはず。だが東京大学の1年生は「シケ対」(試験対策委員)のおかげで準備万端と聞いた。(「キャンパる」毎日 2005.7.16 夕)

(17)来年のえとは戌――となると、推計1000万人ともいわれる愛犬家にとっては“我が年”。愛犬の写真入り年賀状が増えるとみて、関連メーカーは準備万端だ。(「考・年賀状」毎日 2005.11.26)

(18)また、「ほらんばか」に主演する孫高宏(同右端)は「東北弁の作品なので、盛岡で方言を保存する会の人にせりふをテープに入れてもらっ

て聞いている」と準備万端だ。　（読売 2006.6.21 夕）

2「準備は（も etc.）万端」

(19) 看板掲げ、準備は万端？　国民新党、設立届を提出

（「選挙：衆院選」毎日 2005.8.20）

(20)「ファンが後押ししてくれると思うので頑張りたい」と逆転 V に意欲をのぞかせる。予想される途中出場に向け、心身ともに準備は万端だ。　（毎日 2005.10.19 夕）

(21) よく温まったからだろう。翌朝の気分はよく、イノシシを食べる準備は万端。　（「Food 記」読売 2006.12.24）

3 同一記事での 1・2 の併用

(22) ◇国境の店長「準備万端」

「準備は万端です」。仏東部のストラスブールの土産物屋で、ジャン・イブ店長はこう言って、銀行から 10 日前に持ち込まれた 5 ユーロ、10 ユーロ札を見せてくれた。　（毎日 2002.1.1）

### β “準備”を伴わない例

1「○○万端」

(23) 相手のチラシを配布前に入手、用意万端で臨んだ初売りだった。

（朝日 2003.1.12）

(24) ◆イチロー調整万端

○…イチローは中越え三塁打を放ち、4 割を超す高打率で調整終了。

（読売 2006.4.3）

2「○○は（も etc.）万端」

(25) 装備も万端、歩いていこう　マリオン　（朝日 2002.10.9 夕）

3「万端の○○」

(26)「軍事大国化の野望に浮かれた日本が我々を主な標的としている状況で、必要な万端の措置をより強力に講じる」と日本に警告した。

（毎日 2003.5.18）

4 単独の名詞用法

（27）万端と神社三つに絵馬かける　　小牧　　比呂凡　　（毎日 2005.2.8）

なおⅢ期に2例ある「この語の用法についての記事」とは、前節に引用した読売新聞校閲部（2005: 162）の文章の初出である記事（読売 2004.7.1）と、その予告（同 2004.6.30）である。この記事で、「“万端”を新義で使うのは「誤用」である」と指摘しているにもかかわらず、同じ読売の実際の記事ではそれ以降も新義の例が大部分なのである。

## 2.2. 「国会」

次に、「国会」の用例の採集を行った。「新聞」と同様に、1987年の108回から2007年の167回までの会議録の検索結果を3期に分けてまとめたのが表2である。「新聞」の結果と比較すると、話し言葉だけに、出現する文脈のバリエーションが多い。Aαの「その他」に属するものの上位は「準備万端できる」3例、「準備万端する」「準備を（も）万端する」「準備万端進む」各2例となっている。そしてB新義の例、Bα1・2「準備（は、も etc.）万端」の形で“整う”を伴わない用例の全体比（%）を出してみると、Bは3.23→15.56→23.68、Bα1・2は0.00→6.67→21.05と「新聞」同様期が下るごとに伸びてはいるが、通算ではBは14.91%、Bα1・2は9.65%にとどまり、「新聞」と比べると格段に低い。一方Aα・Bα“準備”を伴う用例の比率は通算で67.54%と「新聞」よりは低いもののやはり高い数値になっているが、61.29→77.78→60.53とⅡ期がもっとも比率が高くⅠ期・Ⅲ期がほぼ同比率というのが目を引く。新義の例の一部を挙げる。

### ○「国会」の新義の例

Bα1

（1）政令指定都市のさいたま市議会では、新都心タワー誘致促進議員連盟をつくって頑張ろうということで、準備万端、お迎えできるという体制になっております。（第159回衆議院総務委員会9号、2004.3.18）

（2）私は、コミュニティ・スクールを作っていくという上で、これはいきなりできません。もちろん、もうその既に段階、過去から一生懸命頑

**表2 「国会」調査結果**

| 用例 | | | Ⅰ期<br>87～93 | Ⅱ期<br>94～00 | Ⅲ期<br>01～07 | 通算 | 全体比<br>(%) |
|---|---|---|---|---|---|---|---|
| A本義の例 | α “準備”を伴う | 「準備万端」 | 2 | 0 | 0 | 2 | 1.75 |
| | | 「準備万端整う」 | 5 | 13 | 5 | 23 | 20.18 |
| | | 「準備は(が、を)万端整う」 | 1 | 1 | 2 | 4 | 3.51 |
| | | 「準備万端怠りない」 | 4 | 2 | 1 | 7 | 6.14 |
| | | 「万端の準備」 | 1 | 1 | 1 | 3 | 2.63 |
| | | その他 | 6 | 12 | 6 | 24 | 21.05 |
| | 小計 | | 19 | 29 | 15 | 63 | 55.26 |
| | β “準備”を伴わない | 「○○万端」 | 5 | 3 | 6 | 14 | 12.28 |
| | | 「万端の○○」 | 1 | 1 | 1 | 3 | 2.63 |
| | | 単独の名詞 | 1 | 1 | 1 | 3 | 2.63 |
| | | 単独の副詞的用法 | 4 | 4 | 6 | 14 | 12.28 |
| A合計 | | | 30 | 38 | 29 | 97 | 85.09 |
| B新義の例 | α “準備”を伴う | 1「準備万端」 | 0 | 3 | 4 | 7 | 6.14 |
| | | 2「準備は(も)万端」 | 0 | 0 | 4 | 4 | 3.51 |
| | | 3「準備を万端に整える」 | 0 | 1 | 0 | 1 | 0.88 |
| | | 4「準備を万端にする」 | 0 | 1 | 0 | 1 | 0.88 |
| | | 5「万端な準備」 | 0 | 1 | 0 | 1 | 0.88 |
| | 小計 | | 0 | 6 | 8 | 14 | 12.28 |
| | β “準備”を伴わない | 1単独の名詞 | 1 | 0 | 1 | 2 | 1.75 |
| | | 2「万端に整って」 | 0 | 1 | 0 | 1 | 0.88 |
| B合計 | | | 1 | 7 | 9 | 17 | 14.91 |
| 総計 | | | 31 | 45 | 38 | 114 | 100.00 |

張っておられてそういうレディーの、準備万端の地域も幾つかあるかというふうに思っておりますけれども、

（第159回参議院文教科学委員会21号、2004.6.1）

Bα2

（3）すべてに準備が整ったかどうかということになると、どんなことがあっても我が方の準備は万端でございますというところまでいったと言うほど自信はございませんが、我が方としては、今できる限りの準備は整えつつございます。

（第151回衆議院外務委員会7号、2001.4.4）

（4）やはり霞が関は非常に外務省を中心に一生懸命やっておりまして、我々も都合八回ぐらいの会議を両国でやりましたが、その準備ももう相当万端でございました。

（第 159 回参議院国際問題に関する調査会 1 号、2004.2.4）

Bα5

（5）えらい無理やり言わせて済みません。それでよくわかりました。万端な準備をお願い申し上げたいと思います。

（第 140 回参議院大蔵委員会 13 号 、2001.5.15）

Bβ1

（6）日中友好病院が SARS の指定の病院になっておりまして、そういう意味では、外国人が仮に SARS になったということを考えますとその扱いということは万端、外国人用の SARS に関するホットラインもあるようですので、ということですけれども、それ以外のとき、大変に心配でいらっしゃると思いますが、

（第 156 回衆議院決算行政監視委員会第一分科会 1 号、2003.5.19）

Bβ2

（7）実際の定例の閣議はどんなふうに行われているかということを仄聞をいたしますと、いわば次官会議というものがあって、そこで大体、だんだん調整されて上がってきて、そこで用意、段取り万端に整って、　（第 136 回衆議院内閣委員会 8 号、1996.6.11）

### 2.3. 「ブック」

続いて「ブック」を用い、図書における用例を調査した。

2007 年 9 月 4 日に “万端” で検索した結果 620 件の図書がヒットし、その上位 200 件から中国図書 12 件を除いた全 188 件の図書に見られる用例のうち、全 177 例が分析の対象となった。図書の刊行時期は表 1、2 のⅢ期にあたるものが大部分である。それをまとめたのが表 3 である。B 新義の例及びそのうちの Bα1・2「準備（は、も etc.）万端」の形で “整う” を伴わない用例の全用例数に対する比率は 37.29%、32.77%といずれも 30%台で、「新

表 3　「ブック」調査結果

| 用例 | | | 用例数 | 全体比(%) |
|---|---|---|---|---|
| A 本義の例 | α “準備” を伴う | 「準備万端整う」 | 44 | 24.86 |
| | | 「準備万端を(が)整う」 | 5 | 2.82 |
| | | 「準備は(を)万端整う」 | 3 | 1.69 |
| | | 「準備万端怠ら(り)ない」 | 3 | 1.69 |
| | | 「万端の準備」 | 3 | 1.69 |
| | | その他 | 3 | 1.69 |
| | 小計 | | 61 | 34.46 |
| | β “準備” を伴わない | 「○○万端」 | 28 | 15.82 |
| | | 「万端の○○」 | 7 | 3.95 |
| | | 単独の名詞 | 3 | 1.69 |
| | | 単独の副詞的用法 | 12 | 6.78 |
| A 合計 | | | 111 | 62.71 |
| B 新義の例 | α “準備” を伴う | 1「準備万端」 | 46 | 25.99 |
| | | 2「準備は(も)万端」 | 12 | 6.78 |
| | | 3「準備万端に整う」 | 2 | 1.13 |
| | | 4「準備を万端に整える」 | 2 | 1.13 |
| | | 5「万端に準備する」 | 1 | 0.56 |
| | | 6「万端に準備ができる」 | 1 | 0.56 |
| | 小計 | | 64 | 36.16 |
| | β “準備” を伴わない | 1「○○万端」 | 1 | 0.56 |
| | | 2「○○は万端」 | 1 | 0.56 |
| B 合計 | | | 66 | 37.29 |
| 総計 | | | 177 | 100.00 |

聞」と「国会」の中間の数字である。一方 Aα・Bα “準備” を伴う用例の比率は 70.62% と、「国会」とほぼ同じである。新義の例の一部を挙げる。

**○「ブック」の新義の例(一部)**

Bα1

(1)先発した東路軍は日本側の準備万端の防戦に遭遇、日本側の戦術も小船で奇襲して船に乗移り火をかけ、夜襲を試み、一進一退。

（毎日新聞社『話のネタ—会話がはずむ教養読本』PHP研究所、1998。p.206）

（2）水槽のろ過器は、産まれてきた稚魚が吸い込まれないように底面式を使うとよい。これで準備万端である。

（秋山信彦・上田雅一・北野忠『川魚完全飼育ガイド—日本産淡水魚の魅力満載』Marine Planning Co.,Ltd.、2003。p.135）

Bα2

（3）準備は万端だった。あとは、この資料に基づいて質問をしていくだけだった。

（服部英彦『「質問力」のある人が成功する—いつきくか何をきくかどうきくか』PHP研究所、2003。p.32）

（4）■ all ready（すべて準備が整っている）

Dinner is all ready.（食事の準備は万端です）

（森川美貴子『ますますナットク！　英文法』三修社、2004。p.39）

Bα3

（5）物事何でも、思ったとおりの成功に導きたいと願うなら、準備万端に整えて挑まねばならぬ。

（長尾剛『世界一わかりやすい「孫子の兵法」』PHP研究所、2007。p.91）

Bα4

（6）秀吉は近くの村から民を集めて、炊き出しや怪我人の手当てをする後方支援部隊までつくり、準備を万端に整えていた。

（日本博学倶楽部『日本史未解決事件ファイル—「聖徳太子架空人物説」から「西郷隆盛生存説」まで』PHP研究所、2005。p.240）

Bα5

（7）計画通りの旅などつまらないと思うが、これはあくまで性格の問題。計画通り、万端に準備して行きたい人は、その通りにすればよい。

（江坂彰『あと2年！　サラリーマン、定年までにしておく15のこと』PHP研究所、2005。p.84）

## 3.“万全”との比較

“万端”の新義について考える上では、その類義語“万全”との比較対照も必要である。それを「新聞」と、「国会」とで見てみる。

### 3.1.「新聞」の“万全”

朝日 2001 年、2007 年の各 1 ～ 6 月の記事における“万全”の用例について調査した。この、1 紙の計 12 か月分だけで 159 例と 149 例の計 308 例に上り、“万端”の 2001 ～ 2007 年の 7 年間（表 1 のⅢ期）における 3 紙合計での用例数が 304 例であったのと比べると、使用頻度の高さがわかる。

“万端”と比較してまず気づくのは“準備”と共起した例の少なさで、わずか 11 例、3.57%にすぎない。

・中東和平でレバノンと共同歩調をとるシリアの高官は、「狂信的な男（シャロン氏）に立ち向かうために、アラブ首脳会議に向け万全の準備をすべきだ」と指摘。（2001.2.8）

・路上のごみを大型ピンセットで拾って回り、ほうきで掃除。散水車が水をまき、最新鋭のブラシ付き清掃車が洗剤で洗い流す。吸引装置ですべての汚れを吸い取ると、路面はさわやか。観光客、買い物客を迎える準備は万全だ。（「世界発 2001」2001.6.28）

・野犬にかまれたり、食物アレルギーで意識不明になったり。脳梗塞や心筋梗塞、骨折も少なくない。古川会長は「結局は自己責任。準備は万全に」とくぎを刺す。（「備える」2007.5.3）

・中ゴー尾根などの一般コースは登山可能だが、群馬県谷川岳登山指導センターは、気象情報の確認をはじめ万全な準備を呼びかけている。（2007.3.17）

また「準備万全」という例もそのうち 3 例にすぎない。

・◇世界記録へ準備万全　次はカルガリー「そろそろ返してもらわないと」（2001.2.4）

・「もしもの時」準備万全に　芸予地震、私はこうした　（2001.3.28）

・田口への期待は高まるばかりだが、「自分の中では何も変わらない。監督に、行けと言われた時が僕の行くタイミング」。先発でも代打でも、常に準備万全にすることだけを考えている。　(2007.6.20)

一方で「万全を期す」の形の例が 76 例と、全体の 24.68%、つまり４分の１にのぼる。これに対し「万端を期す」の例は全くない。

・株価下落や円安などが進み、景気の先行きに対する警戒感が高まるなかで、「金融市場の円滑な機能の維持と安定性確保に万全を期すのが目的」と強調した。　(2001.1.24)

・小学校時代、野球少年イチローは父・宣之さんとともに、必ず試合会場に下見に行った。万全を期すために、前もって環境や周囲の状況を把握しておく慎重さは当時からだ。　(2001.1.27)

・大優勢になっても谷川九段は、慎重に１手ずつ小刻みに時間を使う。金を追いながら竜を作り、銀も手駒に加えて万全を期す。先手４六桂は後手３六桂～後手７三角の王手竜取りを事前に防いだ手だ。　(2007.2.6)

・ソニーは約２年前から内部統制の専門部署を設けて準備してきたが、「会計処理のプロセスも検証しないといけない。国内外の子会社も多く、作業が大幅に増える。万全を期すために延期する」という。
(2007.3.13)

さらに、連体修飾で使われた例を見ると、“万端”は本義・新義合わせ「万端の」がⅢ期の 304 例中わずか６例、1.97%なのに比べ、“万全”は全 308 例中「万全の」84 例、「万全な」14 例の合計 98 例、31.82%に上っている。

・国の許可の順守や作業員の教育など事故防止の万全の措置を怠ったり
(01.4.23 夕)

・現役の王者が、万全の体調で大記録に挑む。　(01.6.22)

・「あらゆる事態が想定されるから、万全の態勢をとっている」
(07.5.17 夕)

・一方で、スノーシューを使った雪上ハイキングには、安全への万全な注意が必要だ。歩く場所は本格的な冬山ではないにしても、スキー場のように管理された環境ではない。　(2001.1.31 夕)

・同センターではシステムのプログラム改修や増強に取り組んでおり、16日に特約店とインターネット販売は再開した。ただ、店舗数の多いコンビニ販売は「混乱回避が最優先。万全な体制を整えたい」として、再開には慎重を期す姿勢。（2007.5.17）

### 3.2. 「国会」の“万全”

「国会」では、2007 年 1 ～ 3 月の期間に、87 件の会議に計 175 例がヒットした。“万端”は 1987 ～ 2007 年の 21 年間で 114 例であるから、このジャンルでも“万全”の方がはるかに使用頻度が高いことがわかる。

そして“準備”と共起した例はわずか 4 例、2.29%にすぎない。

・どれだけ準備を万全にしていても、今どこで何が起きているかって正確な情報をどれだけ早くキャッチできるかということがすべて決め手だと思っております。厚生労働省は今世界の鳥インフルエンザの状況についてどういう状況をどう分析されているか教えてください。

（第 166 回参議院予算委員会 5 号、3.7）

・現時点でどういう状況かといいますと、決してその両方についても万全な準備ができているという状況ではありません。

（第 166 回参議院予算委員会公聴会 1 号、3.15）

・それについては、厚労省だけが健康問題を対象にしていただけでは不十分でありまして、世界全体の、まあ国家全体のレベルでの危機対応ということを、そういう問題をきちっと考えて準備を万全にしておかなければいけません。（同）

・日本での開催が間違いなく行われますように、他の締約国への働き掛けなど万全の準備をしていただきますとともに、締約国会議を実りのあるものとするため、愛知県、名古屋市とともに連携して受入れ体制の整備をしっかりと進めていただきたいと思います。

（第 166 回参議院環境委員会 2 号、3.20）

その一方で目を引くのが、「万全を期す」の例が 116 例と全体の 66.29%、3 分の 2 を占めるということである。

・また、新型インフルエンザへの対応として、抗インフルエンザウイルス薬タミフルの備蓄などに必要な経費を計上しており、国民の安心、安全の確保に万全を期すものとなっております。

（第166回衆議院予算委員会3号、2.2）

・二〇一一年の完全デジタル元年に向け、デジタル放送への全面移行に万全を期し、放送事業者、メーカー等と一体となって取り組みを推進します。（第166回衆議院総務委員会2号、2.16）

・刑務所等における処遇については、昨年、刑事施設及び受刑者の処遇等に関する法律の一部を改正する法律により、監獄法が全面改正されましたので、その円滑、適正な施行に万全を期してまいります。

（第166回衆議院法務委員会2号、2.20）

このように、大臣など政策を立案・推進する側が自らの所信を述べる中で、常套句的にきわめて多用されているのである。「万端を期す」の例は、1987～2007の間で、

・その点につきましての実施段階につきましてはかなりお手数を煩わせないようになっているつもりでございますけれども、その準備に当たりましては万端を期する必要があるわけでございまして、

（第113回参議院税制問題等に関する調査特別委員会16号、1988.12.21）

の1例しかない。

また、連体修飾の用例は、“万端”は表2のⅢ期で38例中「万端の」が2例と全用例の5.26%にとどまるのに対し、“万全”は全175例中「万全の」26例、「万全な」6例の合計32例と18.29%に達している。新聞記事ほどではないが、やはり“万端”に対し連体修飾で使われる比率が高くなっている。

・本当に人命の重さをしっかりと受けとめて、国土交通省としても万全の対策をとっていただきたいと強く要望したいと思います。

（第166回衆議院国土交通委員会4号、3.14）

・今後とも、総務省では、安全、安心なICT社会の実現に向けまして情報セキュリティー対策を万全の体制で推進していきたいと考えていま

す。（第 166 回参議院総務委員会 4 号、3.20）

・昨年、北朝鮮は国際社会の制止を振り切り核実験を強行いたしました。この事態を受けて六者協議が再開されたものの、何らの進展もなく終了をいたしております。早期再開に向けて関係各国は外交努力を重ねておりますが、次回の協議においては、各国が一致結束し、成果を上げるよう万全な体制で臨むことを期待をいたしております。

（第 166 回参議院本会議 4 号、1.31）

・そして、先生これは御指摘のとおりでございまして、間違っても、東京都民はもちろんでありますが、国民の食生活にとって、安心、安全にとって、これは一番健康、生命にも重大なかかわりを持つ問題でございますから、私ども、先ほど申し上げましたように、科学的見地に立って、十分万全な基準をクリアできる、そういったことをしっかり求め、確認をしてまいりたい、このように思っているところでございます。

（第 166 回衆議院予算委員会 7 号、2.13）

## 4.　明治〜昭和戦前の“万端”

次に、今日の“万端”の状況と対比させるべく、明治〜昭和戦前までの状況を調査してみる。まず『新聞記事文庫』を 2008 年 11 月 23 日に検索の結果、265 件の記事がヒットし全 275 例の“万端”が得られた。さらに雑誌については『太陽コーパス』、文学作品については『青空文庫』(昭和 20 年以前の作品と断定できるものに限定した。2007 年 6 月 13 日に検索)を用いて“万端”で検索を行った。その結果、〈万端整っている〉の意の新義と解するのが適当と思われる例は 3 資料を通じて見られなかった。さらに今日は大部分を占める「準備万端」をはじめ“準備”を伴う例は、『新聞記事文庫』以外には全く見られなかった。

そこでこの時期の用例を前章とは別の形に分類し、表 4 に示した。このうち『新聞記事文庫』の“準備”を伴う例と『太陽コーパス』『青空文庫』の例のそれぞれ一部を掲げる。

**表4　明治～昭和戦前の調査結果**

| 用例 | | 『新聞記事文庫』 | 『太陽コーパス』 | 『青空文庫』 |
|---|---|---|---|---|
| 本義の例 | 1「○○万端」 | 155(36) | 17 | 92 |
| | 2「万端の○○」 | 91(36) | 2 | 20 |
| | 3 単独の副詞的用法 | 19 (3) | 4 | 30 |
| | 4 単独の名詞用法 | 9 | 0 | 7 |
| | 5 その他 | 1 | 0 | 0 |
| 計 | | 275(75) | 23 | 149 |

＊(　)内は“準備”と共起する例(内数)

### ○『新聞記事文庫』の“準備”を伴う例

1「準備万端」

(1)第一回は其の準備万端を農商務省の工務局で取扱ひ、
(『大阪朝日新聞』1920.9.7)

(2)従つて当前ならば政府先づその事業の執行に必要な準備万端を整へ
(『大阪毎日新聞』1922.5.23)

(3)愈々支払はれる三休銀の大口預金　準備万端全く整ふ
(『大阪毎日新聞』1927.12.14)

(4)愈よ廿一日から有効　準備万端成る！　(『神戸又新日報』1934.4.19)

(5)配給申請終る 府の準備万端OK　(『大阪時事新報』1938.3.30)

(6)乗員一同元気旺盛で準備万端出来上つてゐる(『国民新聞』1938.11.9)

(7)ニツポン {＝飛行機の名} は十四日午後カラチ到着の予定だがすでに歓迎準備万端が日本人協会主催で整へられた
(『大阪毎日新聞』1939.10.16)

2「万端の準備」

(8)その後一部の組合において設立に関する万端の準備を了し、
(『大阪毎日新聞』1926.2.25)

(9)その他現地日満各機関は協力これが実現に向つて万端の準備を進めてゐるが、　(『神戸又新日報』1936.5.25)

(10)九月の切符制実施までには万端の準備を整へるべく計画を進めてゐ

る　（『中外商業新報』1940.8.25）

(11)真情こめた心尽くしで万端の準備が進められてゐる　（『大阪毎日新聞』1942.6.21）

3 単独の副詞的用法

(12)政府は断然取引所法施行規則を改正し仲買人の権限を制定して悪弊を芟除すべく既に準備は万端整い居れり云々　（『中外商業新報』1918.5.20）

(13)建築科では夏休みといふのに主任教授内田祥三博士以下総動員で万端準備中であるが、　（『国民新聞』1934.8.25）

**○『太陽コーパス』の例**

1「○○万端」

(1)主人無妻なれば浪奴いつしか山の神の職務も取らされて会計万端取賄ふ代り山の神の威権も自ら取りて、　（幸田露伴「新学士」1895.4）

(2)但だ夫れ我が富み彼れに及ばざるを以て政府の務、民間の事、万事万端不自由不如意の有様を免かれず　（天野為之「国債償還論」1895.6）

(3)ハンデルスブラド新聞の支那通信員は、清国は諸事万端唯外面のみを重ずる事を報じて曰く、　（「海外彙報」1895.6）

(4)嗚呼、世事万端、乱れて麻の如し、人は茫々として為す所を知らざらんとす。　（高山樗牛「文芸時評」1901.8）

(5)あなたの事務万端を取扱つてるのは誰です？　僕ですよ。　（坪内士行「社会劇都へ(二幕)」1917.6）

2「万端の○○」

(6)兼ては北陸鉱山の理事として万端の指揮を成し、実業社会にて重立たる首領の中には数へられたり　（福地桜痴「夜の鶴(上)」1895.8）

(7)夫れから夜食へ続けての長酒、万端の支度は皆兼さんの手一ツ、　（幸堂得知「心中女」1895.10）

3 単独の副詞的用法

(8)和女を万端御執心で直に芸人を止めにして屋敷へ来て呉るなら親子

や姉が生涯困らぬ様に扶助も仕様　　（条野採菊「涙の媒介」1895.6）

（9）当市は人口四十万余家屋の建築は何れも石造煉瓦等の数層巨大なる構造にして其室内の美麗なると万端家財の整理行届居るには感服の外無之　　（小林耕作「特別通信米国通信(三月十五日発)」1901.5）

**○『青空文庫』の例**[2]

1「○○万端」

（1）朝と言へば先づ何をおいても駈けつけて、名人の身のまはりの世話は言ふまでもないこと、拭き掃除から食事万端、何くれとなくやるのがしきたりであるのに、

（佐々木味津三『右門捕物帖　のろいのわら人形』）

（2）子弟の教育は年来の彼のこゝろざしであったが、まだ設備万端整はなかつた。　　（島崎藤村『夜明け前　第二部』）

（3）無暗に他人の不信とか不義とか変心とかを咎めて、万事万端向うがわるい様に噪ぎ立てるのは、みんな平面国に籍を置いて、活版に印刷した心を睨んで、旗を揚げる人達である。　　（夏目漱石『坑夫』）

（4）帯のむすび方の、だらしのない容子と云ひ、赤鼻で、しかも穴のあたりが、洟にぬれてゐる容子と云ひ、身のまはり万端のみすぼらしい事、夥しい。　　（芥川龍之介『芋粥』）

2「万端の○○」

（5）しかし、右門は押し黙つたままで万端の支度をととのへて了ふと、風のやうにすうと音もなく表へ出て行きました。

（『右門捕物帖　南蛮幽霊』）

（6）葬儀は今日のうちにすることになつて、故人の甥の大和守である人が万端の世話をしてゐた。　　（与謝野晶子訳『源氏物語　夕霧』）

3 単独の副詞的用法

（7）一体あすこの親指の口入で官途にもありついたし。万端ひゐきになるもんだから。お鬚の塵をはらつてゐて損のないとおもふとこから。せい一盃勤めて居た内。あいつに英語を教へてやれといふことで……。

（三宅花圃『藪の鶯』）

（8）早速村の大工をも呼びよせて、急ごしらへの高い窓、湿気を防ぐための床張りから、その部屋に続いて看護するものが寝泊りする別室の設備まで、万端手落ちのないように工事を急がせた。

（『夜明け前　第二部』）

4 単独の名詞用法

（9）かうなつた以上は、この港に久しく留るべき理由はない。万端がととのうて、即時出帆といふことになりました。

（中里介山『大菩薩峠　京の夢おう坂の夢の巻』）

このうち名詞に直接下接する「○○万端」の例が『新聞記事文庫』で全用例数の 56.36%、『太陽コーパス』では 73.91%、『青空文庫』では 61.74%と高い比率を占める。そして『新聞記事文庫』ではそのうちの 36 例、全用例数に対し 13.09%が「準備万端」の例である。その内訳は「準備万端整う」が 7 例、「準備万端が整う」が 6 例、「準備万端を（は）終わる」3 例、「準備万端成る」「準備万端 OK」各 2 例などとなっており、すべて本義の例である。また今日の新聞記事では「準備万端」の用例数が「万端の準備」のそれを大きく上回っているが、この時期では両者が互角の数字である。

『新聞記事文庫』の全 275 例中 75 例（27.27%）が “準備” を伴っており、新聞記事においては今日ほどではないにせよ “万端” は “準備” を伴う傾向がやはり強かったといえる。そして記事の掲載年を 1910 ～ 18 年、1919 ～ 27 年、1928 ～ 36 年、1937 ～ 43 年の 4 期に分けてみると、全用例数に対する “準備” を伴う例の比率は、順に 3.70%（54 例中 2 例）→ 18.39%（87 例中 16 例）→ 33.70%（92 例中 31 例）→ 61.90%（42 例中 26 例）と、時期が下るにつれどんどん高くなっているのである。

また「○○万端」の “準備” 以外の上接語は『新聞記事文庫』で 48 種、『青空文庫』では 37 種、『太陽コーパス』では 14 種に上っている。一方第 2 節で見た今日の資料の場合、「○○万端」の例は大部分が「準備万端」であり、“準備” 以外の語が上接する「○○万端」の例の全体比は、「新聞」11.76%、「国会」12.28%、「ブック」16.38%にとどまり、上接語は順に 20 種、5 種、10

種となっている。

　新聞がもっとも上接語の種類が多いのは同じであるが、“万端”の全用例数は今日の方が約2.4倍なのに対し上接語の種類の数は逆に『新聞記事文庫』が2.4倍である。今日では、全体比に加え、上接語のバリエーションも戦前までと比べ乏しくなっていることがわかる。つまり“万端”は明治～昭和戦前は相当程度自由に多くの語に下接して用いられたのに対し、今日はその自由さが失われ、“準備”の下接語としての使用が多くなっているのである。

## 5.　変化の起きた理由

### 5.1.　意味・用法面の変化

　ではなぜこのような変化が起きたのか。

　まず、意味面の変化についてである。「漢字四字＋を＋動詞」の形の成句のうち、「快刀乱麻を断つ」や「疑心暗鬼を生ず」は、本来動詞を伴っていなければ意味を成さないが、常に“断つ”“生ず”を伴うのならあえて皆まで言うこともない、ということで動詞部分が脱落した形で以下の例のように使うようになったと考えられる。

・小辻は「満州鉄道顧問」の資格で、松岡満鉄総裁の懐刀として、快刀乱麻の大活躍をする。
（エリ＝エリヤフ・コーヘン・藤井厳喜『ユダヤ人に学ぶ日本の品格』PHP研究所、2007。p.211）

・勤めていた会社の業績は悪い方向に流れていき、社内は役員同士や社員同士の足の引っ張り合いで職場の人間関係は疑心暗鬼で暗い雰囲気でした。
（大原簿記学校『漫画で合格！ 中小企業診断士―資格の大原が教える最速勉強法』PHP研究所、2009。p.85）

　この場合「快刀乱麻」「疑心暗鬼」は四字熟語化し、それだけで〈快刀が乱麻を断つ〉〈疑心が暗鬼を生ず〉という意味を表す。

現在の新聞記事において「準備万端」だけで〈準備は万端が(において)整う〉の意を表すようになった変化も同じように考えられる。

戦前の『新聞記事文庫』の(2)のように「準備万端を整える」、あるいは(12)のように「準備は万端整う」という表現が使われていたものが、極力簡潔な表現が求められるという、記事本文とは異なる特性を持つ見出し—(3)～(5)は見出しの例である—を中心に「準備万端整う／成る etc.」と助詞を略した形で表示されるようになった。そして、常に“整う”“成る”の類の動詞を伴っていたため、それを略してより簡潔にした「準備万端」の形でも通じる、ということになったのではないか。

ただ「準備万端」が「快刀乱麻」「疑心暗鬼」と違っていたのは完全に四字熟語化するには至らず、「準備は万端」と助詞の略されない形でも依然現れたり、後項“万端”が今日の「新聞」の(23)「用意万端」・(24)「調整万端」のように他の語に下接してもあるいは(25)「装備も万端」・(26)「万端の措置」のように単独でも〈万端整っている〉という意味を表すようになっていったりしたことである。冒頭に挙げたCMもその例で、「準備」と「万端」の間には明らかなポーズがあり、「将来への準備は、万端だぞ～」の「は」が省略された形とみるべきである。このような変化もまず、新聞見出し[3]から始まり、それから記事本文中、さらに図書やテレビなど他の場面にも広がっていき今日の状況に至っているのではないか、と筆者は考えている。

このような意味面の変化について指摘する現時点の先行文献は、冒頭に挙げたようなものにとどまる。そして、戦前までは新聞にしか見られなかった“準備”を伴う例が、今日どの資料でも多数派になり、一方でそれ以外の語が上接する「○○万端」のバリエーションが小さくなったという用法面の変化については、まだ指摘がないと思われる。したがって今回取り上げたような“万端”の変化は、意味・用法の両面における「気づかない変化」の一例と呼んでよい。

## 5.2.　文法面の変化

次に、その品詞性に注目してみる。「新聞」の(17)、(18)、(20)といった

「〜だ」の形で述語となった例からわかるように、“万端”「準備万端」は、今日は形容詞(広義)化しているといえる。「〜だ」の形で述語になる点からは、国広(2010b)が指摘する形容動詞化のように見える。しかし国広(2010b)では「「準備万端」全体が一個の形容動詞になったわけである」としながら、そこに挙がっている連体修飾用法の例は、「準備万端のインド軍」「準備万端なわけです」と、「〜の」「〜な」両形が見られる。今回採集した用例では、連体修飾の場合は「〜な」は「万端な」が「国会」(5)の1例しか見られずもっぱら「万端の」「準備万端の」が使われている。村木新次郎氏は村木(2000)をはじめとする一連の論考で、狭義の形容詞を「第一形容詞」、形容動詞を「第二形容詞」とするのに加え、終止形(氏の用語では「述語用法」)が「〜だ」、連用形(同「修飾用法」)が「〜に」、連体形(同「規定用法」)が「〜な」という形をとる形容詞(広義)を「第三形容詞」と呼んだ。さらに「規定用法」に「〜な」と「〜の」の両形を持つ語が多数あることは村木(2002: 234)などで指摘されている。“万端”はその中に属するということになるが、用例数のうえからは「第三形容詞」よりであるといえる[4]。

## 6.　おわりに

以上、“万端”の変化について、今日と明治〜昭和戦前の各種データベースを利用しつつ、“万全”との比較も行いながら見てきた。

その結果、今日と戦前までの両時期で新聞の調査結果は他の資料と異なる傾向を示していることがわかった。近年、新聞データベースの整備に伴いこれを使った近現代語研究も多く行われているが、新聞記事の調査結果のみをもってその時代の日本語の状況を把握しようとするのは危険を伴うといえる。

この語の〈全般、諸般〉から〈万端整っている、万全〉への変化は「中立的意味のプラス化」の一例とすることもでき、それと名詞から形容詞(広義)へという品詞面での変化とが関連しているという点は、小野正弘氏が小野(1983、1984、1985b)などで手がけた“しあわせ”“果報”“天気”といった一連の語と相通じるところがある。

今後さらに注目していきたい語である。

**注**

1　ウェブ（公的機関が開設しているサイトに限る）では、以下のページに同内容の記述が見られた。

・赤筆先生「国語力クイズ・赤筆先生からの出題」『関西発　YOMIURI ONLINE』読売新聞大阪本社 <http://osaka.yomiuri.co.jp/nie/akafude/na70501a.html>2007.8.9

・梅津正樹「ことばおじさんの気になることば　準備が万端？」『NHK オンライン』日本放送協会 <http://www.nhk.or.jp/a-room/kininaru/2007/12/1217.html>2008.12.17

・朝日新聞社校閲センター「ことばマガジン クイズ語エ門　準備は万全？万端？」『A-stand』朝日新聞社 <http://astand.asahi.com/magazine/kotoba/goemon/2010052000003.html>2010.5.24

2　本文は、以下のテキストに拠った。(1)『佐々木味津三全集』2、平凡社、1934。p.139。(2)『夜明け前　第二部』新潮社、1935。p.348。(3)『草合』春陽堂、1908(『名著復刻漱石文学館』1975、ほるぷ出版による)。p.106。(4)『新小説』1916.9(初出)。p.10。(5)『佐々木味津三全集』1、平凡社、1934。p.23。(6)『鉄幹晶子全集 29　新新訳源氏物語』勉誠出版、2009。p.52。(7)『藪の鶯』金港堂、1889。pp.79–80。(8)『夜明け前　第二部』p.681。(9)『大菩薩峠 25　京の夢あふ坂の夢の巻』角川文庫、1956。p.132。

3　見出しでは許される省略表現が、記事本文では許されない場合がある、ということは毎日 2007.9.17 掲載の「校閲インサイド　読めば読むほど 「3 タテ」に一喜一憂」に書かれている。

4　なお、第 3 節で取り上げた “万全” にも「万全の」「万全な」両方の形が見られるが、新聞記事では「万全の」84 例に対し「万全な」14 例、「国会」で「万全の」26 例に対し「万全な」9 例と、いずれも「万全の」が大きく上回っている。

# 第4部
# そのほかの注目すべき言語変化

# 第１章　“適当”の意味・用法について
## —「適当な答」は正解か不正解か

## 1.　はじめに

・「期末試験で『次の設問に対し、解答欄に適当な答を書け』という問題が出たが、さっぱりわからなかったので、しょうがなく適当な答を書いたら、やっぱり×だった」

この例文には２度「適当な答」が使われているが、意味はほぼ正反対と言ってよい。初めの方は〈ふさわしい、適切な答〉という意味なのに対し、後の方は〈いいかげんな、思いつきの答〉という意味である。

同じ語句がほぼ正反対の意味で使われる場合には、対義的方向への意味変化が起きたと考えられる。このような変化については、本書第１部第１章で取り上げた“役不足”以外にも、現代の事例としては、“やおら”「気がおけない」「流れにさおさす」などが知られている。しかしこれらの場合は、そのような意味変化が一般向け書籍・雑誌などで「言葉の乱れ」「間違った日本語」の事例として槍玉に挙げられることが多いのに対し、“適当”がそのような事例として取り扱われた記述は、管見の限り全く存在しない。

このことに関心を抱いた筆者は、実例に基づき今日のこの語の意味記述を試み、さらにこのような“適当”の意味変化がいつごろどのような過程で生じ、なぜ批判されずに受容されたのかを考えた新野（1997b）を発表した。それから十数年が経過し、この語に関する論考もいくつかは発表されたが、新野（1997b）の論旨を見直さなくてはならないような新見は示されていない。また新野自身も、この間に整備された各種データベースの検索により過去の用例を発見できたということはあったが、この論文の論旨そのものを大きく変更する必要は現時点で感じていない。そこで新野(1997b)を、表現や用語に一部手を加え、その後現時点までの調査結果や、他の研究者の文献の概観などを付け加えた形で書き改めた。

## 2.　現在の“適当”の意味

### 2.1.　国語辞書の記述

新野(1997b)執筆時点で刊行されていた国語辞書では“適当”にプラス・マイナス両方の意味を与えているが、プラス評価の意味記述のしかたは、大きく2つに分けられる。

・①ある能力・性質・目的などに、程よくあてはまること。ふさわしいこと。「—な訳語がない」「リーダーに—な人物」類 妥当。適切。至当。②分量・程度などが、ほどよいこと。適度。「—に塩を加える」「—な運動」類 過当。　(『学研現代新国語辞典』)

・①(ある状態・性質・要求などに)よくあてはまっているさま。程よいさま。「—な判断」　(『集英社国語辞典』)

前者は〈適切〉と〈適度〉という2つの意味を分けて示しているのに対し、後者はそれらを一まとめにしている。

ではマイナス評価の意味はどのように記述されているであろうか。

・〔広義では、表面上つじつまが合うように・要領よく(いいかげんに)でっちあげることをも指す〕　(『新明解国語辞典』第4版)

・その場に合せて要領よくやること。いい加減。「—にあしらう」　(『広辞苑』第4版)

・悪くはない程度に事をすますさま。いい加減。「—にあしらう」　(『旺文社国語辞典』第8版)

・(表面的につじつまを合わせるように)要領よいさま。いい加減なさま。「—に答えておいた」　(『集英社国語辞典』)

・その場を何とかつくろう程度であること。また、そのさま。「—にはぐ

らかす」「—なことを言う」　　（『大辞林』第 2 版）

このように〈いいかげん〉〈要領がよい〉という意味を与えている辞書が多い。

なおこれらの辞書の、2010 年 6 月時点での最新版におけるマイナス評価の記述を見ると、『集英社国語辞典』第 2 版、『広辞苑』第 6 版は変化がない。『旺文社国語辞典』第 10 版は

・悪くはない程度に事をすますこと。また、そのさま。いい加減。「—にあしらう」

『大辞林』第 3 版は

・その場を何とかつくろう程度であること。いい加減なこと。また、そのさま。「—にはぐらかす」「—なことを言う」

と、中ほどに語句が補われている。これらに対し、『新明解国語辞典』第 6 版では記述を全面的に書き改めており、用例も 3 例加えている。

・本格的に対処するのでなく、一応つじつまが合うようにして当面の事態を収拾する様子。「きみの判断で—にやっておいてくれ／その場その場で—に△話を合わせる(相槌を打つ)／—〔＝うまいぐあいに〕あしらわれる」

## 2.2.　現代小説における実例

では実例に基づいて “適当” の意味を検討してみよう。新野(1997b)では、村上春樹の小説『ねじまき鳥クロニクル』(新潮社、1995) にまとまった数の用例が得られたので、それらをもとに意味分類を行った。まず以下に用例を出現順にすべて挙げる。新野 (1997b) では第 1 部の例 (J まで) を挙げたが、ここでは第 2 部の例(K 以降)も掲げる。

A「でも詩って言ったって、女子高校生の読むような詩よ。べつに文学史に残るような立派な詩を書けっていってるわけじゃないんだから。適当にやればそれでいいのよ。わかるでしょ？」

「適当にも何も詩なんて絶対に書けない。書いたこともないし、書くつもりもない」　(p.11)

B「近所の人？」と娘が訊いた。

「そう」と答えて、自分の家のある方向を指さそうとしたが、それが正確にどちらの方向に位置しているのかわからなくなっていた。{中略}それで僕は適当な方角を指さしてごまかした。 (p. 25)

C「よく言うじゃない。きちんと髪の手入れをしていれば禿げないんだって。でもそんなの嘘よ。ウソ。{中略}そんなの化粧品メーカーが適当なこと言って髪の毛の薄い人からお金をむしりとっているだけよ」 (pp. 116–117)

D「好奇心というのは信用のできない調子のいい友達と同じだよ。君のことを焚きつけるだけ焚きつけて、適当なところですっと消えてしまうことだってある」 (p. 120)

E「私は加納クレタと申します。加納マルタの妹にあたります。もちろんこれは本名ではありません。{中略}別に私はクレタ島に関係があるわけではありません。クレタ島に行ったこともありません。姉がマルタという名前を使っておりますので、それに関係した名前を適当に選んだだけです」 (p. 155)

F「私はまだいくらでも私の感じた痛みをならべることができます。でもいつまでもこんな話を続けても、岡田様も退屈なさるでしょうから、適当にやめておきます」 (p. 169)

G「私は盛り場に出て適当な男に声をかけ、値段の交渉をし、近くのホテルに行って寝ました」 (p. 179)

H「悪いけど、今日は帰りが少しおそくなると思うの、ひょっとしたら九時くらいになるかもしれない。いずれにせよ食事は外でするから」

「いいよ、夕食は僕ひとりで適当に済ませておくよ」 (p. 189)

I 彼女は六時前に電話をかけてきて、今日も早く帰れそうにないので、先に食事をすませてしまってくれ、自分は何か外で適当に食べるから、と言った。いいよ、と僕は言った。そして一人で簡単な夕食を作って食べた。 (p. 219)

J「仕事はなくはないんだ。だからいつでも働こうと思えば働けるんだよ。気持ちさえ決まれば、明日からでも働ける。でもさ、なんだか気持ちがまだ決まらないんだよ。僕にもよくわからないんだ。そんな風に適当に仕事を決めちゃっていいものかどうか」　(p.222)

K「まあまあ、ちょっとお待ちください」と加納マルタがそこで口をはさんだ。「話には順番というものがございます。綿谷様も岡田様も、順番に話を進めて参りましょう」

「よくわからないな。だって順番もなにもないでしょう」と綿谷ノボルは無機質な声で言った。「いったいこの話のどこに順番があるんですか？」

「まず彼に話させればいい」と僕｛＝岡田｝は加納マルタに言った。「そのあとみんなで適当に順番をつけましょう。もしそういうものがあればの話だけど」　(p.48)

L「いつからそこ｛＝水の涸れた井戸の底｝にいるの？」

「昨日の昼前からだよ」

「おなかがすいたでしょう？」

「そうだね」

「おしっことかそういうのはどうしてるのよ？」

「適当にすませているよ。ろくに飲み食いしてないから、それほどの問題でもないんだ」　(p.153)

M 空を飛ぶのは実際にはそれほどむずかしいことではなかった。一度上にあがってしまえば、あとは適当な角度にひらひらと翼を動かして、方向や角度を調整するだけでよかった。　(p.157)

N「いや、悪いけど、もうそこ｛＝水の涸れた井戸の底｝には下りたくないな。君も適当に切りあげた方がいいよ。また誰かが梯子を外すかもしれないし、空気の流通だってそんなに良くないし」　(p.206)

O その他にクミコの残していったものといえば、あまり大きくない本棚ひとつぶんの本と、洋服だった。本はまとめて古本屋に売ってしまえばいい。問題は洋服だった。クミコは適当に処分してくれと手紙に書いていた。もう二度と着るつもりはないから、と。でも具体的にどういう風に「適当に」処分すればいいのか、彼女は教えてはくれなかった。古着屋に売ればいいのか、ビニール袋に詰めてゴミとして捨ててしまえばいいのか、誰か欲しい人にあげればいいのか、救世軍に寄付すればいいのか？　でもどの方法も僕にはあまり「適当」なものとは思えなかった。

(p. 266)

P「でももし何かの事情で、僕のいないあいだに他の誰かに家を貸すようなことになったら、今あるものは適当に処分しちゃってかまいません。どうせたいしたものは何もありませんから」

「それはまあいいさ。あとのことはおれが考えてちゃんとやっとくから」

(p. 303)

Q男は同じ調子で歩き続けた。{中略} 僕は気づかれないように、場合場合に応じて適当な距離を置いて、そのあとをついていった。彼が僕の存在にまったく気づいていないことは明らかだった。　(p. 318)

## 2.3.　意味の分類と、雑誌記事などの実例

これらの“適当”の例を、その意味によって分類してみる。まずD・G・K・Mは〈適切なこと／ふさわしいこと〉の意、F・Nは〈極端でない、ほどほどの段階であること〉の意である。Qは〈近すぎも遠すぎもしない、ほどほどの〉とも、〈追跡するのにふさわしい、適切な〉とも解釈できる。

その他の例である。まずAの2例は、〈最高のレベルではないが、なんとか通用する、合格ラインギリギリという程度の結果にはなるような力の入れ方、手の抜き方であること〉といった意味である。新野(1997b)執筆の時点で手元にあった、他の資料から採集した実例を挙げてみる。

(1){土佐ノ海は} 素質はあったが、お世辞にもけいこ好きではなかったようだ。伊勢ノ海部屋への入門が決まったときに、{中略}

「いままでは適当にやってきました。これからは仕事ですので、まじめにやります」

と、語ったという。　(『週刊朝日』1995.7.14号。p. 139)

(2)つとめは適当にやりすごし、茶屋と劇場通いに身をいれるのは、小説

家志望者にとってはきわめて正当な処世だった。

（阿部牧郎「渾身是知恵」『プレジデント』1995.10。p.47）

（3）クラブといっても銀座や新地なんかで若いおねえちゃんが高いカネふんだくって、テキトーに水割りをつくってくれるところでは（もちろん）ない。若者がタムロする小規模なディスコだと思えばよい。

（「麻生香太郎のカラオケ革命講座」『週刊朝日』1995.11.17号。p.136）

（4）ひとりの食事の場合、実はいちばんのオカズは雑誌なのだ。{中略}結局、「食えりゃいい」を基本に料理は適当にすませ、真のオカズ＝本選びに全力を注ぐのがわが夕食のスタイルといえなくもないのである。

（都築響一「わが家の夕めし」『アサヒグラフ』1996.2.23号。p.98）

（5）「松井は自主トレでも、去年までの寝坊、遅刻がなくなった。守備も適当だったのに、目の色を変えて練習した」

（『週刊現代』1996.4.27号。p.49）

この意味をαとする。

なお、新野（1997b: 272）では、

（6）——なぜ、Bクラスのチーム{のGM}を引き受けたのですか。

広岡　そういうチームのほうが、よりよくなりたいという人間としての欲は強く蓄積されています。一方、優勝はしないが適当に勝っているAクラスチームは、この程度でいいやという雰囲気になっている。

（『週刊宝石』1996.1.18号。p.79）

（7）{スノボウエアは}神田にはお気に入りのが無かったので、友達に適当なセットを買わせた後、自分は青山のジローで、ド派手なウエアを買いました。　（木村和久『対極天 '97』小学館、1997。p.70）

の2例は「これらは人間の力の入れぐあいについて使ったわけではなく、状態や物が〈最高とは言えないが、なんとか通用する、文句を言われないという程度〉だということである。α′としておく」としたが、結果がそのレベルになるということは、やはりそのレベルの力の入れ方、あるいは手の抜き方であることが原因なわけである。今回、これらもαの例に含めることとする。

さてE・Jもαにやや近いが、こちらは〈あまり深く考えないこと。特別こだわらないこと。気を使わないこと〉といった意味である。

他の資料から採集した例である。

（8）夫が出掛けて、さらに三十分か一時間かして、彼女は一人で、実に適当なという感じで、モソモソと食べる。家族の他の三人が、好みに拘泥わって、面倒な朝食を食べるのに、その世話を焼きつづけた和美は、{中略} およそ、自分がないのである。

（阿久悠「恋文」『ミセス』1995.12。p.212）

（9）「人が僕のことを“優しい”っていう時って、けっこうテキトーな時があるんだ。“優しいから、あいつに押しつけちゃえばいいや”っていうふうに」　（『MORE』1996.3。p.204）

（10）バラエティーで売れている数十人の枠の中にいるタレント群から適当に何人かピックアップして、一本の番組にする。単にその組み合わせが番組によって異なるだけで、番組自体には新鮮さが感じられないのだ。　（横沢彪「Yの喜劇」『週刊読売』1996.3.17号。p.101）

（11）新聞を横に置き、{煮物を} ひたすら記事の通りにやってみた。ただし、計量カップも計量スプーンもないので、何もかも適当である。それにしても、我が家には砂糖もなかったのだ。砂糖を必要とするような料理やお菓子を作ったことがないので当然である。致し方ないので、結婚式の引出物に頂いたピンクのハートのついた角砂糖を適当にぶっこんだ。

（内館牧子「朝ごはん食べた？」『週刊ポスト』1996.4.12号。p.72）

（12）ピラニアたちの行く末だが、結局は熱帯魚屋さんに引き取ってもらうことになった。そのへんに適当に放流しちゃうわけにもいかないので、お店で希望者に配ってもらったのだそうだ。

（『FOCUS』1996.9.4号。p.48）

この意味をβとする。αは力を入れる度合に重点があり、βは考え・こだわりの有無に重点がある点が異なる。

それに対してBはどうか。この場合相手は「僕」の家の場所を知らないので、どの方角を指そうとその場では信用させることができる。しかし本気で調べられたらすぐ嘘はばれてしまう。これは〈もっともらしく思えるが、実は中身がないこと。その場しのぎでしかないこと〉といった意味である。Cもこれに含まれる。

そして他の資料から採集した例である。

(13) この時キミコさんは少しだけ面白くなかったので、「アノコは反町に住んでる」とテキトーなコトを言った。

するとカレシはマジで本気にしてひどく感心したそうである。

(「渡辺和博の平成ムスメ往来」『an・an』1995.11.3号。p.164)

(14) 私ってけっこう好かれてるのね、とか思ったけど、全然違うの（笑い)。この女うるさそうだから、まあ適当にお世辞言っとこうって思ってるってことがよくわかったんです。

(「マリコの言わせてゴメン！」『週刊朝日』1995.12.29号。p.41)

(15) さらに｛クリスマスイブの｝3日前、「レストランは決まった？」と念を押されて、うんざり気分。

「ごめん。この前キミが言ってた店、やっぱり満員でさ」と、問い合わせもしてないのに、適当に答えておきました。

(『対極天 '97』p.25)

(16) ｛入社試験面接の前日｝慣れない履歴書を書きましたが、「志望動機」を書く欄で、ペンが止まってしまいました。｛中略｝どう考えても「卒業するから働く」という答えしか得ることができず、適当に書いて面接に挑戦です。　(『対極天 '97』p.55)

この意味を$\gamma$とする。

HやIはどうか。「夕食を適当に済ませる」「外で適当に食べる」とは、〈栄養や味、価格などの面で、客観的に見て適切な食事をとる〉ということではない。さりとて〈ファストフードなど手を抜いた食事をとる〉という$\alpha$の意でもないし、〈栄養や味を深く考えずに食べる〉という$\beta$の意でもない。結果としてそのような食事になることはあったとしても、使用者の意識としては、要するに何を食べるかは具体的に示さず、〈自分なりに「まあこんなところが無難だろう」と考える何らかのものを食べる〉ということである。LやPも同じで、便の処理法や家具の処分法を具体的に示さず、Lでは自分の、Pでは相手の「まあこんなところだろう」と考えた何らかの方法で行う、ということである。〈特定はしないが、諸状況を勘案しての「まあこんなところが無難な線だろう」という判断に基づいていること〉といった意味である。これをδとする。Oで「クミコ」の書いた「適当に処分してくれ」というのも、〈何でもいいからそちらが「これでいいだろう」と考える方法で処分してくれ〉ということである。したがって、そう頼まれた「僕」は自分の判断で処分のしかたを決めればいいわけであるが、妻である「クミコ」への愛情ゆえ、できるだけ彼女の意に沿うような方法で処分したい「僕」は、「具体的にどういう風に」処分するのが〈適切〉なのかを決めかねている。つまりOの2番目、3番目のカギカッコ付きの「適当」は、〈適切〉の意と考えられる。

他の資料でのδの例である。

(17)「大沢くん、このあたりの畑、すげーぜ。トウモロコシに大根、ナスまである。お金払って、分けてもらおーよ」「いいね。とれたて新鮮で、うまそー」農家の人に話すと、なんと「金はいらねえから、適当に持ってけ」とゆーありがたきお言葉。　(『明星』1991.9。p.15)

(18)飲み屋なんかに行く人がいてあまり金がないのに、店から「今日、何にしますか」「適当に見繕ってくれ」なんて言ってますね。適当に見繕って高いものを出したら払えないかもしれないですよ。{中略} それを相手にむしろ甘えてしまって、下駄を預ける。そう言うと下駄を預けられた方もそう無茶なことはできない。適当にと言われたら適当に、その信頼を裏切っちゃいけない。そういうのが日本語のひとつの以心伝心というか、心と心のコミュニケーション。

(外山滋比古「講演会レポート　文化としての言葉をどう伝えるか」『ことば・こころ』27、京都日本語教育センター、1994。pp.14–15)

(19)——お二人とも今、恋してますか？

矢部「ま、てきとーにやってます(笑)」

岡村「ま、お金払っててきとーに(爆笑)」(『mc Sister』1996.4。p.170)

(17)の場合、「適当に持ってけ」と言われたからといって、「あまり考えずに野菜をどんどん持っていっていいんだ」と解釈してはいけない。「農家の人」はあくまで、「まあこのくらいなら、ウチの懐は痛まないだろう」という程度の量なら持っていっていい、と言っているのであり、言われた側はそれに応えなければならない(ちなみに、ここでは「大根4本」を持っていっている)。(18)のような「適当に見繕ってくれ」というのはよく使うセリフであるが、客は希望を明確に示さず、〈価格・量・取り合わせといった点で、「まあこんなところなら無難だろう」と店側で考えて見繕ってくれ〉と注文しているのである。

(17)(18)ともに、自分が「適当」と考えるレベルをちゃんと理解してくれるはずだ、という聞き手への信頼感が話し手にはある。(18)の2番目の「適当」は$\beta$の意味ということになるが、「店側がそのように解釈することはなく、必ず$\delta$と解釈し、自分にとり無難なものを出してくれるはずだ」という信頼感があればこそ、客は「適当に見繕ってくれ」と言えるのである。ここで、店側が「もっと具体的に注文してください」などと要求してきたら、お客は困ってしまうのである。

そしてこの用法は(19)のように、明確に答えにくい質問をかわすために用いられる場合がある。このような場合、〈具体的なことは言えませんが、とにかく「無難」の範囲内であることは確かなんで、まあそれで納得してこれ以上突込まないでください〉といったニュアンスになる。

これらの$\delta$の「適当」は$\alpha$〜$\gamma$とは違いマイナス評価というわけではない。しかし〈客観的に見てふさわしい、適切だ〉という意味とも異なる。

## 2.4. 「新聞」

続いて、今回「新聞」を用いて、2007年1〜3月の朝日、毎日、読売、日経の記事から採集した実例である。ヒットした用例数は表1のとおりである。

**表1　「新聞」における調査結果**

| | α | β | γ | δ | プラスの意味 | 計 |
|---|---|---|---|---|---|---|
| 朝日 | 2 | 1 | 4 | 0 | 66 | 73 |
| 毎日 | 2 | 2 | 5 | 0 | 21 | 30 |
| 読売 | 1 | 8 | 0 | 2 | 61 | 72 |
| 日経 | 3 | 0 | 3 | 1 | 62 | 69 |
| 計 | 8 | 11 | 12 | 3 | 210 | 244 |

なおこの表には含まれない、この語の用法そのものについて論じた記事が1件あったが、それは後掲する。

ではα～δの例を掲げる。

α〈最高のレベルではないが、なんとか通用する、合格ラインギリギリという程度の結果にはなるような力の入れ方、手の抜き方であること〉

・安倍晋三首相の人ごとのような姿勢や、疑いを持たれた伊吹文明文部科学相の開き直りの姿勢もおかしい。自分たちには適当だが、他人には厳しさを求める姿勢は全く腹が立つ。（「みんなの広場」毎日2.6）

・堀江被告は判決を前に読売新聞の取材に応じ、「会社はもう、適当にやるのが一番いい。自分の利益を追求していたら捕まらなかったと思うし、もう捕まりたくないんで、あんまり人のことは考えないようにしようと思ってます」などと語っていた。（読売3.16夕）

・日本にいるときは何事も「適当に」やっていれば何とかなった。しかし、ここは「本気で」ぶち当たらないと道は開かない。ごう慢だった自分の鼻はものの見事にへし折られた。「一生懸命努力しないと自分の居場所はない」。このことをいやと言うほど思い知らされたのだった。

（中谷巌「こころの玉手箱」日経1.30夕）

β〈あまり深く考えないこと。特別こだわらないこと。気を使わないこと〉

・その後、米国で子供たちの習字の授業を見学した際、生徒が、自分の名前を適当に漢字に置き換えてサインしているのをみて、漢字に込められた意味が伝わる方法はないかと思うようになったという。（朝日1.31）

・帰宅してまず確認するのが、携帯電話の所在である。私は携帯電話をバッグの中に適当に放り込むので、しょっちゅう行方不明となり、酔って帰った夜は、捜索で大騒ぎになる。（「鈴木美潮のdonna」読売3.13夕）

・本を読むようになったのは学校嫌いになっていた中学１年生のころ。「友だちの家で手持ちぶさたから、置いてあった友だちのお父さんの本を手にとり、適当に開いたページを読んだら、イメージがぱっとひろがった」。（「本と私」読売3.17夕）

γ〈もっともらしく思えるが、実は中身がないこと。その場しのぎでしかないこと〉

・ある休日。妻の話に背中で適当に返事しながら、「オレたちひょうきん族」に笑い転げていたら突然、テレビが火を噴きました。正確にはテレビのコードから。妻が、はさみでコードを切り、ショートしたのでした。（「TV端会議」朝日1.1）

・それから大学の同窓生のもとを遊び歩いた。外泊したときは徹夜でマージャン。無断欠勤の恐怖、罪の意識を紛らせようとした。会社からは四日目くらいに連絡があったが、自己都合で休んでいると適当な説明をした。（井上礼之「私の履歴書」日経2.11）

・最低の成績で卒業した語学力でソ連の検査官とやりとりするのは冷や汗ものでしたが、幸い周りにロシア語を分かる人はおらず、適当な応対で何とか大きな問題を起こさずにすんでいました。

（鈴木敬一「人間発見」日経2.27夕）

δ〈特定はしないが、諸状況を勘案しての「まあこんなところが無難な線だろう」という判断に基づいていること〉

・途方に暮れて休憩していると、スタッフさんが「何か飲み物を買ってきましょうか」と言ってくれました。「じゃあ、さっきあったスタバで、テキトーにお願いします」と答えると、スタッフさんは「え？　砂場で？」。（「ALL ABOUT」読売1.17）

・インターネットラジオは、電波ではなく、ネットを通じてMP3方式の音声ファイルを配信している。ブロードバンドにつながるパソコンがあれば、誰でも世界中の番組が楽しめるが、局数が余りにも多く、戸惑う。{中略} 試しに「ジャズ・クラシック」の 130 局から適当な局を選び、再生してみた。（「電脳明晰」読売 3.11）

・人が読書のために列車に乗ると聞いて驚きもし、感心もした。三十代の女性である。彼女は鈍行なら一日乗り放題の JR 切符を買い、目的地は適当に選び、列車に揺られながら本を読む。

（松山巖「半歩遅れの読書術」日経 3.18）

## 2.5. 「国会」

続いて「国会」の同じ 2007 年 1 ～ 3 月の分を検索したところ、112 件の会議に全 225 例が得られ、そのうち 97% に及ぶ 219 例がプラス評価の例であった。マイナス評価の例は、$\alpha$ が

・拉致問題については、北朝鮮がやはり拉致問題が解決しない限り日朝国交正常化はできないんだというはっきりした理解を持つことが一番重要で、これまで岡田委員が訪朝した際にもいろいろあったろうかと思うんですが、日本の政治家の中で、拉致は適当にしても国交正常化はできるという期待を抱かせた人たちが我々からするといたんではないかというところが一番問題であって、拉致が解決しないと国交正常化できないということをはっきり理解させて、その上で、じゃ、北朝鮮は何ができる、日本は何が譲歩できるのかということがまず必要なんだ。

（第 166 回参議院予算委員会公聴会 1 号、3.15）

の 1 例、$\beta$ が

・一つは、法テラスについて、今御答弁がありましたが、約七割の国民が知らないと、こういうふうに言われておりまして、明らかに PR 不足があるだろうと思います。それもやはりおざなりに、適当にその辺に紙を張っておけばいいというのではなくて、もっと緻密に細やかに、現場で、地元で、その地域の例えば独自の広報紙を使うなどして周知徹底を図ろうと、そういう気迫を持って臨んでいただきたいと思いますけれども、どうでしょうか。（第 166 回参議院法務委員会 3 号、3.20）

の 1 例、$\gamma$ が

・公取として警告を出したということですけれども、それを踏まえて、改善報告書が当然事業者から出されるでしょう。しかし、その改善報告書がきちんと実行されているのかという再点検こそ必要だ。というのも、この訴えをされた中谷さんという方も、ある石播の幹部社員の話として、下請法違反など摘発をされても、済みません、直しますと言っておけば、公正取引委員会は帰る、あとは適当な改善計画書を出しておけば、次は最低十年後だから何のことはない、こんなことを言っている。

（第 166 回衆議院経済産業委員会 2 号、2.21）

・こういったことを、私は決して軽々にこれは批判する話ではないと思います。もっと本当に根本的に国の防衛とか外交問題に及ばないといけないけれども、皆さんがある程度正直に問題を認めないと、そこまで問題が行かないんですよ。そして、みんな適当に責任逃れでいって、うやむやになって、日本の国益がどんどん失われていく、そういう懸念を申し上げて、質問を終わりたいというふうに思います。

（第 166 回衆議院予算委員会第三分科会 2 号、3.1）

など 4 例となっている。

## 3.　“適当”の意味変化の時期

前節では現在の“適当”の意味分類を行い、用例を示した。では $\alpha \sim \delta$ の意味はいつごろ生じたのか。

### 3.1.　国語辞書などの文献

新野（1997b）では、昭和初期から 30 年代までのいくつかの国語辞典での“適当”の意味記述を調べてみた。

・あひあたること。よくかなふこと。　（『改修言泉』昭 6）

・好ク程ニ当ルコト。アテハマルコト。ウッテツケ。相当。

（『大言海』昭 9）

・かなふこと。ふさふこと。あてはまること。あたること。

（『広辞林』新訂版、昭 9）

・ほどよくあてはまること。相当。うってつけ。　（『大辞典』昭 11）

・よくかなふこと。あてはまること。ふさふこと。　（『辞苑』昭 15）

・よくあたること。よくあてはまること。　（『言苑』戦後第 1 版、昭 24）

・よくあてはまること。ふさわしいこと。　（『辞海』昭 27）

・よくかなうこと。ほどよくあてはまること。ふさわしいこと。　（『新編国語辞典』昭 26）

・㊀よくあてはまること。㊁ほどよいこと。㊂〔俗〕いい加減。　（『明解国語辞典』改訂版、昭 27）

・よくあてはまること。ほどよくあてはまること。　（『新辞林』昭 28）

・よくあたること。ほどよくあてはまること。　（『広辞苑』初版、昭 30）

・①ある性質・状態・目的・要求などにうまく合うこと。ふさわしいこと。{例略} ②度合いがちょうどよいこと。ほどよいこと。{例略} ③いい加減なこと。「―にお世辞を言っておく」　（『例解国語辞典』昭 31）

・ちょうどよいこと。ほどよいこと。　（『学習国語辞典』改訂版、昭 33）

・㊀よくあてはまること。㊁ちょうどいいこと。㊂〔俗〕いい加減。「―にやる」　（『三省堂国語辞典』初版、昭 35）

・①ある性質・状態・要求などに、ちょうどよく合うこと。ふさわしいこと。②度合がちょうどよいこと。③《「―に」の形で》いい加減に。要領よく。　（『岩波国語辞典』初版、昭 38）

マイナス評価の意味が載るようになったのは 20 年代後期からで、30 年代ではまだ載せる辞書と載せない辞書がある。この事実から、この意味が認識されたのは遅くとも終戦直後といったあたりではないかと推察される。

### 3.2.　各種データベースの調査結果

そのような辞書の記述に基づき、当時筆者は昭和 10 年代から 20 年代前半にかけての小説や雑誌をも調査してみたが、$\alpha$～$\delta$ の例は見つけられず、これらの意味の発生時期を細かく特定するには至らなかった。そこで今回、新野（1997b）当時はまだ整備されていなかった、各種データベースでの調査を試みた。

まず新聞記事ではどうか。『新聞記事文庫』を利用し、『読売新聞』を対象に2008年11月23日に検索を行った結果188件の記事がヒットしたが、すべてプラス評価の例であった。

次に『青空文庫』を2009年4月8日に「適当　－不適当　－適当する」というキーで検索したところ509件がヒットし、その先頭200件についてみると、マイナス評価の例はなかったが、$\delta$と考えるべき戦前の例が1例あった。

・最近、彼はある便に托して、私の手許へ、数十点の作品を送り届け、好きなのを択んで、残りは適当に処分してくれと伝へて来ました。

（岸田國士『岡田穀君の個展』1936。本文は『時・処・人』人文書院、1936。pp.327–328）

具体的なやり方は示さず、〈諸状況を勘案しての「こんなところでいいだろう」と判断した何らかのやり方で〉といった意味である。

一方、『太陽コーパス』を検索すると、964例がヒットしたが、その中に次の例が得られた。

・只徒に、蓋をおほふて醜をかくして来た、昨の家庭を、根本より改造する必要がある。

　さうでなければ、新らたに造られる家庭といふものは、又、昨日の低級なる家庭を概念として、営まれるおそれがある。

　親や、親戚や、地位、財産、名誉これらの文字を、適当に、縁日の商人が七味唐辛子を調味する程度の妥協で、終生の握手を約束づけられた一人の男と一人の女の共棲のみを、家庭と呼ぶことを廃めるがよい。

　私達の真の魄の底の熱い息吹きから、求めるところの、家庭といふ形式は、相愛するものたちを、ひき離す障害を追ひのける、安全地帯の謂である。

（三宅やす子「近代家庭の悲劇と貞操問題に直面して」1925.11）

当時(今日もそうでないとは言いきれないが)、結婚に関しては、自分あるいは相手の「親や、親戚や、地位、財産、名誉」といった愛情以外の条件をあれこれ勘案して決められることが多かった。そのさまを、「縁日の商人が七味唐辛子を調味する」際に唐辛子・陳皮・麻の実・ゴマなどを調合することに例えている。粗悪品を売りつけることの多い「縁日の商人」であれば、調合の比率など品質にこだわったりすることもなく、何とか七味唐辛子として通用するだろうというレベルで妥協する。それと同レベルの妥協で結婚し新たな家庭を作っていたのでは「低級なる家庭」しか生まれない、「相愛するものたち」の「真の魄の底の熱い息吹きから、求めるところ」に従って家庭を築くべきだ、という、当時としては相当刺激的であったろう警告の文章である。3つ目の文の構造は読み取りにくいが、ここの「適当に」は明らかにマイナス評価の例で、〈なんとか通用する、というレベルになる程度の力の入れ方、手の抜き方であること〉という$\alpha$の意味と考えられる。ほかにはマイナス評価と考えるべき例はないが、マイナス評価の初例は大正末期(14年)にまで遡れるということになる。

## 4. “適当”に関するそのほかの問題

### 4.1. 意味変化の原因・過程

“適当”の意味変化についてはまだ残された問題がある。まず、このような変化が起きた原因・過程である。

先に見たように“適当”のプラス評価の意味は〈適切〉と〈適度〉の2つに大別される。後者は量、温度など段階のあるものについて、そのうちの〈適切〉な段階はどこか、という観点から発生した意味といえる。『ねじまき鳥クロニクル』のF・Nがこの意味であった。Fは、話の相手が退屈するのを避けるために、「私の感じた痛み」について話すことをほどほどのところでやめる、Nは、身が危険にさらされないように、水の涸れた井戸の底にいるのをほどほどの時間で切り上げる、ということである。これらに対して$\alpha$の意味であるAも、詩を書くのに費やす時間や労力をほどほどのところで抑える、ということである。どちらも、物事を徹底的にやらないでほどほどにしておく、という点では同じなのである。

つまり、やりすぎない方がいいこと、あまり徹底的にやらないでおいた方がいいことを〈ほどほどに〉しておくことを、「限度をわきまえている」「節度がある」としてプラス評価するＦ・Ｎのような場合に限って使われていたのが、徹底的にやることが望ましいことを〈ほどほどに〉しておくことを、「手抜き」「中途半端」としてマイナス評価するＡのような場合にも使われるようになった、ということである。他の$\alpha$の例も、相撲のけいこ、つとめ、水割り作り、夕食の料理、守備の練習と、いずれもそれぞれの状況・立場において、力を入れて一生懸命やることが望ましいことばかりである。

こう見ていくと、$\alpha$は本来好ましい場合の〈ほどほど〉を表していたのが好ましくない場合の〈ほどほど〉をも表すようになった、ということで、近年、“こだわる”(〈(執着しなくてもいいようなことに、あるいはそこまでしなくてもというぐらい度を越して)執着する〉→〈(執着することが望ましいことに、妥協することなく)執着する〉)や「鳥肌が立つ」(〈(恐怖や寒さなどのマイナスの刺激で)肌が粟だつ〉→〈(感動や驚嘆などのプラスの刺激で)肌が粟だつ〉)に起きたのと同種(方向は逆であるが)の用法の変化と捉えることも可能である。

$\beta$の場合、Ｅの自分の名前(通称)を決めること、Ｊの仕事を決めることは、いずれもじっくりと考えたうえで行うべきことである。それ以外の例でも、(8)で食事をしたり(11)で煮物を作ったり(12)でピラニアを処分したりする際には自分なりのこだわり(いい意味での)を持つこと、いろいろなことに気を使うこと、よく考えることが望ましいのに、それらが不十分だ、ということである。$\beta$の場合〈ほどほど〉云々という観点はほとんど感じられなくなり、とにかく思慮やこだわりが不十分だ、ということになる。

したがって$\alpha$は「ほどほど」と置き換えができるが、$\beta$はできない。(11)の「角砂糖を適当にぶっこんだ」というのはあくまで〈正確に何グラムと計量することなく、自らの目分量でぶっこんだ〉ということであり、ぶっこまれた角砂糖が客観的に見て〈適度〉な量であったかどうかは、この時点ではわからないのである。

$\gamma$の場合はどうか。他人に対し話したり書いたりする際には十分に誠意をこめ、真実を伝えることが望ましい。しかし B や C、さらに (13) ～ (16) では、そのような姿勢が単にその場しのぎをするには「適切」といえるような程度しかない。その場しのぎに必要なもっともらしさの水準はクリアしているという点では $\alpha$ と似ているが、「ほどほどに」と置き換えられない点は $\beta$ と同じである。(14) でお世辞を「適当に」言ったり、(16) で履歴書の志望動機を「適当に」書いたり、ということは、その場しのぎのためなら〈ほどほど〉ということなど無視し、美辞麗句を並べたり嘘八百を書いたりすることも辞さない、ということを意味する。

結局 $\alpha \sim \gamma$ は、〈十分あることが望ましいと考えられているものが、不十分である〉という共通点があるといえる。

さて既に見たように国語辞典はこの語にマイナスとして〈いいかげん〉〈要領よく〉といった意味をあてている。しかし、「いいかげん」と置き換えられるのは $\beta$ のみである。(1) で土佐ノ海が相撲を「いいかげんに」やってきたのではとても大相撲から勧誘されるほどの成績を残せなかったであろうし、(7) で友達に「いいかげんな」スノボウエアを買わせたりしたらあとで恨まれるであろう。つまり、〈全力投球はしない〉〈最高レベルではない〉とはいっても、“適当” の $\alpha$ の場合は〈何とか通用する、悪いとは言えない最低の合格ラインはクリアしている〉ことが必要である。“いいかげん” はそのレベルまで達しないのである。$\beta$ が置き換えられるのは、クリアすべき思考やこだわりのレベルというものが特にないからである。

$\gamma$ の場合も、「その場しのぎ」をするためにはある程度のもっともらしさのレベルをクリアする必要がある。(14)でお世辞を「いいかげんに」言ったり、(16) で履歴書の志望動機を「いいかげんに」書いたりしたのでは、「その場しのぎ」にすらならないのである。

では「要領が (の) いい」はどうか。これまで挙げてきた例のうち、「要領がいい」と置き換えてニュアンスの変らない例はない。「要領が (の) いい」というのは〈最小の労力で最高の結果が得られるようなポイントを押さえている、無駄がない〉ということである。〈最小限の労力しか使わない〉という点では “適当” の $\alpha$ と共通しているが、“適当” の $\alpha$ の場合は〈もっと労力を使えばそれ以上の結果が得られるはずなのに、合格ラインクリアに必要な最小限の労力しか使わない〉ことを表し、「要領がいい」の場合は〈最小限の労力しか使わずに、最高に近い理想的な結果を得る〉ことを表す。結果が「最小限の労力」に見合う程度のものか、それとは不釣り合いに理想的なものになるかが異なるのである。

さて、δの場合はやや異なる。この意味は、〈適切〉という本来の意味から〈諸状況を勘案しての、まあこれくらいなら適切といっていいだろう、という判断に基づいて〉という方向に「ぼかし」のニュアンスが加わって発生したものといえる。

### 4.2.　新義が「誤用」とされない理由

次の問題は、“役不足”や「気がおけない」の場合は対義的方向への意味変化が再三「言葉の乱れ」として攻撃され、“こだわる”や「鳥肌が立つ」の用法変化も批判的に取り上げられることがあるのに対し、なぜ“適当”の場合は全く批判されないのか、ということである。

“役不足”や「気がおけない」の場合は、基本的にそれぞれの個人は新古いずれかの意味でしか使わないはずである。つまり、第１部第１章で見たとおり、“役不足”を〈能力に対し役目が重すぎる〉の意(「誤用」)で使っている人は、正反対の〈能力に対し役目が軽すぎる〉の意(「正用」)があることを知っても、なかなか今まで思いこんできた意味を捨てられない。逆の「正用」である〈能力に対し役目が軽すぎる〉の意で使う人も、「最近逆の意味で使われることがある」ということを知っても、そちらに乗り換えるということは普通考えにくい。そして自らが覚え、使ってきたのと違うという理由で(「本来の使い方でない」というのは多くの場合後からつけられた理屈である)新しい意味に「誤用」の烙印を押し、批判する。

しかし“適当”は現在誰もがプラス・マイナス両方で使っているため、誰もマイナスの意味・用法を「誤用」として批判しない(できない)のである。

では、なぜ“適当”の場合は誰もが抵抗することなく新しい意味・用法を容易に受容したのか、ということが次の疑問である。

筆者は新野（1997b）ではこの問いへの決定的な答えは見いだせず、1つの可能性として、日常の言語生活で使われた場合の誤解や摩擦を生じる危険性の違いを挙げた。すなわち、“役不足”の場合、

・「私では役不足ですが、司会を務めさせていただきます」

のような「誤用」例はしばしばあるが、これは「正用」を知る人にとっては実に無礼千万な言いぐさということになり、思わぬ摩擦を生む危険性がある。

「気がおけない」の場合も、見坊（1976a: 25）では以下のような事件を紹介している。

・ある人が若い女性に向かって「私があなたにこんなことをお願いするのは、あなたが気のおけない人だということを知っているからですよ」といったとたんに、その女性ははっきり顔色を変えた、というのです。

「ある人」にこの句の意味変化に関する知識がなければ、このことが原因で両者の友人関係にひびが入る危険性もある。

しかし“適当”の場合そのような誤解が生まれるような場面は考えにくい。「誰か適当な人をこの委員会のメンバーに推薦して下さい」という要請に対し「誰かいいかげんな奴を推薦すればいいんだな」と思う人はいない。したがって誤解の結果のトラブルが生じる危険性も比較的小さいと言える。

また“こだわる”[1]の場合は、昭和の終わりころからであろうか、「こだわりの一品」「素材にこだわる店」といった形でCMや情報番組・雑誌などで一種の決まり文句のように多用されるようになった。「鳥肌が立つ」も近年スポーツなどのイベントを報じる際に多用されるようになり、五輪やサッカーW杯などの報道に際しては解説者やゲストがこれまた決まり文句のように使っている。このように新用法が特定の場面で常套句的に多用される場合には用法の変化が強く印象づけられやすく、それゆえに批判も受けやすい。しかし“適当”の新用法にはそのような性格は薄い。

以上のような点が“適当”の意味・用法が抵抗を受けず、いつのまにか—見坊氏の言を借りれば「音もなく」—変わった一因ではなかろうか。

以上が新野（1997b）での“適当”の意味変化に関する筆者の見解であった

が、現時点でもそれは大きく変わってはいない。

## 5. “適当”の意味に関する文献

新野(1997b: 282)では、「おわりに」として以下のように締めくくった。

・冒頭に述べたようにこの語を本格的に取り上げた先学の御論考はおそらく皆無であり、とにかく本稿で1つの問題提起を行いたい、という目的もあった。無論新野自身もさらに取り組み続ける所存であるが、より多くの研究者がこの語に注目し、それぞれの観点から独自の見解を次々と発表されることを期待したい。

それに応えて、ということではなかろうが、その後、この語の意味について言及した文献はいくつか見られる。

### 5.1. 新聞記事・「日本語本」

この語がプラス・マイナス両方で使われることについては、2.4. でふれた、「この語の用法そのものについて論じた記事」がまず1件見られた。

・〈適切〉――ぴたりと当てはまること。うまく適合すること。〈適当〉――ある状態・目的・要求などにうまくあう、ふさわしい、よくあてはまること◆どちらも同じ意味の言葉だが、〈適当〉の方には、別に「要領よくやること。いいかげんなこと」の意味もある。松岡農相がしきりに〈適切に〉と答弁するので、考えた◆問題の光熱費や水道代の話。どうも答弁がふに落ちないのは〈適切〉ではなく〈適当〉だからではないのか。そんな感のある農相の答弁に首をかしげる人が少なくない

（「よみうり寸評」読売 3.13 夕）

政治家の疑惑に関する答弁について批判する中で、“適当”の両義性を指摘している。

2007年1～3月以外の記事では、毎日 2004.6.11 掲載のエッセイ内田(2004)に次のような記述があった。

・むかし日本語を学んでいたスイス人の女性に、日本語の「適当」とい

うのはどういう意味かと詰問されたことがある。「適当な答えを記せ」というときの「適当」は「正しい」という意味であるが、「適当にやっておいてね」とか「あいつは適当なやつだ」というときの適当はどちらかというと「それほど正しくない」という意味である。日本人はいったいどのような底意があって、このように同一語に相反する意味を託すのか、その理由を簡潔明瞭に述べよと迫られて絶句してしまった。

内田氏はこの後、“自分”“手前”といった一人称でも二人称でも使われる語の存在を挙げ、これはフロイトが指摘した「古代の言語ではしばしば｛中略｝対立概念は同一語で示された」という「太古的な思考」の名残ではないか、と論を展開している。もとより一般紙掲載のエッセイであるから学問的な厳密さを求めるのは筋違いであるが、“適当”と人称詞“自分”“手前”の多義性を同一の次元で論じられないことは言うまでもない。

また、読売2007.10.28日曜版掲載のマンガ、けらえいこ『あたしンち』では、この“適当”をはじめ“ヤバイ”“鳥肌”といった語の両義性を話題にしている。

さらに、朝日2009.7.28生活面の読者投稿欄「ひととき」に掲載された66歳女性からの投書には、次のような一節があった。

・｛小4の孫の学力テストの成績は｝算数と国語はそれなりに予想していた点数。しかし得意の理科は、大好きな昆虫の問題なのに、とんでもなく悪い。

　「トンボをはら側からスケッチしました。スケッチとして最もてきとうなものを一つ選びなさい」の問いに、あり得ないものを選んでいるという。本人は「だって、一番てきとうなのはこれでしょ？　本当のトンボの脚の付き方はこっち」と正解を指した、という話に、私も思わず笑ってしまった。

　「適当」は確かに「いい加減」という意味もあり、会話ではこの使い方のほうが多いかもしれない。

4.2. では、“適当”に両義性があるからと言って誤解が生まれるような場面は考えにくい、と述べた。しかしそれは「大人同士なら」という話であり、小学4年生ならばこのような誤解も起こりうるのである。

「日本語本」では、NHKアナウンス室編(2009)に次のような記述がある。

・「カッコの中に適当な(ふさわしい)言葉を入れよ」という使い方に、「あいつは適当な(いいかげんな)ヤツだ」というような使い方がありますよね。

　「適当」とは本来、ずばり当てはまるという意味だった、それがだんだんと緩くなり、程よく当てはまる、そして当てはまるように繕う意味になり、最後には、いい加減という意味にもなったのですね。

2段落目で通時的な意味変化を記述している。「当てはまるように繕う」というのは$\gamma$の〈もっともらしく思えるが、実は中身がない。その場しのぎ〉に相当するように思えるが、「程よく当てはまる」とはどのような意味か。“程よい”という語は〈適度である〉という意味で、プラスの価値評価が入っている。「当てはまらなくて困る」ということはあっても、「当てはまりすぎて困る」という事態は(「うれしい悲鳴」のような逆説的表現の場合を除けば)通常考えにくく、したがって「程よく当てはまる」という事態も想定しにくい。「～のですね」と確信ありげな文末であるが、論拠が十分に示されていない。

## 5.2.　研究文献

新野(1997b)以前にはこの語の意味について研究者の立場から本格的に論じた文献は見当たらない。わずかに、日本語教育において多義語“適当”をどう指導するか、という問題について短く論じた斎藤(1992)がある程度である。ここでは

・ク、質問に適当に答える。

　ケ、質問に最も適当に答える。

　　クは②｛=〈ふさわしい〉｝の意にも③｛=〈いいかげん〉｝の意にも解することができるが、ケは③の意には解することができない。先にあげたキの例｛=「適当にはぐらかす」｝に「最も」を冠してみてもことは同じである。このように、程度を表わす語を冠してみれば弁別するこ

　とができる。

とする。しかし、この弁別基準は有効とはいえない。

・ク´、質問に適当に答えたのはA君だった。

の「適当」は②と③のいずれの意味にも解することができる。そして「最も」を冠して

・ケ´、質問に最も適当に答えたのはA君だった。

としても、それは同じことなのである。

また、斎藤(1992)は、太宰治『人間失格』の

・自分は立つて、取り敢へず何か適当な薬をと思ひ、近くの薬屋にはひつて、そこの奥さんと顔を見合せ、瞬間、奥さんは、フラッシュを浴びたみたいに首をあげ眼を見はり、棒立ちになりました。

（筑摩書房、1948。p.195）

という部分を引き、その中の「適当」を「③(いいかげん)に該当するものである。今日の流行語で言えば「アバウトな」ということであろうか」とする。この部分だけでは、何のための薬かはわからず、そのようにも解せそうに思える。しかし、その直前の本文を見るとどうであろうか。

・それは自分の最初の喀血でした。雪の上に、大きい日の丸の旗が出来ました。自分は、しばらくしやがんで、それから、よごれてゐない個所の雪を両手で掬ひ取つて、顔を洗ひながら泣きました。{中略} 自分はいつたい俗にいふ「わがままもの」なのか、またはその反対に、気が弱すぎるのか、自分でもわけがわからないけれども、とにかく罪悪のかたまりらしいので、どこまでも自らどんどん不幸になるばかりで、防ぎ止める具体策など無いのです。　（同前、pp.193–195）

いかにこの作品の「自分」こと大庭葉蔵が自暴自棄とはいえ、初めて喀血して「どこまでも自らどんどん不幸になるばかり」の我が身に泣きながら、〈何かいいかげんな、アバウトな薬〉を求めるであろうか。擦りキズや鼻風邪ではないのである。これは、〈何か（当座の症状を抑えるのに）適切な、ふさわしい薬〉と解するのが自然であろう。

そして研究論文では、新野(1997b)とほぼ同時期に全(1997)が発表され

た。また、それ以降は全(1998)、林(2004)が発表されたが、いずれも新野(1997b)は参考文献の中になく、未見と思われる。

まず全氏は2本の論考で、“適当”の意味を〈あるコトガラがその場に与えられた諸々の条件を満たすことに対する話し手の主観的な判断〉と記述する。そして話し手の判断が「話し手の納得のいくこと」であれば〈プラス的評価〉、「話し手の立場からは納得し難いこと」であれば〈マイナス的評価〉が下される、としている。

全(1998)では

・(13)適当な若い娘がいれば紹介するからもう心配しなくていいよ。

(14)適当にみつくろってちょうだい。

「連帯感」「同一感」とは話し手が当該の話の相手も話し手側に属していると想定するものである。言い替えれば、話し手は当該の話の相手である聞き手も同じ「内」であると判断する。「適当」を発した話し手も、「適当」を理解する立場である当該の聞き手も、互いに同じ「適当さ」を想定しているからこそ(13)(14)が日常の言語活動において自然に通用しているのである。(p. 123)

とする。話し手も聞き手も「互いに同じ「適当さ」を想定しているからこそ(13)(14)が日常の言語活動において自然に通用している」という見解は首肯できるものである。ただ、筆者(新野)は、(13)は〈客観的に見て適切〉というプラス評価の例、(14)はすでに述べたように〈特定はしないが、諸状況を勘案しての「まあこんなところだろう」という判断に基づいている〉という δ に分類される例として、区別して考えたい。

そして、これに続く次の個所は疑問である。

・(15)A：先生も適当に叱ってくれればよかったのよ。

B：「適当に」って。その「適当」でいじめがもっと激しくなったんだよ。

(15)のBが用いた「適当」に《ママ》は、B自身の想定した「適当さ」と当該の話の相手であるAの想定した「適当さ」のくい違いが、マイナス的な評価として現れた表現例である。(p. 124)

全氏はこの会話を、Ａの想定した「適当」のレベル（この場合でいえば叱り方の程度）がＢの想定した「適当」のレベルより低く（叱り方が甘く）Ｂの立場からは納得し難いものとなったため、マイナス評価が現れた、と解釈しているようであるが、疑問が残る。(15)は場面や文脈が不明であるが、Ａは「それほど厳しくなくてもいいから、ほどほどに叱ってくれればよかった」と言ったのに対し、Ｂは「とことん厳しく叱ってくれればよかったのに、ほどほどにしか叱らなかったためにいじめがもっと激しくなった」と主張している、と考えるのがもっとも妥当である。つまりここは「適当さ」(「適度さ」)のレベルの食い違いが問題なのではなく、Ａは「適当」(「ほどほど」)を求めており、Ｂは「ほどほど」ではなく「とことん」を求めていたために意見の食い違いが生じた、と考えるべきである。

・(16)? 適当に召し上がってください。

> (16)が特別な場面設定なしでは現実の言語活動では容認されない表現であることは日本語母語話者なら誰しも知っている。(16)の表現例が容認されにくい理由は、話し手の主観的な判断が当該の話の相手、即ち聞き手の判断より優先されてはいけない場面で用いられた表現例であるからである。つまり、「召し上がる」という「尊敬語」は目下の人から目上の人に向かって敬う気持ちを表明するのに用いられる動詞であると決められている言語社会においては、「適当さ」を決めるのも社会的に「上」に位置している人に任されるのが通例であるからである。(p. 124)

ここも首肯し難いところである。目上の人のところに菓子折りを持って行き、「つまらないものですが、適当に召し上がってください」というのは十分容認されるであろう（これが「特別な場面設定」に当たるとは思えない。きわめて日常的な場面である）。またこの場合「適当さ」を決めるのは話し手ではなく「召し上がる」の主体である聞き手（目上の人）である。「適当に召し上がってください」というのは、「もしお口に合わなければ召し上がらずに捨ててもけっこうです」というところまで含意された、へりくだった表現なのである。

・(17)そんなことを言ったって、そりゃお前、適当に食わにゃいかんよ。

（阿川弘之「山本五十六」）

(17) が前に比べて自然な表現であるのは、(17) を表出した話し手が (17) の話の相手となる聞き手より待遇関係から「上」か「同」に位置しているからである。このように、対人関係によっても使い分けられる「適当」は、対人関係が「力」の強弱に基づいた場合にはより明白に現れる。

(18)先方の見積もりは予算的に適当かい。

(19)見積もりは適当に出しておきました。

(18) は上司から部下への、そして (19) は部下から上司へ表出された表現であるとすれば、暗黙裏に「適当さ」を分かり合っている日本社会においては、(19)は何となくマイナス的なニュアンスは免れ得ない。何故なら、部下が上司に属しているコトガラに対して「適当さ」を決定づけることは常識に外れることであるからである。　(p.125)

「(17) が (16) に比べて自然な表現である」というのもいかがなものか。そもそも(17)はもう少し長く引用しないと「適当に食」うというのがどういう意味かわかりにくい。またその後の個所の、部下・上司という職場内の上下関係を用いた説明も説得力に欠ける。(19)を「見積もりは予算的に適当なものを出しておきました」とすればプラスになる。また上司が「見積もりは適当に出しておけよ」と部下に言ったとすれば、やはり「マイナス的なニュアンスは免れ得ない」であろう。見積もりという十分検討して作るべきものについてほどほどの力の入れ具合で作成する、という新野(1997b)の意味分類ではαにあたる意味で「適当」を使っていることになるからである。

林(2004)では中国語“適當”には〈いいかげん〉という意味はないことを述べ、日本語“適当”の意味変化が起きた時期や原因については「今後の課題」としている。

一方、前田(2006)は、本来「程度が適切であるさまを意味していたはず」が「現代ではほとんど、無責任で大ざっぱな様子を表現するのが主流となっている」という、“適当”とよく似た意味・用法の変化をたどった“いいかげん”を取り上げたものである。この論文によれば、形容動詞化した“いいかげん”は1670～1700年ころには成立しており、1800年以降マイナスの意味で使われた例が急増する。そして結論部では新野(1997: 277)の

・あまりとことんやらない方がいいことを〈ほどほどに〉しておくことを「度をわきまえている」としてプラス評価する場合に限って使われていたのが、徹底的にやることが望ましいことを〈ほどほどに〉しておくことを「手抜き」としてマイナスと評価する場合にも使われるようになった、ということである。

という箇所を引き、“いいかげん”についても同じような道筋が考えられる、としている(p. 342)。

## 6.　おわりに

新野(1997b)ののち、「日本語ブーム」が発生し、多くの「日本語本」が世に出たが、やはり“適当”がほぼ正反対の意味で使われることに疑問を呈し、ページを割いて論じた文章はほとんど見られない。一方研究文献はといえばさきに示した程度で、ここで挙げたような外国人研究者による研究があるのに対し、日本人研究者による本格的な研究が見られないのもさびしい感がある。“適当”は、ほぼ正反対の意味が現在日常語で併用されている、という非常に興味深い語でありながら、研究者・一般のいずれからもなぜかあまり注目を浴びない、ある意味研究対象としては不遇な存在ということになる。

この「なぜ注目を浴びないのか」も含め、意味変化の時期と過程のさらに詳細な解明といった課題が残っている。筆者は今後も注目をしていきたい。

**注**

1　この語の用法については、山田(1996)が詳細に検討している。

# 第2章　“のうてんき”の意味・表記について

## 1.　はじめに

筆者が“のうてんき”という語に関心を持つきっかけの1つとなったのは、国語辞典『大辞泉』初版(1995)における“のうてんき”の項目の記述であった。

・［能天気・能転気］軽薄でむこうみずであること。のんきでばかげていること。また、そのさまや、そのような人。「―な人物」◇「脳天気」とも書く。

この意味記述は同辞書の増補・新装版(1998)でも同文であるが、疑問を感じざるを得ない。〈むこうみずな人物〉と〈のんきな人物〉とではずいぶん違う。例を挙げれば、深夜凶器を持った強盗が近くにいると聞いたときに、丸腰で一人で撃退しようと飛び出していくのが「むこうみずな人物」、逃げようともせずそのまま寝ているのが「のんきな人物」ということになろう。いったいこの語は実際にはどのような意味で使われているのか。

次に漢字表記である。当時筆者はこの語は「脳天気」という漢字をあてるものと思い込んでいたが、その表記はここでは参考扱いで、見出しには別の2通りの表記が挙っている。これらの歴史的な関係、そして現状はどうなのか。

筆者は当時この2つの問題について興味を抱いたが、この語に関して特に取り上げて論じた先行文献は、見つけられなかった。そこで、まず1997年1月に東京都内の公立高校1年生121名を対象に、この語の意味、漢字表記に関するアンケート調査を行った。ただし筆者自身で行うことは諸事情から叶わず、同校の教師である知人に委託して行った。この結果に筆者自身が採集した実例の分析をも合せ、新野(1999)をまとめた。

本章は、それに、今回新たに行った各種データベースによる検索の結果なども合わせ、書き改めたものである。

なお、先行文献については、2009年になって、境田(1993)の存在を知った。境田(1993)は、「日本校正者クラブ」機関紙に1ページで掲載された短いものであるが、まず表記については当時の国語辞典などを14種類調査し、大型辞典は「能天気」「能転気」を載せ、小型辞典は「脳天気」を載せる傾向があるとする。また語源については語源辞典や漢和辞典まで見ても不明である、とする。さらに「いつ、どこで使われた言葉なのか」についてこの後2.2.に挙げるような辞書類を調査し、時期については「江戸時代の中期頃に広まった言葉だと推測できる」とするものの、江戸語か上方語かについては判断を示していない。

## 2.　辞書における“のうてんき”

### 2.1.　現代国語辞書における意味記述

まず、この語の新野(1999)当時の最新版国語辞典での記述を調べると、『大辞泉』の掲げる2つの意味のうち

・【能天気・能転気】［俗］軽はずみで向こう見ずな・こと(者)。(幸田文『おとうと』の例あり) 参「脳天気」とも書く。

(『学研国語大辞典』第2版)

・【能天気・能転気】軽薄で向うみずな者。なまいきな者。(『柳樽』の例あり)

(『広辞苑』第4版)

・【能天気・能転気・脳天気】軽薄で向こうみずなこと・人・さま。用例 あいつは—なやつだ。

(『日本語大辞典』第2版)

といった〈むこうみず〉のみを挙げるものと

・［脳天気］［俗］のんきでばかげているようす。とんきょう。「—なやつ」

（『三省堂国語辞典』第4版）

・【能天気・能転気】［俗］のんきで何事も深く考えないさま。「—なやつだ」▽脳天気とも書く。（『岩波国語辞典』第5版）

といった〈のんき〉のみを挙げるものとに大きく分かれる。

そして『大辞林』は、初版では

・【能天気・能転気】軽薄であること。向こう見ずであること。また、そのさま。そのような人にもいう。「—なやつだ」

と前者の側だったのが、第2版で

・【能天気・能転気・脳天気】のんきで、安直なこと。また、そのような人やさま。「—なやつだ」

と、後者の側に変わっている。

また『新明解国語辞典』は初版から第3版までは

・［脳天気］［俗］普通の人に比べて軽薄な・様子（人）。〔もと、能天気と書いた。その歴史的かなづかいは、ノウテンキ〕

第4、5版では

・【脳天気】［関東・中部方言］常識はずれで、軽薄な・様子（人）。表記 もと、「能天気・能転気」と書いた。

と〈軽薄〉のみを前面に押し出している。

それではここに挙げた辞書の2010年6月時点での最新版はどうなっているかというと、『三省堂』『新明解』の各第6版、『岩波』の第7版、『大辞林』第3版は同じ記述である。『広辞苑』第6版は、

・【能天気・能転気】（「脳天気」とも書く）軽薄で向うみずなさま。なまいきなさま。また、物事を深く考えないさま。

と、「人」が「さま」に替わり、かつ最後の一文が付加されている。

また、『旺文社国語辞典』『集英社国語辞典』『学研現代新国語辞典』は、新野（1999）時点での最新版（順に、第8版、初版、初版）では見出しに挙っていないが、2010年6月時点での最新版ではいずれも見出しに出ている。

・【能天気・能転気】あまり深く物事を考えずのんきなこと。また、調子がよく軽はずみなさま。「—な男」参考「脳天気」とも書く。

（『旺文社国語辞典』第10版）

・【能天気・能転気・脳天気】のんきで軽はずみなこと。また、そのような人。（『集英社国語辞典』第2版）

・【能天気・能転気】〔俗〕軽はずみで向こう見ずな・こと(人)。「—な冗談を言う」 表記 「脳天気」とも書く。（『学研現代新国語辞典』改訂4版）

このような辞書の意味記述がどれも誤りでないとすると、ただ「あの人はのうてんきだ」と言っただけでは、どのような人なのか、相手には正確に伝わらない危険性が高い、ということになる。「向こう見ずでのんきな奴」というのは考えにくいが、「軽薄で向こう見ずな奴」も「軽薄でのんきな奴」も普通にいそうである。

そして、ここまで各辞書の記述を見てきて気づくのは、挙げられている作例が極めて短く、似通っていることである。何の文脈も場面もない「—なやつ(だ)」の類が圧倒的に多い。これでは、人間について用いる形容動詞の語幹である、という以上の情報は何もないということになる。用例は作例であれ実例であれ、意味記述を補強すべきものであり、「…のようなことをするとは、—なやつだ」といった形で示すべきである。

筆者は新野(1999)に先立ち、本書第2部第1章に収めた新野(1997a: 279)で、現代語の否定を伴わない“全然”は〈とても、非常に〉の意ではなく、そのように言われてきたのは場面や前後の文脈から切り離された「全然面白い」といった“全然”と被修飾語句だけの作例を基に論じてきたためであると述べた。“のうてんき”の辞書における作例にも、同種の問題点があるといえる。

## 2.2.　辞書に見られる近世～近代の用法

ここで辞書の載せる古典での用例を見てみよう。新野(1999)に挙げたものは以下のとおりである。

・【能天気・能転気】調子の良い軽はずみな者。むこうみずで軽薄な者。
＊談義本・花菖蒲待乳問答—四「虚気・野夫客・能転気(ノウテンキ)」
＊滑稽本・仁勢物語通補抄「なうてんきなる男ありけり、かの手拭〈略〉

と灰吹は、あたらしきうちがよいと云へることのはにならひ」
＊雑俳・柳多留拾遺—巻一「やみ雲といふ雲の出るのうてん気」
（『日本国語大辞典』初版）

・［能天（転）気］軽はずみで向こう見ずの、突飛な行動をする者。元来は上方語であったようで、宝暦頃の談義物に散見する。〈柳樽六二〉文化「声色で高座を叩くのふてんき」、〈九四〉文政「花のころやみ雲の出るのふ天気」（『江戸語辞典』）

・【能天気】軽薄で向う見ずな男。宝暦四年・魂胆惣勘定吉原国「能天気といふ者、夜々に出て群り、大口をきひて喧嘩を起し亦はやり哥をうたふて」（地回り）（『江戸語大辞典』）

・【能天気】調子に乗って、とっぴなことをする男。「のふてんき手に振上ゲた日和下駄」［柳多留・七四］「やみ雲といふ雲の出るのう天気」［柳多留拾遺・初］（『角川古語大辞典』）

語源はどの辞書も言及していない。『日本国語大辞典』の第2例は「なうてんきなる男」が妻を離縁しようとする話である。『江戸語大辞典』の例は、地回りすなわちその場所を縄張りとするチンピラのことである。

新野（1999）では参照しなかった近世語辞典類では、

・［能天気］すぐ調子づく飛び上り者のこと。
（根岸川柳編『古川柳辞典』5巻、日本新聞社）

・［脳天気］前項参照。向う見ずの飛び上り者をいう。
（三好一光編『江戸語事典』、青蛙房）

と意味を記述する（後者の「前項」については後述）。鈴木勝忠『雑俳語辞典』（東京堂出版）では「能天気」という見出しで「①上気《ママ》嫌」「②向う見ず」と意味ブランチを2つに分けている。また大曲駒村編著『川柳大辞典』下巻（日文社）では見出しを「暢天気」と「能転気」に分け、前者には「暢々として麗かな天気」、後者には「向ふ見ずの軽跳者を指して云ふ語。洒落本、滑稽本等に可なり散見する語で、元来は上方に始つたものゝやうである」とする。後者の「洒落本」以降とよく似ているのが、潁原退蔵『川柳雑俳用語考』（岩波書店）の「洒落本・滑稽本等にはかなり散見する語であるが、元来は上方に始つた言葉らしい」という説明である。同書ではさらに「能天気・能転気等の字を宛ててあるが、語源的の解釈は分らない。とにかく軽躁で向ふ見ずの飛上り者といつたやうな性格の者をいふ」とする。

新野（1999）以降に刊行された辞典では、『日本国語大辞典』第 2 版の意味記述が次のようになっている。

・調子の良く軽はずみなさま。また、そのような性格の者。

初版の「むこう見ずで軽薄」という部分が削られている。また性格と人そのものの両方を指すようになっている。そして『当世花街談義』（宝暦四）の「男鬼はよけれども、能天鬼、口喜鬼、部多津鬼はわるし」という例が挙がっている。さらに初版にはなかった近代の例として、嵯峨之屋御室『守銭奴の肚』（1887）の例も加わっている。

また 2008 年刊の『江戸時代語辞典』に

・軽躁で向こう見ずの飛び上がり者といった性格の者をいう。

とある。ここでは、『日本国語大辞典』初版の第 1 例と同じ例が「たとへ後《ご》客《きゃく》の大場《だいば》を見ぬ虚気《うつけ》・野夫《やぼ》客・能転気《のうてんき》、又は後妾《ごせふ》三十の後家なりとも」ともう少し長く引かれているが、蔑称であることは確かなもののそれ以上細かい意味まではわからない。他の辞書には出ていない例として、『新造図彙』（天明九）、『黄金の駒』（文化九）の「能天気」の例も出ているが、これらもどのような人間を指して使われているかよく分かる例ではない。

これまで挙げた辞書の用例をあわせ考えると、現在の国語辞典の挙げる意味のうちでは〈物事を考えない〉〈軽はずみ〉という色合いはかなり見られるが、〈のんき〉という色合いは全く見られない。

この語は『言海』『日本大辞書』『言泉』『大日本国語辞典』『大言海』といった明治から昭和初期にかけての辞書には見られない。そして『大辞典』には次のようにある。

・方言。㊀生意気。気位の高いこと。新潟県西蒲原郡①。㊁有頂天。山梨県①㊂無分別。突飛。埼玉県幸手町。千葉県夷隅郡①。㊃のんき。気楽。神奈川県津久井郡①。長野県東筑摩郡②。

ここでは『新明解』の第 4 版以降同様この語を「方言」と位置づけている

が(この点についてはここでは立ち入らない)、意味としては〈無分別〉に加え〈のんき〉も示されている。さらに人そのものよりも性格を表しているように受け取れ、現在の実態にかなり近づいている。

## 3.　高校でのアンケート調査の結果

さて高校での調査の質問文のうち、意味に関するものは、以下のとおりである。

＊「ノーテンキ」ということばがあります。「あいつはノーテンキなやつだ」というように使います。

A どういうやつが「ノーテンキなやつ」だと思いますか。具体的な行動や態度の例を挙げながら、できるだけわかりやすく説明してください。

実際の回答例を見て気づくのは、辞書類に挙っている〈向こう見ず〉という意味(これを①とする)の回答が見られないことである。以下回答例を示すと、

・何か起きてもかまわず明るい人

・楽天的で、悩みがないような人

・なにがあってもいつも同じような感じで明るくいる人

・いつもルンルンしていてなやみがなさそうな人。あまり事態を深く考えない人。

のような〈陽気、悩みがない、楽天的〉という類の答えがもっとも多い。これは〈のんき〉ではあるがマイナスの色は薄い。これを②とする。そして

・バカっぽい人。　TPO考えずに一人でさわいでるような人

・何も考えないバカなやつ

・何事も深く考えず、単純明快な人。

・その場その場で言うことが違ったりよく考えないで頭に思いついたことをそのまま行動すること。

といった〈思慮が足りない、無分別だ、愚かだ〉という意味がそれに続く。これを③とする。この場合、マイナスの色合いは濃いが、〈のんき〉の要素

は薄い。

さらに

・何かしなければならないことがあって、期限があったりしても、あせりも無く、何もしないでいられる人。

・深刻な事態が起きても、笑っていられるような奴

・自分の周りでたいへんなこと(悪いコト)が起きているのに、そんなことが起こってないかのごとくオキラクに過ごしてる人。

・大変なことになっているのにどうにかなると思っている人。

といった〈危機を想定する必要があったり、現実に危機が迫っていたりする状況にあるにも関わらず危機感や緊張感がない。楽観的すぎる〉の類の回答も多く見られる。これは〈のんき〉を大きなマイナスととらえる立場である。これを④とする。

これらと比べると少ないが、

・マイペースであまり、周囲に影響されない。

・みんなが何かを一生懸命やっているような事を、自分は、関係ないようなそぶりなどをしていて、自分のかってなことをしているような人の事をいうと思います。

のような、〈他人に影響されない、マイペース〉といった回答も見られる。これを⑤とする。

この結果は表1のとおりである。「②+③」のような回答については後述する。

**表1　高校アンケートの結果**

| 意味 | ① | ② | ③ | ④ | ⑤ | ②+③ | ②+④ | ②+⑤ | ③+④ | ③+⑤ | ④+⑤ | その他・無回答 | 計 |
|---|---|---|---|---|---|---|---|---|---|---|---|---|---|
| 回答数 | 0 | 34 | 22 | 15 | 8 | 7 | 8 | 5 | 4 | 2 | 4 | 12 | 121 |

# 4. “のうてんき”の実例

## 4.1. 新野（1999）時点での実例

新野（1999）時点で採集していた“のうてんき”の実例88例を前節に従って意味により分類してみる。

まず、①〈向こう見ず〉の意に解せそうなのは次の1例だけである。

・「けっ!!　そのムチでレーザー銃の相手をしようってのか!?　ちっ!!　ったく脳天気なロボットを作りやがって!!」

（さいとうたかを『漂流』4、リイド社、1994。pp. 22–23）

これに対して〈のんき〉の要素を含む②③④と解すべき例はかなり多い。この先の分類には迷うところも多かったが、3分類してみた。まず、

・万博「エキスポ’70」が一九七〇年代の幕開けを象徴していた。{中略}「一九七〇年のこんにちは」というあの奇妙に明るいメロディー、三波春夫の能天気な声。ある日、目覚めたら、経済大国の時代がはじまっていたのである。（猪瀬直樹「ペルソナ」『週刊ポスト』1995.9.29号。p. 122）

・Y子　八郎は両親と弟を火事で亡くして、一馬は恋人を自殺させちゃったっていう暗い過去を設定する必要があったかどうかも疑問。

X子　もっと脳天気なキャラクターにしたほうが、2人とも伸び伸び演技できたと思う。

（「井戸端テレビかいぎ」『週刊ザ・テレビジョン』1995.11.24号。p. 116）

・もちあがる事件があまりにも牧歌的なことに、{源氏鶏太『三等重役』を} 読みながらいささか退屈を覚えた記憶なども甦ってきたが、これがバブルが弾け、やれデフレだ、やれリストラだ、とせち辛い世の中になって読み返してみれば、このほのぼのと明るい能天気さが、しみじみと嬉しく見えてくるから不思議だ。

（久間十義「B級読書倶楽部」『サンデー毎日』1995.11.26号。p. 103）

・林　小沢さんてほんとに屈折なくて、いい性格ですよね。今までで、屈折したことってなかったでしょ？

小沢　屈折してるふりをした記憶はありますけど、してはいないです。

「ものすごく悩みました」ってほどでもないですし、「全然悩んでませんよ」っていうほどノーテンキでもない。

（「マリコのいわせてゴメン！」『週刊朝日』1995.12.15号。p.49）

これらは〈のんき〉ではあるがそれに〈陽気、屈託がない、くよくよしない、楽天的〉という意味が強く加わっており、強い批判的なニュアンスはない②である。このような例は34例ある。

一方、

・常に整理整頓し、不要と思われる情報を捨てていることは、書類の束のあちこちに実は眠っているさまざまなアイデアの芽を、能天気に引っこ抜いていることにほかならない。

（西村清彦「「知」の経済学」『週刊朝日』1996.2.2号。p.63）

・「ジャイアンツのユニフォームを着ることが、子供の頃からの夢でした」とは、なんと歪んだ「夢」だろう。なんと偏執で狭隘な「夢」だろう。{中略} プロ野球界で十年を過ごし、三十路を前にした男が、「子供の頃からの夢」などと、稚気にあふれた能天気な言辞をほざくとは情けない。

（『週刊文春』1997.1.16号。p.156）

・岸和田の「いいとこのぼん」として生まれ育った著者は、ほんとうにまったくしんそこノーテンキな人間らしく、何度もギャンブルで痛い目を見ながら、まるで懲りない。大借金をかかえたあげく、一発大逆転を狙って、とうとう自分の死を偽装する。

（中野翠「満月雑記帳」『サンデー毎日』1998.5.3号。p.44）

・脳天気な国だぜ、アメリカって。きっと、こんな愚にもつかない商品を騙されて買うバカが、世界一多い国なんだろうな……なーんて、鼻で笑って見ているうちはまだよかった。

（中村うさぎ「ショッピングの女王」『週刊文春』1998.6.4号。p.81）

これらになると〈のんき〉の要素は希薄になり、〈思慮が足りない、無分別だ、愚かだ〉という別のマイナス評価となる。これらのような③の例は24例である。

さらに、

・「だいたい、預金者もノーテンキだ。{銀行に}カネを預けるというけど、こちらが貸してやってるわけでしょう。信用できるかどうかも考えずに、わずかな金利で満足して貸してるんだからね」

（「新オレにもいわせろ」『週刊現代』1995.10.7号。p.151）

・実際問題、首都圏をはじめ直下型地震が心配されている所で一体どれだけ防災都市づくりが進んだというのか。運を天にまかせたノーテンキぶりには呆れるばかりである。

（「東西」『サンデー毎日』1996.1.28号。p.168）

・視聴率の四冠王達成とはしゃいで、自局に新聞記者を集め、記念パーティーを催した行為はどういう神経か。{中略}自局でも中国人超能力療法とかいうインチキ番組で訴訟騒ぎになっているのを棚に上げてのノー天気ぶりである。

（麻生千晶「たかが、されどテレビ」『週刊新潮』1996.4.25号。p.90）

・ゲリラの国で漫然とパーティーを開く能天気な外交団がいれば、透視術まで利用して駆け引きを有利に進めようとする外交団もいる。

（三木賢治「編集長後記」『サンデー毎日』1997.6.1号。p.158）

・いまの時代にもし全面的に学校を信頼して、ノー天気に「どーぞよろしく」なんてコドモを送り出している親がいたとしたら、それはよっぽど幸せな環境にいるか、ただオメデタイ人かのどちらかだろう。

なんだか学校はヘンなことになっちゃっている。コドモたちの吸ってる空気がちょっとヤバそう。

（石坂啓「まにあってます！」『週刊読売』1997.6.15号。p.122）

これらは④〈危機を想定する必要があったり、現実に危機が迫っていたりする状況にあるにも関わらず危機感や緊張感がない。楽観的すぎる〉という例で、〈のんき〉であることを明確に批判するものであり、29例を数える。

〈危機感がなく、愚かである〉、〈陽気で、思慮が足りない〉という2つの意味にまたがっていると考えたい例も少なくない。前者は〈危機感がなく、愚かである〉場合は④、危機感云々の要素が薄く、〈愚かである〉場合は③とした。また後者は、〈愚かである〉というマイナスのニュアンスが強い場合は③、そうでない場合は②とした。

続いて、今回新たに調査した各種データベースの検索結果を見ていく。

## 4.2. 「新聞」

朝日の1988～2007年の記事の検索結果である。「能天気」134例、「脳天気」8例、「ノー天気」19例、「ノーテンキ」37例、「のうてんき」1例の計199例がヒットした。

①〈向こう見ず〉と解釈できる例は、次に挙げた1例程度である。

・「おれ会社辞めるぞ」「うそ！」「いや、本気。どこか田舎へ行って、百姓やろう」「うん、いいね。行こう」

七年前の正月、酔った勢いでの妻との会話である。

私は五十二歳まで東京でサラリーマンをしてきた。生まれも育ちも東京。田舎はない。農業のノの字も知らない。それがいきなりの百姓宣言。私も相当いい加減だが、妻のノー天気さにあきれるよりも頼もしさを感じて、この時ばかりは「こいつと一緒になってよかった」と思った。（「声」2000.5.28）

以下はやはり迷うところも多かったが、まず②の例は42例である。

・異界、神秘、宗教などの著書が多い国学院大学講師の鎌田東二さんによれば、『日本霊異記』など仏教説話集にもみられるように、死後の世界は、それを開示することによって、現世の倫理を規制していくものである。が、特に江戸時代以降、日本人は、通過儀礼は神道が、死後世界は仏教が儀礼的に管理監督するのにまかせ、能天気で現世的性格もあって死後の世界についての突っ込んだ探究を行ってこなかった。

（1991.9.21夕）

・CDは一時間の効き目があるドラッグみたいなものだという（試したことはないから、多分そうなのだろう）。覚せいしたかったらロック、能天気が希望ならラテン、安定剤がほしければクラシックがいい。

（「勝手におすすめ」1995.6.23夕）

・石田は「原作を読みましたが、暗い感じはなく内容がおもしろい。妻と

いう役を、楽しく、いつも能天気で強力なヘルパーとして演じたい」と話す。　（「立ち話」1996.7.8 夕）

続いて③の例は 49 例である。

・米国は居丈高な対日政策の誤りに気づき、日本人の脳天気な性格を利用することを思いつくだろう。マック鈴木や西島洋介山、三浦カズが海外でデビューすれば、実力は関係なしに「日本初」と大騒ぎする日本人だ。例えば、アメ車を日本人にデザインさせ、「日本人初」と大々的に売る。間違いなく売れる。　（1995.1.7 夕）

・江戸期の廓、浮世絵、茶道、和歌はそれぞれ現代の風俗産業やコミックス、カラオケ、携帯メールに対応する。江戸時代に流行った文学といえば、登場人物たちの能天気な会話中心にストーリーが展開してゆく黄表紙や滑稽本だった。近頃、流行りのライトノベルなどは悩めるインテリの内面を映してきた近代文学をスキップして、江戸戯作の軽薄さに回帰しているかに見える。　（島田雅彦「文芸時評」2005.2.23 夕）

・守屋氏が認めたゴルフ接待は、概算すると 500 万円前後の供与にあたる。山田洋行系列のゴルフ場の料金はビジターで 2 万～ 3 万円。守屋氏は「半分以上は妻同伴」としており、説明通り毎回 1 万円を渡していたとしても、プレー代だけで通常料金より 500 万円前後は安く済んだ計算だ。

　なぜ「1 万円」だけだったのかについて、守屋氏はこう説明した。「能天気といえば能天気ですが、正規料金を承知しておりません。『社員は 1 万円でできるから 1 万円でいい』と言われた」　（2007.10.30）

そして④の例は 82 例と全体の約 40％に及ぶ。

・さすがにここまで株価が暴落してくると、政策当局や財界も今までのような「バブルつぶしが重要である」とか、「バブルの再燃を防ぐ」といった能天気なことはいっていられなくなってきたようである。だが、いまさらあわてて弥縫策を打ち出してみても手遅れである。

（「経済気象台」1992.8.7）

・「政府は能天気」　阪神大震災への対応を批判　米沢新進党副党首

新進党の米沢隆副党首は二十五日、東京で開かれた友愛会の総会で、亀井静香運輸相や野中広務自治相が、阪神大震災後に青森県へ知事選の応援に行ったことで、「この能天気ぶりが、村山内閣の象徴的な問題だといっても過言ではない。内閣が一つ二つつぶれても、閣僚が罷免されてもおかしくない」と述べた。　(1995.1.26)

・取引金融機関に総額二千億円の債権放棄をのんでもらい、会社の立て直しに「短距離走者のように突っ走るしかない」。四月一日付で {社長に} 就任したが、社内からはお祝いの言葉はなかった。「当然のこと。『おめでとうございます』なんていう社員がいたら、よほど能天気だ」

(2000.5.11)

最後に⑤に当てはまると思われる例は、

・さて、この二十五年間を振り返ると、もう、女房殿には苦労の掛けっぱなし。子供たちの度重なる病気、同じく私自身の入退院の繰り返し。にもかかわらず、わが女房殿は、春の桜か、夏のひまわりのごとく、わが家を陽気に明るく包んでくれた。その功、大なるものがある。

いくらやぼで能天気な私でも、感謝の気持ちを素直に伝えるべきだと思った。これは、キザなことではない。妻への心であると思った。そこで、妻の誕生日に、花一輪と少々の現金を贈ることにした。

(「声」1996.2.25)

など8例である。

これ以外に、前後の文脈からはどの意味か判断できない例が17例である。

## 4.3. 「国会」

「国会」での1988～2007年の調査結果は、「のうてんき」が72件の会議に計81例、「能天気」が9件の会議に9例、「脳天気」が1件の会議に1例の総計91例ヒットした。それを意味別に分類すると、①が1例、③が16例に対し、④が74例と圧倒的に多い。これはジャンルの特性を考慮すべきであろう。国会での論戦で、相手側の政策や発言の「危機感や緊張感のなさ、楽観的な見方」を批判する際に多用されるのである(特に野党側が与党・政府を攻撃する場合が多い)。

- さて、相次ぐ金融機関の経営破綻は、もはや金融恐慌の段階に入りつつあると考えます。こうした中、不良債権の処理は順調に進んでいるなどというのうてんきな発言を繰り返してきた大蔵大臣が、幾ら現状では今後破綻する金融機関はないと発言をしたとしても、だれが信用をするでありましょうか。　（第141回衆議院本会議17号、1997.12.4）
- 今は物すごく大事なところだと思うのは、景気がようやく下げどまりになってきた。ここでどういう発言をするかというのは担当大臣として非常に難しいのでありまして、大丈夫ですよ心配しないでくださいということをできるだけ言いたいのでありますが、展望もなしにそういうことを言うと、認識が甘いとか、のうてんきとかいろいろ言われるわけでありますし、（第145回参議院労働・社会政策委員会10号、1999.5.27）
- 国債整理基金の残高は、この二次補正により二兆円程度という低水準に落ち込んでしまいます。しかし、日本経済の先行きも不透明で、安易な国債発行も許されず、また、いわゆる国債償還の二〇〇八年問題も控え、国債市場の不安定化が懸念されています。二〇〇八年に向け、いかなる具体的な道筋を描いているのか。そのときまでには景気はきっと良くなりますよといったのうてんきな答弁は結構です。責任と中身のある答弁を求めます。　（第154回参議院本会議3号、2002.1.31）
- そういう意味で、日本も気をつけなければ、当時一九三〇年代のデフレ対策に失敗した日本は、膨張主義、拡大主義をとる軍部が台頭してきたわけですよ。そういう方向性に対して危機感を持っているのは、これは私だけじゃない。それなのに総理は、いや全く違いますと。のうてんきとはこのことをいうんじゃないでしょうかね。
（第156回衆議院予算委員会3号、2003.1.23）

### 4.4. 「ブック」

「ブック」で2009年9月18日に検索を行った結果、「能天気」357件、「脳天気」359件、「ノーテンキ」68件、「ノー天気」12件、「のうてんき」3件がヒットした。前3者の先頭から50件ずつ計150件を調査した。やはり迷う例は少なくなかった(分類の基準は先に述べたとおり)。

この語の意味そのものに言及した図書も3件ある。

・脳天気という言葉は、のんきな、軽薄な、安直な、そんなことや人となりを表します。

能天気とも表記されるようです。

「頭が晴れ」と、のんきな人を多少からかう意味でも使われますが、自分を守るため、自分が傷つかない対策の1つと考えて、能天気さを役に立てましょう。

(加藤ゑみ子『年齢を魅力に変える48のルール―一生サビない女性になる!』PHP研究所、2009。p.70)

そして②のタイプの例がある図書は39件である。

・{空港の入国審査で} 一時間以上かかって、やっとスーツケースを手にした。ここは、オーストラリア。日本のようにテキパキとはいかないのだ。気持ちをおおらかに、能天気に行こうぜっ。

(若園明美『輝くような青空の下で―おかしな家族のオーストラリア旅日記』文芸社、2000。p.19)

・「お待ちどう《ママ》さまー。桐谷くんのお兄さんでーす」

脳天気な明るい声がした。ふうなは思わず吹いた。

(西山裕貴『恋旬』郁朋社、2005。p.247)

・幸運だったのは、私が生来脳天気な性格の持ち主だったことです。進歩が実感できなくても、それほど鬱々とした気分にはなりませんでした。

(森沢洋介『英語上達完全マップ』ベレ出版、2005。p.49)

次に③のタイプの例を載せる図書は40件である。

・留学前の私は能天気にも、「帰国するころは大学院の学位も取っているのだから、就職なんてすぐに決まるだろう、50万円あれば大丈夫だ」としか考えず、その勢いでイギリスに飛び込んだのでした。

しかし、再就職への道は実に厳しいものでした。

（宮崎伸治『自分を磨け！』海竜社、2006。p.81）

・ハムスターとしての習性を維持するギリギリの姿を見てかわいいなんて思ってるんだから人間っていうのは脳天気で残酷なものです

（秋えいき『ハム・ハムハムスター 上級編―きっと、ますます、いい関係』どうぶつ出版、1997。p.90）

・たとえば、「俺が外出するのだから空は晴れだ」と何の根拠もなく決めつけるノーテンキな者が。愚か者である。「お前は何サマだ？」とツッコミを入れるのもアホらしいほどの愚か者である。

（長尾剛『宮本武蔵が語る「五輪書」』PHP研究所、2008。p.73）

次に④のタイプの例がある図書が53件である。

・「四十にして惑わず」といえば格好はいいかも知れないが、四十代で何の迷いもない人はよほど悟りきった人か、まったくの能天気な人だろう。現実は何かと一番惑う年代である。

（川北義則『40歳から伸びる人、40歳で止まる人』PHP研究所、2005。p.3）

・国の安全保障について現実に危機が起こるまでは、極端な「ノーテンキ」を決め込み、いったん事が起こるとパニック的に反応する。これが今日の日本の安全保障をめぐる最も危険な状況と言わねばならない。

（中西輝政『「日本核武装」の論点―国家存立の危機を生き抜く道』PHP研究所、2006。p.15）

・しかし平和ボケ症候群にあるノーテンキなわが政・官・民の大多数は、これらを深刻なテロ攻撃と認識することができず毅然とした防衛策を講ずることなく今日に至っている。

（河村泰治『複合汚染国家―資本主義・共産主義・官僚システム・戦争の本質と現代社会における実像』郁朋社、2006。p.123）

最後に⑤の例は

・その佇まいはいたってナチュラルだ。それは小学4年生の頃、現在所属する事務所の社長からスカウトされたときも同じだった。「ノーテンキに受け止めてましたね。嬉しい！　ってはしゃぐわけでもなく、かといってイヤってこともなく」

（久保慶子『Model Life』PHP 研究所、2007。p.28）

など６件の図書に見られる。

## 5.　意味変化の過程

これまで見てきたとおり、近世語では〈軽はずみで向こう見ず〉という意味であったと思われるこの語が、今日ではその意味ではほとんど使われず、濃淡の差こそあれ〈のんき〉という要素を含んで使われることが多い。なぜこのような意味変化が起きたのか。

①〈向こう見ず〉というのは、〈危険を顧みない〉ということで、これは③〈思慮がない、無分別だ〉ということに通じる。これに対し④〈危機感や緊張感がない〉ということは〈危機に対し恐れたり用心したりしない〉という点は①〈向こう見ず〉と同じであり、その危機に積極的に立ち向かおうとするか否かが異なるのである。そして②〈陽気、屈託がない〉というのは〈悪いことをあれこれ考えない〉という点では④〈危機感がない〉に通じるが、この中の〈ものを考えない〉という部分は③〈無分別だ〉に通じる。

このようにそれぞれの意味には部分的に重なる面があるが、さらに全体に通底することがある。①〈向こう見ず〉というのは、〈普通なら避けるような危険を顧みない〉ということで、④〈危機感がない〉は〈普通危機が迫ったら感じるはずの危機感や緊張感がない〉ということである。さらに②〈陽気、屈託がない〉は〈普通人間なら誰もが少しは持っている悩みや屈折した部分がない〉ということで、③〈思慮がない、無分別だ〉というのは〈普通なら当然持っているはずの思慮や分別がない〉ということである。さらに⑤〈マイペース〉は〈普通人間なら気にするはずの他人の目や世間一般の価値観を気にしない〉ということである。つまり、いずれの意味にも〈普通人間なら持っているはずの、周囲の状況に対する判断や内省、その結果の自重や用心といった理性的要素が欠けている〉という共通項があるのである。

したがって、高校調査では２つ以上の意味にまたがった回答も少なからず見られる。

・何も考えていないような人。例えば、集会などで人前に出るとき、とてもきん《ママ》張してる人から見て、全くきんちょうしていない人を見たらノーテンキに見えるかも？なやみがなさそうな人。→②＋④

・お気楽なやつ　追いつめられてもマイペースで他人事の人→④＋⑤

・何も考えてなくて明るいやつ。

・悩みがなく何も考えていなそうな人。

・普通の人ならばかなり脳《ママ》むことでもその人は何にも脳《ママ》まず、ただただ毎日を送っている人。何も考えていないように見える人。行動が遅い人。→以上②＋③

・何かあっても深く考えず、自分には全く関係のないことのように、いつでも明るく、マイペースな人のこと。→②＋⑤

現在この語の意味は〈向こう見ず〉では済ませられないのは明らかであるが、その実態は相当複雑で、〈危機感がない〉〈陽気〉〈無分別〉〈マイペース〉といったうちのどの要素をどの割合で含んでいるのか、どこに重点が置かれるのか個人差がかなりある。それは当然実例にも反映され、分類に迷う例が多く出てくることになる。2.1. に挙げたような国語辞書は結局どれも部分的な意味しか記述していないと言ってよい。「あの人はのうてんきだ」と言っても、聞き手が話し手と同じような性格をイメージするとは限らないのである。

## 6. “のうてんき”の表記

前掲のように国語辞書では、「能天気」「能転気」「脳天気」の 3 種類の表記が見られる。表記に関する高校調査の質問文は以下のようなものであった。

＊ B「ノーテンキ」は漢字でどう書くのが正しいと思いますか。次から選んでマルをつけてください。

1 能天気　2 能転気　3 脳天気　4 脳転気　5 その他(　　)　6 わからない

その結果を、4. に挙げた実例における表記と併せて、表2にまとめた。

**表2　“のうてんき”の漢字表記**

| | 能天気 | 能転気 | 脳天気 | 脳転気 | その他 | わからない | 無回答 | 計 |
|---|---|---|---|---|---|---|---|---|
| 高校調査 | 22 | 5 | 65 | 9 | 2 | 17 | 1 | 121 |
| 新野(1999) | 23 | 0 | 20 | 0 | 0 | 0 | 0 | 43 |
| 新聞 | 134 | 0 | 8 | 0 | 0 | 0 | 0 | 142 |
| 国会 | 9 | 0 | 1 | 0 | 0 | 0 | 0 | 10 |
| ブック | 357 | 0 | 359 | 0 | 0 | 0 | 0 | 716 |

高校調査の結果は「脳天気」が大きく優勢である。一方実例の場合は、「新聞」「国会」では「能天気」が「脳天気」を大きく上回っている。しかし新野(1999)や「ブック」では両者がほぼ互角である。そして「能転気」の実例はまったくない。

『月刊日本語』8(1)(1995.1)の「編集後記」には、次のような一文がある。

・まだボヤく年齢ではないが、次の流行は気になる。「能天気」の1字目を“脳”と書くこと。　(p. 104)

またマンガ家のやくみつる氏も、「脳天気」が誤りで「能天気」が正しいと自作の中で2度にわたり主張している[1]。

なるほど、さきに挙げた古語辞典、川柳語辞典類には、一種を除き「脳天気」という表記は挙がっていない。

しかし、その一種である『江戸語事典』は「脳天気」の前に「脳天」という項目を立て、「脳天気の略。瘋癲の意にいう」としている。そして、寛政十(1798)年初演の歌舞伎『花櫓橘系図』(『江戸語事典』には「花橘櫓系図」と出ているが、誤り)の「それ〳〵わしも脳天のお秀と云って、葬礼でござれ祝儀でござれ、嫁入婿入養子弘め、ほんにこれまで貰はぬことはござんせぬはいなう」という例が挙がっている。この項目は他の古語辞典、川柳語辞典類には見られないものである。境田(1993)はここに着目し、「こうして「脳天気」の表記が生じたのかもしれない」とする。

そして、実は江戸時代に「脳天気」という表記の確例がすでに存在する

のである。それが、ことわざ研究会監修『自筆稿本版　俚言集覧』第11巻(1993、クレス出版)の

・脳天気　能天気とも書(二十四オ)

という記述である。しかもここでは「脳天気」の方を主とする立場をとっている点がきわめて注目される(語釈はない)。

同書の解題である北村(1993)によると、この自筆稿本は太田全斎により文化五(1808)年以降に一応の成立を見、その後も増補され、文政十二(1829)年に全斎が没した後は、移山なる人物の手に渡って嘉永年間(1848 ～ 1854)の初期まで書き継がれている。辞書の挙げる「能天気」「能転気」の表記の例がある作品はいずれも、古いところでは宝暦年間(1751 ～ 1764)のものがあり、自筆稿本版『俚言集覧』はそれらよりは遅れる。しかし、“のうてんき”の語源が不明である以上、「脳天気」を「誤り」とは決めつけられまい。

この表記が優勢になっていった背景を考える上で、次の意見は参考になる。

・ノーテンキは能天気って書くようですが、脳が天気ってほうがイメージ的にはいいような気がします。

(高橋春男「ボクの細道」『週刊現代』1997.2.1号。p.65)

このような語源解釈と、〈向こう見ず〉からの意味変化は無関係とは思えない。「脳が天気」からは〈のんき〉〈陽気〉さらに〈何も考えていない〉〈楽観的〉という方向への連想が働く。朝日1995.2.23夕(大阪版)「ことば学入門　ノーテンキ」では、この語の表記を話題にし、

・話し言葉に、いつの間にか「能天気」や「能転気」という字が当てられたのだろう。さらに「脳天気」という表記は、最近使われている意味の「のんき」をイメージさせる。

としている。

高校調査では次のような回答もあった。

・晴れだけで雨ふりや曇がないということだと思うので、どんなことも前向きで+(プラス)思考だったり、いつも明るい人。

「ノー天気」や「ノーテンキ」と書かれている場合、筆記者がどのような

漢字表記を正式なものとして念頭に置いていたかは知る由もない。なにも置いていないということもあろう。現在確実に言えるのは、「能転気」という表記はその寿命をほぼ完全に終え、そして「能天気」も「脳天気」にかなり圧迫されているということである。

さらに注目すべきは、高校調査では「英語かと思った」という回答が一人いたことである。もしかしたら同様に考えている若年層は無視できない量かもしれない。前掲の朝日 1995.2.23 夕（大阪版）の記事には、「最近の「NO 天気」などという表記は、現代の若者感覚に合っているのだろう」とあるが、さすがに「NO 天気」までは行かなくとも、将来は「ノーテンキ」というカタカナ表記がもっとも代表的になる、という可能性も少なからずある。

## 7.　新野（1999）以降の文献

新野（1999）以降でも、この語について特に論じた文献で管見に入ったのは以下に挙げる程度である。

まず竹内（2002）である。これは読者からの雑多な質問に竹内氏が答えるという趣旨の連載で、「“のうてんき” の表記はどれが正しいのか」という質問に対し、竹内氏は『広辞苑』第 5 版や『日本国語大辞典』第 2 版を調べ、そこに挙っている用例から、「宝暦の頃に既に使われていたのです（別の辞典によると、どうやらこのあたりが「のうてんき」の始まりであるようです）」（p. 73）とする。「別の辞典」とは何かは書かれていないが、「宝暦頃の談義物に散見する」と書いてある『江戸語辞典』であろうか。

さらに表記については、

・こうういう由来を知ってしまうと、どうでしょう。「ノー天気」や「NO 天気」は……。

　「能転気」なんか、結構カッコいいんじゃないでしょうか。　(p. 73)

としている。

また新聞では、読売に長期にわたり連載されている言葉に関するコラム「日めくり」の 2002.12.4 掲載分「能天気—「脳天気」を推奨する辞書も」で、

・調子よくて、おっちょこちょいで、向こう見ず——そんな様子を指す言葉。語源はよく分からない。そのせいか表記も定まらない。

と書き始めたのち、国語辞書に3種の漢字表記が掲載されていることを示し、最後は「意味が意味だけに、あまり正誤にこだわっても仕方ない!?」といささか強引に結んでいる。

同じ読売の、夕刊にリレー形式で連載されているエッセイ「いやはや語辞典」の中でこの語を取り上げたのが、河野(2008)である。

・ところで、私がこの言葉に当惑するのは、単純性・楽天性を嗤う言葉として用いられているのならばよいのだが、「広辞苑」にもあるような意味の色濃い使い方をされがちだからである。それに加えて、この言葉が「脳天気」となっているのをよく見かけ、このほうが更に厭なのだ。その間違いを眼にすると、「能天気を脳天気と書く能天気」と自作のひそかな悪口をぶつけておくが、そんな私はもはや時代おくれなのかもしれない。{中略}〈能天気〉にしても、今日では自由に、つまり無茶苦茶に遣われているのかもしれない。しかし私は能天気と評された人よりも、そう書いたり、言ったりしている人に「軽率で向こうみずな者。なまいきな者」を感じてしまう。だから、私はこの言葉は使いたくない。

　こう書いてきて、〈ノーテンキ〉がまだしもましかしら、お脳にお脳がなくて天気のよしあしも何もないのだから、とふと思う。〈いやはや〉なのは、どうもこの私であるらしい。

河野氏としては、意味については「単純性・楽天性を嗤う」のであればよいが、『広辞苑』にあるような「軽率で向こうみずな者。なまいきな者」という意味で使うのはイヤ、ということである。しかし今日の実例ではそのような意味で使われることはほとんどないのは、ここまで見てきたとおりである。

一方表記については、「能天気」と書くべきで「脳天気」はイヤ、まだ「ノーテンキ」の方がまし(その理由を述べた最後の段落は論の展開が追いにくいが)、としている。

次に、出版社アルクのホームページ「スペースアルク」の中の「日本語

Q&A」(「Presented by NAFL 日本語教師養成通信講座」とあり) というページに、この語が取り上げられている。「「ノー天気」の語源はなに？」という問いに対し、以下のような回答が挙がっている。

・「のうてんき」とは行動が軽はずみである様子や、軽薄な人などを指すときに用いる表現です。「のんき」ということばとも似ていますが、「のんき」は良い意味で用いられる場合もあるのに対し、「のうてんき」はどちらかというと侮蔑するような印象が感じられる傾向があります。

　古くは 18 世紀ごろの文典にも見られますが、漢字での表記は一様ではありません。もともとは「能天気」や「能転気」と書かれることが多いようです。また、「脳天気」という表記は「のうてんき」という音から類推してあてられた字のようですが、これもごく最近の表記というわけではなくそれなりに古くから見られるようです。いずれにしても、俗語的表現で、語源は定かでないようです。

　「能」という字は、物事をうまくこなすという意味をもっていますから、「能天気」、「能転気」と書いた場合「天をも意のままにするかのような気持ち」、あるいは「何事もうまく転じられるかのような気持ち」といった意味になるでしょうか。

<http://home.alc.co.jp/db/owa/jpn_npa?stage=2&sn=29>2009.9.18

　3 段落目の語源解釈には独自性が見られるが、それ以外は、表記については「3 種類とも古くから見られる」とするにとどまるなど、新野 (1999) の内容から出ていない。

## 8.　おわりに

　以上 “のうてんき” の意味、表記について述べた。

　この語については、もうひとつ問題がある。“のうてんき” は江戸時代からある語で、この時代には実例も少なくないものの、新野 (1999) の時点では、調査したすべての国語辞書に載っているというわけではなかった。しかしそのような辞書も、現在刊行されている版ではすべて見出しに挙げている。国語辞書が現実の日本語の変化を少し遅れて反映するものである、ということを考えると、これはこの語が20世紀の末期からよく使われるようになってきたことを示すものであろうか。

この点に関して注目すべきは、河野（2008）でこの語を「この言葉を活字面で見かけるようになったのは最近のことではないのだが、いつ頃からか急によく見かけるようになった気がする」としていることである。また竹内（2002）にも、

・そもそも「のうてんき」なる言葉。てっきり最近誰かがつくったもので、たとえばテレビなどの業界用語として使われていたものが一般に広まった、というようなことかなあと思っていたのです。ここ数年はやたら聞くのに、昔はというと……はて、まるで記憶にないので。　（p.72）
・それにしてもこの言葉が、なぜいったんは消え、近年また復活することになったのでしょう。やはり放送関係者からでしょうか。　（p.73）

とある。

一方境田（1993）は

・十年余り前、漫画を読んでいてノーテンキという言葉に初めて出合《ママ》った。

としている。

ここで「国会」の検索結果を再度見てみる。4.3.では1988～2007年の間を対象としたが、もっとも古い用例は1991年のものである。そして戦後全期間を対象に検索しても、それは変わらない。つまり国会では1991年に初めてこの語が使われ、その後20年足らずで91例現れているということである。

一方新聞記事では、今回の調査期間を5年刻みでみると、1988～1992年が13例、1993～1997年が56例、1998～2002年が72例、2003～2007年が58例となっている。検索対象となる記事数が年が下るほど増えている、という事情を勘案すれば、必ずしも最近になって使用頻度が上がってきているとはいえない。しかし、新聞用語懇談会編『新聞用語集』（日本新聞協会）を見ると、1981年版、1996年版には“のうてんき”に関する記述はな

いが、2007 年版では「用字用語集」の中に

・のうてんき(脳天気、能転気)→能天気　(p. 314)

とある。これは、「脳天気」「能転気」という表記は原則として使わず「能天気」と書く、という趣旨である(今日の新聞で「能天気」の例が圧倒的に多いのはこの影響があろう)。この事実は 1996 年から 2007 年までの間にこの語が新聞で存在感を増したことの 1 つの傍証にはなると思われる。

意味、表記に限らず、このような面でも今後引き続き注目すべき語である。

**注**

1　「ガタガタ言うゾ！」(『週刊朝日』1995.4.21 号。p. 93)、「三面マンガ」(『ダ・カーポ』1997.10.15 号。p. 72)。

# 終章　本書をまとめるにあたって

本書では、筆者が20年あまりにわたって行ってきた近現代語を中心とした研究の成果を、4部に分けてまとめた。完全な書き下ろしは序章と終章のみで、他は既発表論文に新たな用例や考察を加えて、今日の立場で書き改めたものである。

筆者がこの分野の研究を始めた1980年代末期は、まだインターネットは実用化されていなかった。したがって、今ならインターネット上の検索システムやコーパスの利用で、瞬時に、かつ大量に現代語の用例が集まるところであるが、当時は書籍や雑誌を実際に読んで探すしかなかった。また先行論文を探すにしても、現在のような論文データベースは整備されていなかった。

今回過去に発表した論文を改めて読み直し、用例の採集に苦労したことを思い出した。さらに、見つけた時の状況を思い出せる用例もあった。

食堂で食事をしながら備え付けの新聞や雑誌を読んでいて用例を見つけ、店員に「メモ用紙とペンを貸してくれ」と頼んで怪訝な顔をされたことも一再ならずあった。大阪に旅行した際に電車に乗っていて、先に降りた客が網棚の上に置いていった新聞を何の気なしに手にとって開いたところ、「“全然” + 肯定」に関する記事を見つけたこともあった。そのようなある種運命的、一期一会とも呼ぶべき形でめぐり合えた用例・記事と、検索エンジンで一瞬のうちに得られたウェブ上のそれらとでは、思い入れ、愛着という面でどうしても差が出てくるように思える。これは単なる機械オンチの「世迷い言」、「感傷」であろうか。

荻野綱男氏は、荻野・加藤・本多・谷口(2005: 186)で、WWWによる用例採集の有効性について記し、

・検索エンジンを経由すれば、簡単に大量の用例が入手できるので、WWWは用例データベースとしてきわめて有用である。{中略}紙で言語の用例を探していた時代は、用例を探すこと自体に膨大な手間がかかった。{中略}これからの言語研究は、資料収集に時間をかけるのでなく、その先の分析・考察に時間を振り向けるべきだろう。

と述べた。それは間違いなく正論である。新聞や雑誌に目を通し運良く見つけた用例をメモする、というアナログ的な用例採集法はきわめて非効率的である。用例収集にかかる時間と手間をカットして分析や考察にその分をまわすことができるようになったことが、近現代語(それ以前の言語の研究にもウェブ上の各種データベースやコーパスが使われるようになってきているが)の研究の進展に大きく貢献していることは論を待たない。本書も大いにその恩恵を受けている。

しかし、今日、ウェブ上の各種データベースやコーパス、CD-ROMなどの電子資料の検索で、容易に大量の用例を集められることには、明らかな弊害というべき現象もある。新野(2008: 48)でも述べたが、近年CD-ROM『新潮文庫の百冊』を多くの研究者が近現代語の用例採集に使っている。ところが、このCD-ROM全体を1つの言語資料と考えた結果か、明治期の『雁』『坊っちゃん』の用例と、昭和末期の『世界の終わりとハードボイルド・ワンダーランド』『女社長に乾杯!』の用例とを、同じ共時態の用例として最初から全く区別せずに並べて扱っている論文が、執筆者のキャリアや知名度とは必ずしも関係なく、相当量生産されている。これは改められるべきである。

筆者が語彙史の分野に関心を持ったのは、東北大学の学部生時代に読んだ前田富祺氏の諸論文(その多くは前田(1985)にまとめられている)の影響が大きい。その中でも近過去・現在進行中の変化について興味を持った理由の1つは、社会一般の人は興味を感じていることでありながら、研究者はあまり目を向けていない分野だから、ということがある。目を向けたとしても

「今こういう使われ方をしているが、本来はこういう意味なのである」のレベルで終わっており、先行文献はどのようなものがあるのか、いつどのように新しい意味・用法が生まれ、流布したのか、今日は新旧いずれの用法が優勢なのか、というところまで踏み込んだものは少なかった。ただ筆者がこの分野に興味を持った1980年代末期に比べると、近年雑誌論文ではそのような研究も増えてきているように思う。その大きな要因は、やはり、インターネット上でのサイトやデータベースの検索により、現代語の口語・俗語的用法の用例を採集することが容易になってきていることであろう。

現在進行中の変化を扱う場合、過去の日本語における変化を記述する際のように客観的に全体像を把握するのが難しい面はある。しかし反面、変化の渦中であるからこそ記述できることもある。それに、研究者の役割の１つとして、メディアが報じ、多くの一般の人が知っている、今日の社会で進行中の問題については、専門家の立場から何らかの取り組みをし、客観的な判断を示すべきではないか。さらに、その逆で、今日の社会で進行中でありながらメディアが報じず、一般の人に知られていない問題については、いちはやく指摘し、実情を報告すべきではないか。そのような研究者としての使命感めいたものも、本書のような研究の動機の１つにはなっている。

そしてもう１つの動機は、現在進行中の言語変化は「ズレ」が目立つことである。辞書の記述と現実の用例とのズレ、規範意識と国語史的事実とのズレ、さらに筆者自身の予想と用例の調査結果やアンケート調査結果とのズレもある。これらのような「ズレ」のある事例に、筆者は惹かれるのである。

村田菜穂子氏は、村田(2008: 40)で、

・今期｛= 2006・2007年｝の特徴として、総論的乃至は理論的な論考や語彙史のような体系的研究が少ない一方で、個別的な語や特定資料の語彙に関する論考が非常に多く、研究対象を限定したものに偏る傾向があるように見受けられた。｛中略｝当該分野に関わる研究者はこれまで以上に体系化・理論化の問題を意識し、語から語彙へ、そして、さらにその変遷を明らかにしようとする研究を目指すことを期待したい。

と述べた。本書の内容は、「現在進行中の言語変化についての研究」という

点では共通点があり、さらにその中で「誤用」「気づかない変化」といった共通の特徴もある。しかし結局「個別的な語」の研究の寄せ集めではないか、との指摘もあろう。

十分に体系性のある研究、理論研究はもちろん価値があり、学界の進歩には不可欠なものである。しかし、その一方で、研究されるべき問題を抱えた「個別的な語」が今日多数存在するというのも間違いない事実である。それをひとつひとつ潰していく、という研究にも、一定の意義は認められよう。

筆者は今後も、現在進行中の言語変化に注目していきたい。そしてその成果を、国語教育や日本語教育、さらにマスコミの用語マニュアルなどにも生かすことができればよりすばらしいと考えている。

本書のもととなったそれぞれの論文をまとめるに当たっては、さまざまな研究会で発表を行い、ご批正を得ることができた。特に、「筑紫日本語研究会(以前の名称は「筑紫国語学談話会」)」、「近代語研究会」、「青葉ことばの会」での発表が多かった。各研究会の関係者の方々、発表の際にご意見をいただいた方々、言語意識などについて重要な情報提供や示唆をしてくださった方々—その中にはお名前・お顔も記憶にない方々、今後二度とお会いしないであろう方々も少なくない—に感謝したい。学生時代から一貫して見守っていただいてきた加藤正信先生、佐藤武義先生、遠藤好英先生、村上雅孝先生には感謝の念が尽きない。

ひつじ書房のスタッフの皆さんには、初めての著書の出版でわからないことばかりの筆者に、辛抱強くお付き合いいただいた。お礼を申し上げたい。

学術図書というものは、学問の進歩のために捧げられるべきものである。それを承知のうえで、それに背くことをご容赦いただきたい。

本書を、雪深い秋田の地に暮らす両親に捧げる。

2010年6月

新野　直哉

# 本書と既発表論文との関連

### 序章　本書の目的と概要

書き下ろし

## 第1部　現代日本語の「誤用」

### 第1章　“役不足”の「誤用」について

・新野直哉(1993)「“役不足”の「誤用」について―対義的方向への意味変化の一例として」『国語学』175: pp. 26–38. 国語学会

・新野直哉(2005)「続・“役不足”の「誤用」について」近代語研究会編『日本近代語研究』4: pp. 73–83. ひつじ書房

・新野直哉(2009b)「“役不足”の「誤用」の文献初出例について」『日本語の研究』5(3): pp. 147–150. 日本語学会

### 第2章　“なにげに”について―その発生と流布、意味変化

・新野直哉(1992)「“なにげ”考」『筑紫語学研究』Ⅲ : pp. 27–35. 筑紫国語学談話会

## 第2部「“全然”＋肯定」をめぐる研究

### 第1章　「“全然”＋肯定」の実態と「迷信」

・新野直哉(1997a)「「“全然”＋肯定」について」佐藤喜代治編『国語論究6―近代語の研究』pp. 258–286. 明治書院

### 第2章　「“全然”＋肯定」に関する近年の研究史概観

・新野直哉(2000b)「近年の、「“全然”＋肯定」関係の文献について」佐藤喜代治編『国語論究8―国語史の新視点』pp. 215–234. 明治書院

・新野直哉(2004)「“全然”・「いやがうえにも」再考」『国語学研究』43: pp. 167–156.「国語学研究」刊行会

・新野直哉(2010a)「「日本語ブーム」と日本語研究」『日本語学』29(5): pp. 36–44. 明治書院

**第3章　各種データベースによる実例の調査結果とその分析**

・新野直哉(2010b)「新聞記事における副詞“全然”の被修飾語について—明治末～昭和戦前期と現在」『表現研究』92: pp. 42–51. 表現学会

**第3部　現代日本語の「気づかない変化」**

**第1章　“いやがうえにも”の意味変化について—「いやがうえにも盛り上がる」とは？**

・新野直哉(2000a)「《気づかない意味変化》の一例「いやがうえにも」について—「いやがうえにも盛り上がる」とは？」『国語学研究』39: pp. 1–11.「国語学研究」刊行会

・新野直哉(2004)「“全然”・「いやがうえにも」再考」『国語学研究』43: pp. 167–156.「国語学研究」刊行会

**第2章　“返り討ち”の意味変化について**

・新野直哉(2006)「“返り討ち”の意味変化について—《気づかない意味変化》の一例として」筑紫国語学談話会編『筑紫語学研究Ⅱ—日本語史と方言』pp. 364–378. 風間書房

**第3章“ていたらく”について—「ていたらくな自分」とは？**

・新野直哉(2007)「“ていたらく”の《気づかない変化》について—「ていたらくな自分」とは？」『国語学研究』46: pp. 1–15.「国語学研究」刊行会

**第4章　“万端”の意味・用法について—今日と明治～昭和戦前との比較**

・新野直哉(2009a)「“万端”の《気づかない変化》について—今日と明治～昭和戦前の意味・用法」『国語学研究』48: pp. 1–15.「国語学研究」刊行会

## 第４部　そのほかの注目すべき言語変化

### 第１章　“適当”の意味・用法について—「適当な答」は正解か不正解か

・新野直哉(1997b)「“適当”の意味・用法について—「適当な答」は正解か不正解か」加藤正信編『日本語の歴史地理構造』pp. 268–282. 明治書院

### 第２章　“のうてんき”の意味・表記について

・新野直哉(1999)「“のうてんき”の意味・表記について」佐藤武義編『語彙・語法の新研究』pp. 71–82. 明治書院

### 終章　本書をまとめるにあたって

書き下ろし

# 参考文献


NHK アナウンス室ことば班編(2005a)「「なにげに」の誕生」『ことばおじさんの気になることば』pp. 29–32. 日本放送出版協会

NHK アナウンス室ことば班編(2005b)「全然大丈夫」『ことばおじさんの気になることば』pp. 120–125. 日本放送出版協会

NHK「みんなでニホン GO !」制作班(2010)「「全然 OK です」って、全然ダメ?」『みんなでニホン GO !オフィシャルブック—正しい日本語は本当に“正しい”の?』pp. 22–35. 祥伝社

NHK アナウンス室編(2009)「「せいぜい」頑張ってください!」『NHK ますます気になることば—見とく知っとくナットク!』pp. 56–57. 東京書籍

OL 会話研究会編(1993)『平成 OL・ビジネスマンのうつくしい日本語』スターツ出版

21 世紀日本語研究会編(2001)『あなたは「日本語」話せますか?』竹書房

秋月高太郎(2005)「「なにげに」よさげ」『ありえない日本語』pp. 35–53. 筑摩書房

足立広子(1990)「副詞「全然」の用法について」『南山国文論集』14: pp.37–46. 南山大学国語学国文学会

有光奈美(2008)「日英語の対比表現に見られる非明示的否定性と量・質・態度に関する変化のメカニズム」児玉一宏・小山哲春編『言葉と認知のメカニズム—山梨正明教授還暦記念論文集』pp. 247–269. ひつじ書房

あんの秀子(2007)『日本語へんてこてん—古典でわかる! 日本語のモンダイ』ポプラ社

飯間浩明(2003)「ていたらくぶり」『遊ぶ日本語　不思議な日本語』pp. 102–106. 岩波書店

井口樹生(1999)『誰もが「うっかり」誤用している日本語の本』講談社

池上彰(2000)「「全然悪い」と言うのは全然へん?」『「日本語」の大疑問』pp. 138–139. 講談社

石山茂利夫(1990)「「全然悪い」は全然悪くない?」『日本語矯めつ眇めつ—いまどきの辞書 14 種のことば探検』pp.33–39. 徳間書店

石山茂利夫(1997)「今様こくご辞書　全然」『読売新聞』1997.1.5、12 日曜版＊石山茂利夫(1998)『今様こくご辞書—いまどきの辞書 14 種のことば探検』読売新聞社に再録。

石山茂利夫(1998)『今様こくご辞書—いまどきの辞書 14 種のことば探検』読売新聞社

泉麻人(1991)「チョーゲロヤバ」『地下鉄の友』pp. 202–204. 産経新聞生活情報センター

井上明美編(2004)『金田一先生の日本語○×辞典』学研マーケティング
井上史雄(1986)「言葉の乱れの社会言語学」『日本語学』5(12): pp. 40–54. 明治書院
井上史雄(1993)「日本語考現学—東京と地方の言語変化」『国文学解釈と教材の研究』38(12): pp. 120–123. 学燈社＊井上史雄(2008)『社会方言学論考—新方言の基盤』明治書院に再録。
井上史雄(1998)「東京の新方言—「〜ゲニ」の増殖」『言語』27(1): pp. 58–61. 大修館書店
井上史雄・鑓水兼貴編(2002)『辞典「新しい日本語」』東洋書林
岩淵悦太郎(1959)「ことばの変化」『世界』165: pp. 217–221. 岩波書店
岩淵悦太郎(1970)「言葉の道標 2—見捨てられる言葉」『群像』25(2): pp. 262–263. 講談社＊岩淵悦太郎(1973)『国語の心』毎日新聞社に再録。
内田樹(2004)「オトコのみかた—あべこべことば」『毎日新聞』2004.6.11
宇野義方(1996)『日本語のお作法—これだけ知っていれば“非常識”と言われない』ごま書房
宇野義方監修・日本語倶楽部(2002)『使ってはいけない日本語』河出書房新社
梅林博人(1994)「副詞「全然」の呼応について」『国文学解釈と鑑賞』59(7): pp.103–110. 至文堂
梅林博人(1995)「「全然」の用法に関する規範意識について」『人文学報』266: pp.35–53. 東京都立大学人文学部
梅林博人(1997)「肯定表現を伴う「全然」の異同について」『人文学報』282: pp.21–37. 東京都立大学人文学部
梅林博人(2000)「流行語批判とその背景—「全然」の場合について」『相模国文』27: pp.57–70. 相模女子大学国文研究会
遠藤織枝(1994)「使用語種と、新しいことばの用法」『ことば』15: pp.114–134. 現代日本語研究会
遠藤織枝・谷部弘子(1995)「話しことばに特徴的な語の新しい用法と世代差—「すごい」「とか」「ぜんぜん」「けっこう」について」『ことば』16: pp.114–127. 現代日本語研究会
大野晋・丸谷才一・大岡信・井上ひさし(1991)『日本語相談』4. 朝日新聞社
岡崎晃一(2008)「「全然」考」『親和国文』43: pp.1–21. 神戸親和女子大学国語国文学会
荻野綱男・加藤彩・本多さやか・谷口香織(2005)「WWW の検索による日本語研究」『東京女子大学日本文学』101: pp. 185–201. 東京女子大学学会日本文学部会
小椋佳(2004)「全然オッケー」『小椋佳—言葉ある風景』pp. 15–18. 祥伝社
尾谷昌則(2006)「構文の確立と語用論的強化—「全然〜ない」の例を中心に」『日本語用論学会大会研究発表論文集』2: pp.17–24. 日本語用論学会
尾谷昌則(2008)「アマルガム構文としての『「全然」＋肯定』に関する語用論的分析」

児玉一宏・小山哲春編『言葉と認知のメカニズム―山梨正明教授還暦記念論文集』pp.103–115. ひつじ書房
小野正弘(1983)「しあわせ(仕合せ)」佐藤喜代治編『講座日本語の語彙 10―語誌Ⅱ』pp. 155–160. 明治書院
小野正弘(1984)「「因果」と「果報」の語史―中立的意味のマイナス化とプラス化」『国語学研究』24: pp. 24–34.「国語学研究」刊行会
小野正弘(1985a)「中立的意味を持つ語の意味変化の方向について―「分限」を中心にして」『国語学』141: pp. 28–38. 国語学会
小野正弘(1985b)「「天気」の語史―中立的意味のプラス化に言及して」(『国語学研究』25: pp. 11–27.「国語学研究」刊行会
小野正弘(2001)「通時態主導による「語彙」「語彙史」」『国語学研究』40: pp. 1–11.「国語学研究」刊行会
葛金龍(1999)「日中同形漢語副詞「全然」についての比較研究」『愛媛国文と教育』32: pp.22–28. 愛媛大学教育学部国語国文学会
葛金龍(2002)「「全然」の意味機能について―俗語的用法を中心に」『愛媛国文と教育』35: pp.11–24. 愛媛大学教育学部国語国文学会
葛金龍(2005)「「全然」の俗語的用法の発生」『愛媛国文と教育』38: pp.8–22. 愛媛大学教育学部国語国文学会
加納喜光(2002)『あなたの日本語、ここが大間違い！』成美堂出版
柄沢衛(1977)「「全然」の用法とその変遷―明治二、三十年代の四迷の作品を中心として」『解釈』23(3): pp.38–43. 教育出版センター
北原保雄編(2004)『問題な日本語―どこがおかしい？何がおかしい？』大修館書店
北原保雄編(2005)『続弾！問題な日本語―何が気になる？どうして気になる？』大修館書店
北原保雄監修(2006)『みんなで国語辞典！―これも、日本語』大修館書店
北原保雄編(2007)『『問題な日本語　その 3』大修館書店
北村孝一(1993)「俚言集覧の成立と増補過程」ことわざ研究会監修『自筆稿本版俚言集覧第 11 巻』pp. 1–13. クレス出版
金愛蘭(2006)「新聞の基本外来語「ケース」の意味・用法―類義語「事例」「例」「場合」との比較」『計量国語学』25(5): pp. 215–236. 計量国語学会
金田一春彦(1966)『新日本語論』筑摩書房
国広哲弥(1991)『日本語誤用・慣用小辞典』講談社
国広哲弥(1995)『続　日本語誤用・慣用小辞典』講談社
国広哲弥(2010a)『新編　日本語誤用・慣用小辞典』講談社
国広哲弥(2010b)「準備と備え」『新編　日本語誤用・慣用小辞典』pp. 64–67. 講談社
窪薗晴夫(2006)「若者ことばの言語構造」『言語』35(3): pp.52–59. 大修館書店

呉智英(2004)「「ない」のに肯定文」『言葉の常備薬』pp. 160–163. 双葉社
呉智英(2007)「言葉の煎じ薬25—高学歴でこのていたらく」『小説推理』47(10): pp. 250–251. 双葉社＊呉智英(2010)『言葉の煎じ薬』双葉社に再録。
見坊豪紀(1976a)『ことばの海をゆく』朝日新聞社
見坊豪紀(1976b)『辞書をつくる』玉川大学出版部
見坊豪紀(1977)『辞書と日本語』玉川大学出版部
見坊豪紀(1987)『現代日本語用例全集』1 筑摩書房
見坊豪紀(1990)『日本語の用例採集法』南雲堂
小池清治(1994)『日本語はどんな言語か』pp.8–11. 筑摩書房
小池清治(2001)「「全然」再々考」『宇大国語論究』12: pp.1–11. 宇都宮大学国語教育学会＊小池清治編(2001)『現代日本語探究法』朝倉書店に再録。
小池清治(2009)「「全然」の用法」中山緑朗・飯田晴巳・陳力衛・木村義之・木村一編『みんなの日本語事典—言葉の疑問・不思議に答える』pp.40–41. 明治書院
幸運社編(2008)『敬語検定』PHP研究所
河野多恵子(2008)「いやはや語辞典—【能天気】誤用かさね　無茶苦茶」『読売新聞』2008.12.9 夕
国語問題協議会監修(1976)『死にかけた日本語』英潮社
国立国語研究所編(2004)『新「ことば」シリーズ17—言葉の「正しさ」とは何か』国立印刷局
国立国語研究所(2005a)『太陽コーパス—雑誌『太陽』日本語データベース　CD-ROM版』博文館新社
国立国語研究所(2005b)『雑誌『太陽』による確立期現代語の研究—『太陽コーパス』研究論文集』博文館新社
小林千草(1998)「「なにげに」考」『ことばの歴史学—源氏物語から現代若者ことばまで』pp. 199–211. 丸善
小谷野敦(2006)「上機嫌な私21—「全然〜ない」の迷信」『文学界』60(9): pp.210–211. 文藝春秋＊小谷野敦(2008)『猫を償うに猫をもってせよ』白水社に再録。
斎藤平(1992)「「適当」ということ—日本語教育における多義語の問題」『皇学館大学国文学会会報』20: p. 15. 皇学館大学国文学会
境田稔信(1993)「「のうてんき」の素性」『いんてる』69: p. 1. 日本校正者クラブ
佐久間淳一(2007)『はじめてみよう言語学』研究社
佐竹秀雄(1989)「若者の文章とカタカナ効果」『日本語学』8(1): pp. 60–67. 明治書院
雑学研究会(1984)『ことばのおもしろ博学』永岡書店
佐藤琢三(2009)「「間違いは」本当に間違いか—文法研究から見た「間違い」」『日本語学』28(9): pp. 4–13. 明治書院
佐藤亮一(1990)「方言における世代とことば」『日本語学』9(4): pp. 12–25. 明治書院

柴田武(1988)『知ってるようで知らない日本語 3』ごま書房
島田泰子(2002)「ありさまを表す一字漢語名詞「体(てい)」の用法について(下)」『香川大学国文研究』27: pp. 66–75. 香川大学国文学会
島野功緒(2001)「「とても美しい」は誤用」『誰もがうっかり見過ごす誤用乱用テレビの日本語』pp. 208–211. 講談社
新聞用語懇談会編(1996)『新聞用語集　1996 年版』日本新聞協会
新聞用語懇談会編(2007)『新聞用語集　2007 年版』日本新聞協会
新屋映子(2008)「総合雑誌に見る名詞「状態」の用法 —約 100 年を隔てた 2 誌を比較して」『日本語科学』24: pp. 55–75. 国立国語研究所
鈴木棠三(1961)『俗語—語源散歩』東京堂
鈴木英夫(1993)「新漢語の受け入れについて—「全然」を例として」松村明先生喜寿記念会編『国語研究』pp.428–449. 明治書院
全賢善(1997)「「適当」という語の意味分析」『ことばの科学』10: pp. 31–40. 名古屋大学言語文化部言語文化研究委員会
全賢善(1998)「「適当」の運用上に現れる意味特徴」『名古屋大学人文科学研究』27: pp. 119–128. 名古屋大学大学院文学研究科院生・研究生自治会
高島俊男(1997)「お言葉ですが…89—松井？うん全然いい」『週刊文春』1997.3.27 号 : pp. 110–111. 文藝春秋＊高島俊男(1998)『お言葉ですが…　「それはさておき」の巻』文藝春秋に再録。
竹内久美子(2002)「私が、答えます」『週刊文春』2002.4.25 号 : pp. 72–73. 文藝春秋
竹林一志(2009)「現代語「さらなる」をどう見るか」『解釈』651: pp. 2–10、解釈学会
田中一彦(2005)「「全然おいしいよ」は問題な日本語か」『言語情報学研究』1: pp.31–42. 大阪市立大学文学研究科言語情報学会
田中牧郎(2005)「言語資料としての雑誌『太陽』の考察と『太陽コーパス』の設計」国立国語研究所編『雑誌『太陽』による確立期現代語の研究—『太陽コーパス』研究論文集』pp. 1–48. 博文館新社
茅野秀三(1994)「全然」『言葉のうんちく辞典』pp. 30–31. 実務教育出版
丁允英(2007)「中立的な態度を表わす副詞「全然」について—日・韓対照を視野に入れて」『日本語論叢』特別号 : pp.278–291. 日本語論叢の会
趙宏(2007)「速記資料における「全然」の様相をめぐって—明治から昭和にかけて」『明治大学日本文学』36: pp.62–56. 明治大学日本文学研究会
土屋道雄(2002)『例解おかしな日本語正しい日本語』柏書房
中尾比早子(2005)「副詞「とても」について—陳述副詞から程度副詞への変遷」国立国語研究所編『雑誌『太陽』による確立期現代語の研究—『太陽コーパス』研究論文集』pp. 213–226. 博文館新社
永瀬治郎(2002)「「若者言葉」の方言学」日本方言研究会編『21 世紀の方言学』pp. 213

–225. 国書刊行会
中東靖恵編(2002)『現代キャンパスことば辞典—岡山大学編』吉備人出版
中野収(1986)『新人類語—異人種を迎えるビジネスマンのために』ごま書房
中野収(1987)『若者文化術語集—時代の気分を読む』リクルート出版
名倉和彦(1992)「若者言葉／若者用語」『imidas　1992 年版』p. 876. 集英社
新野直哉(1992)「“なにげ” 考」『筑紫語学研究』Ⅲ : pp.27–35. 筑紫国語学談話会
新野直哉(1993)「“役不足” の「誤用」について—対義的方向への意味変化の一例として」『国語学』175: pp.26–38. 国語学会
新野直哉(1997a)「「“全然” ＋肯定」について」佐藤喜代治編『国語論究 6—近代語の研究』pp.258–286. 明治書院
新野直哉(1997b)「“適当” の意味・用法について—「適当な答」は正解か不正解か」加藤正信編『日本語の歴史地理構造』pp.268–282. 明治書院
新野直哉(1999)「“のうてんき” の意味・表記について」佐藤武義編『語彙・語法の新研究』pp.71–82. 明治書院
新野直哉(2000a)「《気づかない意味変化》の一例「いやがうえにも」について—「いやがうえにも盛り上がる」とは？」『国語学研究』39: pp.1–11.「国語学研究」刊行会
新野直哉(2000b)「近年の、「“全然” ＋肯定」関係の文献について」佐藤喜代治編『国語論究 8 —国語史の新視点』pp.215–234. 明治書院
新野直哉(2004)「“全然”・「いやがうえにも」再考」『国語学研究』43: pp.167–156.「国語学研究」刊行会
新野直哉(2005)「続・“役不足” の「誤用」について」近代語研究会編『日本近代語研究』4: pp.73–83. ひつじ書房
新野直哉(2006)「“返り討ち” の意味変化について—《気づかない意味変化》の一例として」筑紫国語学談話会編『筑紫語学研究Ⅱ—日本語史と方言』pp.364–378. 風間書房
新野直哉(2007)「“ていたらく” の《気づかない変化》について—「ていたらくな自分」とは？」『国語学研究』46: pp.1–15.「国語学研究」刊行会
新野直哉(2008)「特集 : 2006・2007 年における日本語学界の展望—語彙(理論・現代)」『日本語の研究』4(3): pp. 41–48. 日本語学会
新野直哉(2009a)「“万端” の《気づかない変化》について—今日と明治～昭和戦前の意味・用法」『国語学研究』48: pp.1–15.「国語学研究」刊行会
新野直哉(2009b)「“役不足” の「誤用」の文献初出例について」『日本語の研究』5(3): pp.147–150. 日本語学会
新野直哉(2010a)「「日本語ブーム」と日本語研究」『日本語学』29(5) : pp.36–44. 明治書院

新野直哉(2010b)「新聞記事における副詞“全然”の被修飾語について―明治末〜昭和戦前期と現在」『表現研究』92: pp.42–51. 表現学会
野田春美(2000)「「ぜんぜん」と肯定形の共起」『計量国語学』22(5): pp.169–182. 計量国語学会
野村雅昭(1992)「ことばの背景 7—なにげない話」『国語教室』46: p.44. 大修館書店＊野村雅昭(1994)『日本語の風』大修館書店に再録。
橋本行洋(2005)「「気づかない〜」という術語について—新語研究の立場から」『日本語の研究』1(4): pp.105–108. 日本語学会
服部匡(2007)「大規模コーパスを用いた副詞「全然」の共起特性の調査―朝日新聞とYahoo！ 知恵袋の比較」『同志社女子大学学術研究年報』58: pp.1–8. 同志社女子大学
濱田敦(1948)「肯定と否定―うちとそと」『国語学』1: pp.44–77. 国語学会＊濱田敦(1984)『日本語の史的研究』臨川書店に再録。
早野慎吾(1996)『地域語の生態シリーズ関東篇—首都圏の言語生態』おうふう
播磨桂子(1993)「「とても」「全然」などにみられる副詞の用法変遷の一類型」『語文研究』75: pp.11–22. 九州大学国語国文学会
半澤幹一(1983)「ななめ(斜め)」『講座日本語の語彙 11—語誌Ⅲ』pp.101–106. 明治書院
飛田良文・浅田秀子(1991)『現代形容詞用法辞典』東京堂出版
日高水穂(2009)「言語変化を抑制する誤用意識」『日本語学』28(9): pp.14–26. 明治書院
藤井継男(1972)「ことばはいきている—「誤用」まかり通る」『放送文化』27(8): p.54
文化庁編刊(1983)『言葉に関する問答集』9
文化庁文化部国語課編刊(1997)『世論調査報告書—国語に関する世論調査　平成 8 年度』
文化庁文化部国語課編刊(2003)『世論調査報告書—国語に関する世論調査　平成 14 年度』
文化庁文化部国語課編刊(2004)『世論調査報告書—国語に関する世論調査　平成 15 年度』
文化庁文化部国語課編刊(2007)『世論調査報告書—国語に関する世論調査　平成 18 年度』
堀内克明(1987)「若者用語の解説」『現代用語の基礎知識　1987 年版』pp.1033–1036. 自由国民社
前田桂子(2006)「「いいかげん」の意味・用法の変遷」筑紫国語学談話会編『筑紫語学研究Ⅱ—日本語史と方言』pp.332–345. 風間書房
前田富祺(1985)『国語語彙史研究』明治書院

前田安正・桑田真(2010)『漢字んな話』三省堂
増井典夫(1996)「否定と呼応する副詞と程度副詞についての覚書」『愛知淑徳大学現代社会学部論集』1: pp.1–9. 愛知淑徳大学現代社会学部
町田健(2009)「現代日本誤百科 35—なにげに面白い」『中日新聞』2009.3.10
松井栄一(1977)「近代口語文における程度副詞の消長—程度の甚だしさを表す場合」『松村明教授還暦記念国語学と国語史』pp.737–758. 明治書院
松浦純子・永尾章曹(1996)「「全然」と「全く」について—陳述の副詞についての一考察」『国語国文論集』26: pp.1–10. 安田女子大学日本文学会国語国文論集編集室
松田謙次郎(2008a)「国会会議録検索システム総論」松田謙次郎編『国会会議録を使った日本語研究』pp. 1–32. ひつじ書房
松田謙次郎(2008b)「東京出身議員の発話に見る「ら抜き言葉」の変異と変化」松田謙次郎編『国会会議録を使った日本語研究』pp. 111–134. ひつじ書房
松田謙次郎・薄井良子・南部智史・岡田祐子(2008)「国会会議録はどれほど発言に忠実か?—整文の実態を探る」松田謙次郎編『国会会議録を使った日本語研究』pp. 33–62.
松村一登(1993)「言語学のあり方を問う 6　最終回—土屋俊氏の批判に答える 3」『月刊言語』22(2): pp.98–103. 大修館書店
松本正生(2003)『「世論調査」のゆくえ』中央公論新社
黛美和(1998)「「なにげに」の意味」『大東文化大学日本語学科年報』5: pp. 90–97. 大東文化大学外国語学部日本語学科
三保忠夫(1979)「古文書の国語学的考察—「為体」「為体也」を視点として」『文学・語学』86: pp. 116–128. 日本古典文学会
宮内和夫(1961)「「全然」の改新—「とても」にふれて」『実践国語教育』247: pp.7–13. 穂波出版
村木新次郎(2000)「「がらあき—」「ひとかど—」は名詞か、形容詞か」『国語学研究』39: pp. 80–70.「国語学研究」刊行会
村木新次郎(2002)「第三形容詞とその形態論」佐藤喜代治編『国語論究 10—現代日本語の文法研究』pp. 211–237. 明治書院
村田菜穂子(2008)「特集:2006・2007 年における日本語学界の展望　語彙(史的研究)」『日本語の研究』4(3): pp. 33–40. 日本語学会
矢澤真人(2004)「なにげに」北原保雄編『問題な日本語』pp. 123–126. 大修館書店
山内信幸(2009)「日本語の強意表現をめぐって—「全然」を中心に」沈力・趙華敏編『漢日理論語言学研究』pp.73–79. 学苑出版社
山口仲美(2007)『若者言葉に耳をすませば』講談社
山田忠雄(1996)『私の語誌 2—私のこだわり』三省堂
山本夏彦(1978)「笑わぬでもなし 68—添削」『諸君!』10(11): pp. 250–253. 文藝春秋

横林宙世(1995)「そこが知りたい日本語何でも相談—「ぜんぜんおいしい」は間違いだけど、どう教える？」『月刊日本語』8(6): pp.50–51. アルク
吉沢典男(1986)『どこかおかしい慣用語』ごま書房
吉村昭(1994)「「ら」抜き言葉と放送」『放送文化』1: pp.32–33、日本放送出版協会
米川明彦編(2003)『日本俗語大辞典』東京堂出版
米川明彦(2006)『これも日本語！あれもニホン語？』日本放送出版協会
読売新聞校閲部(2003)「ていたらく—非難を込めて」『日本語「日めくり」一日一語』p.125. 中央公論新社
読売新聞校閲部(2005)「万端—端から端まで全部」『日本語「日めくり」一日一語—第3集』p.162. 中央公論新社
林玉惠(2004)「日中同形語「適当」と“適當”」田島毓堂編『語彙研究の課題』pp.169–183. 和泉書院
若田部明(1991)「「全然」の語誌的研究—明治から現代まで」『解釈』37(11): pp.24–29. 教育出版センター
若田部明(1993)「「全然」の語誌的研究Ⅱ」多々良鎮男先生傘寿記念論文集刊行会編刊『多々良鎮男先生傘寿記念論文集』pp.184–173.
和田秀樹(2007)『10倍賢く見せる技術』PHP研究所

# 索引

## あ



## い



## か



## き



## け



## こ



## し



## せ



## た



## と



## な



## に



## は



## ひ



## ふ



## ほ

## め



## も



## ゆ



## よ



## ら



## り



## る



## わ

【著者紹介】

**新野直哉**（にいの なおや）

〈略歴〉1961年生まれ。秋田県出身。1988年東北大学大学院博士課程単位取得退学。宮崎大学教育学部（現：教育文化学部）教員を経て、国立国語研究所員。博士（文学）。

〈主な論文〉「"役不足" の「誤用」について―対義的方向への意味変化の一例として」『国語学』175（国語学会、1993年）、「「"全然" ＋肯定」について」佐藤喜代治編『国語論究6―近代語の研究』（明治書院、1997年）、「《気づかない意味変化》の一例「いやがうえにも」について―「いやがうえにも盛り上がる」とは？」『国語学研究』39（東北大学文学部「国語学研究」刊行会、2000年）、など。

**ひつじ研究叢書〈言語編〉第93巻**

# 現代日本語における進行中の変化の研究
## ―「誤用」「気づかない変化」を中心に

発行　2011年2月14日　初版1刷
定価　6400円＋税
著者　© 新野直哉
発行者　松本 功
本文フォーマット　向井裕一（glyph）
組版者　内山彰議（4&4,2）
印刷製本所　株式会社 シナノ
発行所　株式会社 ひつじ書房
〒112-0011 東京都文京区千石2-1-2 大和ビル2階
Tel.03-5319-4916 Fax.03-5319-4917
郵便振替 00120-8-142852
toiawase@hituzi.co.jp　http://www.hituzi.co.jp

ISBN978-4-89476-533-7

## 山田文法の現代的意義

斎藤倫明・大木一夫 編　定価 4,400 円＋税

【目次】

山田文法が目指すもの—文法論において問うべきことは何か（尾上圭介）
言語単位から見た文法論の組織—山田文法を出発点として（斎藤倫明）
文法論の領域（小針浩樹）
文の成立—その意味的側面（大木一夫）
山田文法の文の論理と述体、喚体（石神照雄）
山田文法での句の捉え方を尋ね、文について考える（仁田義雄）
常識としての山田学説（野村剛史）
「情態副詞」の設定と「存在詞」の存立（工藤浩）
山田文法における格理論—近現代文典の流れの中における（井島正博）
『日本文法論』の成立（山東功）
『日本文法論』における文成立関連の概念とヨーロッパの言語学
　—陳述、統覚作用、モダリティ、ムード（ナロック・ハイコ）
明治後期の松下文法—山田孝雄『日本文法論』との関係から（服部隆）
近代日本語研究における教養主義の系譜（釘貫亨）
連歌と日本語学と（今野真二）

## ひつじ意味論講座　第 1 巻　語・文と文法カテゴリーの意味

澤田治美 編　定価 3,200 円＋税

【執筆者】

国広哲弥／松本曜／阿部泰明／今仁生美／須田義治／鷲尾龍一
菅井三実／影山太郎／久島茂／西山佑司／神崎高明／樋口昌幸

## 日本近代語研究 5—近代語研究会 25 周年記念

近代語研究会 編　定価 36,000 円＋税